山留め設計事例集

Design Practice
of Earth Retaining for Excavation

2025

日本建築学会

本書のご利用にあたって

　本書は，作成時点での最新の学術的知見をもとに，技術者の判断に資する技術の考え方や可能性を示したものであり，法令等の補完や根拠を示すものではありません．また，本書の数値は推奨値であり，それを満足しないことが直ちに建築物の安全性を脅かすものでもありません．ご利用に際しては，本書が最新版であることをご確認ください．本会は，本書に起因する損害に対しては一切の責任を有しません．

ご案内

　本書の著作権・出版権は（一社）日本建築学会にあります．本書より著書・論文等への引用・転載にあたっては必ず本会の許諾を得てください．

Ⓡ〈学術著作権協会委託出版物〉

　本書の無断複写は，著作権法上での例外を除き禁じられています．本書を複写される場合は，学術著作権協会（03-3475-5618）の許諾を受けてください．

一般社団法人　日本建築学会

序

本会は，2017年11月に「山留め設計指針」を15年ぶりに改定刊行した.

「山留め設計指針」（2017）（以下，指針という）は，約4年の歳月をかけて改定されたもので，改定の主旨は以下のとおりである.

・主たる読者対象と工事規模は，2002年版の基本方針を踏襲し，比較的経験の浅い技術者と中小規模の工事に重点をおいた

・2002年版と同様に，計算法は梁・ばねモデルと単純梁モデルを推奨し，計算法に対応した入力値の設定方法を記述した

・複雑な形状の山留めや周辺地盤の挙動検討に使用されている有限要素法（FEM）の解説を加えるとともに，周辺地盤挙動の検討方法を充実させた

本事例集は，設計事例を通して，より深く上記の指針を理解するための手引書とすることを刊行の目的とし，特に以下の点に留意して編集した.

・読者の利便性を考え，指針の概要版を掲載した

・指針の適用範囲を考慮して中小規模の工事を中心に10事例を選定した

・計算法は，梁・ばねモデルによる計算事例（4ケース），単純梁モデルによる計算事例（5ケース），FEM解析（強制変位）による検討事例（1ケース）を掲載し，実用上での手引きとした

・山留め壁は，親杭横矢板壁・鋼矢板壁・ソイルセメント壁，山留め工法は，自立山留め工法・切梁工法・地盤アンカー工法・逆打ち工法まで幅広く網羅するように選定した

・側圧の設定など，設計者の判断によって定まる入力値については，設定に至る設計者の判断基準を示した．また，地盤定数の設定法も事例ごとにさまざまな方法を掲載した

本事例集では，計算法の特性を把握していただくために，いくつかの事例において，指針で推奨している梁・ばねモデルと単純梁モデルの両方で計算を行い，計算結果を比較している．また，10事例のうち，事例1～6には標準的な事例を掲載したが，事例7～10には大火打ち・地盤改良・既存躯体を用いた事例や地下鉄と近接した事例など，特別な検討を要する事例も載せた．これらの設計および検討法は十分に確立されておらず，指針にもすべては詳細に示されていないが，実務で扱うことも多いことから考え方の一例として掲載した.

なお，本事例集は「山留め設計事例集」（2003）の改定版と位置付けられるが，2003年版と同様に一部の事例を除いて全面的に刷新しており，実質的には新刊といえるものである.

最後に本事例集を精力的にまとめ上げていただいた委員各位に謝意を表する.

2025年3月

日本建築学会

2003 年版（改定 2 版）序

　本会は，2002 年 2 月に「山留め設計施工指針」を 14 年ぶりに改定出版した．

　「山留め設計施工指針」2002 年版は，3 年半の歳月をかけて全面改定したもので，改定の主旨は以下のとおりである．

- ・指針の構成を「本文・解説」の体裁として，読者の知りたい内容を容易に取り出せるようにした
- ・対象読者を比較的経験の浅い技術者とし，工事の対象基準も小〜中規模とした
- ・設計の自由度を奪うことのないように設計者の判断の要素を多く残した
- ・実用的な指針とするため，設計計算法を提示し，提示した各計算法に対応する入力値を示した

　本事例集は，「山留め設計施工指針」2002 年版の改定主旨を受けて編集しており，実用性を重視した改定指針を事例を通してより分かりやすく実用するための手引書となることを出版の目的としており，主として次のようなことを意図して編集した．

- ・読者の利便性を考え，改定指針の骨子を掲載する
- ・改定指針の適用範囲である「根切り深さ 30 m 以内の切梁・地盤アンカーを支保工とする一般的な山留めおよび逆打ち」を受けて事例を選定した
- ・自立山留めを含めて工事の規模を小〜中規模の事例とした
- ・単純梁モデルによる計算事例（5 ケース），梁・ばねモデルによる計算事例（4 ケース）を掲載し，実用上での手引きとした
- ・側圧の設定など設計者の判断によって求める入力値については，設定に至る設計者の判断基準を示すことにした
- ・ヒービング，ボイリングおよび地下水の排水計画についても計算事例を挙げて説明した
- ・全般を通して，山留め設計の手引書となるよう可能な限り計算の手順を明確に示しわかりやすく記すこととした

　また，本書では，改定指針で初めて設計計算法として提示された単純梁モデル法と，長年において多用され実測工事での測定によって多くの検証がされている梁・ばねモデルとの両方での計算を同一事例について行い，設計者に両計算法の特徴を具体的に示している．これは，安全性と経済性を同時に要求される山留め設計を，正しい知識と認識のもとに行っていただきたいとの考えによるものである．

　なお，本書は基本的に 1982 年に出版された「山止め設計実例集」の改訂版と位置付けられるものであるが，内容的には全面的に刷新されており，実質的には新書といえるものである．

　最後に本書を短期間に精力的にまとめ上げていただいた委員各位に深謝いたします．

　2003 年 2 月

日本建築学会

1982年版（初版）序

　本会構造標準委員会仮設構造分科会では昭和49年に「山止め設計施工指針」（以下，「指針」と略す）を作成して，山止め構造の安全な計画と施工ならびに管理について新たな技術的標準を示しました．

　以来，広く関係者に活用されてまいりましたが，この「指針」の利用にあたり，さらに基本的内容に対する理解と応用判断力を深め，実施にあたって，適正な指針の運用を図るため実例集の編集に着手し，慎重な審議検討を経てこのたび刊行の運びに至りました．

　山止めの安全な実施は，詳細な地盤調査をはじめ多くの資料や経験に基づき予想される山止めに作用する土圧・水圧や，地盤の回り込みとボイリングなどの地盤の破壊現象に対し，十分な安全が確保されるよう計算と周到な施工・管理とによって行うものであります．その際の計画に際しては，多くの調査資料に対する適正な判断をし，設計条件の設定を行う必要がありますが，これらの計画に対する判断，予測と実際とは必ずしも一致せず，施工中不測の状態が発生する例は少なくないといえます．

　「指針」ではこれらの基本的事項については詳しく解説していますが，実際の応用面については上記に基づいた応用力・判断力の養成が必要となります．本実例集の刊行の目的がここにあげられます．

　以下に本実例集を編集するにあたって留意した2, 3のポイントを記します．

　（1）　実施例の編集にあたっては掘削地盤，山止め部材の材料，工法，規模などにより分類し，それらのうち代表的な8例を対象とし，計画の段階から施工中にわたって，どのように調査資料を判断し，実情を予測して計画したか，また，施工中の変化に対してどのように対処したかなどについて解説するように努めた．また，アースアンカー工法については，現在の「指針」では取り扱っていないが，近年多く実用されているので参考例として掲載することとした．

　（2）　構造計算による安全性の確保については，「指針」の内容にそっているが，材料の許容応力度については便宜上，一様に長期・短期許容応力度の中間値を用いている．これは「指針」でも述べているが，切ばりのように不完全性が大きく，しかもそれが敏感に座屈強度の低下に影響を及ぼす部材と，腹起しのような曲げ応力が支配的な部材とは自ら強度に対する余裕に差があるので，部材の応力性状と施工精度によって適正な許容応力度の値を採用し安全を確保すべきであろう．

　（3）　施工中の計測管理の実施とその結果による対策などについても記述している．

　本実例集が上記「指針」の姉妹編として利用され，山止めの安全に対する理解が一層深められることを希望いたします．

　本実例集の刊行にあたって直接執筆にあたられた仮設構造分科会専門委員をはじめ関係各位のご協力に対し深甚の謝意を表する次第であります．

本書作成関係委員

—— (五十音順・敬称略) ——

構造委員会

委員長　五十田　　博

幹　事　楠　浩一　　永野　正行　　山田　哲

委　員　（略）

仮設構造運営委員会

主　査　元井　康雄

幹　事　兼光　知巳　　木村　　麗　　松永　茂実　　山下　俊英

委　員　浅田　勇人　　岩田　暁洋　　佐々木健友　　下村　修一

　　　　高橋　弘樹　　谷田　進一　　辻　　聖晃　　福島　　隆

　　　　三嶋　伸也

山留め設計指針小委員会

主　査　元井　康雄

幹　事　河野　貴穂　　實松　俊明

委　員　石井　義雄　　井上　波彦　　岩田　暁洋　　岸田　　了

　　　　小玉　大樹　　澤田　　亮　　嶋田　　司　　清水　孝昭

　　　　下村　修一　　田口　智也　　山下　俊英

山留め設計事例集作成ワーキンググループ

主　査　實松　俊明

幹　事　小玉　大樹　　田口　智也

委　員　岩田　暁洋　　小川　雅史　　岸田　　了　　北村　達也

　　　　熊谷　博人　　栗本　悠平　　佐藤　洋平　　辻　　剛史

　　　　冨安　祐貴　　野田　和政　　堀田　洋之　　山下　洋介

　　　　磯谷　卓洋

執 筆 担 当

全体の調整　實　松　俊　明　　小　玉　大　樹　　田　口　智　也

第Ⅰ編　山留め設計における基本事項

   1　　　　實　松　俊　明

   2　　　　田　口　智　也

   3　　　　山　下　洋　介　　磯　谷　卓　洋

   4　　　　實　松　俊　明

   5　　　　栗　本　悠　平

   6　　　　實　松　俊　明

第Ⅱ編　設計事例

   概要　　實　松　俊　明

   1　　　　佐　藤　洋　平

   2　　　　辻　　　剛　史

   3　　　　野　田　和　政

   4　　　　岸　田　　　了　　實　松　俊　明

   5　　　　熊　谷　博　人

   6　　　　小　川　雅　史

   7　　　　岩　田　曉　洋　　田　口　智　也

   8　　　　冨　安　祐　貴

   9　　　　北　村　達　也

   10　　　小　玉　大　樹

   付　録　　田　口　智　也　　佐　藤　洋　平

山留め設計事例集

目　　次

第Ⅰ編　山留め設計における基本事項　　　　　　　　　　　　　　　　　　　　　ページ

1. **調査・根切り山留めの計画** ………………………………………………………… 1
    1.1　根切り・山留計画の基本フロー ………………………………………………… 1
    1.2　調　　査 …………………………………………………………………………… 1
    1.3　工法の種類と選定 ………………………………………………………………… 1
2. **荷　　重** …………………………………………………………………………… 8
    2.1　側圧（土圧および水圧） ………………………………………………………… 8
    2.2　温度応力による荷重 ……………………………………………………………… 13
    2.3　その他の荷重 ……………………………………………………………………… 15
3. **許容応力度** ………………………………………………………………………… 17
    3.1　形　鋼　材 ………………………………………………………………………… 17
    3.2　矢　　板 …………………………………………………………………………… 22
    3.3　鉄筋コンクリート ………………………………………………………………… 22
    3.4　ボ　ル　ト ………………………………………………………………………… 23
    3.5　溶　接　部 ………………………………………………………………………… 24
    3.6　ソイルセメント …………………………………………………………………… 24
    3.7　地盤アンカー ……………………………………………………………………… 25
4. **山留めの設計** ……………………………………………………………………… 28
    4.1　基　本　事　項 …………………………………………………………………… 28
    4.2　根入れ長さ ………………………………………………………………………… 29
    4.3　根切り底面の安定 ………………………………………………………………… 33
    4.4　山留め壁の応力・変形 …………………………………………………………… 36
    4.5　山留め壁の断定算定 ……………………………………………………………… 49
    4.6　支　保　工 ………………………………………………………………………… 53
    4.7　法面の安定 ………………………………………………………………………… 63
5. **地下水処理** ………………………………………………………………………… 66
    5.1　地下水調査 ………………………………………………………………………… 66
    5.2　地下水処理の計画 ………………………………………………………………… 67
    5.3　地下水処理設備の設計 …………………………………………………………… 68
    5.4　リチャージ設備 …………………………………………………………………… 73
6. **周辺への影響検討** ………………………………………………………………… 75

6.1　基　本　事　項 ··· 75

6.2　周辺地盤変状の検討 ··· 76

6.3　近接構造物・地中構造物への影響検討 ··· 78

第Ⅱ編　設　計　事　例

概　　　要 ··· 81

1.　親杭横矢板壁による自立山留めの事例 ·· 82

1.1　山留め計画上の条件 ··· 82

1.2　山留め計画 ··· 83

1.3　山留めの設計 ··· 84

2.　親杭横矢板壁と鋼製切梁 1 段による山留めの事例 ··························· 96

2.1　山留め計画上の条件 ··· 96

2.2　山留め計画 ··· 97

2.3　山留めの設計 ··· 98

3.　市街地の比較的狭い敷地でボイリングの恐れがある山留め事例 ······· 126

3.1　山留め計画上の条件 ··· 126

3.2　山留め計画 ··· 128

3.3　山留めの設計 ··· 128

3.4　山留め計算 ··· 136

3.5　地下水処理設備の設計 ··· 148

＜参考＞ ·· 151

4.　軟弱粘性土地盤でのヒービング検討事例 ·· 161

4.1　山留め計画上の条件 ··· 161

4.2　山留め計画 ··· 163

4.3　山留めの設計 ··· 163

4.4　施工状況と計測結果 ··· 172

5.　逆打ち工事の事例 ··· 175

5.1　山留め計画上の条件 ··· 175

5.2　山留め計画 ··· 176

5.3　山留めの設計 ··· 176

6.　上載荷重を考慮したソイルセメント壁の山留め事例 ······················· 192

6.1　山留め計画上の条件 ··· 192

6.2　山留め計画 ··· 193

6.3　山留めの設計 ··· 194

＜参考＞ ·· 217

7.　大火打ちを山留め支保工として用いた事例 ······································· 219

7.1	山留め計画上の条件	219
7.2	山留め計画	221
7.3	山留めの設計	221

8. 軟弱地盤で地盤改良を併用した山留めの事例 ………………………………… 243

8.1	山留め計画上の条件	243
8.2	山留め計画	245
8.3	山留めの設計	245
＜参考＞	山留め変位の実測値と梁ばねモデル・両面ばねモデルによる検討結果の比較	262

9. 既存建物地下躯体の山留め壁としての利用事例 …………………………… 266

9.1	山留め計画上の条件	266
9.2	山留め計画	268
9.3	山留めの設計	269

10. 有限要素法による近接構造物への影響検討事例 ………………………… 275

10.1	近接構造物への影響検討方針	275
10.2	検 討 条 件	275
10.3	山留め計画	278
10.4	地盤物性値	278
10.5	解析モデル	279
10.6	荷 重 条 件	281
10.7	解 析 結 果	284
10.8	ま と め	286

付　録

付 1	地 盤 定 数	287
付 2	形鋼材断面性能	294
付 3	躯体計画位置から隣接構造物までの離隔距離の例	301
付 4	ソイルセメント内の仮想放物線アーチの寸法と応力	303
付 5	U 形鋼矢板壁の継手効率	308
付 6	根切り底以深の側圧を考慮した自立山留めの計算事例	309

山留め設計事例集

第Ⅰ編　山留め設計における基本事項

1. 調査・根切り山留めの計画

1.1 根切り・山留め計画の基本フロー

根切り山留め工事は他工事に比べ，周辺地盤や周辺構造物の沈下・水平移動など周辺に与える影響が大きく，場合によっては構造物や埋設物などに有害な影響を及ぼすおそれがある．このような影響を最小限に抑え，工事を安全に行うためには，施工時における適切な管理とともに，計画時においては慎重に根切り山留め計画を行う必要がある．根切り山留めの基本計画フローを図 1.1.1 に示す．また，計画上，特に留意すべき事項を以下に示す．

（1） 側圧に対する安全性
（2） 根切り底面の安定
（3） 周辺への影響
（4） 工事条件に適合した根切り計画

基本計画の作成にあたっては，本事例集のほかに，本会「山留め設計指針」(2017)（以下，指針という）および本会「建築工事標準仕様書・同解説 JASS 3 土工事および山留め工事」(2022) を参照していただきたい．

1.2 調 査

根切り山留め工事の計画・設計・施工にあたっては，必要な情報を得る目的で，事前に種々の調査を実施する．調査内容は，①敷地内外の障害物・埋設物，周辺構造物などの敷地条件に関する調査，②地層構成，土質性状などの地盤および地下水に関する調査，③工事に伴う周辺への影響検討を目的とする環境保全のための調査の 3 項目に分類される．各調査の具体的な項目を表 1.2.1〜1.2.4 に示す．

1.3 工法の種類と選定

根切り山留め計画にあたっては，各工法のもつ特徴を把握し，工事規模，施工条件，敷地条件，地盤条件，地下水条件，ならびに周辺環境に適合した安全かつ経済的な工法を選定する．与条件に対する工法選定基準の目安を表 1.3.1，1.3.2 に示す．

— 2 —　山留め設計事例集

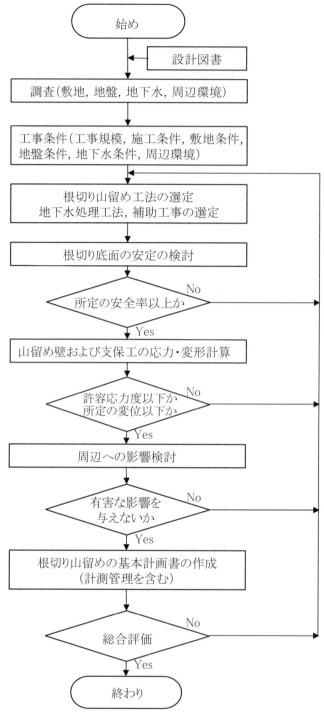

図 1.1.1　根切り山留めの基本計画フロー

1. 調査・根切り山留めの計画 —3—

表 1.2.1 敷地条件の調査

調査項目		調査内容	記録・表示方法ほか
敷地内	地歴	・土地の所有者や事業者に確認する. ・古文書，古地図，地籍図，建設地の変遷記録などを確認する.	
	敷地形状	・工法選定，配置，動線計画に反映するために，平面形状，広さを確認する. ・施工地盤，施工方法，搬入制限，山留めの設計（偏土圧・上載荷重）に反映するために，敷地の高低差（傾斜，段差）を測量する.	敷地測量図（平面配置，標高からの高低測量図）
	敷地境界	・敷地境界およびフェンス，塀，擁壁などの位置を確認する. ・地下工事中に使用できる敷地範囲を確定する. ・敷地境界の変更の有無を確認する.	境界杭・ベンチマークの設定 敷地実測図
	既存構造物・埋設物	・新築工事への支障の有無，残置の可否，仮設有効利用の可否を検討する. ・既存地下躯体，既存杭，地中埋設型の受水槽・オイルタンク，埋設配管，地中障害物などの有無を確認する. ・埋設物の盛替え，既存構造物などの初期計測を実施する.	地中障害物状況図 地中障害物撤去計画図 地上物件現状図 撤去・移設・復旧図 目視・写真・測量など
敷地周辺	周辺構造物	・構造種別・階数・地下階の有無・杭の有無などを確認する. ・構造物の位置・沈下・傾斜・クラックの状況，地下水の利用状況・水質など工事開始前の初期状態を確認し記録する. ・道路・鉄道関連の施設など，近接協議の要否を検討する.	周辺構造物位置図 周辺構造物調査図 （構造体・仕上げ状況図，記録写真，スケッチなど） 目視・写真・測量など
	道路・河川	・所轄の管理者を確認し，工事に必要な申請を行う. ・工事中の計測管理・点検が必要な場合は，工事着工前の初期状態を確認し記録する. ・工事車両の搬出入の制約条件や，出発地から現地までの経路，交通渋滞の有無やその時間帯を確認する. ・河川との距離，季節変動を含めた水位・水量などを調査する.	運送経路図 搬出入道路調査図 道路借用・使用計画図 河川の監督官庁資料
	埋設物	・工事を進めるために必要な電力・水の供給施設を確認する. ・排水計画に必要な排水経路や下水管径などの下水処理能力を確認する. ・周辺道路の公益事業者（ガス，上水道，下水道，電力，電話など）の埋設物を確認し，根切り山留め工事による影響について事前に協議する.	地中埋設物調査図 地中埋設物移設・養生計画図 緊急時処置対応図 工事用水・電力引込図 排水経路図
	地下工事実績	・近隣の工事で採用された根切り山留めの工法を調査する. ・施工時の地盤・地下水の状況（巨礫・玉石の存在，地下水位・水量など）を確認する. ・周辺環境への影響（地盤沈下，井戸枯れ，地盤の崩壊など）の有無について確認する.	当該工事関係者へのヒアリング 関係者による立会い記録
その他	気象条件	・建設地の雨・雪の日数，雨量・積雪量，気温を調査する. ・洪水や地すべりなどの災害の履歴を調査する.	各地方気象台発表資料 （ウェブサイトから入手可）
	潮位変化	・干潮・満潮の時刻や潮位を調査する.	海上保安庁発表資料 （ウェブサイトから入手可）
	埋蔵文化財	・周知の埋蔵文化財包蔵地に含まれるかなど，埋蔵文化財の存在に留意する．その存在の可能性が高い場合，発掘調査の要否，調査に要する費用や期間について，自治体の教育委員会など所管の行政庁に確認する.	存在の有無は行政庁に確認し，発見後は所轄の警察署へ届ける.
	不発弾	・不発弾などが埋没している可能性が高い地域については，工事着手前に磁気探査などの実施を検討する.	発見後は警察署へ届ける.

—4— 山留め設計事例集

表 1.2.2　山留め設計・施工に関する主な検討項目と地盤および地下水情報

山留め設計・施工に関する主な検討項目		地盤および地下水情報	共通な地盤情報
山留め壁の設計	側圧	γ_t, c, ϕ, q_u, N値, 地下水位	地盤種別 地層構成
	根切り底面以深の側圧, 受働抵抗	γ_t, c, ϕ, k_h, q_u, N値	
	山留め壁先端の支持力	γ_t, c, ϕ, q_u, N値	
	根入れ長さ	γ_t, c, ϕ, q_u, N値	
支保工の設計	切梁・腹起し	γ_t, c, ϕ, q_u, N値, 地下水位	
	地盤アンカー	γ_t, c, ϕ, q_u, N値, 地下水位	
	切梁支柱	c, q_u, N値	
根切り底面の安定	ヒービング	γ_t, c, ϕ, q_u	
	ボイリング	γ_t, γ', 地下水位	
	盤ぶくれ	γ_t, 地下水位	
	法面の安定	γ_t, c, ϕ, 地下水位	
地下水処理	地下水処理工法の選定	k, D_{20}, 地下水位	
	地下水処理の設計	γ_t, k, D_{20}, 地下水位	
周辺への影響	山留め壁の変位による影響	γ_t, c, ϕ, E, ν	
	地下水位低下による影響	k, γ_t, m_v, C_c, P_c, c_v, e_0, 地下水位	
施　工　性	重機の走行性	w, w_L, I_p, c, q_u, S_t	

表 1.2.3　調査方法と得られる地盤および地下水情報

調　査　方　法		規　格　基　準*	得られる地盤および地下水情報 （かっこ内は間接的）
ボーリングおよびサンプリング			地層構成, 地盤種別
原位置試験 （サウンディング含む）	標準貫入試験	JIS A 1219	N値, (ϕ, q_u, E, k_h)
	機械式コーン貫入試験（静的）	JIS A 1220	q_c, $(q_u, N$値$)$
	電気式コーン貫入試験（静的）	JGS 1435	q_c, $(q_u, N$値$)$
	動的コーン貫入試験	JGS 1437	N_d値, $(N$値$)$
	地盤の指標値を求めるためのプレッシャーメータ試験（孔内載荷試験）	JGS 1531	k_h, E, p_0, p_y
	深層載荷試験		k_v, E
	地盤の弾性波速度検層（PS検層）	JGS 1122	V_s, V_p, (ν, G, E)
	密度検層		ρ_t
土質試験 （物理試験）	土粒子の密度試験	JIS A 1202	ρ_s
	土の含水比試験	JIS A 1203	w
	土の粒度試験	JIS A 1204	粒径加積曲線, D_{20}, U_c, U_c', (k)
	土の液性限界・塑性限界試験	JIS A 1205	w_L, w_p, I_p, I_c
	砂の最少密度・最大密度試験	JIS A 1224	D_r, e_{min}, e_{max}
	土の透水試験	JIS A 1218	k

	土の湿潤密度試験	JIS A 1225	ρ_t, ρ_d, w, e, S_r
土 質 試 験 （力学試験）	土の一軸圧縮試験	JIS A 1216	q_u, E, (c)
	土の非圧密非排水（UU）三軸圧縮試験	JGS 0521	c, ϕ, E
	土の圧密排水（CD）三軸圧縮試験	JGS 0524	c, ϕ, E
	土の段階載荷による圧密試験	JIS A 1217	C_c, m_v, c_v, k, P_c
	地盤材料の変形特性を求めるための繰返し三軸試験（動的変形試験）	JGS 0542	E, E-ε 曲線, h, $(G$, G-γ 曲線$)$
地下水調査	ボーリング孔を利用した砂質・礫質地盤の地下水位測定	JGS 1311	地下水位
	観測井による砂質・礫質地盤の地下水位の測定	JGS 1312	地下水位
	ボーリング孔内に設置した電気式間隙水圧計による間隙水圧の測定	JGS 1313	間隙水圧
	揚水試験	JGS 1315	k, S, T
	単孔を利用した透水試験	JGS 1314	k, 地下水位
	地盤の電気検層	JGS 1121	ρ_a, 帯水層検出
	トレーサーによる地下水流動層検層	JGS 1317	地下水流動層検出
	単孔を利用した地下水流向流速測定	JGS 1318	流向, 流速
特殊な調査	静止土圧測定試験		静止土圧係数（K_0）
	土壌汚染状況調査		対象物質の溶出量・含有量
	有毒（メタン）ガス・酸欠空気調査		溶存ガス分圧, 酸素呼吸物質の有無, 酸素濃度
	地盤環境振動調査		卓越周期, 振動レベル

［注］ ＊JIS：日本工業規格　JGS：地盤工学会基準

表 1.2.2，1.2.3 の地盤情報における記号の説明

記号	説　　明	記号	説　　明	記号	説　　明
γ_t	土の湿潤単位体積重量（kN/m³）	C_c	圧縮指数	G	せん断弾性係数（kN/m²）
c	土の粘着力（kN/m²）	P_c	圧密降伏応力（kN/m²）	ρ_t	湿潤密度（g/cm³）
ϕ	土の内部摩擦角（°）	c_v	圧密係数（cm²/d）	ρ_d	乾燥密度（g/cm³）
q_u	土の一軸圧縮強さ（kN/m²）	e_0	初期間隙比	ρ_s	土粒子の密度（g/cm³）
N	標準貫入試験による打撃回数（N値）	w	含水比（％）	U_c	均等係数
k_h	水平地盤反力係数（kN/m³）	w_L	液性限界（％）	U_c'	曲率係数
k_v	鉛直地盤反力係数（kN/m³）	w_P	塑性限界（％）	D_r	相対密度（％）
γ'	土の水中単位体積重量（kN/m³）	I_p	塑性指数	$e_{\max}$	最大間隙比
k	透水係数（m/s）	I_c	コンシステンシー指数	$e_{\min}$	最小間隙比
D_{20}	粒度試験による 20％粒径（mm）	S_t	鋭敏比	e	間隙比
T	透水量係数（m²/s）	q_c	コーン貫入抵抗（kN/m²）	S_r	飽和度（％）
S	貯留係数	N_d	動的コーン貫入試験における打撃回数	ε	軸ひずみ（％）
R	影響圏半径（m）	p_0	初期圧力（kN/m²）	γ	せん断ひずみ（％）
E	変形係数（kN/m²）	p_y	降伏圧力（kN/m²）	h	減衰定数（％）
v	ポアソン比	V_s	S波速度（m/s）	ρ_a	見かけ比抵抗（Ω・m）
m_v	体積圧縮係数（m²/kN）	V_p	P波速度（m/s）		

— 6 —　山留め設計事例集

表 1.2.4　環境保全のための調査

調査項目	調査内容	調査目的	調査方法
土壌	敷地内の土壌汚染調査	・敷地内が汚染されている場合，工事によりその影響が周辺に及ばないようにする．	土壌汚染対策法など法律に基づく調査か，その調査結果の確認が必要．
地下水	周辺での地下水の利用状況	・影響範囲内において，営業用水，生活用水への影響を知るために工事前のデータをとる． ・井戸枯れや水質変化などの工事による影響を知るために工事前のデータをとる．	既存資料，現地聞取り調査
	周辺での根切り工事	・周辺の根切り工事による地下水位低下の影響の有無を知る．	現地調査
	広域地下水・地盤調査	・工事の影響とは無関係な広域の地下水変動や圧密沈下の状況を知る．	地方自治体による調査資料
	山留め壁施工による水質への影響	・山留め壁からの六価クロム，アルカリ成分，泥水の溶出，漏出の有無を知る． ・山留め壁施工時の地下水の濁りの有無を知る．	六価クロム溶出試験，水質モニタリング（濁度，pH，電気伝導度，酸化還元電位など）
その他	振動・騒音	・工事に伴う振動・騒音が関連法規に抵触しないことを確認する． ・作業開始および終了時間，休日について，近隣とのトラブルを防止する．	現地調査，近隣協定
	建設発生土・廃棄物	・建設発生土や廃棄物を運搬する車両の経路について，近隣とのトラブルを防止する．	現地調査，近隣協定

表 1.3.1　与条件に対する根切り山留め工法選定基準の目安

与条件／工法の種類	工事規模					施工条件		敷地条件				地盤条件		周辺環境	
	根切り深さ		平面規模・形状			工期	工費	周辺スペース		高低差		軟弱地盤	地下水位が高い	周辺沈下	騒音振動
	浅い	深い	狭い	広い	不整形			有	無	有	無				
地山自立掘削工法	◎	△	○	◎	○	◎	◎	◎	△	○	○	△	△	△	○
法付けオープンカット工法	◎	△	△	◎	○	◎	◎	◎	△	○	○	△	△	○	○
山留め壁オープンカット工法 自立掘削工法	◎	△	○	◎	○	◎	○	◎	○	◎	○	△	△	△	○
山留め壁オープンカット工法 切梁工法	○	◎	◎	○	○	○	△	○	◎	△	◎	◎	◎	○	○
山留め壁オープンカット工法 地盤アンカー工法	○	○	○	◎	◎	○	△	○	◎	○	◎	○	△	◎	△
アイランド工法	○	△	△	◎	○	△	△	△	○	△	○	○	○	○	○
トレンチカット工法	○	○	△	◎	◎	△	△	○	○	△	○	○	○	○	○
逆打ち工法	△	◎	△	◎	○	△	△	△	◎	△	◎	◎	◎	◎	◎

［注］◎：有利，○：普通，△：不利

表 1.3.2　与条件に対する山留め壁選定基準の目安

与条件／山留め壁の種類	工事規模					施工条件		地盤条件			周辺環境		
	根切り深さ		平面規模・形状			工期	工費	軟弱地盤	砂礫地盤	地下水位が高い	周辺沈下	騒音振動	排泥処理
	浅い	深い	狭い	広い	不整形								
親杭横矢板壁	◎	△	○	○	○	◎	◎	△	◎	△	△	○	◎
鋼矢板壁	◎	○	○	○	○	◎	○	○	○	○	○	○	◎
鋼管矢板壁	△	◎	○	○	△	○	△	◎	○	○	◎	○	○
ソイルセメント壁	○	◎	○	○	△	○	○	◎	○	◎	◎	○	△
場所打ち鉄筋コンクリート地中壁	△	◎	△	○	△	△	△	◎	○	◎	◎	○	◎

［注］　◎：有利，○：普通，△：不利

2. 荷　　重

　山留めに作用する荷重には，側圧のほかに温度応力による荷重，およびその他の荷重として切梁のプレロード荷重や山留め壁に作用する鉛直荷重などがある．以下に，荷重の設定方法について述べる．なお，詳細は指針を参照されたい．

2.1 側圧（土圧および水圧）

　ここでいう側圧とは，山留め壁に作用する水平方向の荷重を一括して称するものであり，具体的には土圧・水圧，および上載荷重による地中応力の水平成分を指す．山留め壁に作用する側圧の大きさ・形状は，地層の構成，土質の性状，地下水の状況，周囲の構造物の影響などを考慮して設定する．図2.1.1に，（1）～（3）で述べる山留め壁に作用する側圧の概要を示す．

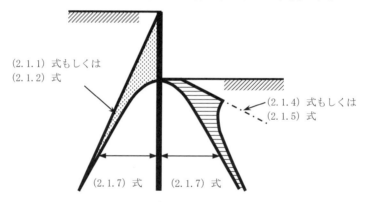

図2.1.1　山留め壁に作用する側圧

（1）　背面側の側圧

　山留め壁の背面側に作用する側圧は，(2.1.1)式あるいは(2.1.2)式で算定する．(2.1.1)式は，側圧係数を用いた三角形分布を基本とする方法（以下，側圧係数法という）である．(2.1.2)式は，ランキン・レザール（Rankine-Resal）式により求まる主働土圧に基づく方法（以下，ランキン・レザール法という）である．ただし，(2.1.2)式を用いる場合，右辺第1項と第2項の合計値（主働土圧）が負となる場合は，これを0とする．(2.1.1)式を用いる場合は，ある程度の上載荷重は含まれた値と考えてよい．また，(2.1.2)式を用いる場合は，特に考慮すべき上載荷重がない場合でも，一般車両の通行や軽微な資材の仮置き等に備え，$10 \ kN/m^2$程度の上載荷重を考慮することが多い．

$$p_a = K\gamma_t z \tag{2.1.1}$$

$$p_a = (\gamma_t z - p_{wa})\tan^2\left(45° - \frac{\phi}{2}\right) - 2c\tan\left(45° - \frac{\phi}{2}\right) + p_{wa} \tag{2.1.2}$$

記号　　p_a：地表面からの深さ z（m）における背面側の側圧（kN/m²）

　　　　γ_t：土の湿潤単位体積重量（kN/m³）

　　　　z：地表面からの深さ（m）

　　　　K：側圧係数（表 2.1.1 に示す値）

　　　　p_{wa}：地表面からの深さ z（m）における背面側の水圧（kN/m²）

　　　　c：土の粘着力（kN/m²）

　　　　ϕ：土の内部摩擦角（°）

表 2.1.1　側圧係数

地　　盤		側 圧 係 数
砂地盤	地下水位が浅い場合	0.3〜0.7
	地下水位が深い場合	0.2〜0.4
粘土地盤	沖積粘土	0.5〜0.8
	洪積粘土	0.2〜0.5

表 2.1.2　側圧係数[2.1]を加筆・修正

地盤	条　　件			側圧係数	備　考	
					N 値	q_u (kN/m²)
砂質地盤	地下水位が浅い地盤で遮水性の山留め壁を用いた場合など，高い水位が保たれると判断されるような根切り	一様な透水性の地盤	緩い	0.7〜0.8	<10	
			中位の	0.6〜0.7	10〜25	
			密実な	0.5〜0.6	25<	
		難透水層を挟むなど一様でない場合	緩い	0.6〜0.7	<10	
			中位の	0.4〜0.6	10〜25	
			密実な	0.3〜0.4	25<	
	上記以外の場合の根切り		緩い	0.3〜0.5	<15	
			中位の	0.2〜0.3	15〜30	
			密実な	0.2	30<	
粘土質地盤	層厚の大きい未圧密または正規圧密程度の特に鋭敏な粘土	非常な軟弱粘土		0.7〜0.8		<50
	層厚の大きい正規圧密程度の鋭敏な粘土	軟弱粘土		0.6〜0.7		
	正規圧密程度の粘土	軟弱粘土		0.5〜0.6		
	過圧密と判断される粘土	中位の粘土		0.4〜0.6		50〜100
	安定した洪積粘土	硬質粘土		0.3〜0.5		100〜200
	堅い洪積粘土	非常な硬質粘土		0.2〜0.3		200<

N 値：標準貫入試験による打撃回数

q_u：土の一軸圧縮強さ

（2.1.1）式を用いて側圧を算定する場合の側圧係数は，基本的に表2.1.1に示す範囲とするが，工事場の周辺あるいは類似地盤における実測値を参考に，設計者が判断して設定すべき値である．この場合，側圧係数設定の目安として表2.1.2が提案されている[2.1)]ので参考にされたい．なお，表2.1.1は必ずしも表2.1.2を包含していない．地下水位が浅い砂地盤などでは，算定した側圧が水圧を下回らないよう適切に側圧係数を設定するなどの配慮が必要である．また，関東ローム層や硬質粘性土層，地下水位が深い洪積砂質土層において，山留め壁の実測変位から逆算した側圧係数は$K = 0.2$を下回る場合がある[2.2)〜2.5)]．このような条件で山留めを行う場合には，表2.1.1，2.1.2によらず，文献や類似案件の実績を参考にするなどして，設計者の判断で側圧係数を適切に設定すればよい．

親杭横矢板壁の場合の根入れ部においては，親杭の見付幅に対してのみ側圧が有効に作用するものとし，（2.1.3）式で背面側の側圧を求める．

$$p_{aJ} = \frac{p_a D}{a} \tag{2.1.3}$$

記号　p_{aJ}：親杭横矢板壁単位幅あたりに有効な側圧（kN/m²）

　　　　p_a：（2.1.1）式あるいは（2.1.2）式による側圧（kN/m²）

　　　　D：親杭の見付幅（m）

　　　　a：親杭間隔（m）

（2）　掘削側の側圧

山留め壁の掘削側に作用する側圧の上限値は，ランキン・レザール式による受働土圧に水圧を加算した（2.1.4）式あるいはクーロン（Coulomb）の受働土圧を分布荷重に置き換え，水圧を加算した（2.1.5）式で算定する．ただし，（2.1.5）式は計算方法に梁・ばねモデルを用いる時のみ採用可能とする．

$$p_p = (\gamma_t z_p - p_{wp})\tan^2\left(45° + \frac{\phi}{2}\right) + 2c\tan\left(45° + \frac{\phi}{2}\right) + p_{wp} \tag{2.1.4}$$

$$p_p = (\gamma_t z_p - p_{wp})\frac{\cos^2\phi}{\left\{1 - \sqrt{\frac{\sin(\phi + \delta)\sin\phi}{\cos\delta}}\right\}^2} + 2c\frac{\cos\phi}{1 - \sqrt{\frac{\sin(\phi + \delta)\sin\phi}{\cos\delta}}} + p_{wp} \tag{2.1.5}$$

記号　　p_p：根切り底面からの深さz_p（m）における掘削側の側圧の上限値（kN/m²）

　　　　γ_t：土の湿潤単位体積重量（kN/m³）

　　　　z_p：根切り底面からの深さ（m）

　　　　p_{wp}：根切り底面からの深さz_p（m）における掘削側の水圧（kN/m²）

　　　　c：土の粘着力（kN/m²）

　　　　ϕ：土の内部摩擦角（°）

　　　　δ：山留め壁と地盤との摩擦角（°）

　　　　　　　特別な検討がない場合は，$\delta \leq \phi/3$とする．

　　　　　　　また，親杭横矢板壁を用いる場合は，$\delta = 0$とする．

親杭横矢板壁の場合，地盤の硬さに応じて親杭の見付幅の1〜3倍に対してのみ掘削側の側圧が

有効に作用するものとし，(2.1.6) 式で掘削側の側圧を求める．

$$p_{pJ} = \frac{(1\sim3)p_p D}{a} \quad （ただし，(1\sim3)D/a \leqq 1） \tag{2.1.6}$$

記号　p_{pJ}：親杭横矢板壁単位幅あたりに有効な側圧（kN/m^2）

$\quad\quad p_p$：(2.1.4) 式による側圧（kN/m^2）

$\quad\quad D$：親杭の見付幅（m）

$\quad\quad a$：親杭間隔（m）

（3）　平衡側圧

山留め壁が変位しないと仮定した場合の，山留め壁掘削側根入れ部に作用する側圧を平衡側圧とし，(2.1.7) 式で算定する．

$$p_{eq} = K_{eq}(\gamma_t z_p - p_{wp}) + p_{wp} \tag{2.1.7}$$

記号　p_{eq}：根切り底面からの深さ z_p（m）における平衡側圧（kN/m^2）

$\quad\quad K_{eq}$：根切り底面からの深さ z_p（m）における平衡土圧係数〔指針・解説参照〕

$\quad\quad \gamma_t$：土の湿潤単位体積重量（kN/m^3）

$\quad\quad z_p$：根切り底面からの深さ（m）

$\quad\quad p_{wp}$：根切り底面からの深さ z_p（m）における掘削側の水圧（kN/m^2）

平衡側圧の代表的な考え方は，（a）根切り底から静止側圧を想定する方法，（b）除荷に伴う土圧の残留を考慮する方法，（c）根切り前の静止土圧が変化しないとする方法，の3つの手法がある．指針では（b）除荷に伴う土圧の残留を考慮する方法を推奨しており，平衡土圧係数を (2.1.8)，(2.1.9) 式により評価する．その他の手法については指針を参照されたい．

$$K_{eq} = K_0 \cdot OCR^\alpha = K_0 \cdot \left(\frac{\sigma'_v}{\sigma'_{v0}} \right)^{-\alpha} \tag{2.1.8}$$

$$\frac{\sigma_h'}{\sigma_{h0}'} = \left(\frac{\sigma'_v}{\sigma'_{v0}} \right)^{1-\alpha} \tag{2.1.9}$$

記号　K_{eq}：平衡土圧係数

$\quad\quad K_0$：静止土圧係数（一般に，$K_0 = 0.5$ 程度とすることが多い）

$\quad\quad OCR$：過圧密比（$= \sigma_{v0}'/\sigma_v'$）

$\quad\quad \alpha$：係数 $\alpha = \sin\phi$（粘性土で土水圧一体評価の場合は $\alpha = 0.6$ とする）

$\quad\quad \phi$：内部摩擦角（°）

$\quad\quad \sigma_v'$：鉛直有効土圧

$\quad\quad \sigma_{v0}'$：初期の鉛直有効土圧

$\quad\quad \sigma_h'$：水平有効土圧

$\quad\quad \sigma_{h0}'$：初期の水平有効土圧

親杭横矢板壁の場合，親杭の見付幅に対してのみ側圧が有効に作用するものとし，(2.1.10) 式で平衡側圧を求める．

$$p_{eqJ} = \frac{p_{eq} D}{a} \tag{2.1.10}$$

記号　p_{eqJ}：親杭横矢板壁単位幅あたりに有効な側圧（kN/m²）

　　　p_{eq}：(2.1.7) 式による側圧（kN/m²）

　　　D：親杭の見付幅（m）

　　　a：親杭間隔（m）

（4）　水圧の考え方

　土水圧分離方式による側圧を採用する場合の水圧は，地盤調査により地下水位を把握し各深度で設定する．砂質土層においては各層の地下水位に応じた静水圧を仮定し，粘性土層においては上下の砂質土層との境界部に生じる水圧を直線で結んだ水圧を考慮する〔図 2.1.2（a）参照〕．また，図 2.1.2（b）に示すように，砂質土層で山留め壁先端が難透水層に根入れされていない場合は，山留め壁の下端において背面側と掘削側の水圧が等しくなるよう，背面側と掘削側の水圧係数（K_{wa}，K_{wp}）を設定する．この場合には，動水勾配（$i = (D_a - D_p)/(D_a + D_p)$）を考慮して背面側の水圧係数を $K_{wa} = 1.0 - i$，掘削側の水圧係数を $K_{wp} = 1.0 + i$ とする．

　その他，山留め架構に対して危険側の評価とならないような配慮が必要である．

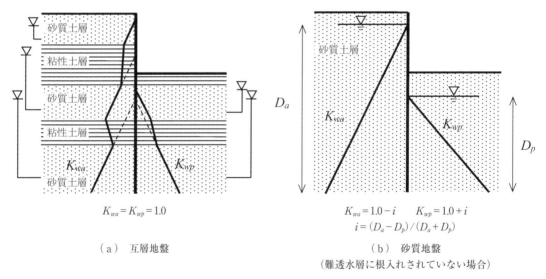

（a）　互層地盤　　　　　　　　　　　　　（b）　砂質地盤
　　　　　　　　　　　　　　　　　　　（難透水層に根入れされていない場合）

図 2.1.2　水圧の考え方

（5）　上載荷重による側圧

　構造物その他積載物などに近接して根切りする場合には，それらの上載荷重によって増加する背面側の側圧を考慮する．上載荷重の種類としては，構造物の荷重，車両等の荷重，傾斜地の場合の荷重などが挙げられる．上載荷重による側圧の増分の考え方としては，弾性論による方法，(2.1.1)，(2.1.2) 式において，($\gamma_t z$) の代わりに ($\gamma_t z + q$) とする方法（q：上載荷重），載荷幅を考慮した簡略な方法などがある．

　なお，構造物の位置・規模は外見からも明確にすることは比較的容易であるため，建物荷重は表

2.1.3 を用いて概算することができる．また，ほとんどの構造物は基礎が地中にあるため，載荷面は地表面下にとることができる．杭で支持された構造物の場合には，杭と根切り深さの関係および杭の支持形態によって図 2.1.3 のように荷重作用面を考える．ただし，荷重作用面が根切り底面以深となる場合は，隣接建物の影響は考慮しなくてよい．

表 2.1.3　単位面積あたりの建物荷重の概略値

上段：平均値，下段：平均値±1 倍標準偏差領域の範囲（単位：kN/m²）

用　　途	住　　宅		事　務　所			
構 造 種 別	RC 造	SRC 造	S 造	RC 造	SRC 造	柱 SRC 造 梁 S 造
最　上　階[*1]	13.2 7.7〜18.7	15.8 10.7〜20.9	10.4 5.5〜15.3	16.0 11.7〜20.3	16.0 10.5〜21.5	13.6 10.1〜17.1
一　般　階[*1]	12.8 10.7〜14.9	13.3 11.1〜15.5	7.3 5.7〜8.9	13.6 11.2〜16.0	12.8 10.8〜14.8	10.1 8.4〜11.8
1　　　階[*1]	16.1 10.2〜22.0	17.9 12.5〜23.3	12.9 3.6〜22.2	14.4 11.1〜17.7	16.8 11.2〜22.4	13.4 8.3〜18.5
地　　　階[*1]	32.6 9.1〜55.6	27.9 14.8〜41.0	25.6 14.7〜36.5	29.8 3.8〜55.8	22.8 13.5〜32.1	33.4 11.3〜55.5
基　　　礎[*2]	H＝10 m 程度で 10，　H＝15 m 程度で 15，　H＝20 m 程度で 20 （H：建物高さ）					

[注]　＊1：本会「建築物荷重指針・同解説」[2.6)]
　　　＊2：概算値（杭の荷重は含まない）

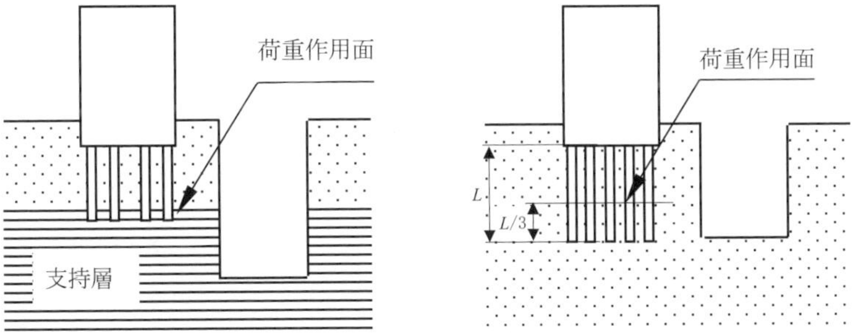

（a）　支持杭　　　　　　　　　　（b）　摩擦杭

図 2.1.3　杭基礎構造物の荷重作用面の考え方

2.2　温度応力による荷重

切梁の断面算定にあたっては，温度変化による切梁軸力の増分を考慮する．温度変化による切梁軸力の増分は（2.2.1）式により算定する．

$$\Delta P_K = \alpha A_K E_K \beta \Delta T_S \tag{2.2.1}$$

記号　ΔP_K：温度応力に伴う切梁軸力の増分（kN）

α：固定度$\left(=\dfrac{\text{切梁温度応力}}{\text{切梁端部が完全固定の時の温度応力}}\right)$

　　$0 \leqq \alpha \leqq 1.0$ で，通常の場合，表 2.2.1 の値を用いることができる．

A_K：切梁の断面積（m^2）
E_K：切梁のヤング係数（kN/m^2）
β：切梁材料の線膨張係数（$1/℃$）
ΔT_S：切梁温度変化量（℃）

表 2.2.1　固定度

地　盤	固 定 度
沖積地盤	0.2〜0.6
洪積地盤	0.4〜0.8

なお，固定度 α は文献 2.7)，2.8) を参考として実用的に簡略化した提案式（2.2.2），（2.2.3）式を用いて求めてもよい．

沖積地盤：$\alpha = 0.6\log_{10}L - 0.5$（遮水壁），$\alpha = 0.6\log_{10}L - 0.7$（透水壁）　　　(2.2.2)

洪積地盤：$\alpha = 0.6\log_{10}L - 0.2$（遮水壁），$\alpha = 0.6\log_{10}L - 0.4$（透水壁）　　　(2.2.3)

記号　L：切梁長さ（m）

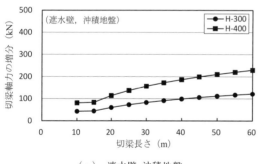

（a）　遮水壁　沖積地盤

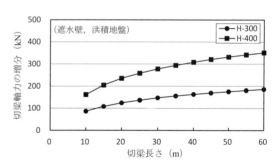

（b）　遮水壁　洪積地盤

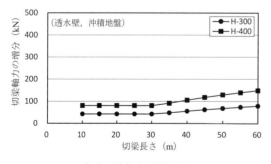

（c）　透水壁　沖積地盤

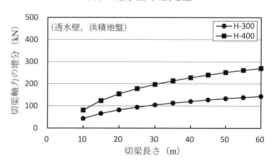

（d）　透水壁　洪積地盤

H-300：形鋼材 H-300×300×10×15
H-400：形鋼材 H-400×400×13×21

図 2.2.1　温度応力に伴う切梁軸力の増分
（(2.2.1)〜(2.2.3) 式による．$\beta = 1.0 \times 10^{-5}$，$\Delta T_S = 10℃$）

（2.2.1）～（2.2.3）式を用いた遮水壁，透水壁の地盤種別ごとの切梁軸力の増分の算定例を図 2.2.1 に示す．固定度は 0.2 を下限値として算定した．

2.3　その他の荷重

側圧や温度応力による荷重のほかに，施工条件などによる下記のような荷重が山留め壁に作用する場合には，必要に応じてこれらを考慮する．

（1）　切梁のプレロード荷重

切梁にプレロードを導入する場合にはプレロード荷重が，また，支保工に地盤アンカーを採用する場合には初期緊張力の水平成分が，山留め壁に水平荷重として作用する．荷重が過大になるような場合は，切梁のプレロードや地盤アンカーの初期緊張力の水平成分を適切に考慮し，設計に反映させる．

（2）　山留め壁に作用する鉛直荷重

支保工として地盤アンカーを採用する場合には，アンカー緊張力の鉛直成分が山留め壁に作用する．山留め壁の断面設計および鉛直支持力の確認に際しては，この影響を考慮する．逆打ち工法を採用し，地上・地下躯体の重量を山留め壁に負担させる場合にも，鉛直荷重が生じるため，詳細な工程計画に基づいて適切に考慮する．

（3）　地盤改良による荷重

山留めで主に採用される地盤改良工法は，薬液注入工法や深層混合処理工法（噴射撹拌工法や機械撹拌工法）である．地盤改良による荷重は，工法による違いに加えて，地盤条件，排土の有無，改良の深度・範囲，施工順序，注入圧力・噴射圧力などによって異なるので，これらを考慮して慎重に検討する．

（4）　地震荷重

これまでに，山留め工事期間中に発生した地震によって局部的に大きなダメージを受けた例はあるもののその数は少なく，また，倒壊に至るような致命的な被害を受けたとの報告はされていない[2.9]．そのため，原則として地震の影響は考慮しないものとする．ただし，逆打ち工法のように本設躯体を利用する場合には，地震の影響を考慮する必要があるか否かを設計者と協議する．

（5）　固定荷重および積載荷重

固定荷重の算出に用いる重量は，原則として切梁や腹起しなどに用いる材料の実重量とする．切梁・腹起し等への積載は，原則として許容しない．やむを得ず切梁・腹起し等に積載する場合には，別途これらの荷重による山留め架構の安全性を確認する．

参 考 文 献

2.1)　金谷祐二，宮崎祐助，森脇登美夫，土屋幸三郎：山留め設計用外力についての一考察，大林組技術研究所報，No. 28，pp.108-112，1984.8

2.2)　小林孝道，谷岡靖之：親杭横矢板自立山留めの挙動と解析（その 1）（その 2），第 34 回地盤工学研究発表会発表講演集，pp.1599-1602，1999.6

2.3)　元井康雄：関東ローム地盤における自立山留めの側圧と水平抵抗の評価，日本建築学会構造系論文集，Vol.

79，No. 704，pp.1513-1521，2014.10

2.4) 田屋裕司，青木雅路，佐藤英二：関東ローム地盤における親杭横矢板自立山留めの挙動と解析，日本建築学会大会学術講演梗概集，pp.379-380，2003.9

2.5) 内山　伸，桂　豊，長谷部隆三，鈴木孝夫：山留め掘削時の洪積地盤の側圧係数，日本建築学会大会学術講演梗概集，pp.631-632，2002.8

2.6) 日本建築学会：建築物荷重指針・同解説，pp.159-160，2004.9

2.7) 幾田悠康，丸岡正夫，山本光男：切梁の温度応力の要因分析，第15回土質工学研究発表会発表講演集，pp.1533-1536，1980.6

2.8) 青木雅路，幾田悠康，丸岡正夫：切梁温度応力の評価，基礎工，Vol. 12，No. 3，pp.89-94，1984.3

2.9) 日本建築学会：阪神・淡路大震災調査報告，建築編－4，pp.403-419，1998

3. 許容応力度

山留めに用いる構造材料の許容応力度は，その構造形式と材料の特性および仮設として使用することを考慮して，以下に示す値とする.

3.1 形 鋼 材

山留めに用いる形鋼材（SS 400, SM 400, STK 400, STKR 400, SSC 400, SM 490, SM 490 Y, STK 490, STKR 490）の許容応力度は以下に示す値とする. ただし，ソイルセメント壁の応力材としての形鋼材，および親杭横矢板壁における親杭の形鋼材は，新品材を用いる場合に限り，短期許容応力度とすることができる. 山留め壁や支保工材に使用される再使用材の許容応力度は，長期許容応力度と短期許容応力度の平均値とする.

また，以下の（1）〜（5）は，肉厚が 40 mm 以下の材料を使用し，SS 400, SM 400, STK 400, STKR 400, SSC 400 の基準強度を $F = 235$ N/mm^2，SM 490, SM 490 Y, STK 490, STKR 490 の基準強度を $F = 325$ N/mm^2 とした場合の値である.

（1） 許容引張応力度

許容引張応力度は，表 3.1.1 に示す値とする.

表 3.1.1　形鋼材の許容引張応力度

（単位：N/mm^2）

種　　　類	短期許容応力度 （新品材）	長期と短期許容応力度の平均値 （再使用材）
SS 400, SM 400, STK 400, STKR 400, SSC 400	235	195
SM 490, SM 490 Y, STK 490, STKR 490	325	270

（2） 許容せん断応力度

許容せん断応力度は，表 3.1.2 に示す値とする.

表 3.1.2　形鋼材の許容せん断応力度

（単位：N/mm^2）

種　　　類	短期許容応力度 （新品材）	長期と短期許容応力度の平均値 （再使用材）
SS 400, SM 400, STK 400, STKR 400, SSC 400	135	113
SM 490, SM 490 Y, STK 490, STKR 490	187	156

― 18 ―　山留め設計事例集

（3）　許容圧縮応力度

許容圧縮応力度は，(3.1.1) 式および (3.1.2) 式で得られる値とする．おのおのの式に用いられる各値を表 3.1.3 に示す．また，圧縮材の細長比（λ）と許容圧縮応力度（f_c）との関係を表 3.1.4 に示す．

$\lambda \leqq \Lambda$　の場合

$$f_c = \frac{\alpha_c \times \left\{1 - 0.4(\lambda / \Lambda)^2\right\}}{1.5 + 2/3 \times (\lambda / \Lambda)^2} \tag{3.1.1}$$

$\lambda > \Lambda$　の場合

$$f_c = \frac{\beta_c}{(\lambda / \Lambda)^2} \tag{3.1.2}$$

記号　　　f_c：許容圧縮応力度（N/mm²）

　　　　　λ：圧縮材の細長比　$\lambda = l_k / i$

　　　　　l_k：座屈長さ（mm）

　　　　　i：座屈軸についての断面 2 次半径（mm）

　　　　　Λ：限界細長比であり，表 3.1.3 による値

　　　$\alpha_c,\ \beta_c$：基準応力度であり，表 3.1.3 による値（N/mm²）

表 3.1.3　Λ と $\alpha_c \cdot \beta_c$ の値

種　　類	Λ	α_c		β_c	
		短期許容応力度（新品材）	長期と短期許容応力度の平均値（再使用材）	短期許容応力度（新品材）	長期と短期許容応力度の平均値（再使用材）
SS 400，SM 400，STK 400，STKR 400，SSC 400	120	352	293	97.6	81.3
SM 490，SM 490 Y，STK 490，STKR 490	102	487	406	135.0	112.5

（4）　許容曲げ応力度

強軸まわりに曲げが作用する形鋼に対する許容曲げ応力度は，(3.1.3) 式または (3.1.4) 式で得られる許容応力度のうち，大きい方の値とする．ただし，許容曲げ応力度は，許容引張応力度以内の値とする．

許容曲げ応力度の算出にあたって，おのおのの式に用いられる各値を表 3.1.5 に示す．また，許容曲げ応力度（f_b）と l_b / i'（l_b：圧縮フランジの支点間距離，i'：圧縮フランジと梁せいの 1/6 とからなる T 形断面のウェブ軸まわりの断面 2 次半径）との関係を図 3.1.1 に示す．なお，図 3.1.1 中，上に凸な破線群は (3.1.3) 式，下に凸な実線群は (3.1.4) 式で得られたものである．

$$f_b = \alpha_b \times \left\{1 - 0.4 \left(\frac{l_b / i'}{\Lambda}\right)^2 \times \frac{1}{C}\right\} \tag{3.1.3}$$

3. 許容応力度 　— 19 —

表3.1.4 　λ と f_c との関係（短期許容応力度）

λ	f_{c1}	f_{c2}	λ	f_{c1}	f_{c2}	λ	f_{c1}	f_{c2}	λ	f_{c1}	f_{c2}	λ	f_{c1}	f_{c2}
1	235	325	51	202	263	101	128	137	151	62	62	201	35	35
2	235	325	52	200	261	102	126	135	152	61	61	202	34	34
3	235	324	53	199	259	103	125	132	153	60	60	203	34	34
4	234	324	54	198	256	104	123	130	154	59	59	204	34	34
5	234	324	55	197	254	105	121	127	155	58	58	205	34	33
6	234	324	56	195	252	106	120	125	156	58	58	206	33	33
7	234	323	57	194	249	107	118	123	157	57	57	207	33	33
8	234	323	58	193	247	108	117	120	158	56	56	208	33	32
9	234	323	59	191	245	109	115	118	159	56	56	209	32	32
10	233	322	60	190	242	110	113	116	160	55	55	210	32	32
11	233	321	61	189	240	111	112	114	161	54	54	211	32	32
12	233	321	62	187	238	112	110	112	162	54	54	212	31	31
13	232	320	63	186	235	113	109	110	163	53	53	213	31	31
14	232	320	64	185	233	114	107	108	164	52	52	214	31	31
15	232	319	65	183	230	115	105	106	165	52	52	215	30	30
16	231	318	66	182	228	116	104	104	166	51	51	216	30	30
17	231	317	67	180	225	117	102	103	167	50	50	217	30	30
18	230	316	68	179	223	118	101	101	168	50	50	218	30	30
19	230	315	69	178	220	119	99	99	169	49	49	219	29	29
20	229	314	70	176	218	120	97	98	170	49	49	220	29	29
21	229	313	71	175	215	121	96	96	171	48	48	221	29	29
22	228	312	72	173	213	122	94	94	172	48	47	222	29	28
23	228	311	73	172	210	123	93	93	173	47	47	223	28	28
24	227	310	74	170	208	124	91	91	174	46	46	224	28	28
25	226	309	75	169	205	125	90	90	175	46	46	225	28	28
26	226	307	76	167	203	126	89	88	176	45	45	226	28	27
27	225	306	77	166	200	127	87	87	177	45	45	227	27	27
28	224	305	78	164	197	128	86	86	178	44	44	228	27	27
29	223	303	79	163	195	129	84	84	179	44	44	229	27	27
30	223	302	80	161	192	130	83	83	180	43	43	230	27	27
31	222	300	81	160	190	131	82	82	181	43	43	231	26	26
32	221	299	82	158	187	132	81	81	182	42	42	232	26	26
33	220	297	83	156	184	133	79	79	183	42	42	233	26	26
34	219	296	84	155	182	134	78	78	184	42	41	234	26	26
35	218	294	85	153	179	135	77	77	185	41	41	235	25	25
36	218	292	86	152	177	136	76	76	186	41	41	236	25	25
37	217	291	87	150	174	137	75	75	187	40	40	237	25	25
38	216	289	88	149	171	138	74	74	188	40	40	238	25	25
39	215	287	89	147	169	139	73	73	189	39	39	239	25	25
40	214	285	90	145	166	140	72	72	190	39	39	240	24	24
41	213	283	91	144	163	141	71	71	191	39	39	241	24	24
42	212	281	92	142	161	142	70	70	192	38	38	242	24	24
43	211	280	93	141	158	143	69	69	193	38	38	243	24	24
44	210	278	94	139	156	144	68	68	194	37	37	244	24	24
45	208	276	95	138	153	145	67	67	195	37	37	245	23	23
46	207	274	96	136	150	146	66	66	196	37	37	246	23	23
47	206	271	97	134	148	147	65	65	197	36	36	247	23	23
48	205	269	98	133	145	148	64	64	198	36	36	248	23	23
49	204	267	99	131	143	149	63	63	199	35	35	249	23	23
50	203	265	100	130	140	150	62	62	200	35	35	250	22	22

[注] 　f_{c1}：基準強度 $F = 235$ N/mm^2 の場合，f_{c2}：基準強度 $F = 325$ N/mm^2 の場合

－20－　山留め設計事例集

$$f_b = \frac{\beta_b}{l_b \times h / A_f} \tag{3.1.4}$$

記号　　f_b：許容曲げ応力度（N/mm²）

l_b：圧縮フランジの支点間距離（mm）

i'：圧縮フランジと梁せいの 1/6 とからなる T 形断面の，ウェブ軸まわりの断面 2 次半径（mm）

C：部材端曲げモーメントによる修正係数

$$C = 1.75 - 1.05\left(\frac{M_2}{M_1}\right) + 0.3\left(\frac{M_2}{M_1}\right)^2 \quad \text{ただし，2.3 以下}$$

M_2, M_1 は，それぞれ座屈区間端部における小さい方，および大きい方の強軸まわりの曲げモーメント．(M_2/M_1) は，単曲率の場合を正，複曲率の場合を負とする．区間中間のモーメントが M_1 より大きい場合には $C = 1$ とする．

A_f：圧縮フランジの断面積（mm²）

h：曲げ材の梁せい（mm）

Λ：限界細長比であり，表 3.1.5 による値

α_b, β_b：表 3.1.5 による基準応力度（N/mm²）

表 3.1.5　Λ と $\alpha_b \cdot \beta_b$ の値

種　　類	Λ	α_b		β_b	
		短期許容応力度（新品材）	長期と短期許容応力度の平均値（再使用材）	短期許容応力度（新品材）	長期と短期許容応力度の平均値（再使用材）
SS 400，SM 400，STK 400，STKR 400，SSC 400	120	235	195	1.335×10^5	1.112×10^5
SM 490，SM 490 Y，STK 490，STKR 490	102	325	270		

（5）　許容支圧応力度

許容支圧応力度は，表 3.1.6 に示す値とする．

表 3.1.6　形鋼材の許容支圧応力度

（単位：N/mm²）

種　　類	短期許容応力度（新品材）	長期と短期許容応力度の平均値（再使用材）
SS 400，SM 400，STK 400，STKR 400，SSC 400	320	267
SM 490，SM 490 Y，STK 490，STKR 490	443	369

3. 許容応力度 —21—

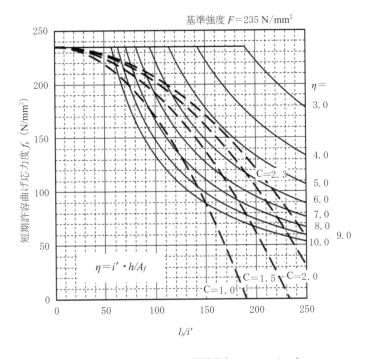

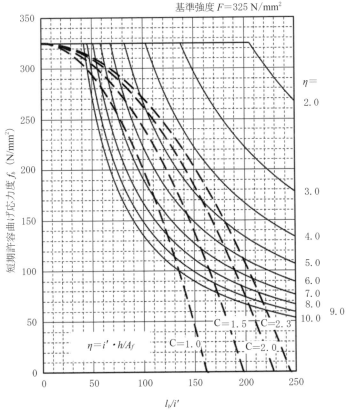

[注] l_b：圧縮フランジの支点間距離
i'：圧縮フランジと梁せいの 1/6 とからなる T 形断面の，ウェブ軸まわりの断面 2 次半径

図 3.1.1 f_b と l_b/i' との関係（短期許容応力度）

3.2 矢　　　板

（1）　鋼矢板

鋼矢板の許容応力度は，表 3.2.1 に示す値とする．

表 3.2.1　鋼矢板の許容応力度

（単位：N/mm²）

種　　　類	許容曲げ引張応力度	許容曲げ圧縮応力度
SY 295	225	225
SS 400	195	195

（2）　木製矢板

木製矢板の許容応力度は，表 3.2.2 に示す値とする．

表 3.2.2　木製矢板の許容応力度

（単位：N/mm²）

樹　　　種	許容曲げ応力度	許容せん断応力度
あかまつ・くろまつ・べいまつ・からまつ・ひば・ひのき・べいひ	13.2	1.03
つが	13.0	1.03
べいつが・もみ・えぞまつ・とどまつ・べにまつ・すぎ・べいすぎ	10.3	0.74
かし	19.1	2.10
くり・なら・ぶな・けやき	14.7	1.50

3.3　鉄筋コンクリート

鉄筋コンクリートを使用する場合の鉄筋とコンクリートの引張・圧縮・せん断，および鉄筋とコンクリートの付着の各許容応力度は，表 3.3.1〜3.3.3 に示す値とする．

表 3.3.1　鉄筋の許容応力度

（単位：N/mm²）

種　　　類	許容圧縮応力度	許容引張応力度	
		せん断補強以外に用いる場合	せん断補強に用いる場合
SR 235	235	235	235
SR 295	295	295	295
SD 295	295	295	295
SD 345	345	345	345
SD 390	390	390	390
SD 490	490	490	490

3. 許容応力度 — 23 —

表 3.3.2 コンクリートの許容応力度

(単位：N/mm²)

	許容圧縮応力度	許容せん断応力度
普通コンクリート	$\dfrac{2}{3}F_c$	$\dfrac{1.5}{30}F_c$ かつ $1.5\times\left(0.49+\dfrac{1}{100}F_c\right)$ 以下

[注] F_c：コンクリート設計基準強度（N/mm²）

表 3.3.3 鉄筋コンクリートに対する許容付着応力度

(単位：N/mm²)

	上 端 筋	その他の鉄筋
異 形 鉄 筋	$\dfrac{1.5}{15}F_c$ かつ $1.5\times\left(0.9+\dfrac{2}{75}F_c\right)$ 以下	$\dfrac{1.5}{10}F_c$ かつ $1.5\times\left(1.35+\dfrac{1}{25}F_c\right)$ 以下
丸 鋼	$\dfrac{6}{100}F_c$ かつ 1.35 以下	$\dfrac{9}{100}F_c$ かつ 2.025 以下

[注]　1）上端筋とは，曲げ材にあって，その鉄筋の下に 300 mm 以上のコンクリートが打ち込まれる場合の水平鉄筋をいう．
　　　2）F_c は，コンクリートの設計基準強度（N/mm²）を表す．
　　　3）異形鉄筋で，鉄筋までのコンクリートのかぶり厚さが鉄筋の径の 1.5 倍未満の場合には，許容付着応力度は本表の値に「かぶり厚さ／（鉄筋径の 1.5 倍）」を乗じた値とする．

3.4　ボ ル ト

（1）　ボルトの引張・せん断応力度

ボルト（中ボルト，高力ボルト）の許容応力度は，表 3.4.1 に示す値とする．

表 3.4.1　ボルトの許容応力度

(単位：N/mm²)

種　　　類	許容引張応力度	許容せん断応力度
中ボルト（強度区分　4.6, 4.8）	240	138
高力ボルト（F 10 T）	465	225

[注]　1）中ボルトの場合，許容力はねじ部有効断面にて算出する．
　　　2）高力ボルトの場合，許容力は軸断面にて算出する．

（2）　ボルト継手の板の支圧応力度

ボルト継手の板（新品材使用に限る）の許容支圧応力度は，ボルトの軸径に板厚を乗じた投影面積について，（3.4.1）式による．ただし，高力ボルト摩擦接合の場合は，許容支圧応力度による検討は不要とする．

$$f_p = 1.875F \tag{3.4.1}$$

記号　f_p：許容支圧応力度（N/mm²）

F：基準強度（N/mm^2）

ただし，Fは接触する材の材質が異なるときは，小さい方の値とする．

3.5 溶 接 部

山留め用鋼材の溶接による溶接部分の許容応力度は，表3.5.1とする．ただし，再使用材を溶接する際の溶接部分の許容応力度は，母材の値を採用して長期許容応力度と短期許容応力度の平均値とする．また，現場溶接の場合は，仮設部材の溶接における施工性および施工精度を考慮し，許容応力度を80％に低減することとする．

表 3.5.1 形鋼材の溶接部許容応力度

（単位：N/mm^2）

種　　　類	継目の形式	許容応力度			
		圧縮	引張	曲げ	せん断
SS 400，SM 400，STK 400，STKR 400，SSC 400	突合せ	235			135
	突合せ以外のもの	135			135
SM 490，SM 490 Y，STK 490，STKR 490	突合せ	325			187
	突合せ以外のもの	187			187

3.6 ソイルセメント

（1） 許容応力度

山留め壁に用いるソイルセメントの許容圧縮応力度・許容せん断応力度は，表3.6.1に示す値とする．

表 3.6.1 ソイルセメントの許容応力度

（単位：N/mm^2）

許容圧縮応力度	許容せん断応力度
$\dfrac{F_c}{2}$	$\dfrac{F_c}{6}$

［注］ F_c：ソイルセメントの設計基準強度（N/mm^2）

ソイルセメントは，原位置の土とセメント系懸濁液を混合・撹拌して造成する．

ソイルセメントの設計基準強度F_cは，一般的に以下の値とする．

砂質土・砂礫土・粘性土（粘土を除く）：$F_c = 0.5$（N/mm^2）

粘土：$F_c = 0.3$（N/mm^2）

ソイルセメントの配合および設計基準強度F_cを定める際には，室内配合試験を行うことを原則とする．ただし，実績の多い地盤において，上記の一般的な設計基準強度F_cを採用する場合には，過去の類似する工事記録を基に標準的な配合を採用してもよい．特殊な地盤や一般的な値より大きな設計基準強度F_cを採用する場合には，室内配合試験を実施する．

3. 許容応力度 — 25 —

（2） ソイルセメントの許容付着応力度

山留め壁に用いるソイルセメントと鋼材との付着応力度は，表3.6.2に示す値とする．ただし，許容付着応力度の上限は，0.15 N/mm² とする．

表 3.6.2 山留め壁に用いるソイルセメントと鋼材
との許容付着応力度

（単位：N/mm²）

許容付着応力度
$\dfrac{F_c}{20}$

［注］ F_c：ソイルセメントの設計基準強度（N/mm²）
　　　　ただし，3 N/mm² を上限とする．

（3） セメントミルクの許容付着応力度

切梁支柱や親杭横矢板などの山留め壁を支持杭として用いるセメントミルクの許容付着応力度は，表3.6.3に示す値とする．ただし，許容付着応力度の上限は，0.675 N/mm² とする．

表 3.6.3 セメントミルクの許容付着応力度

（単位：N/mm²）

許容付着応力度
$\dfrac{3}{100}F_c$

［注］ F_c：セメントミルクの設計基準強度（N/mm²）

3.7 地盤アンカー

（1） 引張材

引張材の許容引張力は，表3.7.1に示す値とする．

表 3.7.1 引張材の許容引張力

（単位：kN）

作 業 種 類	許容引張力
緊張力導入時	$0.75T_{su}$ と $0.85T_{sy}$ の小さい方の値
定着完了時	$0.70T_{su}$ と $0.80T_{sy}$ の小さい方の値

［注］ T_{su}：PC鋼材の規格引張荷重
　　　　T_{sy}：PC鋼材の規格降伏荷重
　　　　　ただし，U字形に曲げ加工された引張材を使用する場合は，本会「建築地盤アンカー設計施工指針・同解説」（2018）[3.1]により低減した値とする．

— 26 —　山留め設計事例集

（2）　注入材

a）許容付着応力度

引張材と注入材の許容付着応力度は，表3.7.2に示す値とする.

表 3.7.2　引張材と注入材の許容付着応力度[3.1]

（単位：N/mm²）

引張材種類	長　期	短　期	仮設時（2年未満）
PC鋼より線 多重よりPC鋼より線 異形PC鋼棒	1.0	1.5	1.25

b）許容圧縮応力度

注入材の許容圧縮応力度は，表3.7.3に示す値とする.

表 3.7.3　注入材の許容圧縮応力度[3.1]

（単位：N/mm²）

長　期	短　期	仮設時（2年未満）
$F_c/3$	長期に対する値の2倍	長期に対する値の1.5倍

［注］　F_cは注入材の設計基準強度で30 N/mm²以上とする.

（3）　定着地盤の摩擦力

定着体周面地盤の許容摩擦応力度は，原則として引抜試験によって定め，表3.7.4に示す値とする.
なお，定着地盤が表3.7.5に示す条件を満足する場合には，引抜試験を省略して許容摩擦応力度を
表3.7.5に示す値とすることができる.

表 3.7.4　引抜試験による場合の許容摩擦応力度[3.1]

（単位：kN/m²）

定着地盤種類	長　期	短　期	仮設時（2年未満）
砂質土，砂礫	$\tau_u/3$　かつ　800　以下	長期に対する値の2倍	長期に対する値の1.5倍
粘性土			
岩	$\tau_u/3$　かつ　1200　以下		

［注］　τ_u：引抜試験によって求めた定着地盤の極限摩擦応力度（kN/m²）

表 3.7.5　引抜試験を省略する場合の許容摩擦応力度[3.1]

（単位：kN/m²）

定着地盤種類（特殊土および岩を除く）	長　期	仮設時（2年未満）
砂質土，砂礫	$\overline{N} \geqq 20$	$6\overline{N}$　かつ　300　以下	$9\overline{N}$　かつ　450　以下
粘性土	$\overline{N} \geqq 7$　または　$\bar{q}_u \geqq 200$	$6\overline{N}$　または　$\bar{q}_u/6$　かつ　300　以下	$9\overline{N}$　または　$\bar{q}_u/4$　かつ　450　以下

［注］　$\overline{N}$：定着地盤のN値（標準貫入試験による打撃回数）の平均値
　　　　$\bar{q}_u$：定着地盤の一軸圧縮強さ（kN/m²）の平均値

（4）　その他の材料

　腹起し・台座などその他の構造材料の許容応力度は，使用材料に応じて第3章の各節に定める許容応力度による．

参 考 文 献

3.1)　日本建築学会：建築地盤アンカー設計施工指針・同解説，pp.83-92，2018.1

4. 山留めの設計

4.1 基本事項

山留めに要求される主な性能を要約すると,以下のとおりである.
① 地下工事期間中に山留め壁や支保工が破壊しないように安全性が確保されること
② 山留め壁および山留め周辺地盤・構造物に過大な変形を生じさせないこと
③ 合理的かつ経済的であること

山留め設計においては,これらの性能を確認することを目的として,山留め部材や地盤の強度ならびに変形の検討を行う.図 4.1.1 に山留め設計のフローの例を示す.各検討項目や手順は一義的に定まるものではなく,設計条件や検討手法などによって異なる.なお,同図には本事例集で関連する第Ⅰ編の章,節を付記した.

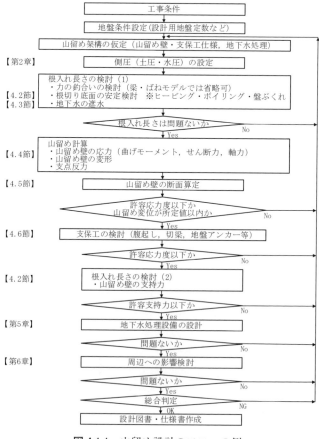

図 4.1.1 山留め設計のフローの例

4. 山留めの設計 　— 29 —

4.2　根入れ長さ

山留め壁の根切り底面から下方の根入れ長さは，下記の項目から総合的に判断して定める．

（1）　側圧による力の釣合い

（2）　根切り底面の安定

（3）　地下水の遮水

（4）　山留め壁の鉛直支持力

以下に各項目の検討方法を示す．

4.2.1　側圧による力の釣合いに対する検討

山留め壁が転倒しないよう，図 4.2.1 を参考に山留め壁の掘削側側圧による抵抗モーメント M_p と背面側側圧による転倒モーメント M_a の関係が，（4.2.1）式および（4.2.2）式を満足するように山留め壁の根入れ長さを決定する．転倒の回転中心 O の位置は，図 4.2.1 に示すように自立山留めでは山留め壁下端とし，支保工を有する山留めでは最下段切梁位置とする．

$$F = \frac{M_p}{M_a} = \frac{P_p l_p}{P_a l_a} \tag{4.2.1}$$

$$F \geqq 1.2 \tag{4.2.2}$$

記号　F：安全率

M_p：掘削側側圧による抵抗モーメント（kN・m）

M_a：背面側側圧による転倒モーメント（kN・m）

P_p：山留め壁掘削側側圧の合力（kN）

P_a：山留め壁背面側側圧の合力（kN）

l_p：転倒の回転中心 O から掘削側側圧の合力 P_p までの距離（m）

l_a：転倒の回転中心 O から背面側側圧の合力 P_a までの距離（m）

親杭横矢板壁の根切り底面以深の側圧は，2.1（1），（2）に示すように，根入れ部分に有効に作用する側圧に換算する．具体的には（2.1.3）式および（2.1.6）式に従い，山留め壁の背面側では親杭の有効幅を D（D：親杭の見付幅）とし，掘削側では地盤条件に応じて（1〜3）D の範囲（沖積粘性土は D，十分締まった砂質土や洪積粘性土は $3D$）で設定する（ただし，（1〜3）$D/a \leqq 1$，a：親杭間隔）．

側圧のバランスが崩れることによる山留め壁の転倒の危険性は，自立山留めおよび 1 段支保工の山留めで高いため，特に自立山留めおよび 1 段支保工の山留めに対しては，原則として側圧の釣合いに対する検討を行うこととする．1〜2 段支保工の山留めでは，最終根切り以前の段階で転倒に対して最も危険な状態となる場合があるので注意する．

なお，4.4.1 に示す梁・ばねモデルでは，地盤の塑性化を考慮して掘削側地盤の側圧に上限値を設けていることから，側圧の釣合いによる検討を省略できるものとする．ただし，梁・ばねモデルを用いる場合には，山留め壁の根入れ部に過大な変位が生じないように根入れ長さを設定する．特に，軟弱地盤では床付け以深の山留め変位が大きくなる傾向があるため，山留め壁の最大変位だけ

でなく山留め壁先端部の変位にも配慮して根入れ長さを決定する．自立山留めや1段支保工の山留めについては，多段支保工の山留めと比べて安定性が低いことから余裕をもって検討を行う．

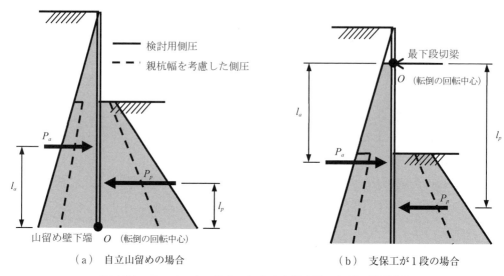

（a）自立山留めの場合　　　　　　　（b）支保工が1段の場合

図 4.2.1　モーメントの釣合いによる山留め壁の転倒の検討方法

4.2.2　根切り底面の安定に対する検討（ヒービング，ボイリング，盤ぶくれ）

根切り底面の安定の検討は，ヒービング，ボイリングおよび盤ぶくれについて行うが，ヒービングを生じさせない十分な深さまで山留め壁を根入れする．また，ボイリングおよび盤ぶくれに対する安全を十分に確保し得る深さまで遮水性の山留め壁を根入れする．おのおのに対する検討方法は4.3に示す．

4.2.3　地下水の遮水に対する検討

根切り場内への周辺からの地下水の回り込みを防止するためには，遮水性の山留め壁が難透水層に確実に根入れされていることが必要となる．そこで，地盤の透水性などを考慮して根入れ長さを確保する．

4.2.4　山留め壁の鉛直支持力に対する検討

山留め壁に鉛直荷重が作用する場合は，山留め壁の鉛直支持力について検討し，鉛直荷重を十分支持できるよう根入れ長さを定める．

・先端が砂質土の場合

$$R_a = \frac{1}{2}\left\{\alpha\overline{N}A_p + \left(\frac{10\overline{N}_s L_s}{3} + \frac{\overline{q}_u L_c}{2}\right)\psi\right\} \tag{4.2.3a}$$

・先端が粘性土の場合

$$R_a = \frac{1}{2}\left\{6c_u A_p + \left(\frac{10\overline{N}_s L_s}{3} + \frac{\overline{q}_u L_c}{2}\right)\psi\right\} \tag{4.2.3b}$$

記号　R_a：単位幅あたりの山留め壁の許容支持力（kN/m）

　　　α：山留め壁先端地盤の支持力係数

　　　　　打込み杭工法系の山留め壁：$\alpha = 300$

　　　　　埋込み杭工法系の山留め壁：$\alpha = 200$

　　　　　場所打ち杭工法系の山留め壁：$\alpha = 150$（ソイルセメント壁の場合　$\alpha = 75$）

　　　$\overline{N}$：山留め壁先端付近の地盤の平均 N 値　ただし，$N \leq 100$，$\overline{N} \leq 60$ とする．

　　　A_p：単位幅あたりの山留め壁先端の有効断面積（m^2/m）〔図 4.2.2 参照〕

　　　$\overline{N}_s$：根切り底から山留め壁先端までの地盤のうち，砂質土部分の平均 N 値（ただし，$\overline{N}_s \leq 30$）

　　　L_s：根切り底以深で砂質土部分にある山留め壁の長さ（m）

　　　$\overline{q}_u$：根切り底から山留め壁先端までの地盤のうち，粘性土部分の平均一軸圧縮強さ（kN/m^2）（ただし，$\overline{q}_u \leq 200$ kN/m^2）

　　　L_c：根切り底以深で粘性土部分にある山留め壁の長さ（m）

　　　ψ：単位幅あたりの山留め壁の周長（m/m）〔地盤と接している部分．図 4.2.2 参照〕

　　　c_u：山留め壁先端粘性土の非排水せん断強さ（kN/m^2）（$c_u = q_u/2$ としてもよい）

　　　q_u：山留め壁先端粘性土の一軸圧縮強さ（kN/m^2）

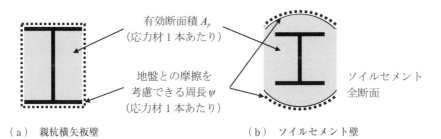

図 4.2.2　支持力評価に用いる山留め壁先端の有効断面積 A_p および周長 ψ

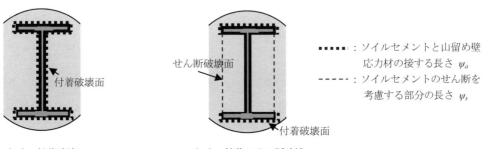

図 4.2.3　ソイルセメント壁の破壊面

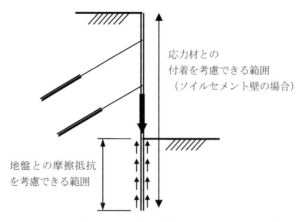

図 4.2.4 山留め壁の鉛直方向摩擦力を考慮できる範囲

　山留め壁に作用する鉛直力に対して，図4.2.3に示すように，ソイルセメントと応力材の付着・せん断破壊あるいは応力材先端のソイルセメントの破壊が生じる可能性があるため，ソイルセメントと応力材の付着・先端支圧から定まる許容鉛直力 R_{a2}〔(4.2.4)式〕が，山留め壁の許容支持力 R_a〔(4.2.3a)，(4.2.3b) 式〕より大きいことを確認する．R_{a2} が R_a より小さい場合は，許容支持力として R_{a2} を採用する．なお，(4.2.4) 式を算定する際，山留め壁の応力材とソイルセメントの付着抵抗は，根切り底面より上部についても有効と考えてよい〔図4.2.4参照〕．ただし，根切り底以浅で掘削側のソイルセメントを除去した部分は，除去した掘削側の付着抵抗を考慮しない．

$$R_{a2}=\min\{f_a \cdot \psi_a \cdot L_h+f_c \cdot A_h,\ (f_a \cdot \psi_a+f_s \cdot \psi_s)\ L_h+f_c \cdot A_{hp}\}/a \qquad (4.2.4)$$

　　記号　R_{a2}：応力材とソイルセメントの付着・せん断および先端抵抗から定まる単位幅あたりの許容鉛直力（kN/m）
　　　　　L_h：山留め壁応力材の長さ（m）
　　　　　f_a：ソイルセメントの許容付着応力度（kN/m^2）〔表3.6.2参照〕
　　　　　f_c：ソイルセメントの許容圧縮応力度（kN/m^2）〔表3.6.1参照〕
　　　　　ψ_a：ソイルセメントと山留め壁応力材の接する長さ（m）〔図4.2.3参照〕
　　　　　A_h：山留め壁応力材の先端面積（m^2）
　　　　　f_s：ソイルセメントの許容せん断応力度（kN/m^2）〔表3.6.1参照〕
　　　　　ψ_s：ソイルセメントのせん断を考慮する部分の長さ（m）〔図4.2.3参照〕
　　　　　A_{hp}：山留め壁応力材の閉塞断面の面積（m^2）
　　　　　a：山留め壁応力材のピッチ（m）

　親杭横矢板壁およびソイルセメント壁の極限先端支持力は，応力材の下端深度において算定する．また，山留め壁と地盤の摩擦抵抗を考慮できる範囲は，図4.2.4に示すように根切り底面以深とする．地震時に液状化が予想される場合は，その範囲の地盤の抵抗力を期待できないので注意する．

4.3 根切り底面の安定
4.3.1 ヒービングの検討

ヒービング現象とは，根切りに伴い周囲の地盤が掘削側に回り込み，根切り底面が盛り上がってくる現象で，一般に軟弱粘性土地盤に対して発生しやすい．ヒービングに対する安全の検討は表4.3.1 の (4.3.1) 式および (4.3.2) 式による．なお，自然含水比が液性限界に近い，あるいはそれを超えるような鋭敏な粘性土の場合は，土質試験結果を低めに評価する配慮が必要である．また，上載荷重は適切に評価した値を用いるが，上載荷重がない場合でも，一般車両の通行や軽微な資材の仮置等に備え，10 kN/m² 程度の上載荷重を考慮することが望ましい．

表 4.3.1　ヒービングに対する安全の検討

切梁を用いる場合（図 4.3.1（a）参照）	自立山留めの場合（図 4.3.1（b）参照）
$F = \dfrac{M_r}{M_d} = \dfrac{x\int_0^{\pi/2+\alpha} s_u x d\theta}{W\dfrac{x}{2}} \geq 1.2$ 　　(4.3.1)	$F = \dfrac{M_r}{M_d} = \dfrac{x\int_0^{\pi} s_u x d\theta}{W\dfrac{x}{2}} \geq 1.5$ 　　(4.3.2)

記号　　F：ヒービングに対する安全率

M_r：単位奥行きあたりのすべり面に沿う地盤のせん断抵抗モーメント（kN・m/m）

M_d：単位奥行きあたりの背面土塊などによる滑動モーメント（kN・m/m）

s_u：地盤の非排水せん断強さ（kN/m²）

x：検討すべり円弧の半径（m）

α：最下段切梁中心から根切り底面までの間隔と検討すべり円弧の半径で決まる角度（rad）ただし，$\alpha < \pi/2$

W：単位奥行きあたりの滑動力（kN/m）　　$W = x(\gamma_t H + q)$

H：根切り深さ（m）

γ_t：土の湿潤単位体積重量（kN/m³）

q：地表面で考慮する上載荷重（kN/m²）

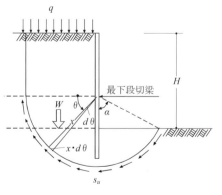
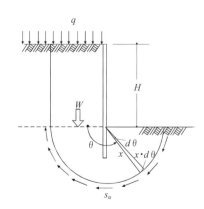

（a）切梁のある場合　　　　　　（b）自立山留めの場合

図 4.3.1　ヒービングの検討

―34― 山留め設計事例集

また，ヒービングの可能性を判断する目安としてペック（Peck）の提案式がある．ペックは，ヒービングの安定性も含めた根切り底面の安定性として，（4.3.3）式の根切り底面の安定係数を定義し，ヒービングも含め根切り底面の状態と根切り底面の安定係数の関係は次のように表現できるとした[4.1]．

$$N_b = \frac{\gamma_t H}{s_{ub}} \qquad\qquad (4.3.3)$$

記号　N_b：根切り底面の安定係数

　　　N_{cb}：底部破壊もしくはヒービングが発生する限界の N_b

　　　γ_t：土の湿潤単位体積重量（kN/m³）

　　　H：根切り深さ（m）

　　　s_{ub}：根切り底面以下の粘土の非排水せん断強さ（kN/m²）

　　　　　　（一軸圧縮強さ q_u の 1/2，すなわち粘着力 c に等しいとしてよい）

ⅰ）$N_b < 3.14$　根切り底面の上向きの変位はほとんど弾性的で，その量は小さい．

ⅱ）$N_b = 3.14$　塑性域が根切り底面から広がり始める．

ⅲ）$N_b = 3.14 \sim 5.14$　根切り底面の膨れ上がりが顕著になる．

ⅳ）$N_{cb} = 5.14$　極限に達して根切り底面は底面破壊，もしくはヒービングにより継続的に持ち上がる．

ペックの式では，ヒービングの可能性を判断する目安として，安定係数 N_b は 4 程度以下が望ましい．

4.3.2　ボイリングの検討

ボイリング現象とは，砂質土のように透水性の大きい地盤で遮水性の山留め壁を用いて根切りする場合，根切りに伴う山留め壁内外の水位差によって根切り底面付近の砂質土地盤に上向きの浸透流が生じ，砂が沸騰したような状態となって地盤が破壊する現象をいう．ボイリングに対する安全の検討は（4.3.4）式による〔図 4.3.2 参照〕〔テルツァーギ（Terzaghi）の方法〕．

$$F = \frac{2\gamma' D}{\gamma_w h_w} \geqq 1.2 \qquad\qquad (4.3.4)$$

記号　F：ボイリングに対する安全率

　　　γ'：土の水中単位体積重量（kN/m³）

　　　D：遮水性の山留め壁の根切り底面からの根入れ深さ（m）

　　　h_w：水位差（m）

　　　γ_w：水の単位体積重量（kN/m³）

4. 山留めの設計 — 35 —

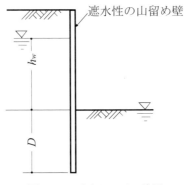

図 4.3.2 ボイリングの検討

4.3.3 盤ぶくれの検討

盤ぶくれとは，図 4.3.3 に示すように難透水層の下に被圧帯水層がある地盤で根切りを行う場合，根切りによる土被り圧の減少に伴い，被圧地下水の揚圧力によってその上の根切り底面が持ち上がる現象をいう．盤ぶくれに対する安全の検討は (4.3.5) 式による．なお，被圧水頭 h は工事期間中の最大値を設定する．

$$F = \frac{\gamma_t d}{\gamma_w h} > 1.0 \tag{4.3.5}$$

記号　F：盤ぶくれに対する安全率
　　　γ_t：土の湿潤単位体積重量（kN/m^3）
　　　d：根切り底から難透水層下端までの距離（m）〔図 4.3.3 参照〕
　　　γ_w：水の単位体積重量（kN/m^3）
　　　h：被圧帯水層の水頭（m）
　　　$\gamma_w h$：難透水層下端に作用する被圧水による揚圧力（kN/m^2）

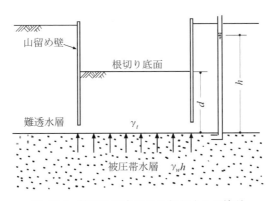

図 4.3.3 被圧地下水による盤ぶくれの検討

4.4 山留め壁の応力・変形

山留め壁の応力および変形は，各次根切りおよび各支保工撤去などのそれぞれの施工段階について算定する．以下に，指針に示されている4つの計算方法の概要を示す．

4.4.1 梁・ばねモデル

梁・ばねモデルは図4.4.1に示すように，山留め壁を梁，支保工および地盤をばねにモデル化して，山留め壁の応力・変形および支点反力を算定する方法である．

（1） モデルの概要

① 山留め壁は有限長で，両端の境界条件は自由とする．
② 山留め壁は均一な弾性体と仮定する．
③ 山留め壁背面側の側圧は，2.1（1）に示す背面側側圧とし，山留め壁の変形にかかわらず施工段階を通して一定と仮定する．
④ 山留め壁の根入れ部分には，地盤の強度・変形特性から定まる分布ばねを設定する．
⑤ 切梁，地盤アンカー，本設躯体などによる支持点は，集中ばねとして評価する．
⑥ 計算はそれぞれの施工段階ごとに独立して行うが，各段支保工などの設置条件を考慮することで施工過程の連続性を評価する．

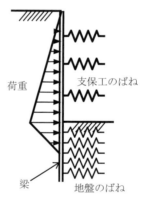

図 4.4.1 梁・ばねモデル

（2） 側圧と荷重

山留め壁に作用する側圧の模式図を図4.4.2に，梁・ばねモデルの荷重と水平地盤反力を図4.4.3に示す．梁・ばねモデルの荷重は，2.1（1）に定める背面側の側圧［(2.1.1) 式あるいは (2.1.2) 式］から2.1（3）に定める平衡側圧［(2.1.7) 式］を差し引いた側圧に，計算上の山留め壁の単位幅 B を乗じた値とする．また，山留め壁の変位に応じて掘削側根入れ部に作用する水平地盤反力の増分は，2.1（2）に定める掘削側の側圧の上限値［(2.1.4) 式あるいは (2.1.5) 式］から2.1（3）に定める平衡側圧［(2.1.7) 式］を差し引いた側圧に，計算上の山留め壁の単位幅 B を乗じた値を超えないものとする．水平地盤反力の増分は，山留め壁の変位と水平地盤反力係数および計算上の山留

め壁の単位幅 B を乗じて算定する．なお，親杭横矢板壁の場合は，根切り底面以深の側圧を 2.1（1）～（3）の（2.1.3），（2.1.6）式および（2.1.10）式に示すように，根入れ部分に有効に作用する側圧に換算する．

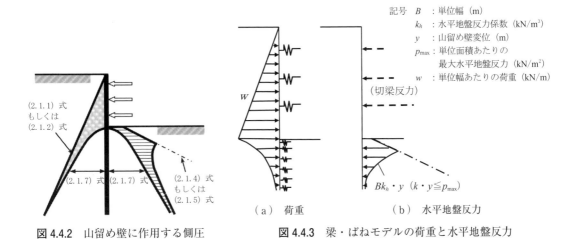

図 4.4.2　山留め壁に作用する側圧　　　図 4.4.3　梁・ばねモデルの荷重と水平地盤反力

（3）水平地盤反力

水平地盤反力 p_h は，（4.4.1）式および（4.4.2）式で評価する．指針における水平地盤反力係数 k_h の推奨範囲を図 4.4.4 に示す．図 4.4.4 は，一般的な親杭横矢板壁においても適用できるが，その際，親杭見付幅 D および親杭間隔 a の影響は考慮せず，山留め壁の単位幅 B あたりの水平地盤反力係数として考える．

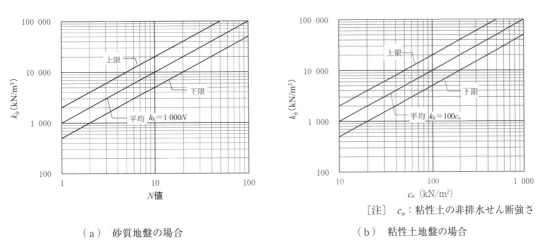

図 4.4.4　水平地盤反力係数の推奨範囲

$$p_h = B \cdot p \tag{4.4.1}$$
$$p = k_h \cdot y \tag{4.4.2}$$
ただし，$p \leq p_{max}$

p_h：単位幅あたりの水平地盤反力（kN/m）

p：単位面積あたりの水平地盤反力（kN/m²）

$p_{\max}$：単位面積あたりの最大水平地盤反力（kN/m²）

k_h：水平地盤反力係数（kN/m³）

B：単位幅（m）

y：山留め壁の水平変位（m）

（4）　支保工の支持点

切梁，床スラブおよび地盤アンカーの水平方向ばね定数を表 4.4.1 に示す．

一般の鋼製切梁のばね定数 K は（4.4.3）式で与えられる．式中の α は，切梁に緩みがある場合や山留め架構全体の水平移動が無視できない場合に，それらの影響を考慮するための低減係数であるが，ジャッキ等でプレロードを与え，切梁の緩みを除去した場合は $\alpha = 1.0$ としてよい．また，切梁全長が大きい場合や，地盤が軟弱で山留め架構全体の水平移動が予測される場合は，l を大きめに設定することが望ましい．

逆打ち工法の場合や切梁・地盤アンカー撤去時の地下躯体梁・スラブによる支持点のばね定数 K は（4.4.4）式で算定する．支保工となる床・梁は鉄筋コンクリートである場合が多く，乾燥収縮による剛性低下が生じることが多いため，クリープによる剛性低下を考慮する[4.2)]．

地盤アンカーの水平方向ばね定数は（4.4.5）式で算定する．（4.4.5）式中の L_{fl} は地盤アンカー引張材の自由長とする．なお，定着体に耐荷体を分散させて配置する地盤アンカーの場合は，図 4.4.5 に示すようにアンカー頭部から各耐荷体までの距離の平均値とすればよい．

表 4.4.1　支保工の水平方向ばね定数

鋼製切梁の場合	逆打ち躯体などの場合	地盤アンカーの場合
$K = \alpha \dfrac{2EA}{al}$ （4.4.3）	$K = \dfrac{2EA}{al} \times \dfrac{1}{1+\phi(t)}$ （4.4.4）	$K = \dfrac{EA}{aL_{fl}}\cos^2\theta$ （4.4.5）
α：切梁の緩みを表す係数（0.5～1.0 とし，ジャッキ等で緩みを除去する場合は 1.0 とする） E：切梁のヤング係数（kN/m²） A：切梁の有効断面積（ボルト孔考慮）（m²） a：切梁の水平間隔（m） l：切梁の長さ（m）	E：逆打ち躯体のヤング係数(kN/m²) A：逆打ち躯体の単位幅あたりの断面積（m²） a：逆打ち躯体の単位幅（m） l：逆打ち躯体の長さ（m） $\phi(t)$：経過時間に応じたクリープ係数	E：地盤アンカー引張材のヤング係数（kN/m²） A：地盤アンカー引張材の断面積（m²） a：地盤アンカーの水平間隔（m） L_{fl}：引張材の自由長（m） θ：水平面と地盤アンカーの角度（°）

4. 山留めの設計 —39—

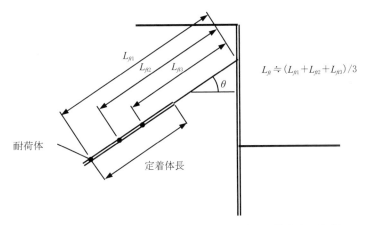

図 4.4.5 地盤アンカー引張材の自由長（分散耐荷体方式の場合）

（5） 両面ばねモデル

両面ばねモデルは，背面側にも地盤ばねを設ける梁・ばねモデルである．通常の梁・ばねモデルにおいては，背面側側圧として山留め壁に変形が生じた後の側圧（主働側圧）を用いるが，両面ばねモデルでは，図 4.4.6 に示すように，根切り開始前の初期側圧（一般に静止側圧）を設定し，根切りにより除荷される側圧やプレロード荷重を各ステップの設計荷重として山留め計算を行う．山留め壁の変位に伴う側圧変化は水平地盤反力と見なすことで，根切りに伴う背面側および掘削側の側圧変化を考慮することができる．

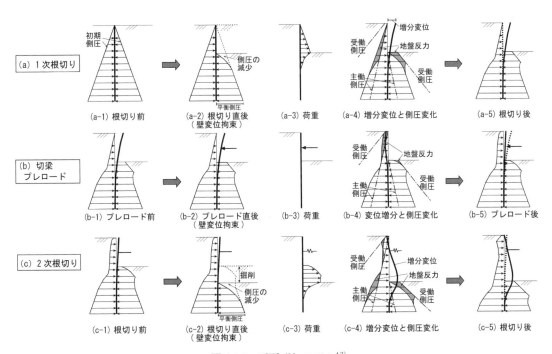

図 4.4.6 両面ばねモデル[4.3)]

4.4.2 自立山留めの梁・ばねモデル

本算定方法は，梁・ばねモデルによる方法のうち自立山留めを対象とした簡易的な方法で，一般にチャン（Chang）の方法と呼ばれるものである．図 4.4.7 に示すように，一様な地盤中の半無限長の梁に水平力が作用した場合の応力・変形を求める方法として用いられる．自立山留め以外にも，支保工を有する山留めの 1 次根切り時の検討用として，単純梁モデル〔4.4.3 参照〕と組み合わせて用いられる．

（1） モデルの概要

① 山留め壁は，ばねで支持された半無限長の梁とする．
② 山留め壁および地盤は，いずれも一様な弾性体として扱う．
③ 設計用の背面側側圧は，根切り底面以浅における (2.1.1) 式あるいは (2.1.2) 式の側圧とする．
④ 根切り底面以深における背面側側圧および山留め壁背面の上載荷重によって増加する側圧について適宜考慮する．
⑤ 設計荷重は，上記側圧の合力を分布形の重心位置に集中荷重として作用させる．

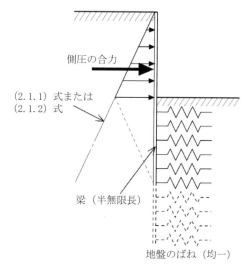

図 4.4.7 自立山留めにおける簡易な梁・ばねモデル

（2） 応力・変形

山留め壁の応力・変形は，下式により求める〔図 4.4.8 参照〕．

$$y_a = \frac{P_a\{(1+\beta h)^3 + 1/2\}}{3EI\beta^3} \tag{4.4.6}$$

$$\theta_a = \frac{P_a(1+\beta h)^2}{2EI\beta^2} \tag{4.4.7}$$

$$y_g = \frac{P_a(1+\beta h)}{2EI\beta^3} \tag{4.4.8}$$

$$y_o = y_a + \theta_a l = \frac{P_a}{EI\beta^2}\left\{\frac{(1+\beta h)^3 + 1/2}{3\beta} + \frac{(1+\beta h)^2 l}{2}\right\} \quad (4.4.9)$$

$$M_{\max} = P_a \frac{\sqrt{(1+2\beta h)^2 + 1}}{2\beta}\exp\left(-\tan^{-1}\frac{1}{1+2\beta h}\right) \quad (4.4.10)$$

$$Q_{\max} = P_a \quad (4.4.11)$$

記号　　y_a：P_a の作用点での山留め壁の変位（m）

　　　　P_a：単位幅あたりの分布荷重の合力（kN）

　　　　E：山留め壁材料のヤング係数（kN/m^2）

　　　　I：単位幅あたりの山留め壁の断面 2 次モーメント（m^4）

　　　　B：単位幅（m）

　　　　k_h：水平地盤反力係数（kN/m^3）

　　　　β：特性値（m^{-1}）で，（4.4.12）式による．

$$\beta = \sqrt[4]{\frac{k_h B}{4EI}} \quad (4.4.12)$$

　　　　h：P_a の作用点から根切り底面までの距離（m）

　　　　θ_a：P_a の作用点での傾斜角（rad）

　　　　y_g：根切り底面での山留め壁の変位（m）

　　　　y_o：山留め壁頭部の変位（m）

　　　　l：P_a の作用点から山留め壁頭部までの距離（m）

　　　　$M_{\max}$：単位幅あたりの山留め壁の最大曲げモーメント（kN・m）

　　　　$Q_{\max}$：単位幅あたりの山留め壁の最大せん断力（kN）

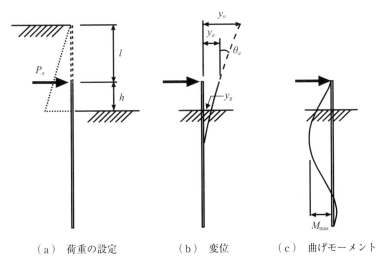

（a）荷重の設定　　（b）変位　　（c）曲げモーメント

図 4.4.8　自立山留めの簡易な梁・ばねモデルによる算定方法

（3） 設計用側圧・荷重

本算定方法では，計算を簡便にするために，根切り面以深の荷重は考慮しない方法が慣用的に用いられている．本指針でも，基本的にはその方法を踏襲するが，荷重を過小に評価することは危険側の設計になる可能性がある．したがって，根切り底までの荷重の設定にあたっては，一般の梁・ばねモデルによる場合よりも大きめに設定することが望ましい．なお，軟弱地盤では，図 4.4.9 に示すように根切り底以深の側圧を考慮した計算法を用いた方が実測値との整合がよいとの報告がある[4.4]．

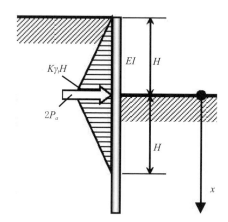

図 4.4.9 自立山留めの簡易な梁・ばねモデルによる算定方法[4.4]に加筆

（4） 水平地盤反力係数

地盤が均一であることが本算定方法の適用条件の一つであるが，山留め壁の挙動に影響を及ぼす地盤は，根切り底面から $1/\beta$ 程度までの範囲であるため，その間の地盤性状が極端に変化している場合には本算定方法は適さない．また，本算定方法では地盤の塑性化を考慮していないため，(4.4.8) 式で求められる根切り底面での山留め壁の変位 y_g が 1 cm 程度を超える場合には，低減した k_h 値を用いることが望ましい．

（5） 根入れ長さ

山留め壁を半無限長の梁と見なせることが本算定方法の適用条件の一つである．そのためには，山留め壁の根入れ長さ D_f（m）が π/β 程度より大きいことが望ましく，少なくとも (4.4.13) 式を満足することが必要である．

$$D_f \geqq \frac{2}{\beta} \tag{4.4.13}$$

記号　D_f：山留め壁の根入れ長さ（m）

なお，根入れ長さの決定にあたっては，上記とは別に 4.2（1）に示した側圧による力の釣合い条件を満たすことを確認する必要がある．

4.4.3 単純梁モデル

（1） モデルの概要

単純梁モデルは，図 4.4.10 に示すように山留め壁を切梁支点間，あるいは切梁支点と地盤内の仮想支点間をスパンとする単純梁に分割して扱う方法である．1 次根切り時については，山留め壁が自立状態となるため，4.4.2「自立山留めの梁・ばねモデル」により検討する．また，切梁の撤去時には，切梁と地下構造体を支点とする単純梁モデル，最上段切梁の撤去時には，地下構造体を支点とする片持梁により計算する．単純梁モデルは，一般的に山留め壁の応力と支点反力を求めるための方法であるが，（5）「変位の算定」に示す方法により，2 段切梁程度の比較的浅い根切りに対しては変位を求めることもできる．

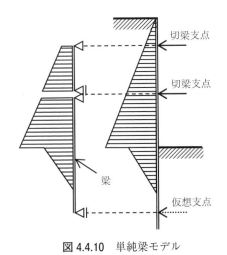

図 4.4.10 単純梁モデル

（2） 設計用側圧

単純梁モデルにおける設計側圧は，図 4.4.11 に示すように，根切り底以浅においては，2.1（1）の（2.1.1）式あるいは（2.1.2）式に定める背面側の側圧が，また，根切り底以深においては，2.1（1）の（2.1.1）式あるいは（2.1.2）式に定める背面側の側圧から，2.1（2）の（2.1.4）式に定める掘削側の側圧の上限値を差し引いた側圧が，山留め壁背面に外力として作用するものとする．ただし，親杭横矢板壁の場合における根切り底以深の設計側圧は，上記の差し引いた側圧の値が小さいことが多いため，一般的には考慮しない．

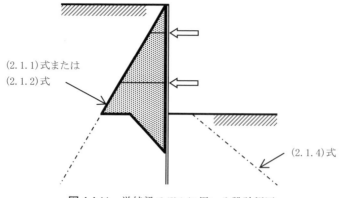

図 4.4.11 単純梁モデルに用いる設計側圧

（3） 仮想支点の算出

　仮想支点は，図 4.4.12 に示すように各次根切りの最下段切梁を中心とするモーメントの釣合いから，背面側側圧による回転モーメントと掘削側側圧による抵抗モーメントが等しくなる長さ（釣合い長さ）を求め，その際の掘削側側圧の合力作用位置とする．

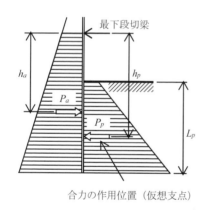

記号　M_a：背面側側圧による回転モーメント
　　　　　（$=P_a \cdot h_a$）
　　　P_a：背面側側圧の合力
　　　h_a：最下段切梁位置から背面側側圧の合力の
　　　　　作用位置までの距離
　　　M_p：掘削側側圧による抵抗モーメント
　　　　　（$=P_p \cdot h_p$）
　　　P_p：掘削側側圧の合力
　　　h_p：最下段切梁位置から掘削側側圧の合力の
　　　　　作用位置までの距離
　　　L_p：$M_a = M_p$ となる根入れ長さ（釣合い長さ）

図 4.4.12　仮想支点の算出

（4） 切梁および腹起しに作用する支点反力の算出

　各根切り段階における切梁および腹起しに作用する荷重は，図 4.4.13 に示すように単純梁モデルの支点反力とする．ただし，山留め壁の応力算定時と異なり，1段目切梁より上部の側圧も考慮する．2次根切り時においては，図 4.4.13（a）に示す1段目切梁位置の支点反力とする．2段目以深の支点反力は，図 4.4.13（b）に示すように，上下の単純梁モデルにおける各支点反力の和とする．地下構造体構築後の例えば図 4.4.13（c）に示す2段目切梁撤去時には，地下構造体による固定位置と1段目切梁位置を支点として反力を算出する．この他に，切梁および腹起しの支点反力を直接求める簡易的な方法として，1/2分割法および下方分担法がある．これらの手法については，指針を参照されたい．

4. 山留めの設計 ― 45 ―

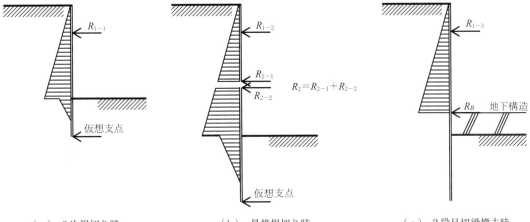

（a） 2次根切り時　　　　（b） 最終根切り時　　　　（c） 2段目切梁撤去時

記号　　R_{1-1}：2次根切り時における1段目切梁の支点反力
　　　　R_{1-2}：最終根切り時における地表面～2段目切梁間で算定した1段目切梁の支点反力
　　　　R_{1-3}：2段目切梁撤去時における1段目切梁の支点反力
　　　　R_{2-1}：最終根切り時における地表面～2段目切梁間で算定した2段目切梁の支点反力
　　　　R_{2-2}：最終根切り時における2段目切梁～仮想支点間で算定した2段目切梁の支点反力
　　　　R_2：2段目切梁の支点反力（$R_2 = R_{2-1} + R_{2-2}$）
　　　　R_B：地下構造体の固定位置の支点反力

図 4.4.13　単純梁モデルの支点反力

（5）変位の算定

単純梁モデルは，本来は山留め壁の応力を算定するためのモデルであるが，支保工が2段切梁程度の比較的浅い根切り（15 m程度まで）に限定して，単純梁モデルにより変位を算定できるものとする．以下にその手順を示す[4,5]〔図 4.4.14〕．

① 1次根切り時の山留め壁変位量を自立山留めの梁・ばねモデルを用いて算定する．
② i次根切り時の増分変位量を単純梁モデルを用いて算定する．
③ ②で算定した切梁位置の支点反力（すなわち，切梁の最大軸力）から，（4.4.14）式を用いて切梁圧縮量 δ_i を算定し，図 4.4.14（b）・（c）に示すように仮想支点位置の変位を0として，切梁以深の変位分布を直線補完する．また，切梁位置から地表面までは切梁圧縮量 δ_i と同値とする．ここで（$P_{i-\max} - P_{i-PL}$）<0 の場合は，$\delta_i = 0$ とする．なお，プレロードによる山留め変位の戻り量は，原則として無視する．

$$\delta_i = (P_{i-\max} - P_{i-PL})/K_i \tag{4.4.14}$$

記号　　δ_i：i段切梁の圧縮量（m）
　　　　$P_{i-\max}$：i段切梁の単位幅あたりの最大軸力（kN/m）
　　　　P_{i-PL}：i段切梁の単位幅あたりのプレロード（kN/m）
　　　　　　　　プレロードの効果を考慮しない場合は0とする．
　　　　K_i：i段切梁の単位幅あたりのばね定数（kN/m/m）

④ 上記①，②，③の合計値を，i次根切り時の総変位量とする．

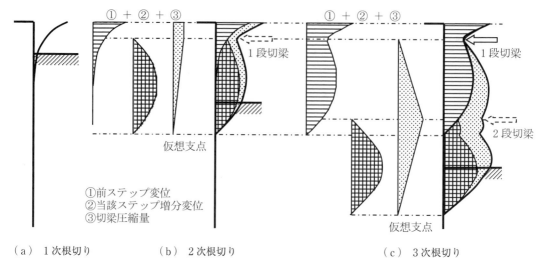

図 4.4.14 単純梁モデルによる山留め変位算定方法[4,5]

4.4.4 有限要素法（FEM）

　有限要素法（Finite Element Method；以下，FEM という）は，連続体を単純な形状・性質の有限な要素に分割して全体の挙動を計算する手法である．モデルの領域・形状や荷重の与え方，地盤の解析定数や構成則を適切に考慮することにより，施工時の挙動を表現することができる．

　FEM は，海外では山留めの計算手法として用いられることが多いが，国内では通常の山留め架構の設計に用いられることは比較的少なく，山留め設計の実務においては，「偏土圧」，「多段山留め」，「地盤改良」，「法残し掘削」，「杭施工」，「3次元問題」など，図4.4.15に示すような特殊な形状・条件における山留め挙動や，地下水処理の検討，周辺への影響評価に活用される場合がほとんどである．4.4.5 には，梁・ばねモデルなどによる特殊な形状・条件下の山留め設計を示すが，FEM によれば直接実条件を模擬したモデル化・解析を行うことができる．なお，FEM を近接山留めの検討に用いる場合については，第6章「周辺への影響検討」を参照されたい．

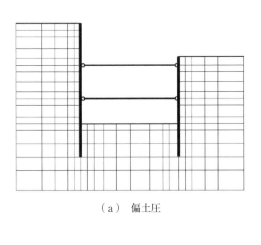
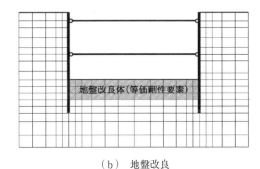

（a） 偏土圧　　　　　　　　　　　　　（b） 地盤改良

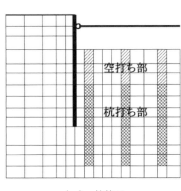
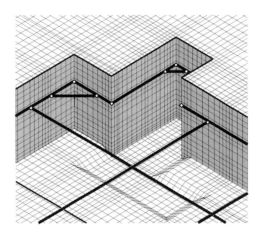

（c） 杭施工　　　　　　　　　　　　　（d） 3次元問題

図 4.4.15 FEM による特殊な形状・条件下における山留めの計算例

4.4.5 特殊な形状・条件における山留めの設計

特殊な形状・条件の山留めとして，地盤の高低差などにより生じる偏土圧，根切り深さが建物外周部と中央部で異なる場合の多段山留め，軟弱地盤で事前に根切り側の地盤を改良し，山留め壁の変位を抑制する方法などが挙げられる．これらの山留めの設計には，4.4.4 に示す FEM を用いる場合があるが，側圧や地盤ばねなどを条件に応じて適切に設定することにより，梁・ばねモデルを用いた近似的な計算を行うこともできる．以下に「偏土圧を受ける山留め」と「根切り側の地盤を改良した山留め」の概要を示す．これらの詳細やその他の工法については，指針を参照されたい．

（1） 偏土圧を受ける山留め

偏土圧を受ける山留めの概要を図 4.4.16 に示す．偏土圧が生じる条件としては，図 4.4.16 に示す周辺地盤の高低差のほかに，根切り深さや上載荷重の差，山留め壁の剛性の差などがある．偏土圧を受ける山留めの設計法を以下に示す．

① 対面する山留め壁の切梁軸力の差をプレロードとする解析法
② 対面する両側の山留め壁を一つの構造として解析する方法

①の方法は，図 4.4.16 に示す A 壁・B 壁それぞれの側圧を用いて個別に山留め解析を行い，各

壁の計算で得られた切梁軸力差（支点反力差）ΔR をそれぞれの山留め壁にプレロードとして作用させて，偏土圧が作用する山留め架構の解析を行う．

②の方法は，対面する両側の山留め壁を，切梁を介して一つの構造でモデル化して一体解析する方法である．山留め架構全体を直接モデル化することができ，より厳密な解が得られるが，梁・ばねモデルを改良する必要があるため，一般的な梁・ばねモデルを用いる場合は，①の手法で検討する必要がある．

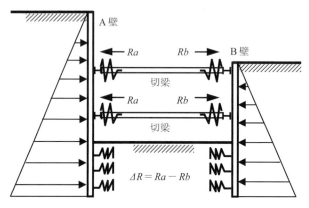

Ra ： A 壁の切梁軸力
Rb ： B 壁の切梁軸力
ΔR ：切梁軸力の差

図 4.4.16 偏土圧の例

（2） 根切り側の地盤を改良した山留め

地盤が軟弱な場合，山留め変位を抑制する対策として，根切り側地盤を事前に深層混合処理工法（機械撹拌工法，噴射撹拌工法）などで改良し，根切り側の抵抗を増大させる方法が用いられる．山留め変位抑制の目的で採用される地盤改良工法の例を図 4.4.17 に示す．

a）全面改良

全面改良は，図 4.4.17（a）に示すように，根切り底地盤を全面的に改良し，山留め壁の安定性を増加させる工法である．改良の効果は，粘着力の増加と根切り側地盤の水平地盤反力係数の増加として改良体強度などから定量的に評価する．

b）ストラット状改良

ストラット状改良は，図 4.4.17（b）に示すように，山留め壁に直交する梁状の改良体を適切な間隔で構築する工法で，向かい合う山留め壁間に連続した改良体を造成するため，根切り面積が比較的小さい工事や，軟弱地盤が厚く改良体下端を硬質地盤に根入れできない場合などに適している．改良の効果は，改良体による掘削側側圧の上限値の増加を考慮し，水平地盤反力係数は，図4.4.18の例に示すようにストラットの水平地盤反力係数（k_{hs}）と無改良部の水平地盤反力係数（k_{ho}）を，それぞれの剛性や面積に応じて等価な地盤に置き換えて検討する．

c）バットレス状改良

バットレス状改良は，図 4.4.17（c）に示すように，山留め壁と直交方向に適切な間隔で控え壁（バットレス）を構築する方法である．バットレスと原地盤が一体となって側圧に抵抗することで山留め壁の変位を抑制するが，改良体の下端を硬質地盤に根入れできる条件で，より高い変位抑制

4. 山留めの設計 — 49 —

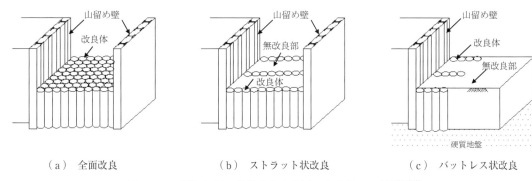

(a) 全面改良　　　　(b) ストラット状改良　　　　(c) バットレス状改良

図 4.4.17　根切り側の地盤改良を併用した山留めの例[4.6)に加筆]

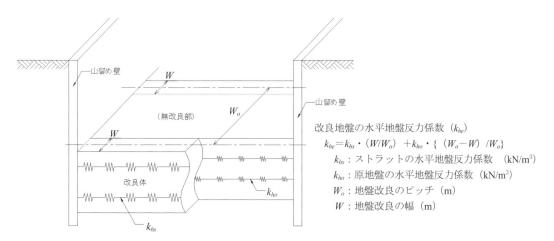

図 4.4.18　ストラット状改良の水平地盤反力係数の評価モデルの例[4.7)に加筆]

効果が得られる．

4.5　山留め壁の断面算定

山留め壁の断面は，山留め計算で求められた応力および変形に対して山留め架構が安全であること，かつ周辺への影響や山留め壁と躯体との離隔（クリアランス）を考慮して設計する．

4.5.1　曲げモーメントおよびせん断力に対する検討

親杭横矢板壁，鋼矢板壁，ソイルセメント壁の応力材に対する断面算定方法を以下に示す．

（1）親杭横矢板壁

親杭横矢板壁の親杭の断面は表 4.5.1 の（4.5.3），（4.5.4）式，横矢板の断面は表 4.5.1 の（4.5.5）～（4.5.8）式，図 4.5.2 により算定する．

（2）鋼矢板壁

鋼矢板壁では，一般にせん断力に対して十分安全と考えられることから，せん断力に対する検討は省略し，表 4.5.1 の（4.5.3）式によって曲げモーメントに対する断面算定を行う．ただし，一般

に用いられるU形鋼矢板では継手部分のずれが無視できないため，断面算定および山留め壁の応力・変形の算定に際しては，単位幅（1 m）あたりの断面係数および断面2次モーメントの値をカタログ値より低減する必要がある．一般的には断面2次モーメントで45〜60 %，断面係数で60〜80 %程度とする．

（3）　ソイルセメント壁

a）応力材

ソイルセメント壁の応力材の断面は，表4.5.1の（4.5.3），（4.5.4）式により算定する．

b）ソイルセメント

（ⅰ）　応力材を全孔に設置する場合

図4.5.1に示すように，ソイルセメントに対する押抜きせん断力を（4.5.1），（4.5.2）式により検討する[4.8]．

$$Q = \frac{wl_2}{2} \tag{4.5.1}$$

$$\tau = \frac{Q}{b \cdot d_e} \leqq f_s \tag{4.5.2}$$

記号　Q：せん断力（kN）

　　　w：深さ方向単位長さ（1 m）あたりの側圧（kN/m）

　　　l_2：応力材の内法間隔（m）

　　　τ：せん断応力度（kN/m^2）

　　　b：深さ方向の単位長さ（1 m）

　　　d_e：有効厚（m）（押抜きせん断力が生じる位置でのカット面からの最小厚）

　　　f_s：許容せん断応力度（kN/m^2）

（ⅱ）　応力材を隔孔に設置する場合

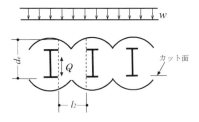

図4.5.1　ソイルセメントの検討（応力材全孔配置）[4.8]に加筆

押抜きせん断力に対する検討に加えて，圧縮応力度に対する検討（アーチの軸力に対する圧縮応力度の検討[4.8]［A法］，あるいは押抜き力に対する圧縮応力度の検討[4.9],[4.10]［B法］のいずれかの方法）を行う〔表4.5.2，図4.5.3参照〕．なお，［A法］における放物線アーチの寸法と応力の関係[4.8]を付4に示す．

4. 山留めの設計

表 4.5.1 山留め壁の断面算定

	親杭横矢板壁の親杭，鋼矢板壁，ソイルセメント壁の応力材	親杭横矢板壁の横矢板
曲げ	$\sigma_b \leqq f_b$　$\sigma_b = \dfrac{M_{max}}{Z_e}$　　(4.5.3)	$M_{max} = \dfrac{wl^2}{8}$　　(4.5.5) $\sigma_b \leqq f_b$　$\sigma_b = \dfrac{M_{max}}{Z}$　　(4.5.6)
せん断	$\tau \leqq f_s$　$\tau = \dfrac{Q_{max}}{A_w}$　　(4.5.4) （鋼矢板壁の場合は省略）	$Q_{max} = \dfrac{wl}{2}$　　(4.5.7) $\tau_{max} \leqq f_s$　$\tau_{max} = \dfrac{3Q_{max}}{2A}$　　(4.5.8)
記号	σ_b：曲げ応力度（kN/m²） M_{max}：単位幅あたりの最大曲げモーメント（kN・m） Z_e：単位幅あたりの応力材の有効断面係数（m³） f_b：応力材の許容曲げ応力度（kN/m²） τ：せん断応力度（kN/m²） Q_{max}：単位幅あたりの最大せん断力（kN） A_w：単位幅あたりのウェブに相当する部分の有効断面積（m²） f_s：応力材の許容せん断応力度（kN/m²）	M_{max}：単位深さあたりの最大曲げモーメント（kN・m） w：単位深さあたりの等分布荷重（kN/m） l：単純梁としてのスパン（m）〔図 4.5.2 参照〕 Q_{max}：単位深さあたりの最大せん断力（kN） σ_b：曲げ応力度（kN/m²） Z：横矢板の単位深さあたりの断面係数（m³） f_b：許容曲げ応力度（kN/m²） τ_{max}：最大せん断応力度（kN/m²） A：横矢板の単位深さあたりの断面積（m²） f_s：許容せん断応力度（kN/m²）

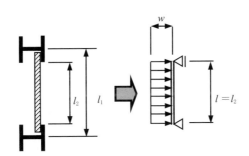

図 4.5.2　横矢板の応力算定

表 4.5.2　ソイルセメント壁の応力材を隔孔に設置する場合の検討法

せん断応力度の検討[4,8]	圧縮応力度の検討	
	［A 法］〔付 4 参照〕[4,8]	［B 法］[4.9], [4.10]
［I-I 面］ $Q_1 = \dfrac{wl_2}{2}$　　(4.5.9) $\tau_1 = \dfrac{Q_1}{b \cdot d_{e1}} \leq f_s$　　(4.5.10) ［II-II 面］ $Q_2 = \dfrac{wl_3}{2}$　　(4.5.11) $\tau_2 = \dfrac{Q_2}{b \cdot d_{e2}} \leq f_s$　　(4.5.12)	$V = \dfrac{wl_1}{2}$　　(4.5.13) $H = \dfrac{wl_1^2}{8f}$　　(4.5.14) $N_A = \sqrt{V^2 + H^2}$　　(4.5.15) $\sigma = \dfrac{N_A}{b \cdot t} \leq f_c$　　(4.5.16)	$N_B = \dfrac{wl_2}{2}$　　(4.5.17) $\sigma = \dfrac{N_B}{A} = \dfrac{2N_B}{b \cdot B} \leq f_c$　　(4.5.18)

Q_1：I-I 面でのせん断力（kN）
Q_2：II-II 面でのせん断力（kN）
τ_1：I-I 面のせん断応力度（kN/m²）
τ_2：II-II 面のせん断応力度（kN/m²）
w：深さ方向単位長さ（1 m）あたりの側圧（kN/m）
l_1：応力材間隔（m）
l_2：応力材内法間隔（m）
l_3：くびれ部分の間隔（m）
d_{e1}：I-I 面の有効厚（m）
d_{e2}：II-II 面の有効厚（m）
b：深さ方向の長さ（1 m）
σ：圧縮応力度（kN/m²）
V：支点反力（kN）
H：水平反力（kN）
N_A：アーチ軸力（kN）
N_B：圧縮力（kN）
f：アーチのライズ（m）
t：アーチの厚み（m）
D：ソイルセメント孔径（m）
A：圧縮力を受ける面積（m²）　$[= b \cdot (B/2)]$
B：フランジ幅（m）
f_s：許容せん断応力度（kN/m²）
f_c：許容圧縮応力度（kN/m²）

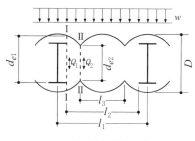
（a）せん断応力度の検討

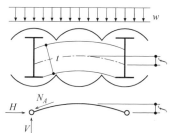
（b）圧縮応力度の検討［A 法］

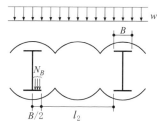
（c）圧縮応力度の検討［B 法］

（d）有効厚のとり方

図 4.5.3　ソイルセメントの検討（応力材隔孔配置）

4. 山留めの設計 —53—

4.5.2 山留め壁の変位の確認

前述したとおり，山留め壁の設計では部材に生じる応力に対して壁体が安全であることに加え，山留め変位に伴う周辺への影響や新築地下躯体への影響を考慮して，適切に山留め壁の断面を設計する必要がある．

市街地における道路に隣接する山留めでは，道路管理者との協議によって管理基準値を定める（沿道掘削工事届け）場合がある．また，山留め壁に近接して構造物がある場合には，山留め壁や周辺構造物の変位の許容値を設定し，この値以下となるように山留め壁の変位を抑える必要がある．なお，山留め変位による周辺への影響については，第6章「周辺への影響検討」による．また，許容変位は，指針の3.6「近接山留めの計画」，および指針の第10章「計測管理」を基に設定する．

山留め壁を地下構造躯体の外型枠として用いる場合には，山留め壁が地下躯体に入り込まないように躯体と山留め壁の離隔距離（設計クリアランス）を十分に確保する必要がある．この際，山留め壁の施工精度，山留め壁の断面（厚さ）のほかに，山留め壁の変位分も考慮して山留め変位がこの値以内になることを設計時に確認する．

4.5.3 鉛直力が作用する場合

山留め壁に鉛直力が同時に作用する場合には，軸力 N に相当する圧縮応力度 σ_c を算出し，(4.5.3)式による曲げ応力度 σ_b (kN/m^2) との組合せ応力に対して断面を算定する．形鋼材による応力材の場合を示すと，(4.5.19) 式となる．

$$\frac{\sigma_b}{f_b} + \frac{\sigma_c}{f_c} \leqq 1 \tag{4.5.19}$$

記号　　σ_c：圧縮応力度（kN/m^2）（$= N/A$）

N：単位幅あたりの軸力（kN）

A：単位幅あたりの応力材の断面積（m^2）

f_c：許容圧縮応力度（kN/m^2）

σ_b：曲げ応力度（kN/m^2）

f_b：許容曲げ応力度（kN/m^2）

ここで，山留め壁応力材に用いる形鋼材の許容圧縮応力度 f_c および許容曲げ応力度 f_b は，通常，土あるいはソイルセメントなどで周囲を拘束されているので，座屈を考慮しない値としてよい．また，山留め壁に鉛直力が作用する場合には，断面算定のほかに，支持力の検討も必要である．検討方法は，4.2.4「山留め壁の鉛直支持力に対する検討」による．

4.6 支 保 工
4.6.1 腹 起 し

（1）腹起しに作用する曲げモーメントおよびせん断力

腹起しに作用する応力の計算方法を表 4.6.1，図 4.6.1，4.6.2 に示す．

表 4.6.1　腹起しに作用する応力

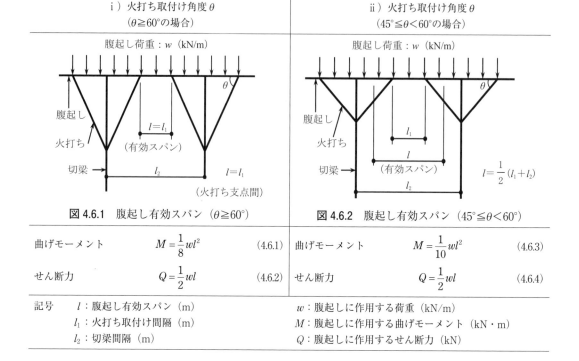

曲げモーメント	$M = \dfrac{1}{8}wl^2$	(4.6.1)
せん断力	$Q = \dfrac{1}{2}wl$	(4.6.2)

曲げモーメント	$M = \dfrac{1}{10}wl^2$	(4.6.3)
せん断力	$Q = \dfrac{1}{2}wl$	(4.6.4)

記号　l：腹起し有効スパン（m）　　　　　　　　w：腹起しに作用する荷重（kN/m）
　　　l_1：火打ち取付け間隔（m）　　　　　　　M：腹起しに作用する曲げモーメント（kN・m）
　　　l_2：切梁間隔（m）　　　　　　　　　　　Q：腹起しに作用するせん断力（kN）

（2）断面の検討

　腹起しの断面検討は，(4.6.5)，(4.6.6) 式によって行う．また，腹起しに曲げと圧縮力が同時に作用する場合は，(4.6.7) 式を満足するものとする．腹起しが地盤アンカー，あるいは斜梁で支持される場合は，鉛直方向にも荷重が作用するため，水平と鉛直の2方向の荷重に対して検討する必要がある．検討手法については，4.6.5 および指針を参照されたい．

$$\text{曲げ応力度}：\sigma_b \leqq f_b \quad \sigma_b = \frac{M}{Z} \tag{4.6.5}$$

$$\text{せん断応力度}：\tau \leqq f_s \quad \tau = \frac{Q}{A_w} \tag{4.6.6}$$

$$\text{曲げと圧縮力が同時に作用する場合}：\frac{\sigma_b}{f_b} + \frac{\sigma_c}{f_c} \leqq 1 \tag{4.6.7}$$

記号　σ_b：腹起しに生じる曲げ応力度（$= M/Z$）（kN/m^2）
　　　σ_c：腹起しに生じる圧縮応力度（$= N/A$）（kN/m^2）
　　　τ：腹起しに生じるせん断応力度（kN/m^2）
　　　f_b：腹起し材の許容曲げ応力度（kN/m^2）
　　　f_c：腹起し材の許容圧縮応力度（kN/m^2）
　　　f_s：腹起し材の許容せん断応力度（kN/m^2）
　　　Z：腹起し材の断面係数（m^3）

A_w：腹起しのウェブ純断面積 (m^2)

A：腹起し材の断面積 (m^2)

4.6.2 切　　梁

（1）　切梁に作用する圧縮力および曲げモーメント

切梁に作用する曲げモーメントは（4.6.8）式により，圧縮力は（4.6.9）式により求める〔図 4.6.3 参照〕．

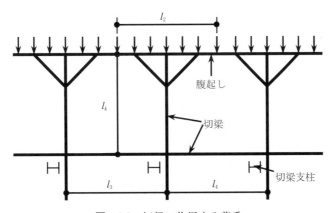

図 4.6.3　切梁に作用する荷重

$$\text{曲げモーメント} \quad M = \frac{1}{8} w_0 \cdot l_k^2 \tag{4.6.8}$$

$$\text{圧縮力} \quad N = w \cdot l_2 + \Delta N \tag{4.6.9}$$

記号　l_k：切梁の長さ (m)

l_2：切梁の軸力負担幅　$\frac{1}{2}(l_3 + l_4)$ (m)

l_3, l_4：切梁間隔 (m)

w_0：自重等による荷重 (kN/m)

w：腹起しに作用する荷重 (kN/m)

ΔN：切梁に生じる温度応力による増加軸力 (kN)

M：切梁に作用する曲げモーメント (kN・m)

N：切梁に作用する圧縮力 (kN)

（2）　断面の検討

切梁は，曲げと圧縮力を同時に受ける部材として（4.6.10）式で検討する．なお，切梁交差部の緊結，および支柱による切梁支持の剛性が十分な場合の切梁の座屈長さは，構面内に対しては切梁交差部の間隔，構面外に対しては支柱間隔とする．

$$\frac{\sigma_b}{f_b} + \frac{\sigma_c}{f_c} \leqq 1 \tag{4.6.10}$$

記号　σ_b：切梁に生じる曲げ応力度（$=M/Z$）（kN/m^2）

　　　σ_c：切梁に生じる圧縮応力度（$=N/A$）（kN/m^2）

　　　f_b：切梁材の許容曲げ応力度（kN/m^2）

　　　f_c：切梁材の許容圧縮応力度（kN/m^2）

　　　Z：切梁材の断面係数（m^3）

　　　A：切梁材の断面積（m^2）

4.6.3　火打ち

（1）　火打ちに作用する圧縮力および曲げモーメント

火打ちに作用する曲げモーメントは（4.6.11）式により，圧縮力は（4.6.12）式により求める〔図4.6.4参照〕．

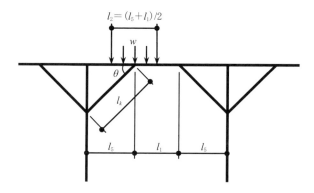

図 4.6.4　火打ちに作用する荷重

曲げモーメント　　$M = \dfrac{1}{8} w_0 \cdot l_k^2$ 　　　　　　　　　　　　　　（4.6.11）

圧縮力　　　　　　$N = \dfrac{w \cdot l_2}{\sin\theta}$ 　　　　　　　　　　　　　　（4.6.12）

記号　w_0：自重等による荷重（kN/m）

　　　w：腹起しに作用する荷重（kN/m）

　　　l_5：火打ち幅（m）

　　　l_2：火打ちに作用する軸力負担幅（m）　　$l_2 = \dfrac{1}{2}(l_5 + l_1)$

　　　l_k：火打ち材の曲げスパンおよび座屈長さ（m）

　　　θ：火打ちの取付け角度（°）

　　　M：火打ちに作用する曲げモーメント（kN・m）

　　　N：火打ちに作用する圧縮力（kN）

（2）　断面の検討

火打ちは，曲げと圧縮力を同時に受ける部材として，（4.6.13）式を満足させるものとする．なお，

火打ち材の許容圧縮応力度 f_c は，座屈を考慮して，弱軸方向（構面内）で検討する．

$$\frac{\sigma_b}{f_b} + \frac{\sigma_c}{f_c} \leqq 1 \tag{4.6.13}$$

記号　σ_b：火打ちに生じる曲げ応力度（$=M/Z$）（kN/m²）

　　　σ_c：火打ちに生じる圧縮応力度（$=N/A$）（kN/m²）

　　　f_b：火打ち材の許容曲げ応力度（kN/m²）

　　　f_c：火打ち材の許容圧縮応力度（kN/m²）

　　　Z：火打ち材の断面係数（m³）

　　　A：火打ち材の断面積（m²）

（3）　ボルト本数の算定

火打ちに取り付くボルト本数は，表 4.6.2 に示すように腹起し側および切梁側について必要本数を算定する．

表 4.6.2　火打ちに取り付くボルト本数

	必要ボルト本数		記　　号
腹起し側	$n = \dfrac{N\cos\theta}{R_s}$	(4.6.14)	n：火打ちに取り付くボルトの本数（本）
切　梁　側	$n = \dfrac{N}{R_s}$	(4.6.15)	R_s：ボルト1本あたりの許容せん断力（kN/本）

4.6.4　切梁支柱

（1）　切梁支柱に作用する荷重

切梁支柱に作用する荷重は，（4.6.16）式により求める〔図 4.6.5 参照〕．

$$N = N_1 + N_2 + N_3 \tag{4.6.16}$$

　N：切梁支柱に作用する合計荷重（kN）

　N_1：切梁軸力による分力（kN）

　N_2：切梁自重などによる荷重（kN）

　N_3：切梁支柱の自重（kN）

a）切梁軸力による分力

切梁の座屈を抑えるために必要な力として，既往の施工実績に基づき指針で推奨されている方法と同様に，切梁軸力の 1/50 を切梁軸力の鉛直分力として考慮する．

$$N_1 = \frac{1}{50}\sum_{i=1}^{n}\left[(l_x \cdot w_i + \Delta N_i) + (l_y \cdot w_i + \Delta N_i)\right] \tag{4.6.17}$$

　N_1：切梁軸力による分力（kN）

　w_i：i 段目腹起しに作用する荷重（kN/m）

　l_x：y 方向切梁軸力の負担幅（m）

l_y：x方向切梁軸力の負担幅（m）

ΔN_i：i段目の切梁に生じる温度応力による増加軸力（kN）

b）切梁自重などによる荷重

$$N_2 = w_0(l_x' + l_y')n \qquad (4.6.18)$$

N_2：切梁自重などによる荷重（kN）

w_0：切梁自重などによる単位長さあたりの荷重（kN/m）

l_x'：切梁支柱に作用するx方向切梁自重などの作用長さ（m）

l_y'：切梁支柱に作用するy方向切梁自重などの作用長さ（m）

n：切梁段数（段）

c）切梁支柱の自重

$$N_3 = w_a l_0 \qquad (4.6.19)$$

N_3：切梁支柱の自重（kN）

w_a：切梁支柱材の単位長さあたりの重量（kN/m）

l_0：支柱頭部から最下段切梁までの長さ（m）

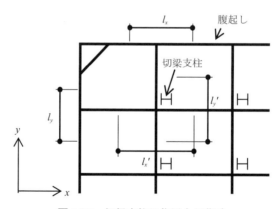

図 4.6.5　切梁支柱に作用する荷重

（2）切梁支柱に作用する偏心曲げモーメント

切梁支柱に作用する偏心曲げモーメントは，(4.6.20) 式により求める〔図 4.6.6，4.6.7 参照〕．

$$M_e = (n_1 + n_2)e \qquad (4.6.20)$$

M_e：切梁支柱に作用する偏心曲げモーメント（kN・m）

n_1：最下段切梁軸力のみによる鉛直分力（kN）

n_2：最下段（切梁自重などによる荷重）のみによる鉛直力（kN）

e：切梁支柱と切梁の偏心距離（m）

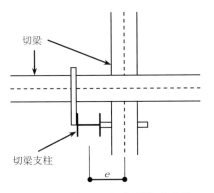
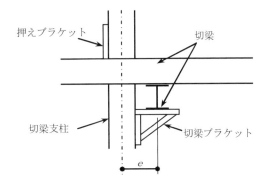

図 4.6.6 切梁との偏心距離（平面）   図 4.6.7 切梁との偏心距離（断面）

（3） 切梁支柱の座屈長さの算定

切梁支柱の座屈長さは，鉛直方向の切梁間隔または最下段切梁と地盤中の仮想支点との間隔のうち大きい方とする．一般的には，もっとも不利となる最下段切梁と地盤中の仮想支点との間の長さが最大座屈長さとなることが多い〔図 4.6.8 参照〕．その場合の切梁支柱の座屈長さは (4.6.21)～(4.6.23) 式により求める．また，支点条件は，切梁交点および仮想支点をピン支点とする．

$$l_k = H_1 + H_2 \tag{4.6.21}$$

$$H_2 = \frac{1}{\beta} \tag{4.6.22}$$

$$\beta = \sqrt[4]{\frac{k_h B}{4EI_y}} \tag{4.6.23}$$

l_k：切梁支柱の座屈長さ（m）
H_1：最下段切梁から根切り底までの深さ（m）
H_2：根切り底から仮想支点までの深さ（m）
β：特性値（m^{-1}）
k_h：水平地盤反力係数（kN/m^3）
B：支柱材の径または幅（m）
E：鋼材のヤング係数　2.05×10^8（kN/m^2）
I_y：切梁支柱材の弱軸方向断面 2 次モーメント（m^4）

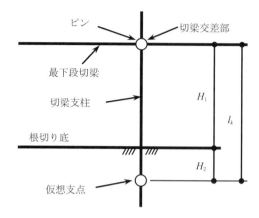

図 4.6.8 切梁支柱の座屈長さ

（4） 断面の検討

切梁支柱は，曲げと圧縮力を同時に受ける部材として（4.6.24）式を満足するものとする．

$$\frac{\sigma_b}{f_b}+\frac{\sigma_c}{f_c} \leqq 1 \tag{4.6.24}$$

σ_b：切梁支柱材に生じる曲げ応力度（$=M_e/Z$）（kN/m^2）

σ_c：切梁支柱材に生じる圧縮応力度（$=N/A$）（kN/m^2）

f_b：切梁支柱材の許容曲げ応力度（kN/m^2）

f_c：切梁支柱材の許容圧縮応力度（kN/m^2）

　　切梁支柱の f_c は座屈を考慮し，弱軸方向で算定する．

M_e：切梁支柱に作用する偏心曲げモーメント（kN・m）〔（4.6.20）式参照〕

N：切梁支柱に作用する圧縮力（kN）〔（4.6.16）式参照〕

A：切梁支柱材の断面積（m^2）

Z：切梁支柱材の弱軸方向断面係数（m^3）

（5） 切梁支柱の支持力および引抜き抵抗力の算定

切梁支柱の支持力は，押込み力と引抜き力に対して安全となるように検討するとともに，根切り底面のボイリング，ヒービングおよび盤ぶくれについても考慮する．表 4.6.3 の（4.6.25）〜（4.6.27）式に切梁支柱の許容支持力および許容引抜き抵抗力を示す．

4. 山留めの設計 — 61 —

表4.6.3　切梁支柱の許容支持力および許容引抜き抵抗力

先端地盤種別	許容支持力	許容引抜き抵抗力
先端が砂質土の場合	$R_a = \dfrac{2}{3}\left\{\alpha\overline{N}A_p + \left(\dfrac{10\overline{N}_sL_s}{3} + \dfrac{\overline{q}_uL_c}{2}\right)\psi\right\}$ （4.6.25）	$R_{at} = \dfrac{2}{3}\left\{\left(\dfrac{10\overline{N}_sL_s}{3} + \dfrac{\overline{q}_uL_c}{2}\right)\psi\right\} + W$ （4.6.27）
先端が粘性土の場合	$R_a = \dfrac{2}{3}\left\{6c_uA_p + \left(\dfrac{10\overline{N}_sL_s}{3} + \dfrac{\overline{q}_uL_c}{2}\right)\psi\right\}$ （4.6.26）	

記号　R_a：切梁支柱の許容支持力（kN）

　　　α：山留め壁先端地盤の支持力係数
　　　　・打込み工法：$\alpha = 300$
　　　　・埋込み工法（プレボーリング工法）：$\alpha = 200$

　　　A_p：切梁支柱の先端有効面積（H形鋼の場合は，幅×高さ）（m²）

　　　$\overline{N}$：切梁支柱先端付近の地盤の平均N値．ただし，$N \leq 100$，$\overline{N} \leq 60$とする．

　　　$\overline{N}_s$：根切り底から切梁支柱先端までの地盤のうち，砂質土部分の平均N値（$\overline{N}_s \leq 30$）

　　　L_s：根切り底以深で砂質土地盤にある切梁支柱の長さ（m）

　　　$\overline{q}_u$：根切り底から切梁支柱先端までの地盤のうち，粘性土部分の平均一軸圧縮強さ（kN/m²）
　　　　ただし，$\overline{q}_u \leq 200$ kN/m²とする．

　　　L_c：根切り底以深で粘性土地盤にある切梁支柱の長さ（m）

　　　ψ：切梁支柱の周長（m）

　　　c_u：切梁支柱先端部の粘性土の非排水せん断強さ（kN/m²）．ただし，粘性土の極限先端支力$6c_uA_p$の上限値は，砂質土の極限先端支持力の上限値$\alpha\overline{N}A_p$（$\overline{N}$の上限値60）と同じとする．

　　　R_{at}：打込み工法および埋込み工法による場合の許容引抜き抵抗力（kN）

　　　W：切梁支柱の自重（kN）

（6）　支持力および引抜き抵抗力の判定

支持力および引抜抵抗力の判定として，（4.6.28）式および（4.6.29）式を満足することを確認する．

　　　・支持力の判定　　　：$R_a \geq N$　　　　　　　　　　　　　　　　　　　　　　　　　（4.6.28）

　　　・引抜き抵抗力の判定：$R_{at} \geq N_t$　　　　　　　　　　　　　　　　　　　　　　　　（4.6.29）

$$N_t = N_1 - N_2'$$　　　　　　　　　　　　　　　　　　　　　　　　（4.6.30）

　　R_a：切梁支柱の許容支持力（kN）

　　N：切梁支柱に作用する荷重（kN）〔（4.6.16）式参照〕

　　R_{at}：打込み工法および埋込み工法による場合の許容引抜き抵抗力（kN）

　　N_t：切梁支柱に作用する引抜き力（kN）

　　N_1：切梁軸力による分力（kN）

　　N_2'：切梁自重による分力（kN）

4.6.5　地盤アンカー

　地盤アンカーは，山留め壁に生じる応力・変形に対して，地盤アンカーの引抜き抵抗力により抵抗させるものである．切梁工法と異なり根切り周辺部の地中に施工するため，周辺の地盤状況の把握，地中埋設物・周辺の構造物への影響を十分検討したうえで，設計・施工する必要がある．地盤アンカーの設計は，本会の「建築地盤アンカー設計施工指針・同解説」によって行うものとするが，

以下に地盤アンカーの設計内容の概要を示す．

（1） 山留め壁の設計

山留め壁は，アンカー張力による鉛直分力が作用するため，曲げモーメントと圧縮力が同時に作用する部材として算定する．また，圧縮力に対して山留め壁の支持力の検討を行う．

（2） 腹起しの設計

地盤アンカー用腹起しは，斜め方向のアンカー張力を受けるため，水平方向（強軸方向）と鉛直方向（弱軸方向）の荷重を同時に受ける部材として算定する．これらの応力は，それぞれ異なるスパンに作用するので，断面計算に際し応力の組合せを考慮する必要はない．例えば，図4.6.9に示すような親杭横矢板工法を採用した場合の腹起しに作用する曲げモーメントおよびせん断力は表4.6.4によって算定する．

表 4.6.4　地盤アンカー用腹起しの応力算定

強軸方向の応力（水平面内の応力）	弱軸方向の応力（鉛直面内の応力）
$M_h = \dfrac{1}{8} R \cdot l_a{}^2$ 　　(4.6.31)	$P_v = R \cdot l_a \tan\theta_v$ 　　(4.6.33)
$Q_h = \dfrac{1}{2} R \cdot l_a$ 　　(4.6.32)	$M_v = \dfrac{1}{4} P_v \cdot l_b$ 　　(4.6.34)
	$Q_v = \dfrac{1}{2} P_v$ 　　(4.6.35)

M_h：強軸方向曲げモーメント（kN・m）　　　R：腹起し反力（kN/m）
M_v：弱軸方向曲げモーメント（kN・m）　　　l_a：地盤アンカーの間隔（m）
Q_h：強軸方向せん断力（kN）　　　　　　　　l_b：ブラケットの間隔（m）
Q_v：弱軸方向せん断力（kN）　　　　　　　　θ_v：アンカー傾角（°）
　　　　　　　　　　　　　　　　　　　　　　P_v：アンカー頭部金物に生ずる鉛直方向力（kN）

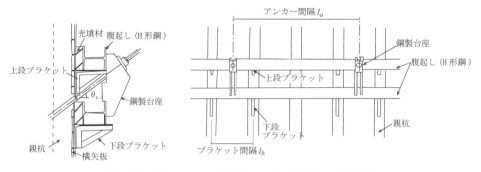

図 4.6.9　地盤アンカー用腹起しの例（親杭横矢板壁）[4.11]

（3） 地盤アンカーの設計

地盤アンカーは，設計アンカー力，定着地盤との引抜き抵抗，注入材との付着抵抗，引張材について検討する．設計アンカー力については，山留めの設計で求められる支点反力を基に，地盤アンカーの水平間隔およびアンカー角度を考慮して算定する．引抜き抵抗については，定着体と定着地盤との摩擦抵抗力から定着体長を算定し，注入材との付着抵抗については，注入材と引張材の付着

力による定着体長（引張材の付着長）を算定する．引張材については，作用する引張力に対して安全となるように PC 鋼材の本数や径を算定する．

（4）　地盤アンカーを含む山留め背面の土塊全体の安定

地盤アンカーは，想定した主働崩壊面の外の地盤に定着するが，主働崩壊面の外側にも崩壊面を想定し土塊全体の安定について検討する．地盤アンカーを包含した地盤の外側で発生する土塊全体の安定性は，円弧すべりによる方法〔4.7 参照〕により検討する．その際，山留め壁の剛性とせん断抵抗は無視する．斜面の安定の検討と同様に，円の中心を変えて種々のすべり面を想定し，それぞれの安全率のうち最小のものが 1.2 以上となるように設計する．なお，定着層に極めて密に地盤アンカーを設置した場合には，別途地盤内せん断すべり線を想定した検討[4.11)]を行う．

4.7　法面の安定

傾斜地での根切り，および法付けオープンカット工法を採用する場合，または根切り過程で法面を設ける場合には，法面の安定を検討する必要がある．法面の安定の検討は，すべり面の形状が経験的に円弧に近いことから，円弧すべり面を仮定するのが一般的である．ここでは，図 4.7.1 に示すように，任意の中心を持つ仮定すべり面内の土塊を複数の土塊に分割して検討する方法（分割法）を示す．分割法による検討は，(4.7.1) 式による．仮定すべり面の中心や半径をいろいろと変えて検討を行い，最小の安全率を与えるすべり面を採用する．安全率は，仮設の山留め工事の場合，一般に 1.2 以上であればよいとされる．

$$F = \frac{M_R}{M_D} = \frac{\sum \Delta M_{R_i}}{\sum \Delta M_{D_i}} = \frac{r \sum R_i}{r \sum T_i} \geqq 1.2 \tag{4.7.1}$$

記号　　F：斜面の安定に対する安全率

M_D：単位奥行きあたりの滑動モーメント（kN・m）

M_R：単位奥行きあたりのすべり面に沿うせん断抵抗モーメント（kN・m）

ΔM_{D_i}：土塊 i の単位奥行きあたりの滑動モーメント（kN・m）

ΔM_{R_i}：土塊 i の単位奥行きあたりのすべり面に沿うせん断抵抗モーメント（kN・m）

r：すべり面の半径（m）

T_i：単位奥行きあたりの土塊 i による滑動力（kN）

R_i：単位奥行きあたりのすべり面に沿う土塊 i のせん断抵抗（kN）

・地下水がない場合：$R_i = N_i \tan\phi_i + c_i l_i$

・地下水がある場合：$R_i = (N_i - u_i l_i) \tan\phi_i + c_i l_i$

N_i：単位奥行きあたりの土塊 i のすべり面に対する法線方向力（kN）

l_i：土塊 i のすべり面の長さ（m）

ϕ_i：土塊 i のすべり面における内部摩擦角（°）

c_i：土塊 i のすべり面における粘着力（kN/m²）

u_i：土塊 i のすべり面における間隙水圧（kN/m²）〔図 4.7.2 参照〕

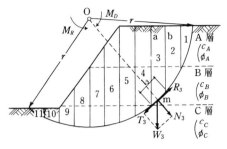
図 4.7.1　分割法の説明

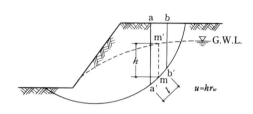
図 4.7.2　地下水がある場合

なお，分割法のほかに法面が単純な形状ですべり面が同一地盤内となる場合には，図 4.7.3 に示すテイラー（Taylor）の安定図表が利用できる．内部摩擦角 $\phi=0$ の地盤において，法面の勾配 β および硬質地盤までの深さを表す深度係数 D より安定係数 N を図 4.7.3 から読み取り，この安定係数 N と粘着力 c，土の湿潤単位体積重量 γ，法面高さ H から安全率 F を（4.7.2）式で求める．

$$F = N\left(\frac{c}{\gamma H}\right) \tag{4.7.2}$$

記号　N：安定係数
　　　γ：土の湿潤単位体積重量（kN/m^3）
　　　c：土の粘着力（kN/m^2）
　　　H：法面の高さ（cm）
　　　D：硬質地盤までの深さを表す深度係数
　　　β：法面の勾配

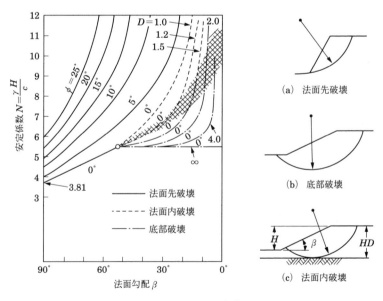
図 4.7.3　テイラーの安定図表

参 考 文 献

4.1) R.B. Peck : State of The-Art Reporte, Deep Excavations and Tunnering in Soft Ground, 7th ICSMFE, Mexico, pp.270-271, 1969.8

4.2) 日本建築学会：鉄筋コンクリート構造計算基準・同解説，pp.506-510，2018.12

4.3) 實松俊明，鈴木康嗣，下村修一，安達俊夫：施工過程を考慮した逐次計算に基づく山留め解析法とその適用性に関する研究，日本建築学会構造系論文集，Vol. 79，No. 699，pp.593-602，2014.5

4.4) 石井雄輔，實松俊明：根入れ部の側圧を考慮した自立山留めの計算法，日本建築学会大会学術講演梗概集，pp.471-472，2015.9

4.5) 中居正樹，實松俊明，石井雄輔：単純梁モデルによる山留め壁変位算定手法，日本建築学会大会学術講演梗概集，pp.615-616，2014.9

4.6) 河野貴穂，佐藤英二，青木雅路，丸岡正夫：東京下町（墨田区・江東区）の軟弱地盤と地下工事，基礎工，Vol. 33，No. 11，pp.76-80，2005.11

4.7) 谷田進一，佐藤英二，青木雅路，丸岡正夫，山川昭次，幅伊佐男，薗部廣久：ストラット型地盤改良工法による山留め壁の変位抑止効果，第 35 回地盤工学研究発表会発表講演集，pp.1997-1998，2000.6

4.8) 日本材料学会：ソイルミキシングウォール（SMW）設計施工指針（改訂版），pp.23-38，2002.3

4.9) 木島詩郎，平岡成明，佐々木　豊，大島　博：ソイルモルタル土留め壁工法の開発（その 2）押抜きせん断特性，第 17 回土質工学研究発表会発表講演集，pp.837-840，1982.6

4.10) 幾田悠康，鈴木昭夫：ソイルセメント（柱）の山留め壁への利用－ソイルセメントの性質と設計法－，基礎工，Vol. 12，No. 11，pp.16-25，1984.11

4.11) 日本建築学会：建築地盤アンカー設計施工指針・同解説，pp.97-111，2018.1

5. 地下水処理

5.1 地下水調査

地下水調査は，検討の対象となる帯水層の位置，地下水位（水頭），透水性を把握するために行う．地下水位は，これらの調査結果と工事の影響とは無関係な潮汐や気候変動による地下水変動に基づいて総合的に判断する．

（1） 地層の判別と地下水位

帯水層の深度と層厚は，柱状図とそのボーリング記事，N 値などを参考に把握する．柱状図に記された孔内水位は，複数の帯水層の地下水や孔内泥水の影響を受けるため，正確でない場合が多い．対象とする帯水層が複数の場合，各帯水層の水位は単孔を利用した単孔式透水試験の平衡水位とする．

（2） 透水性

透水性の調査には，クレーガー（Creager）法などの土の粒度による方法，単孔式透水試験，揚水試験，電気検層（比抵抗検層）が用いられる．クレーガー法で求めた透水係数〔表 5.1.1〕は，洪積砂層を対象とする場合，揚水試験による値と整合している〔図 5.1.1（a）〕．一方，砂礫層の透水係数は，礫分以外の粒度分布に影響されるため，礫分の含有量と礫分以外の粒径分布を考慮する（中礫以上を除いた粒度分布で評価など）〔図 5.1.1（b）〕．単孔式透水試験については，砂地盤では非定常法が一般的である．ただし，砂礫地盤における非定常法では孔内水位の回復速度が速く，手動計測では正確な計測値を得られずに透水性を過小に評価する場合が多いため〔図 5.1.2〕，定常法の結果を利用するとよい．

表 5.1.1 クレーガーによる 20 ％通過粒径 D_{20} と透水係数 k の関係

D_{20}（mm）	k（m/s）	土質	D_{20}（mm）	k（m/s）	土質
0.005	3.00×10^{-8}	粗粒粘土	0.18	6.85×10^{-5}	細砂
0.01	1.05×10^{-7}	細粒シルト	0.20	8.90×10^{-5}	〃
0.02	4.00×10^{-7}	粗粒シルト	0.25	1.40×10^{-4}	〃
0.03	8.50×10^{-7}	〃	0.30	2.20×10^{-4}	中砂
0.04	1.75×10^{-6}	〃	0.35	3.20×10^{-4}	〃
0.05	2.80×10^{-6}	〃	0.40	4.50×10^{-4}	〃
0.06	4.60×10^{-6}	微細砂	0.45	5.80×10^{-4}	〃
0.07	6.50×10^{-6}	〃	0.50	7.50×10^{-4}	〃
0.08	9.00×10^{-6}	〃	0.60	1.10×10^{-3}	粗砂
0.09	1.40×10^{-5}	〃	0.70	1.60×10^{-3}	〃
0.10	1.75×10^{-5}	〃	0.80	2.15×10^{-3}	〃
0.12	2.60×10^{-5}	細砂	0.90	2.80×10^{-3}	〃
0.14	3.10×10^{-5}	〃	1.00	3.60×10^{-3}	〃
0.16	3.80×10^{-5}	〃	2.00	1.80×10^{-2}	細礫

5. 地下水処理 — 67 —

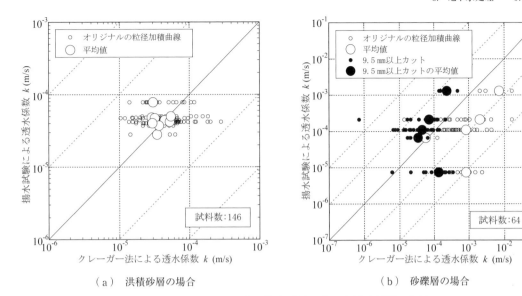

（a）洪積砂層の場合　　　　　　　　　　（b）砂礫層の場合

図 5.1.1　クレーガー法と揚水試験で求めた透水係数の比較

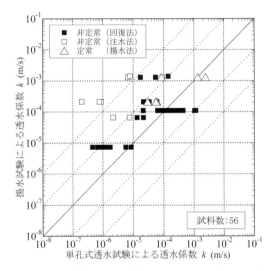

図 5.1.2　単孔式透水試験と揚水試験で求めた透水係数の比較（砂礫層）

5.2　地下水処理の計画

　地下水処理の計画は，根切り工事のドライワーク確保と根切り底面の安定，敷地周辺の環境への影響を考慮して行う．地盤や地下水の調査結果を基に，a）山留め壁の選定，b）ディープウェルなどの排水設備の選択，c）配管，稼働計画を行う〔図5.2.1〕．なお，同図には本章と関連する節を付記した．根切りよりも早期に設備の充足度を確認するなど，時間的な余裕度も工程計画の判断材料となる．水位低下に必要な地下水の排水流量や排水設備の箇所数については，帯水層の透水性や層厚などに依存するため，事前に行う地下水調査が肝心となる．

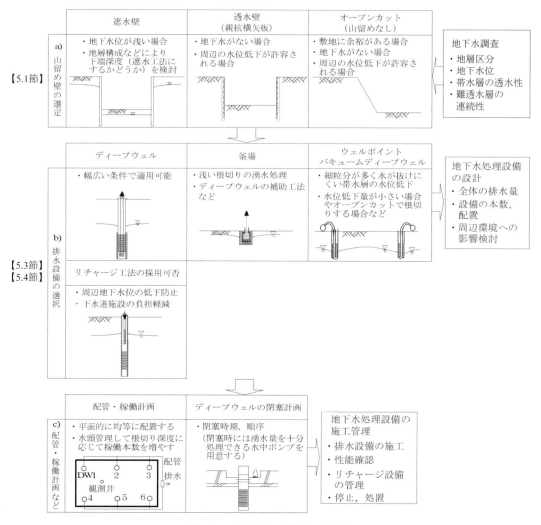

図 5.2.1 地下水処理計画の概要

5.3 地下水処理設備の設計

　地下水処理設備の設計では，計画達成に必要な水位低下量や排水流量，井戸本数などを算定し，地下工事の安全と施工性を確保できるように設計する．排水流量の算定方法は，①井戸の理論式による方法，②浸透流解析による方法，③井戸の理論式の応用による方法が用いられる．

　①　井戸の理論式による方法

　井戸の理論式には，平衡（定常）式であるティーム（Thiem）式と非平衡（非定常）式であるタイス（Theis）式がある．ティーム式には透水係数のほかに影響圏半径，タイス式には貯留係数が必要となる．影響圏半径は（5.3.1）式と（5.3.2）式から算出する．

$$R = 3\,000 \times s \times \sqrt{k} \tag{5.3.1}$$

$$R' = r_0 + R = r_0 + 3\,000 \times s \times \sqrt{k} \tag{5.3.2}$$

記号　R：影響圏半径（m）

R'：仮想井戸を用いる場合の影響圏半径（m）

r_0：仮想井戸半径（m）

s：水位低下量（m）

k：帯水層の透水係数（m/s）

ティーム式は，不圧帯水層の場合〔(5.3.3) 式〕と被圧帯水層の場合〔(5.3.5) 式〕がある．排水流量を算定した後は，(5.3.4) 式や (5.3.6) 式を用いて，周辺の任意地点における地下水位低下量を算定する．なお，時間経過に伴う地下水位の低下状況を把握したい場合や，揚水試験から得られた貯留係数を利用できる場合などは経時ごとの地下水位低下量を算出可能なタイス式[5.1]を用いて評価することができる．

a）不圧帯水層の場合

$$Q = \frac{\pi k \left(H^2 - h^2\right)}{\ln\left(\dfrac{R'}{r_0}\right)} \tag{5.3.3}$$

$$s_x = H - h_x = H - \sqrt{H^2 - \frac{Q}{\pi k} \cdot \ln \frac{R'}{r_0 + x}} \tag{5.3.4}$$

b）被圧帯水層の場合

$$Q = \frac{2\pi k D (H - h)}{\ln\left(\dfrac{R'}{r_0}\right)} \tag{5.3.5}$$

$$s_x = H - h_x = \frac{Q}{2\pi k D} \ln \frac{R'}{r_0 + x} \tag{5.3.6}$$

記号　Q：排水流量（m³/s）

r_0：仮想井戸半径（m）

k：帯水層の透水係数（m/s）

D：帯水層厚（m）

R'：仮想井戸を用いる場合の影響圏半径（m）〔(5.3.2) 式〕

x：仮想井戸外周部から任意の地点までの距離（m）

h：仮想井戸内における基準レベルから地下水位までの距離（m）

H：影響圏半径 R' の地点における基準レベルから地下水位までの距離（m）

s_x：任意の地点における地下水位低下量（m）

h_x：任意の地点における基準レベルから地下水位までの距離（m）

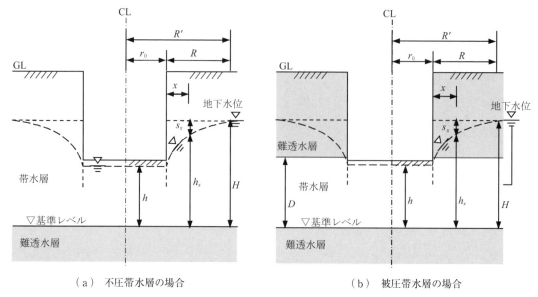

(a) 不圧帯水層の場合　　　　　（b） 被圧帯水層の場合

図 5.3.1　井戸の理論式の模式図と主な記号

② 浸透流解析による方法

遮水壁の根入れや多層地盤を考慮する場合，FEM による地下水浸透流解析を行うこともある．浸透流解析の検討条件と解析モデルの一例を図 5.3.2 と図 5.3.3 に示す．建築の根切り工事では根切り部を一つの大きな井戸とみなす軸対称モデルを用いることが多いが，条件によっては 3 次元モデルを用いる．

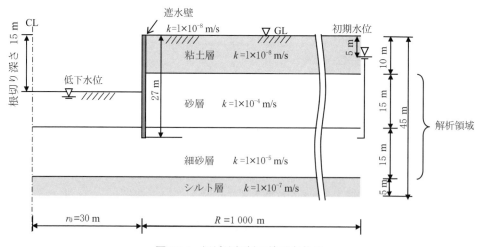

図 5.3.2　浸透流解析の検討条件例

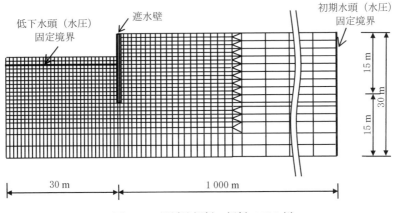

図 5.3.3 浸透流解析の解析モデル例

③ 井戸の理論式の応用による方法

井戸の理論式の応用による方法は計算が簡便で，所定の条件下では遮水壁の根入れ効果を考慮できる．被圧帯水層を対象に，軸対称水平浸透流のティーム式と鉛直1次元浸透流の式を組み合わせて排水流量を算定する方法について述べる〔図5.3.4〕．

- 掘削側で地下水位を低下させた場合，遮水壁の背面側では流量 Q_1 が水平方向に浸透し，掘削側では流量 Q_2 が鉛直上向きに浸透する．
- 流量 Q_1 と流量 Q_2 が等しいとして，(5.3.7) 式と (5.3.8) 式が等価となる遮水壁背面際の地下水位 h_2 を算定し，遮水壁から x (m) 離れた地点の地下水位低下量 s_x を算定する．
- (5.3.7) 式に代えて (5.3.3) 式の h を h_2 として用いること，(5.3.9) 式に代えて (5.3.4) 式を用いることで，本方法は不圧帯水層にも適用できる．

$$Q_1 = \frac{2\pi k D (H - h_2)}{\ln\left(\dfrac{R'}{r_0}\right)} \tag{5.3.7}$$

$$Q_2 = \pi r_0^2 k \frac{(h_2 - h_1)}{d} \tag{5.3.8}$$

$$s_x = H - h_x = \frac{Q_1}{2\pi k D} \ln\left(\frac{R'}{r_0 + x}\right) \tag{5.3.9}$$

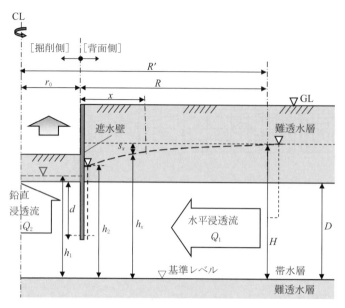

記号　Q：排水流量（m³/s）
　　　Q_1：水平浸透流量（m³/s）
　　　Q_2：鉛直浸透流量（m³/s）
　　　r_0：仮想井戸半径（m）
　　　d：帯水層上端から遮水壁先端までの距離（m）
　　　k：帯水層の透水係数（m/s）
　　　D：帯水層厚（m）
　　　R'：仮想井戸を用いる場合の影響圏半径（m）
　　　x：仮想井戸外周部から任意の地点までの距離（m）
　　　H：影響圏半径 R' の地点における基準レベルから地下水位までの距離（m）
　　　h_1：掘削側における基準レベルから地下水位までの距離（m）
　　　h_2：背面側遮水壁際における基準レベルから地下水位までの距離（m）
　　　s_x：任意の地点における地下水位低下量（m）
　　　h_x：任意の地点における基準レベルから地下水位までの距離（m）

図 5.3.4　遮水壁を考慮した算定モデルの模式図と主な記号

　井戸本数は，根切り部全体での排水流量を排水設備 1 カ所あたりの排水流量で除して算定する．ディープウェル 1 本あたりの排水流量は，砂層の場合は 0.1〜0.5 m³/min，礫層の場合は 0.5〜2 m³/min が目安となる．不圧帯水層の場合は（5.3.10）式，被圧帯水層の場合は（5.3.11）式を用いて算定する〔図 5.3.5〕．井戸を複数本配置する場合は，算定した排水流量と同等以上の合計排水流量を設定し，群井の式を用いて地下水位低下量を確認する．釜場 1 カ所あたりの排水流量は 0.01〜0.05 m³/min を目安とする．ウェルポイント 1 本あたりの排水流量は，井戸の理論式での算定が難しいため，実績に基づいて設定することが多い．排水流量は，井戸の施工品質，地盤の不均一性や井戸干渉により排水能力がばらつくため，算定した排水流量を井戸効率で低減することが望ましい．

　a）不圧帯水層の場合

$$q_p = \frac{\pi k (H^2 - h^2)}{\ln\left(\dfrac{R}{r_w}\right)} \tag{5.3.10}$$

　b）被圧帯水層の場合

$$q_p = \frac{2\pi k D (H - h)}{\ln\left(\dfrac{R}{r_w}\right)} \tag{5.3.11}$$

　　記号　q_p：ディープウェル 1 本あたりの排水流量（m³/s）
　　　　　r_w：ディープウェル半径（m）
　　　　　k：排水対象とする帯水層の透水係数（m/s）

D：排水対象とする帯水層厚（m）
R：影響圏半径（m）〔(5.3.1) 式〕
H：影響圏半径 R の地点における基準レベルから地下水位までの距離（m）
h：ディープウェル内部における基準レベルから地下水位までの距離（m）

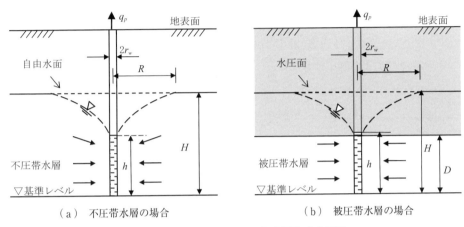

図 5.3.5　ディープウェルの概念図と主な記号

5.4　リチャージ設備

リチャージ設備の設計は，注水する流量・期間，地下水位，地層構成，透水性などを考慮する．

（1）注水流量

リチャージウェル1本あたりの注水流量は，同じ長さのディープウェル1本あたりの排水流量に対して，被圧地下水の場合は1/3〜1/4，不圧地下水の場合は1/2〜1/3が目安となる．地盤の透水性や井戸長さによる注水層厚の条件より，不圧帯水層の場合は (5.4.1) 式，被圧帯水層の場合は (5.4.2) 式を用いて算定する．水位上昇量を大きくすると，リチャージウェルのオーバーフローやウェルの目詰まりを生じるリスクが高くなるため，透水係数が同程度な地盤の段階注水試験結果や注水実績を参考にする．なお，リチャージ設備は運用時に性能が低下することもあるため，リチャージウェル設置後は段階注水試験による性能確認，および目詰まり抑止のための水質管理や定期的な井戸洗浄が必要である．

a）不圧地下水の場合

$$q_r = \frac{\pi k (h^2 - H^2)}{\ln\left(\dfrac{R}{r_w}\right)} \tag{5.4.1}$$

b）被圧地下水の場合

$$q_r = \frac{2\pi k D (h - H)}{\ln\left(\dfrac{R}{r_w}\right)} \tag{5.4.2}$$

記号　q_r：リチャージウェル1本あたりの注水流量（m³/s）
　　　r_w：リチャージウェル半径（m）
　　　k：注水対象とする帯水層の透水係数（m/s）
　　　D：注水対象とする帯水層厚（m）
　　　R：影響圏半径（m）〔(5.3.1) 式〕
　　　H：影響圏半径Rの地点における基準レベルから地下水位までの距離（m）
　　　h：リチャージウェル内部における基準レベルから水位までの距離（m）
　　　　（ポンプによる加圧分も加算）

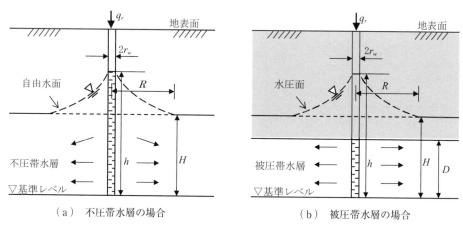

（a）不圧帯水層の場合　　　　（b）被圧帯水層の場合

図 5.4.1　リチャージの模式図と主な記号

（2）本数・配置

リチャージウェルの本数は，設計排水流量を1本あたりの注水流量で除して算定する．リチャージウェルの配置は，注水した水が排水として戻りにくいように根切り部から水平方向もしくは鉛直方向に離隔を取る．複数本のリチャージウェルを設置する場合，井戸干渉を小さくするようにリチャージウェル間の離隔を15〜20 m以上となるように配置する．

参考文献
5.1）　地盤工学会，根切り工事と地下水編集委員会編：根切り工事と地下水，pp.181-184，1994

6. 周辺への影響検討

6.1 基本事項

　根切り山留め工事では，山留め架構の安全性検討に加え，必要に応じて周辺地盤・近接構造物・地中埋設物などへ与える影響についても検討する．根切り山留め工事に伴う周辺への影響要因と主な検討項目を表 6.1.1 に示す．

表 6.1.1　根切り工事に伴う周辺への影響要因と主な検討項目

要　因	概　要　図	主な検討項目
① 根切りに伴う山留め壁変位による周辺地盤の沈下や移動		・山留め壁の変位量の推定（山留め壁最大変位量） ・周辺地表面沈下量の推定
② 根切り時の応力解放に伴う周辺地盤の浮上り（リバウンド）と躯体構築時の応力増加による沈下		・除荷応力および構築時応力の推定 ・地盤の変形係数の推定 ・場内地盤の浮上り量推定 ・周辺地盤の浮上り量推定
③ 場内排水による周辺地下水位の低下およびそれに伴う周辺地盤の沈下	圧密層	・周辺地下水位低下量の推定 ・粘性土層の圧密沈下量推定 ・砂質土層の即時沈下量推定
④ その他 ・山留め壁の施工や撤去 ・基礎杭の施工 ・各種地盤改良 ・既存杭撤去や既存地下壁解体などで発生する地中応力解放や応力増加による周辺地盤の沈下・移動	矢板の引抜き　既存杭の引抜き 空隙	・地中の除荷応力や増加応力の推定 ・周辺地盤変位量推定法の選定 ・工法ごとの周辺地盤変位量の実績調査 ・既往文献に示される類似事例や個別に工夫した推定法の調査
⑤ 山留め壁からの漏水や排水に伴う土砂の流出	漏水　排水	・山留め壁施工時の削溝精度の管理とラップ不良部分の対策 ・既存地下躯体，埋設物による削溝精度の低下防止策

－75－

6.2 周辺地盤変状の検討

根切りに伴う周辺地盤変位の検討は，表6.1.1に示した影響要因のうち，主に①根切りに伴う山留め壁変位による沈下，②根切りに伴う浮上り（リバウンド）と躯体構築に伴う沈下，③場内排水による周辺地下水位低下に伴う沈下に対して行う．

6.2.1 山留め壁の変位に伴う周辺地盤の沈下

山留め壁の変位に伴う周辺地盤の沈下を推定する方法として，次の2つの方法が挙げられる．
（1）山留め壁の変位による周辺地表面沈下量の概算値
（2）FEMによる強制変位法

（1）山留め壁の変位による周辺地表面沈下量の概算値

表6.2.1に山留め壁の変位による周辺地表面沈下量の算定方法を示す．これは，掘削による浮上りの影響も含んだ実測値に基づいて提案された手法であり，山留め壁の変位量から比較的簡便に背面側の地表面沈下量を求めることができる．

表6.2.1 山留め壁の変位による周辺地表面沈下量の算定方法

（a）1次根切り時（三角形分布）	（b）2次根切り時以降（台形分布）
$A_{s1} = (0.5 \sim 1.0) A_{d1}$ $S_{max} = 2A_{S1}/L_0$　　　　　(6.2.1)	$A_{sn} = (0.5 \sim 1.0) A_{dn}$ $S_{max} = 2A_{Sn}/(L_0 + L_1)$　　　(6.2.2)

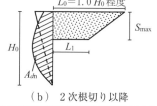

（a）1次根切り時	（b）2次根切り以降

L_0：周辺地表面沈下の影響範囲（＝$1.0H_0$程度）　　H_0：山留め壁の変位ゼロまでの深さ（m）
A_{d1}：1次根切り時の山留め壁の変位面積（m^2）　　A_{S1}：1次根切り時の周辺地表面の沈下面積（m^2）
A_{dn}：n次根切り時の山留め壁の変位面積（m^2）　　A_{Sn}：n次根切り時の周辺地表面の沈下面積（m^2）
S_{max}：周辺地表面の最大沈下量（m）　　　　　　　L_1：台形分布での沈下量一定の範囲（m）
　　　　　　　　　　　　　　　　　　　　　　　　　　　　（各根切り時の深さ程度）

（2）FEMによる強制変位法

図6.2.1に解析法の概要を示す．本手法は，FEMにより周辺地盤をモデル化し，山留め壁との境界面上に梁・ばねモデルなどによって求めた山留め壁変位を強制変位として入力する．FEMは，周辺地盤の最大沈下量だけではなく地表面沈下量分布を詳細に求めたい場合や，地中部の地盤変位や近接構造物の変位・応力などの検討が必要な場合に用いられる．

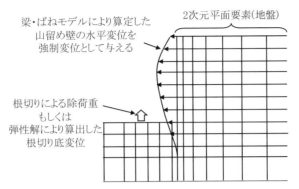

図 6.2.1 FEM による解析モデル（強制変位による方法）の例[6.1)を一部修正]

6.2.2 根切りに伴う周辺地盤の浮上り

構造物・地中埋設物などに近接して深い根切りを行う場合には，必要に応じて土被り圧の解放による浮上りを考慮して周辺地盤の変位量を検討する．根切りに伴う周辺地盤の浮上り量の算定には，次の方法が用いられる．

（1） 簡易的な理論解による検討

スタインブレナー（Steinbrenner）の弾性解を用いた多層近似解[6.2)]やブーシネスク（Boussinesq）の地中応力変化による弾性解[6.2)]

（2） FEM による検討

6.2.3 地下水位低下による影響

敷地外の地下水位低下を伴う工法を採用する場合には，必要に応じて地下水位の低下量とそれに伴う地盤沈下量を検討し，周辺に有害な影響を及ぼさないことを確認する．

（1） 即時沈下の検討

地下水位の低下に伴う地盤の沈下は広範囲にわたることから，1 次元圧縮条件で検討する．(6.2.3) 式に地下水位の低下に伴う即時沈下量の算定方法を示す．

$$S_E = \frac{\Delta \sigma'}{E} \times H \tag{6.2.3}$$

ここに，S_E：即時沈下量（m）

$\Delta \sigma'$：地下水位の低下に伴い生ずる有効応力の増分（kN/m^2）

E：地盤の変形係数（kN/m^2）

H：地盤の厚さ（m）

（2） 圧密沈下の検討

周辺地盤が砂層の場合は即時沈下のみ計算すればよいが，圧密沈下の可能性がある場合には圧密沈下についても検討する．検討方法は，本会「建築基礎構造設計指針」[6.2)]を参考にする．

6.3 近接構造物・地中構造物への影響検討

近接構造物・地中埋設物などに有害な影響を及ぼす可能性がある場合には，沈下・浮上り・傾斜，水平移動について必要な事項の検討を行う．まず，既設構造物位置の地盤変位量を求め，その変位量から構造物の沈下，傾斜，水平移動の概略の値を評価し，有害な影響を及ぼすか否かを判断する．判断が難しい場合には，FEMにより近接構造物の変位量や付加応力を直接算定する．解析は，6.2.1（2）「FEMによる強制変位法」に示す周辺地盤内に，既設構造物をモデル化することで行われる〔図6.3.1参照〕．

一方，地盤変位量のみをFEMで求め，近接構造物への付加応力を別途算定する方法もある〔図6.3.2参照〕．この方法では，本会「近接山留めの手引き」[6.3)]に示すように，基礎構造を連続梁でモデル化し，各柱脚下における鉛直荷重と沈下の関係をばねで表した地盤ばね支持の梁として付加応力を算定する．

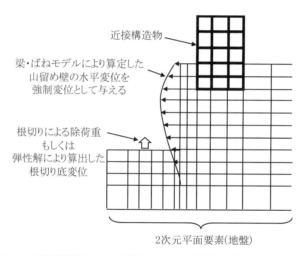

図6.3.1 FEMによる近接構造物の応力算定モデル（強制変位による方法）の例[6.3)]を一部修正

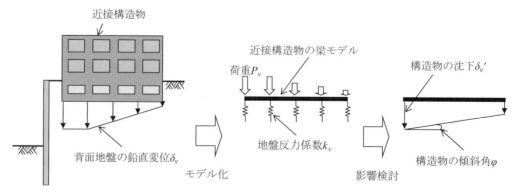

図6.3.2 地盤ばね支持の梁モデルの概要（鉛直）[6.3)]

参 考 文 献

6.1)　地盤工学会：地盤工学・実務シリーズ 8　山留めの挙動予測と実際，p.127，1999.2

6.2)　日本建築学会：建築基礎構造設計指針，pp.41-48，pp.141-150，2019.11

6.3)　日本建築学会：近接山留めの手引き，pp.41-48，2015.10

第Ⅱ編　設 計 事 例

概　　　要

　第Ⅱ編に掲載した設計事例の構成と内容を下表に示す．第Ⅱ編は10の事例と付録から構成されている．各設計事例の地盤条件，山留め計画，設計における特徴は下表に示すとおりである．

　本事例集に掲載されている事例は，原則として本会「山留め設計指針」(2017)（以下，指針という）に準拠して設計されており，事例1〜6には標準的な事例を示した．一方，事例7〜10には大火打ち・地盤改良・既存躯体を用いた事例や地下鉄と近接した事例など，特別な検討を要する事例も載せた．事例7〜10の設計および検討法は確立されておらず，改善の余地があり，指針にもすべてが詳細に示されていないものの，実務で扱うことの多い事例として掲載した．

No.	事例の内容／事例の構成	地盤：沖積地盤	洪積地盤	山留め壁：親杭横矢板壁	鋼矢板壁	ソイルセメント壁	既存躯体	山留め支保工：種別	段数	梁ばねモデル	単純梁モデル	自立山留めの梁・ばねモデル	側圧による力の釣合い	根切り底面の安定	山留め壁の応力検討	山留め支保工の検討	切梁支柱の検討	実測値との比較	山留め設計上の特徴（キーワード）
1	親杭横矢板壁による自立山留めの事例		○	○				自立				○	○	ヒービング	○				親杭横矢板壁 自立山留め
2	親杭横矢板壁と鋼製切梁1段による山留めの事例		○	○				切梁	1		○			ヒービング	○	○	○		親杭横矢板壁 1段切梁 単純梁モデル（変位算定）
3	市街地の比較的狭い敷地でボイリングの恐れがある山留め事例	○	○		○			切梁	2	○	◆			ボイリング	○	○	○		鋼矢板壁 ボイリング 単純梁モデル（変位算定） 計算方法による比較
4	軟弱粘性土地盤でのヒービング検討事例	○	○		○			切梁	2	○				ヒービング	○			○	鋼矢板壁 ヒービング 実測値との比較
5	逆打ち工事の事例	○	○			○		躯体	2	○			○	盤ぶくれ	○				ソイルセメント壁 逆打ち工法 地下水処理（盤ぶくれ）
6	上載荷重を考慮したソイルセメント壁の山留め事例	○	○			○		アンカー	2	○				盤ぶくれ	○	○			ソイルセメント壁 地盤アンカー 山留め壁の支持力
7	大火打ちを山留め支保工として用いた事例	○	○			○		切梁（大火打ち）	1	○			○	盤ぶくれ	○	○	○		ソイルセメント壁 大火打ち 軸力が加わる腹起し 水平切梁との比較
8	軟弱地盤で地盤改良を併用した山留めの事例	○	○			○		切梁	2	○				ヒービング	○			○	ソイルセメント壁 掘削側地盤改良 両面ばねモデルとの比較
9	既存建物地下躯体の山留め壁としての利用事例			○			○	切梁（大火打ち）	2		○						○		既存躯体利用 山留め壁のモデル化
10	有限要素法による近接構造物への影響検討事例	○	○			○		切梁	4	○									近接影響検討 FEM（強制変位法）

付録　付1　地盤定数
　　　付2　形鋼材断面性能
　　　付3　躯体計画位置から隣接構造物までの離隔距離の例
　　　付4　ソイルセメント内の仮想放物線アーチの寸法と応力
　　　付5　U形鋼矢板壁の継手効率
　　　付6　根切り底以深の側圧を考慮した自立山留めの計算事例

◆：比較のための計算

1. 親杭横矢板壁による自立山留めの事例

　本事例は，市街地に計画された集合住宅建設に伴う，親杭横矢板壁による自立山留め工法を採用した根切り工事である．

1.1 山留め計画上の条件
1.1.1 工事概要

　敷地および周辺の状況は，図1.1のとおりである．当該敷地内には8階建ての住居部，1階建ての集会室の2棟が配置され，共に地階がない構造となっている．基礎形式は杭基礎構造であり，パイルキャップの下端から栗石および捨てコンクリートの厚みを考慮し，おのおのの根切り深さは2.7 mとした．また，北側の前面道路は，車道幅8.0 m，歩道幅2.0 mであり，路面の下1.0 m，敷地境界から約1.0 m離れた場所に埋設管（ガス・水道）がある．西側には杭基礎構造（杭下端GL－13.0 m）の地階を有する事務所ビルがあり，南側には木造2階建ての住宅が建ち並んでいる．東側には公園があり，境界に塀があるほかは，近接した建物はない．

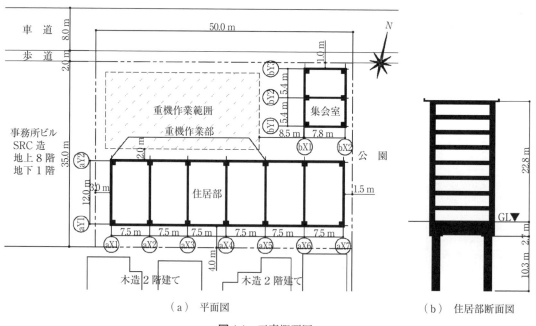

　　　　（a）　平面図　　　　　　　　　　　（b）　住居部断面図

図1.1　工事概要図

1.1.2 地盤概要

　地盤概要を図1.2に示す．GL－2.0 mまでは粘性土主体の埋土で，その下に砂質粘土，粘土質ロー

ムからなる粘性土層が GL-7.4 m まで堆積している．それ以深は，N 値が 35 以上の細砂である．ボーリング時の孔内水位は GL-2.0 m であった．

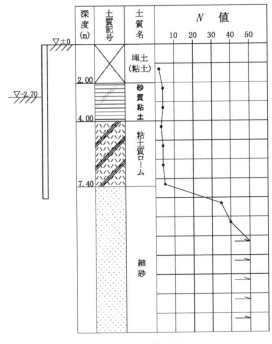

図 1.2　土質柱状図

1.2　山留め計画

　山留め壁は当初，ボーリング時の孔内水位よりも根切り深さが深かったため，鋼矢板壁の計画であったが，現場で試掘した結果，地下水が GL-4.5 m まで出現しなかったため，実際の地下水位は床付け以深と判断し，親杭横矢板壁の自立山留め工法を採用した．

　山留め壁設計上の上載荷重は，重機が作業する場所（重機作業帯）では，後述の計算根拠に基づいて 25 kN/m^2 とし，その他の部分では山留め壁背面の影響範囲内に特別に考慮すべき上載荷重はないため，一般的な値である 10 kN/m^2 とした．

　応力および変位は，自立山留めの梁・ばねモデルにより算定した．重機作業部の許容変位量は，敷地境界から十分な距離があり，山留め変位による影響が敷地外に及ばないと考え，頭部変位で 50 mm とした．その他の箇所については，北側の道路近接部は，沿道掘削申請における変位量の制限により頭部の許容変位量を 30 mm とした．西側および南側については，本会「近接山留めの手引き」に示される近接程度の判定例[1.1]に基づき，隣地構造物に対する近接程度を判定した．西側は事務所ビルの杭基礎下端が GL-13.0 m で，支持層に必要根入れが確保されていることから，特別な注意を要しない一般山留めに該当すると判断した．南側は，根切り深さの 1～2 倍の範囲に木造 2 階建てが建ち並ぶため近接山留めに該当するが，「近接山留めの手引き」において近接山留めの計画時における山留め壁変位量の目安[1.2]は，南側の条件では 40 mm と示されており，道路近

接部と同等の管理を行えば安全側であると判断した．東側は公園に面しており，特に考慮すべき構造物は存在しなかった．以上のことから重機作業部以外の範囲を包括して道路近接部として扱い，許容変位量を頭部変位で 30 mm とした．山留め壁の挙動は，根切り作業開始から毎日の頭部変位の計測により管理することにした．また，局所的な親杭の変形を緩和する目的で，山留め壁頭部につなぎ材を取り付けることにした〔図 1.13 参照〕．

1.3 山留めの設計

1.3.1 設計用地盤定数

山留め設計に用いる地盤定数は，表 1.1 に示すとおりとした．埋土層および粘性土層の粘着力 c は，一軸圧縮強さ q_u の 1/2 とした．一軸圧縮強さについては，埋土層は粘性土が主体であることから粘性土として評価し，Terzaghi-Peck の関係式〔付 4〕から $q_u = 12.5N$ の推定値を安全側に丸めて設定した．粘性土層は，砂質粘土のみ室内土質試験による一軸圧縮強さが得られており，粘土質ロームの試験値は得られていなかったが，土質柱状図の N 値とその他の記載内容，および近隣の施工実績から，設計上は同等な単一の層とみなせると判断し，砂質粘土の一軸圧縮強さを安全側に低減した値を設計値とした．また，細砂層の内部摩擦角については，大崎の式 $\phi = \sqrt{20N} + 15$ （°）により設定した．

表 1.1 設計用地盤定数

深さ (m)	層厚 (m)	土 質 名	層 名	N 値	γ_t (kN/m³)	q_u (kN/m²)	c (kN/m²)	ϕ (°)
0.0～ 2.0	2.00	埋土（粘土）	埋土層	2	16	(20) *	10	0
2.0～ 7.4	5.40	砂質粘土 粘土質ローム	粘性土層	4	18	60 —	30	0
7.4～17.8	10.40	細砂	細砂層	36	19	—	0	42

〔注〕 ＊一軸圧縮強さ q_u の （ ）内数値は N 値による推定値を示す．

1.3.2 側圧の設定

山留め壁の背面側に作用する側圧は，(2.1.1) 式の側圧係数法による側圧を用いた．側圧係数 K は，粘性土層の一軸圧縮強さから根切り部の土質を中位の粘土と判定すると，表 2.1.2 より $K = 0.4～0.6$ となるが，後述する (2.1.2) 式のランキン・レザール法による側圧との比較において，これを上回る結果となった $K = 0.4$ を採用した．なお，(2.1.1) 式を用いる場合は，軽微な上載荷重は考慮しないのが一般的であるとされている[1.3]が，重機荷重が作用することをふまえて，$(\gamma_t z)$ の代わりに $(\gamma_t z + q)$ とする方法（q：上載荷重）により計算を行った〔第 I 編 2.1 （5）参照〕．

（1） 重機作業部

重機による上載荷重は，重機作業範囲に対して敷き鉄板が敷設されることを考慮し，図 1.3 に示す重機荷重が重機の接地長と全幅からなる投影面積に分散するものとして計算した．重機荷重には，作業時の衝撃による割増しを考慮し，割増し率は「乗り入れ構台設計・施工指針」(2014)[1.4]

を参考に20％とした．なお，作業時の荷重の偏りを無視し，重機荷重を投影面積に均等に分散すると仮定したことから，山留め壁背面側の全面に上載荷重が作用するものとした．

重機による上載荷重　　$q = \dfrac{(W+T)(1+i)}{AB} = \dfrac{(320.0+30.0) \times 1.20}{4.20 \times 4.00} = 25 \text{ kN/m}^2$

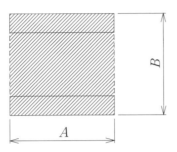

重機自重：　$W = 320.0$ kN
吊り荷重：　$T = 30.0$ kN
割増し率：　$i = 0.2$
接地長：　$A = 4.20$ m
全幅：　$B = 4.00$ m

図1.3　重機荷重条件

重機による上載荷重 $q = 25$ kN/m^2 を用いて，側圧係数法による山留め壁背面側側圧を計算した．

$p = K(\gamma_t z + q)$

記号　p：地表面から深さ z (m) における背面側の側圧 (kN/m^2)
　　　γ_t：土の湿潤単位体積重量 (kN/m^3)
　　　z：地表面からの深さ (m)
　　　K：側圧係数 ($K = 0.4$)
　　　q：山留め壁背面の上載荷重 (kN/m^2)

GL±0 m　　　$p_1 = 0.4 \times 25 = 10.00$ kN/m^2
GL−2.00 m　　$p_2 = 0.4 \times (16 \times 2.00 + 25) = 22.80$ kN/m^2
GL−2.70 m　　$p_3 = 0.4 \times (16 \times 2.00 + 18 \times 0.70 + 25) = 27.84$ kN/m^2

単位幅あたりの分布荷重の合力 P_a と，合力作用点から根切り底面までの距離 h を求めた．

$P_a = \dfrac{10.00+22.80}{2} \times 2.00 + \dfrac{22.80+27.84}{2} \times 0.70 = 50.52$ kN/m

$h = \{10.0 \times 2.00/2 \times (2 \times 2/3 + 0.7) + 22.80 \times 2.00/2 \times (2/3 + 0.7) + 22.80 \times 0.70/2 \times 0.7 \times 2/3 +$
　　$27.84 \times 0.70/2 \times 0.7/3\}/50.52$

　　$= 1.14$ m

親杭頭部（GL±0 m）から合力作用点 P_a までの距離 l を求めた．

$l = 2.70 - 1.14 = 1.56$ m

ランキン・レザール法による山留め壁背面側側圧を計算した．

$p_a = (\gamma_t z + q)\tan^2\left(45° - \dfrac{\phi}{2}\right) - 2c\tan\left(45° - \dfrac{\phi}{2}\right)$　　ただし，p_a が負の値になる場合は0とする．

GL±0 m　　　　$p_{a1} = 25 \times \tan^2 45° - 2 \times 10 \times \tan 45° = 5.00$ kN/m^2
GL−2.00 m 上　$p_{a2} = (16 \times 2.00 + 25) \times \tan^2 45° - 2 \times 10 \times \tan 45° = 37.00$ kN/m^2

$\qquad$ GL-2.00 m 下 $\quad p_{a2'} = (16 \times 2.00 + 25) \times \tan^2 45° - 2 \times 30 \times \tan 45° = -3.00$ kN/m^2

$\qquad$ GL-2.70 m $\qquad p_{a3} = (16 \times 2.00 + 18 \times 0.7 + 25) \times \tan^2 45° - 2 \times 30 \times \tan 45° = 9.60$ kN/m^2

単位幅あたりの分布荷重の合力 P を求めた.

$$P = \frac{5.00 + 37.00}{2} \times 2.00 + \frac{9.60}{2} \times \left(0.70 - \frac{3.00}{18 \times \tan^2 45°}\right) = 44.56 \text{ kN/m}$$

（2）　道路近接部

上載荷重 $q = 10$ kN/m^2 を用いて，側圧係数法による山留め壁背面側側圧を計算した.

$\qquad$ GL± 0 m $\qquad p_1 = 0.4 \times 10 = 4.00$ kN/m^2

$\qquad$ GL-2.00 m $\quad p_2 = 0.4 \times (16 \times 2.00 + 10) = 16.80$ kN/m^2

$\qquad$ GL-2.70 m $\quad p_3 = 0.4 \times (16 \times 2.00 + 18 \times 0.70 + 10) = 21.84$ kN/m^2

単位幅あたりの分布荷重の合力 P_a と，その作用点から根切り底面までの距離 h を求めた.

$$P_a = \frac{4 + 16.80}{2} \times 2.00 + \frac{16.80 + 21.84}{2} \times 0.70 = 34.32 \text{ kN/m}$$

$$h = \{4.00 \times 2.00/2 \times (2 \times 2/3 + 0.7) + 16.80 \times 2.00/2 \times (2/3 + 0.7) + 16.80 \times 0.70/2 \times 0.7 \times 2/3$$
$$\qquad + 21.84 \times 0.70/2 \times 0.7/3\}/34.32$$

$$\qquad = 1.04 \text{ m}$$

親杭頭部（GL± 0 m）から合力作用点 P_a までの距離 l を求めた.

$\qquad l = 2.70 - 1.04 = 1.66$ m

ランキン・レザール法による山留め壁背面側側圧を計算した.

$\qquad$ GL± 0 m $\qquad p_{a1} = 10 \times \tan^2 45° - 2 \times 10 \times \tan 45° = -10.00$ kN/m^2

$\qquad$ GL-2.00 m 上 $\quad p_{a2} = (16 \times 2.00 + 10) \times \tan^2 45° - 2 \times 10 \times \tan 45° = 22.00$ kN/m^2

$\qquad$ GL-2.00 m 下 $\quad p_{a2'} = (16 \times 2.00 + 10) \times \tan^2 45° - 2 \times 30 \times \tan 45° = -18.00$ kN/m^2

$\qquad$ GL-2.70 m $\qquad p_{a3} = (16 \times 2.00 + 18 \times 0.7 + 10) \times \tan^2 45° - 2 \times 30 \times \tan 45°$

$$\qquad = -5.40 \text{ kN/m}^2$$

単位幅あたりの分布荷重の合力 P を求めた.

$$P = \frac{22.00}{2} \times \left(2.00 - \frac{10.00}{16 \times \tan^2 45°}\right) = 15.13 \text{ kN/m}$$

（3）　設計側圧の確認

側圧係数法による側圧とランキン・レザール法による側圧を比較し，設計側圧を決定した.

a）重機作業部

図 1.4 に示す側圧の比較結果より，側圧係数法による側圧の合力がランキン・レザール法による側圧の合力を上回ることから，側圧係数を $K = 0.4$ とし，図 1.5 に示す設計側圧を用いて以降の計算を行った.

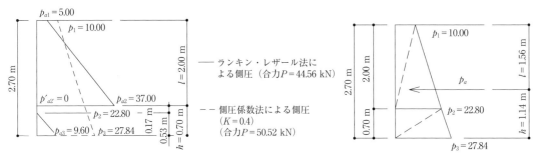

図 1.4　重機作業部の側圧比較　　　　図 1.5　重機作業部の設計側圧 ($K=0.4$)

b) 道路近接部

図 1.6 に示す側圧の比較結果より，側圧係数法による側圧の合力がランキン・レザール法による側圧の合力を上回ることから，側圧係数を $K=0.4$ とし，図 1.7 に示す設計側圧を用いて以降の計算を行った．

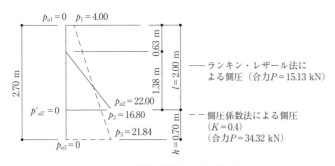
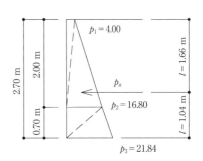

図 1.6　道路近接部の側圧比較　　　　図 1.7　道路近接部の設計側圧 ($K=0.4$)

1.3.3　根入れ長さの検討

(4.4.13) 式による半無限長の梁としての根入れ長さと，(4.2.1) 式および (4.2.2) 式による背面側・掘削側側圧の釣合いによる根入れ長さを比較して，大きい方を根入れ長さとして採用した．

（1）　半無限長の梁としての根入れ長さ d_1

a) 特性値 β

親杭　H $-300\times300\times10\times15$（SS 400 材）

断面 2 次モーメント　$I_x = 20\,200\,\text{cm}^4$
　　　　　　　　　　　　$= 2.02\times10^{-4}\,\text{m}^4/\text{本}$

断面係数　$Z_x = 1\,350\,\text{cm}^3$

〔付 2「形鋼材断面性能」1.「H 形鋼」参照〕

親杭間隔　$a = 1.2\,\text{m}$

鋼材のヤング係数　$E = 2.05\times10^8\,\text{kN/m}^2$

$$\beta = \sqrt[4]{\frac{k_hB}{4EI}} = \sqrt[4]{\frac{3\,000\times1.0}{4\times2.05\times2.02\times10^4/1.2}} = 0.384\,\text{m}^{-1}$$

ここに，　β：特性値（m^{-1}）

k_h：水平方向地盤反力係数 = 3 000 kN/m³

第Ⅰ編 図 4.4.4（b）水平地盤反力係数の粘性土における推奨範囲から，平均値である $k_h=100c$ にて，表 1.1 の粘性土層の粘着力 $c=30$ kN/m² を用いて設定した．

B：単位幅 = 1.0 m

EI：単位幅あたりの山留め壁の曲げ剛性 $EI_x/a = 2.05 \times 2.02 \times 10^4/1.2$ kN・m²/m

b）根入れ長さ

$$d_1 \geqq \frac{2}{\beta}$$

$$= \frac{2}{0.384} = 5.21 \text{ m}$$

（2）側圧による力の釣合いによる根入れ長さ d_2

図 1.8 において，親杭下端（O 点）まわりの掘削側側圧による抵抗モーメント M_p と背面側側圧による転倒モーメント M_a を計算し，釣合いの検討を行った．根切り底面（GL−2.70m）からの深さを x とし，$M_p/M_a \geqq 1.2$ となる必要根入れ長さ d_2 を求めた．なお，背面側側圧の大きい重機作業部の d_2 の検討を行った結果，重機作業部の $d_2 < d_1$ となり，根入れ長さは d_1 で決まることから，背面側側圧の小さい道路近接部の検討は省略した．

a）根切り底面以深の背面側側圧

GL−(2.70+x) m　　$P_4 = 0.4 \times (16 \times 2.00 + 18 \times 0.70 + 25 + 18 \times x) = 27.84 + 7.20x$ kN/m²

b）掘削側側圧

ランキン・レザール法で根切り底面から深さ x における掘削側側圧を計算した．

$$p_p = (\gamma_t Z + q)\tan^2\left(45° + \frac{\phi}{2}\right) + 2c\tan\left(45° + \frac{\phi}{2}\right)$$

GL−2.70 m　　　　$P_{p1} = 2 \times 30 \tan 45° = 60.00$ kN/m²

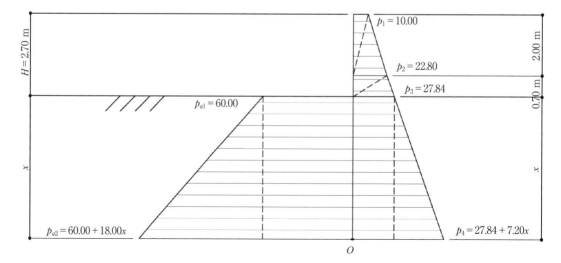

図 1.8　背面側・掘削側側圧図

$$GL - (2.70 + x) \text{ m} \qquad P_{p2} = 18 \times x \times \tan^2 45° + 60.00 = 60.00 + 18.00x \text{ kN/m}^2$$

c）背面側側圧による O 点まわりの転倒モーメント M_a

根切り底面以深には，親杭見付幅分の背面側側圧が作用するので D/a を乗じた.

杭幅 $D = 0.30$ m，親杭間隔 $a = 1.20$ m，$D/a = 0.30/1.20$

$$M_a = \frac{10.00 \times 2.00}{2} \times \left(\frac{2.00 \times 2}{3} + 0.70 + x \right) + \frac{22.80 \times 2.00}{2} \times \left(\frac{2.00}{3} + 0.70 + x \right)$$

$$+ \frac{22.80 \times 0.70}{2} \times \left(\frac{0.70 \times 2}{3} + x \right) + \frac{27.84 \times 0.70}{2} \times \left(\frac{0.70}{3} + x \right)$$

$$+ \left\{ 27.84 \times x \times \frac{x}{2} + \frac{7.20x \times x}{2} \times \frac{x}{3} \right\} \times \frac{0.30}{1.20}$$

$$= 0.30x^3 + 3.48x^2 + 50.52x + 57.49$$

d）掘削側側圧による O 点まわりの抵抗モーメント M_p

親杭横矢板壁であるため，(2.1.6) 式により掘削側の側圧を計算した. 親杭見付幅の割増し係数（1～3）について指針には，アーチ効果の期待できない沖積粘性土では見付幅を1倍とし，硬質粘性土では見付幅を3倍近く考慮できるとされている[15]. 根切り底面以深が中位の粘土であることから，ある程度のアーチ効果が期待できると判断し，親杭見付幅の割増し係数を $\alpha = 2$ として計算を行った.

$$M_p = \left\{ 60.00 \times x \times \frac{x}{2} + \frac{18.00x \times x}{2} \times \frac{x}{3} \right\} \times \frac{2 \times 0.30}{1.20}$$

$$= 1.50x^3 + 15.00x^2$$

e）根入れ長さ

$F_s = \dfrac{M_p}{M_a} \geqq 1.2$ となる x を求め，d_2 とした.

$$M_p - 1.2M_a \geqq 0$$

$$1.5x^3 + 15.00x^2 - 1.2 \times (0.30x^3 + 3.48x^2 + 50.52x + 57.49) \geqq 0$$

$$1.14x^3 + 10.82x^2 - 60.62x - 68.99 \geqq 0$$

$$x \geqq 4.67 \text{ m}$$

$$d_2 = 4.67 \text{ m}$$

（3） 根入れ長さの決定

$d_1 = 5.21$ m，$d_2 = 4.67$ m のうち，大きい方を必要根入れ長さとした.

必要根入れ長さ $d = 5.21$ m

1.3.4 山留め壁の検討

自立山留めの梁・ばねモデルにより計算を行った.

親杭 $H - 300 \times 300 \times 10 \times 15$（SS 400 材）

- 断面2次モーメント $I_x = 20\,200$ cm$^4 = 2.02 \times 10^{-4}$ m^4
- 断面係数 $Z_x = 1\,350$ cm^3
- 親杭間隔 $a = 1.20$ m
- 鋼材のヤング係数 $E = 2.05 \times 10^8$ kN/m^2

— 90 — 山留め設計事例集

親杭部材の断面検討は，曲げモーメントとせん断力について行った．

（1）　曲げモーメントおよびせん断力

重機作業部の単位幅あたりの曲げモーメントとせん断力を（4.4.10）式および（4.4.11）式を用いて計算した．

$$
\begin{aligned}
M_{\max} &= P_a \frac{\sqrt{(1+2\beta h)^2 + 1}}{2\beta} \exp\left(-\tan^{-1}\frac{1}{1+2\beta h}\right) \\
&= 50.52 \times \frac{\sqrt{(1+2\times0.384\times1.14)^2 + 1}}{2\times0.384} \exp\left(-\tan^{-1}\frac{1}{1+2\times0.384\times1.14}\right) \\
&= 85.67 \ \mathrm{kN\cdot m/m}
\end{aligned}
\tag{4.4.10}
$$

$$
\begin{aligned}
Q_{\max} &= P_a \\
&= 50.52 \ \mathrm{kN/m}
\end{aligned}
\tag{4.4.11}
$$

道路近接部は，重機作業部より側圧が小さいので計算を省略した．

（2）　応力度の検討

曲げ応力度およびせん断応力度が許容応力度より小さいことを確認した．親杭には再使用材を用いるため，許容応力度は表3.1.2，3.1.5に示される長期と短期許容応力度の平均値とした．指針において，山留め壁応力材に用いる形鋼材の許容圧縮応力度 f_c は，通常，土または固化材で周囲を拘束されているので座屈を考慮しない値としてよいとされている[1,6]．本事例では，許容圧縮応力度 f_c と同様に土の拘束により横座屈は生じないと考え，許容曲げ応力度 f_b についても（3.1.3），（3.1.4）式による低減を行わずに，基準応力度 α_b を許容曲げ応力度 f_b とした．

親杭の単位幅あたりの断面係数　　$Z = 1.350 \times 10^6/1.2 \ \mathrm{mm^3/m}$

〃　　　　　　　ウェブ断面積　$A_w = (300 - 2\times15) \times 10/1.2 = 2\,700/1.2 \ \mathrm{mm^2/m}$

曲げ応力度　$\sigma_b = \dfrac{M_{\max}}{Z} = \dfrac{85.67\times10^6}{1.35\times10^6/1.20} = 76 \ \mathrm{N/mm^2} <$ 許容曲げ応力度　$f_b = 195 \ \mathrm{N/mm^2}$

せん断応力度　$\tau = \dfrac{Q_{\max}}{A_w} = \dfrac{50.52\times10^3}{2\,700/1.20} = 22 \ \mathrm{N/mm^2} <$ 許容せん断応力度　$f_s = 113 \ \mathrm{N/mm^2}$

（3）　変位量の検討

親杭頭部（GL±0 m）および根切り深さにおける水平変位量を（4.4.8）式および（4.4.9）式を用いて計算し，許容変位量と比較した．

a）重機作業部

［杭頭変位量］

$$
\begin{aligned}
y_0 &= \frac{P_a}{EI\beta^2}\left\{\frac{(1+\beta h)^3 + 1/2}{3\beta} + \frac{(1+\beta h)^2 \times l}{2}\right\} \\
&= \frac{50.52}{2.05\times2.02\times10^4/1.2\times0.384^2}\left\{\frac{(1+0.384\times1.14)^3 + 1/2}{3\times0.384} + \frac{(1+0.384\times1.14)^2 \times 1.56}{2}\right\}
\end{aligned}
\tag{4.4.9}
$$

$\quad = 0.0459 \ \mathrm{m} = 45.9 \ \mathrm{mm} <$ 許容変位量 50 mm

［根切り底面での変位量］

$$y_g = \frac{P_a(1+\beta h)}{2EI\beta^3}$$

$$= \frac{50.52 \times (1+0.384 \times 1.14)}{2 \times 2.05 \times 2.02 \times 10^4 / 1.2 \times 0.384^3} \tag{4.4.8}$$

$$= 0.0186 \text{ m} = 18.6 \text{ mm}$$

b）道路近接部

［杭頭変位量］

$$y_0 = \frac{P_a}{EI\beta^2}\left\{\frac{(1+\beta h)^3 + 1/2}{3\beta} + \frac{(1+\beta h)^2 \times l}{2}\right\}$$

$$= \frac{34.32}{2.05 \times 2.02 \times 10^4 / 1.2 \times 0.384^2}\left\{\frac{(1+0.384 \times 1.04)^3 + 1/2}{3 \times 0.384} + \frac{(1+0.384 \times 1.04)^2 \times 1.66}{2}\right\} \tag{4.4.9}$$

$$= 0.0299 \text{ m} = 29.9 \text{ mm} < 許容変位量 30 \text{ mm}$$

［根切り底面での変位量］

$$y_g = \frac{P_a(1+\beta h)}{2EI\beta^3}$$

$$= \frac{34.32 \times (1+0.384 \times 1.04)}{2 \times 2.05 \times 2.02 \times 10^4 / 1.2 \times 0.384^3} \tag{4.4.8}$$

$$= 0.0123 \text{ m} = 12.3 \text{ mm}$$

なお，根切り底面での山留め壁の変位 y_g が 1 cm を超える場合には，k_h を低減することが望ましいとされている[1,7]．本事例では，根切り底面での水平変位量が 1 cm を超えていたが，地盤反力係数算定に用いた粘着力が，安全側の評価として採用した複数の供試体のうち，最小の一軸圧縮強さに基づいており，一軸圧縮試験結果の平均値である粘着力 $c = 40$ kN/m^2 を用いた場合の結果が 1 cm 以下となることを考慮し，地盤反力係数 k_h の低減は行わないこととした．

1.3.5　根切り底面の安定性の検討

粘性土地盤であるためヒービングに対する検討を行った．（4.3.3）式を用い，図 1.9 に示すように $\gamma_t H$ に加え地表面の上載荷重 q を考慮してヒービングの可能性を判断した．

$$N_b = \frac{\gamma_t H + q}{s_{ub}}$$

記号　N_b：根切り底面の安定係数

　　　γ_t：土の湿潤単位体積重量（kN/m^3）

　　　H：根切り深さ（m）

　　　q：地表面で考慮する上載荷重（kN/m^2）

　　　S_{ub}：根切り底面以下の粘土の非排水せん断強さ ≒ 土の粘着力 c（kN/m^2）

$$N_b = \frac{16 \times 2.00 + 18 \times 0.70 + 25}{30} = 2.32 < 3.14$$

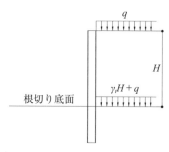

図 1.9　ヒービング検討図

　ペックの式では，ヒービングの可能性を判断する目安として，安定係数 N_b は 4 程度以下が望ましく，$N_b < 3.14$ の範囲では根切り底面の上向きの変位はほとんど弾性的で，その変位量は小さいとしている．したがって，計算結果からヒービングは発生しないと判断した．

1.3.6　横矢板の検討

　横矢板については，板厚の検討を行うこととし，図 1.10 に示すような単純梁とみなし，最大側圧を用いて（4.5.5）式および（4.5.7）式により曲げモーメントとせん断力を算定した．求めた断面力から（4.5.6）式および（4.5.8）式により必要板厚 t_b，t_s を求め，値の大きな方を採用した．横矢板には木材（あかまつ）を使用し，表 3.2.2 に基づいて許容応力度を設定した．

　　　許容曲げ応力度　　$f_b = 13.2 \text{ N/mm}^2 = 13.2 \times 10^3 \text{ kN/m}^2$
　　　許容せん断応力度　$f_s = 1.03 \text{ N/mm}^2 = 1.03 \times 10^3 \text{ kN/m}^2$

（1）　横矢板厚の算定式

a）曲げモーメントによる必要板厚 t_b

（4.5.6）式から，曲げモーメントによる必要板厚 t_b の算定式を求めた．

$$\sigma_b = \frac{M_{\max}}{Z} \leq f_b, \quad Z = \frac{t_b^2}{6} \quad \text{より} \quad t_b \geq \sqrt{\frac{6 M_{\max}}{f_b}}$$

ここに，$M_{\max}$：単位深さあたりの最大曲げモーメント（kN・m）
　　　　　Z：横矢板の単位深さあたりの断面係数（m^3）

b）せん断力による必要板厚 t_s

（4.5.8）式から，せん断力による必要板厚 t_s の算定式を求めた．

$$\tau = \frac{3 Q_{\max}}{2A} \leq f_s, \quad A = t_s \quad \text{より} \quad t_s \geq \frac{1.5 Q_{\max}}{f_s}$$

ここに，$Q_{\max}$：単位深さあたりの最大せん断力（kN）
　　　　　A：横矢板の単位深さあたりの断面積（m^2）

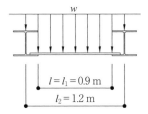

図 1.10 横矢板の応力算定図

（2） 重機作業部

単位深さあたりの等分布荷重 $w = p_3 \times 1 = 27.84$ kN/m

$$M_{\max} = \frac{wl_1^2}{8} = \frac{27.84 \times 0.9^2}{8} = 2.82 \text{ kN/m}$$

$$Q_{\max} = \frac{wl_1}{2} = \frac{27.84 \times 0.9}{2} = 12.53 \text{ kN}$$

$$t_b \geqq \sqrt{\frac{6M_{\max}}{f_b}} = \sqrt{\frac{6 \times 2.82}{13.2 \times 10^3}} = 0.036 \text{ m} = 36 \text{ mm}$$

$$t_s \geqq \frac{1.5Q_{\max}}{f_s} = \frac{1.5 \times 12.53}{1.03 \times 10^3} = 0.018 \text{ m} = 18 \text{ mm}$$

必要板厚は $t = 36$ mm とした．

（3） 道路近接部

単位深さあたりの等分布荷重 $w = p_3 \times 1 = 21.84$ kN/m

$$M_{\max} = \frac{wl^2}{8} = \frac{21.84 \times 0.9^2}{8} = 2.21 \text{ kN/m}$$

$$Q_{\max} = \frac{wl}{2} = \frac{21.84 \times 0.9}{2} = 9.83 \text{ kN}$$

$$t_b \geqq \sqrt{\frac{6M_{\max}}{f_b}} = \sqrt{\frac{6 \times 2.21}{13.2 \times 10^3}} = 0.032 \text{ m} = 32 \text{ mm}$$

$$t_s \geqq \frac{1.5Q_{\max}}{f_s} = \frac{1.5 \times 9.83}{1.03 \times 10^3} = 0.014 \text{ m} = 14 \text{ mm}$$

必要板厚は $t = 32$ mm とした．

1.3.7 決定した山留めの仕様

親杭は，間隔の不均一や重機等の部分上載荷重などによって，局所的な変形が生じる事もある．局所的な変形が生じた際に，変形しようとする親杭とその左右の親杭の動きを均一化させるために，頭つなぎを設置することとした．なお，親杭全長は必要長さを 0.5 m 単位で丸めて決定した．横矢板厚は，重機作業部と道路近接部のそれぞれに対して計算したが，施工時の簡便性を考慮して最大板厚に統一した．決定した山留めの仕様を表 1.2，図 1.11〜1.13 に示す．

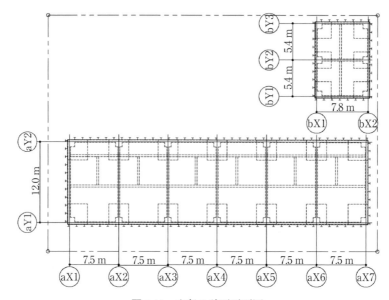

図 1.11　山留め計画平面図

表 1.2　使用材一覧

山留め壁	親杭　H－300×300×10×15（SS 400 材）　a=1.2 m　L=8.00 m
頭つなぎ材	［－200×80×7.5×11（SS 400 材）］
横矢板	重機作業部　t=36 mm，道路近接部　t=36 mm（あかまつ材）

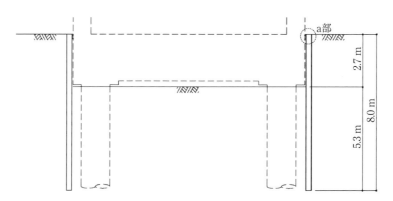

図 1.12　住居部断面図

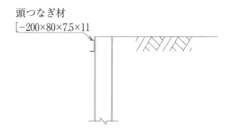

図 1.13　a 部詳細図

1. 親杭横矢板壁による自立山留めの事例 — 95 —

参 考 文 献

1.1)　日本建築学会：近接山留めの手引き，pp.18-20，2015
1.2)　日本建築学会：近接山留めの手引き，p.27，2015
1.3)　日本建築学会：山留め設計指針，p.88，2017
1.4)　日本建築学会：乗り入れ構台設計・施工指針，p.26，2014
1.5)　日本建築学会：山留め設計指針，pp.152-153，2017
1.6)　日本建築学会：山留め設計指針，p.194，2017
1.7)　日本建築学会：山留め設計指針，p.165，2017

2. 親杭横矢板壁と鋼製切梁1段による山留めの事例

本事例では，山留め壁として親杭横矢板壁を，山留め支保工として鋼製切梁1段を採用し，単純梁モデルによる山留め壁・支保工・切梁支柱と横矢板の検討を行っている．

2.1 山留め計画上の条件
2.1.1 工事概要

敷地および周辺の状況を図2.1に示す．当該建物は共同住宅で，規模は地下1階，地上4階，構造形式は鉄筋コンクリート造ラーメン構造，基礎形式は杭基礎，根切り深さは一律6.0 mである．敷地の3面は民地，1面は道路に面している．

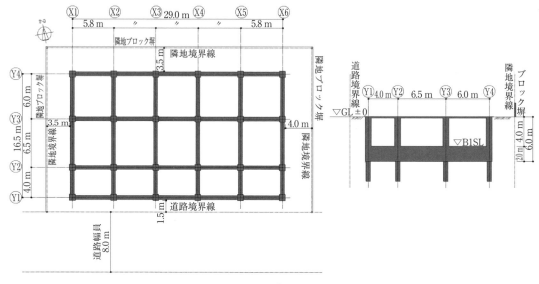

図2.1 工事概要図

2.1.2 地盤概要

敷地内で実施されたボーリング柱状図を図2.2に示す．土層構成は，表層からGL-1.5 mまでは埋土，下層には洪積層の関東ロームがGL-4.7 mまで堆積し，以深に凝灰質粘土，非常に密な砂礫が続いている．地下水は，GL-10.6 m以深の砂礫層で確認された．

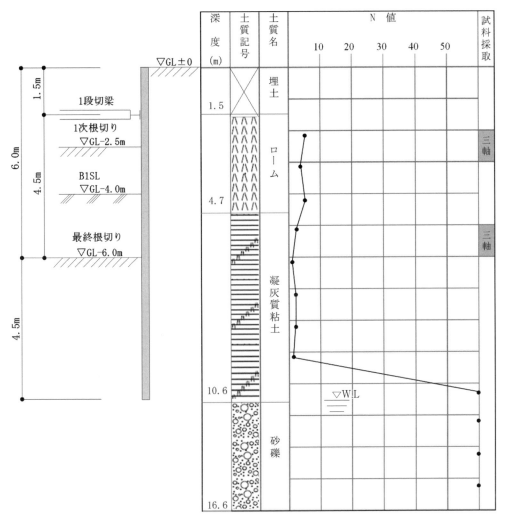

図 2.2　ボーリング柱状図

2.2　山留め計画

　ボーリング柱状図から孔内水位が根切り底まで確認できなかったことから，親杭横矢板壁工法で計画した．敷地は，南側に幅員 8 m の道路があり，道路境界と建物外壁との距離は 1.5 m である．また，敷地境界と建物外壁との距離は，北側および西側では 3.5 m，東側では 4.0 m である．近接した建物はないが境界にはブロック塀があるため，ブロック塀への影響に配慮して山留め壁頭部の許容変位量を 30 mm とし，山留め壁の変位量抑制の必要性，根切り平面が整形であることから切梁工法として計画を行った．なお，交通量の多い道路に近接して面していることや，道路面以外の山留め壁背面近傍に重機設置の可能性も考え，安全側の設定として上載荷重 10 kN/m^2 を全深度で考慮した．親杭と地下躯体までの離隔は，施工精度および設計変位量を考慮し，地下躯体に干渉しないようにするため最小で 50 mm とした．

　山留め支保工の撤去は，B1SL（GL−4.0 m）までコンクリートを打設した後とし，この位置を支点とする片持梁として親杭を検討した．

— 98 —　山留め設計事例集

2.3　山留めの設計

2.3.1　設計用地盤定数

　山留め設計に用いる地盤定数を表 2.1 に示す．土層 No.2 のローム層，No.3 の凝灰質粘土は，室内土質試験の湿潤密度試験，三軸圧縮試験結果を基に決定した．土層 No.1 の埋土層，土層 No.4 の砂礫層は，室内土質試験を行っていないので，土の湿潤単位体積重量 γ_t は付 1 の付表 1 を参考に，内部摩擦角は $\phi = \sqrt{20N} + 15°$（上限値 45°）として設定した．なお，ローム層以外の土層については，砂質地盤の粘着力を 0，粘土質地盤の内部摩擦角を 0 とした．

表 2.1　設計用地盤定数

土層 No.	深さ (m)	層厚 (m)	土質名	N 値	γ_t (kN/m^3)	c (kN/m^2)	ϕ (°)
1	0.0〜 1.5	1.5	埋土（砂質土）	5	18.0	0	25
2	1.5〜 4.7	3.2	ローム	5	13.4	65	4
3	4.7〜10.6	5.9	凝灰質粘土	3	16.4	40	0
4	10.6〜16.6	6.0	砂礫	60	19.0	0	45

2.3.2　側圧の設定

（1）　背面側側圧

　各土層の側圧係数は，周辺での施工実績を踏まえ，埋土層 $K = 0.3$，ローム層 $K = 0.2$，凝灰質粘土層 $K = 0.3$，砂礫層 $K = 0.2$ とし，GL -6.0 m より深の凝灰質粘土への根入れ長さを x として計算した．

　なお，本会指針では，「関東ローム層や硬質粘性土層，地下水位が深い洪積砂質土層において，山留め壁の実測変位から逆算した側圧係数は，$K = 0.2$ を下回る場合がある．」と記載されている．

$\qquad p_a = K(\gamma_t z + q)$　　q：上載荷重 $= 10$ kN/m^2

$\qquad$ GL ± 0.0 m　　　$p_{a1} = 0.3 \times 10 = 3.00$ kN/m^2

$\qquad$ GL -1.5 m 上　$p_{a2} = 0.3 \times (18.0 \times 1.5 + 10) = 0.3 \times 37.0 = 11.10$ kN/m^2

$\qquad$ GL -1.5 m 下　$p_{a2} = 0.2 \times 37.0 = 7.40$ kN/m^2

$\qquad$ GL -4.7 m 上　$p_{a3} = 0.2 \times (13.4 \times 3.2 + 37.0) = 0.2 \times 79.88 = 15.98$ kN/m^2

$\qquad$ GL -4.7 m 下　$p_{a3} = 0.3 \times 79.88 = 23.96$ kN/m^2

$\qquad$ GL -6.0 m　　　$p_{a4} = 0.3 \times (16.4 \times 1.3 + 79.88) = 0.3 \times 101.20 = 30.36$ kN/m^2

$\qquad$ GL $-(6.0 + x)$ m（親杭先端）　$p_{a5} = 0.3 \times 16.4x + 30.36 = (4.92x + 30.36)$ kN/m^2

（2）　掘削側側圧

ランキン・レザール式にて計算する．

$$p_p = \gamma_t z_p \tan^2\left(45° + \frac{\phi}{2}\right) + 2c \cdot \tan\left(45° + \frac{\phi}{2}\right)$$

$\qquad$ GL -6.0 m　　$p_{p1} = 0 + 2 \times 40 \times \tan\left(45° + \dfrac{0°}{2}\right) = 80.00$ kN/m^2

$$\text{GL} - (6.0+x) \text{ m （親杭先端）} \quad p_{p2} = 16.4x \times \tan^2\left(45° + \frac{0°}{2}\right) + 2 \times 40 \times \tan\left(45° + \frac{0°}{2}\right)$$

$$= (16.4x + 80.00) \text{ kN/m}^2$$

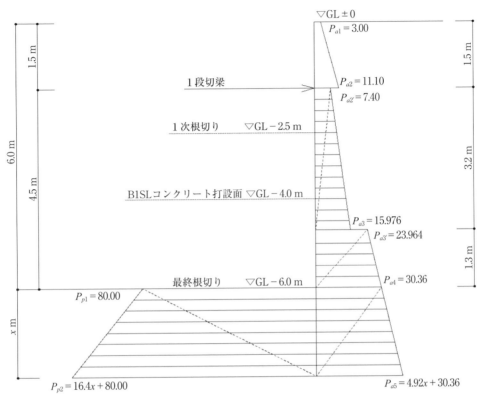

図 2.3 背面側・掘削側側圧図

2.3.3 山留め架構の設定

山留め壁：親杭横矢板（親杭　H-350×175×7×11@1.2 m，横矢板　あかまつと同等材）
　　　　　形鋼材：SS 400　許容応力度は再使用材として扱う．
支　保　工：鋼製切梁工法1段（腹起し・切梁・火打ち　H-300×300×10×15：再使用材）
切梁支柱：H-250×250×9×14

2.3.4 根入れ長さの検討

1段切梁工法は，山留め壁の支持が切梁と根入れ部の土による水平方向の抵抗だけなので，山留め架構全体で考えるうえで，根入れ長さの検討が重要である．

切梁位置（GL-1.5 m）を支点とし，背面側・掘削側側圧に対する力の釣合いを検討する．根切り底からの土層は凝灰質粘土と一様なため，根切り底から根入れ長さを x として計算する．

（1）背面側側圧による転倒モーメント Ma

根切り底面以深は，親杭フランジ幅の背面側側圧が作用するものとして，D/a を乗じて算出する．

親杭フランジ幅　$D = 0.175$ m，親杭間隔 $a = 1.2$ m，$D/a = 0.175/1.2 = 0.146$

$$
\begin{aligned}
Ma ={}& \frac{7.40 \times 3.20}{2} \times \frac{3.20}{3} + \frac{15.98 \times 3.20}{2} \times \frac{3.20 \times 2}{3} \\
&+ \frac{23.96 \times 1.30}{2} \times \left(\frac{1.30}{3} + 3.20 \right) + \frac{30.36 \times 1.30}{2} \times \left(\frac{1.30 \times 2}{3} + 3.20 \right) \\
&+ \left\{ \frac{30.36x}{2} \times \left(\frac{x}{3} + 3.20 + 1.30 \right) + \frac{(4.92x + 30.36) \times x}{2} \times \left(\frac{2x}{3} + 3.20 + 1.30 \right) \right\} \times 0.146 \\
={}& 0.239x^3 + 3.83x^2 + 19.9x + 204 \ \text{kN} \cdot \text{m/m}
\end{aligned}
$$

（2）　掘削側側圧による抵抗モーメント Mp

親杭における掘削側地盤の抵抗は，安全を重視し，親杭の有効幅は，親杭フランジ幅分とした．

$$
\begin{aligned}
Mp ={}& \left\{ \frac{80.00x}{2} \times \left(\frac{x}{3} + 4.50 \right) + \frac{(16.4x + 80.00) \times x}{2} \times \left(\frac{2x}{3} + 4.50 \right) \right\} \times 0.146 \\
={}& 0.798x^3 + 11.2x^2 + 52.6x \ \text{kN} \cdot \text{m/m}
\end{aligned}
$$

（3）　必要根入れ長さおよび全長

$F = \dfrac{Mp}{Ma} \geqq 1.2$ となる x を求める．

$Mp - 1.2Ma \geqq 0$

$0.798x^3 + 11.2x^2 + 52.6x - 1.2 \times (0.239x^3 + 3.83x^2 + 19.9x + 204) \geqq 0$

$0.511x^3 + 6.60x^2 + 28.7x - 245 \geqq 0$

$x \geqq 3.93$ m

必要根入れ長さ　$x = 3.93$ m

全長　$L = H + x = 6.00 + 3.93 = 9.93$ m より $L = 10.0$ m とする．

2.3.5　山留め壁の応力検討

（1）　1次根切り時の検討

GL -2.5 m まで掘削した切梁架設前の自立状態の応力・変位は，自立山留めの梁・ばねモデルにより計算する〔詳しくは，第Ⅰ編 4.4.2 を参照されたい〕．本事例では，計算の簡略化のため，安全側の設定として，土の湿潤単位体積重量，側圧係数を埋土層 $\gamma_t = 18.0$ kN/m^3，$K = 0.3$ に統一し，上載荷重 10 kN/m^2 を考慮し，検討を行う．

側圧の算定

GL ± 0.0 m　$p_{a1} = 0.3 \times 10 = 3.00$ kN/m^2

GL -2.5 m　$p_{a6} = 0.3 \times (18.0 \times 2.5 + 10) = 0.3 \times 55.0 = 16.50$ kN/m^2

図 2.4 から合力 P_a は，

$$
P_a = \frac{3.00 + 16.50}{2} \times 2.50 = 24.38 \ \text{kN/m}
$$

合力作用位置は,

$$l = \frac{3.00 + 2 \times 16.50}{3.00 + 16.50} \times \frac{2.50}{3} = 1.54 \text{ m}$$

$$h = 2.50 - 1.54 = 0.96 \text{ m}$$

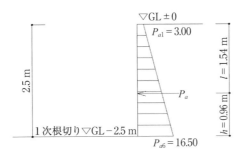

図 2.4　1 次根切り時の応力検討図

（a）特性値

親杭　H－350×175×7×11
$\begin{bmatrix} 断面 2 次モーメント & I_X = 13\,500 \text{ cm}^4 = 1.35 \times 10^{-4} \text{ m}^4 \\ 断面係数 & Z_X = 771 \text{ cm}^3 = 771 \times 10^3 \text{ mm}^3 \\ 杭間隔 & a = 1.2 \text{ m} \\ 鋼材の弾性係数 & E = 2.05 \times 10^8 \text{ kN/m}^2 \end{bmatrix}$

〔付 2「形鋼材断面性能」1.「H 形鋼」参照〕

$$\beta = \sqrt[4]{\frac{k_h B}{4EI}}$$

$$= \sqrt[4]{\frac{6\,500 \times 1}{4 \times 2.05 \times 1.35 \times 10^4 / 1.2}}$$

$$= 0.515 \text{ m}^{-1}$$

記号　β：特性値（m^{-1}）

　　　k_h：水平地盤反力係数＝6 500 kN/m^3

　　　　　第 I 編 図 4.4.4 より，水平地盤反力係数の推奨範囲（粘性土地盤の場合）の平均値
　　　　　を採用し，根切り底以深のローム層は $k_h = 6\,500$ kN/m^3 とした．

　　　B：単位幅＝1.0 m

　　　EI：単位幅あたりの山留め壁の曲げ剛性 $EI_x/a = 2.05 \times 1.35 \times 10^4/1.2$ kN・m^2

（b）曲げモーメント・せん断力

山留め壁の最大曲げモーメントと最大せん断力を（4.4.10）式および（4.4.11）式により求める．

$$M_{\max 1} = Pa \frac{\sqrt{(1+2\beta h)^2 + 1}}{2\beta} \exp\left(-\tan^{-1} \frac{1}{1+2\beta h}\right)$$

$$= 24.38 \times \frac{\sqrt{(1+2 \times 0.515 \times 0.96)^2 + 1}}{2 \times 0.515} \exp\left(-\tan^{-1} \frac{1}{1+2 \times 0.515 \times 0.96}\right) \qquad (4.4.10)$$

$$= 33.07 \text{ kN·m/m}$$

$$Q_{max1} = Pa$$
$$= 24.38 \text{ kN/m} \tag{4.4.11}$$

（ c ） 水平変位の計算

親杭頭部（GL±0）の水平変位量を（4.4.9）式により求める．

$$y_0 = \frac{Pa}{EI\beta^2}\left\{\frac{(1+\beta h)^3 + 1/2}{3\beta} + \frac{(1+\beta h)^2 l}{2}\right\}$$

$$= \frac{24.38}{2.05 \times 1.35 \times 10^4 / 1.2 \times 0.515^2}$$

$$\times \left\{\frac{(1+0.515 \times 0.96)^3 + 1/2}{3 \times 0.515} + \frac{(1+0.515 \times 0.96)^2 \times 1.54}{2}\right\} \tag{4.4.9}$$

$$= 0.017 \text{ m} = 17 \text{ mm}$$

（ 2 ） 2次根切り時（最終根切り時）の検討

（ a ） 仮想支点の算出

根入れ長さの検討において，$F = 1.0$ とした時の掘削側側圧の合力作用位置を仮想支点とする〔図2.5〕．

$$Mp - Ma = 0$$
$$0.798x^3 + 11.2x^2 + 52.6x - (0.239x^3 + 3.83x^2 + 19.9x + 204) = 0$$
$$0.559x^3 + 7.37x^2 + 32.7x - 204 = 0$$
$$x = 3.26 \text{ m}$$

この深さでの掘削側側圧 p_{p3} は，

$$p_{p3} = 16.40x + 80.00$$
$$= 16.40 \times 3.26 + 80.00$$
$$= 133.46 \text{ kN/m}^2$$

この深さまでの掘削側側圧による切梁位置を支点とするモーメントは，

$$Mp' = 0.798 \times 3.26^3 + 11.2 \times 3.26^2 + 52.6 \times 3.26$$
$$= 318.15 \text{ kN·m/m}$$

掘削側側圧の合力 p_p は，

$$p_p = \frac{80.00 + 133.46}{2} \times 3.26 \times \frac{0.175}{1.2}$$
$$= 50.74 \text{ kN/m}$$

最終根切り底から仮想支点までの距離 l_m は，

$$l_m = \frac{318.15}{50.74} - 4.50$$
$$= 1.77 \text{ m}$$

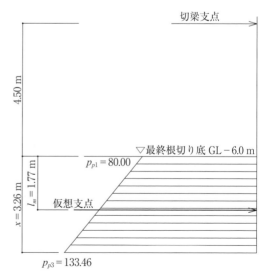

図 2.5　仮想支点算定図

（ b ） 曲げモーメント・せん断力

・支点反力の算出

切梁と地中部の仮想支点を支点とする単純梁で計算する〔図 2.6〕.

1 段切梁の支点反力 R は,

$$
R = \frac{1}{6.27} \times \left\{ \frac{7.40 \times 3.20}{2} \times \left(\frac{2 \times 3.20}{3} + 1.30 + 1.77 \right) + \frac{15.98 \times 3.20}{2} \times \left(\frac{3.20}{3} + 1.30 + 1.77 \right) \right.
$$

$$
\left. + \frac{23.96 \times 1.30}{2} \times \left(\frac{2 \times 1.30}{3} + 1.77 \right) + \frac{30.36 \times 1.30}{2} \times \left(\frac{1.30}{3} + 1.77 \right) \right\}
$$

$$
= 40.18 \ \mathrm{kN/m}
$$

仮想支点の支点反力 R' は,

$$
R' = \frac{7.40 + 15.98}{2} \times 3.20 + \frac{23.96 + 30.36}{2} \times 1.30 - 40.18
$$

$$
= 32.54 \ \mathrm{kN/m}
$$

・曲げモーメント・せん断力の算出

最大曲げモーメント発生位置 x の条件：$0 \leqq x \leqq 3.20 \ \mathrm{m}$ の範囲にあるとした場合

$$
M_x = 40.18x - \frac{7.40}{2}x^2 - \frac{15.98 - 7.40}{3.20}x \times \frac{x}{2} \times \frac{x}{3}
$$

$$
= -0.447x^3 - 3.70x^2 + 40.18x
$$

$$
\frac{dM_x}{dx} = -1.34x^2 - 7.40x + 40.18 = 0
$$

$x = 3.37 \ \mathrm{m}$ となり,

x の条件 $0 \leqq x \leqq 3.20 \ \mathrm{m}$ を超えるため,条件範囲を変更し,再計算を行う.

最大曲げモーメント発生位置 x の条件：$3.20 \ \mathrm{m} \leqq x \leqq 4.50 \ \mathrm{m}$

$$
M_x = 40.18x - 7.40 \times 3.20 \times \left(x - \frac{3.20}{2} \right) - (15.98 - 7.40) \times \frac{3.20}{2} \times \left(x - \frac{2 \times 3.20}{3} \right)
$$

$$
- 23.96 \times (x - 3.20) \times \frac{x - 3.20}{2} - \frac{30.36 - 23.96}{1.3} \times (x - 3.20) \times \frac{x - 3.20}{2} \times \frac{x - 3.20}{3}
$$

$$
= -0.82x^3 - 4.10x^2 + 54.24x - 28.62
$$

$$
\frac{dM_x}{dx} = -2.46x^2 - 8.20x + 54.24 = 0
$$

$x = 3.32 \ \mathrm{m}$

$$
M_{\mathrm{max}2} = -0.82 \times 3.32^3 - 4.10 \times 3.32^2 + 54.24 \times 3.32 - 28.62
$$

$$
= 76.26 \ \mathrm{kN \cdot m/m}
$$

$$
Q_{\mathrm{max}2} = R = 40.18 \ \mathrm{kN/m}
$$

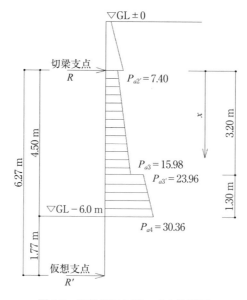

図 2.6 最終根切り時の応力検討図

（3） 切梁撤去時の検討

（a） 曲げモーメント・せん断力

コンクリートの打設面であるB1SL（GL−4.0 m）位置を固定端する片持梁として検討する．なお，躯体と山留め壁との離隔があり，埋戻しが必要な箇所は，埋戻し後，上部に捨てコンクリートを100 mm厚で打設し，固定度を確保することとした〔図2.7〕．

$$M_{\max 3} = \frac{3.00 \times 1.50}{2} \times \left(\frac{2 \times 1.50}{3} + 2.50\right) + \frac{11.10 \times 1.50}{2} \times \left(\frac{1.50}{3} + 2.50\right)$$
$$+ \frac{7.40 \times 2.50}{2} \times \frac{2 \times 2.50}{3} + \frac{14.10 \times 2.50}{2} \times \frac{2.50}{3}$$
$$= 62.95 \text{ kN} \cdot \text{m/m}$$

$$Q_{\max 3} = \frac{3.00 + 11.10}{2} \times 1.50 + \frac{7.40 + 14.10}{2} \times 2.50$$
$$= 37.45 \text{ kN/m}$$

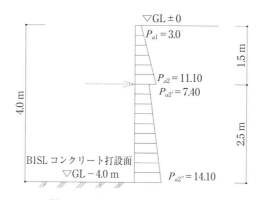

図 2.7 切梁撤去時の応力検討図

(4) 応力度

親杭の単位幅あたりの断面係数　$Z_X = 771 \times 10^3 / 1.2$ mm^3/m

親杭のウェブ断面積　$A_w = 7 \times (350 - 11 \times 2)/1.2 = 22.96 \times 10^2 / 1.2$ mm^2/m

$M_{\max 1} = 33.07$ kN・m/m, $M_{\max 2} = 76.26$ kN・m/m, $M_{\max 3} = 62.95$ kN・m/m の最大値 $M_{\max 2}$ より,

$$\sigma_b = \frac{M_{\max 2}}{Z_X} = \frac{76.26 \times 10^6}{771 \times 10^3 / 1.2} = 119 \text{ N/mm}^2 < f_b = 195 \text{ N/mm}^2 \quad \text{O.K}$$

$Q_{\max 1} = 24.38$ kN/m, $Q_{\max 2} = 40.18$ kN/m, $Q_{\max 3} = 37.45$ kN/m の最大値 $Q_{\max 2}$ より,

$$\tau = \frac{Q_{\max 2}}{A_w} = \frac{40.18 \times 10^3}{22.96 \times 10^2 / 1.2} = 21 \text{ N/mm}^2 < f_s = 113 \text{ N/mm}^2 \quad \text{O.K}$$

2.3.6　山留め支保工の検討

支保工のサイズは，応力検討だけではなく，腹起しと切梁等との取合いも考えて部材を選定する．特に，切梁に取り付ける火打ちは切梁と同サイズにし，取付け部に腹起しの高さ分の段差が生じる隅火打ちでは，火打ちを重ねて取り付けることになるので腹起しと同サイズにする．

(1) 支点反力の算出

切梁と地中部の仮想支点を支点とする単純梁として計算する〔図 2.8〕．

$$w = \frac{1}{6.27} \times \left\{ \frac{3.00 \times 1.50}{2} \times \left(\frac{2 \times 1.50}{3} + 6.27 \right) + \frac{11.10 \times 1.50}{2} \times \left(\frac{1.50}{3} + 6.27 \right) \right.$$

$$+ \frac{7.40 \times 3.20}{2} \times \left(\frac{2 \times 3.20}{3} + 1.30 + 1.77 \right) + \frac{15.98 \times 3.20}{2} \times \left(\frac{3.20}{3} + 1.30 + 1.77 \right)$$

$$\left. + \frac{23.96 \times 1.30}{2} \times \left(\frac{2 \times 1.30}{3} + 1.77 \right) + \frac{30.36 \times 1.30}{2} \times \left(\frac{1.30}{3} + 1.77 \right) \right\}$$

$$= 51.78 \text{ kN/m}$$

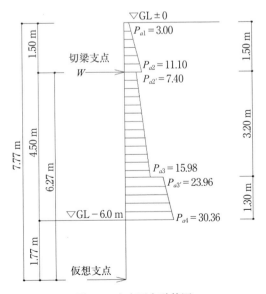

図 2.8　支点反力計算図

(2) 腹起しの検討

(a) 応力

スパンの取り方は，第Ⅰ編 表 4.6.1 を参照されたい．

図 2.9 に腹起し検討図を示す．火打ち取付け角度 θ が切梁火打ちは 60°，隅火打ちは 45°であるため，腹起しの有効スパン l は，切梁火打ちでは火打ち取付け位置を支点とし，隅火打ちでは火打ちと腹起しの中点を支点として算定する．腹起しに作用する軸力を付加し，曲げと圧縮力を同時に受ける部材としてせん断と合わせて断面検討をする．

曲げスパン　　　$l = 6.20 - (1.25 + 2.10/2) = 3.90$ m，軸力負担幅　$l' = 6.20/2 = 3.10$ m

座屈長さ　　　　$l_k = l = 3.90$ m，支点反力　$w = 51.78$ kN/m

曲げモーメント　$M = \dfrac{wl^2}{8} = \dfrac{51.78 \times 3.90^2}{8} = 98.45$ kN・m

軸力　　　　　　$N = wl' = 51.78 \times 3.10 = 160.52$ kN

せん断力　　　　$Q = \dfrac{wl}{2} = \dfrac{51.78 \times 3.90}{2} = 100.97$ kN

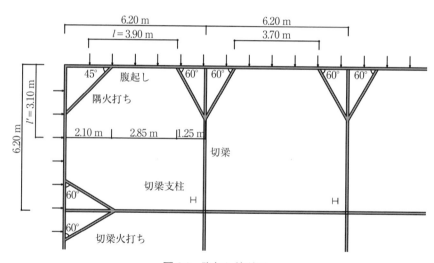

図 2.9　腹起し検討図

(b) 応力度

腹起し材　H−300×300×10×15
　　　　　（SS 400，リース材）

断面係数　　　　$Z_X = 1\,150 \times 10^3$ mm^3

断面積　　　　　$A = 104.80 \times 10^2$ mm^2

ウェブ断面積　　$A_w = 10 \times (300 - 2 \times 15) = 27.0 \times 10^2$ mm^2

断面 2 次半径　　$i_y = 7.51$ cm

圧縮フランジと梁せいの 1/6 からなる T 型断面のウェブ軸
まわりの断面 2 次半径　$i' = 8.34$ cm

鋼材のヤング係数　$E = 2.05 \times 10^5$ N/mm^2

〔付 2「形鋼材断面性能」6.「リース材（H 形鋼）の断面性能」参照〕

・許容圧縮応力度

$$\lambda = l_k / i_y = 390/7.51 = 52$$

$$\Lambda = \sqrt{\frac{\pi^2 E}{0.6F}} = \sqrt{\frac{\pi^2 \times 2.05 \times 10^5}{0.6 \times 235}} = 120$$

第 I 編 3.1 (3.1.1) 式を用いて算出する.

$\lambda \leqq \Lambda$ より,

$$f_c = \frac{\alpha_c \times \left\{ 1 - 0.4 \times \left(\dfrac{\lambda}{\Lambda} \right)^2 \right\}}{1.5 + \dfrac{2}{3} \times \left(\dfrac{\lambda}{\Lambda} \right)^2} = \frac{293 \times \left\{ 1 - 0.4 \times \left(\dfrac{52}{120} \right)^2 \right\}}{1.5 + \dfrac{2}{3} \times \left(\dfrac{52}{120} \right)^2} = 167 \, \text{N/mm}^2$$

記号　λ：圧縮材の細長比, Λ：限界細長比, α_c：基準応力度〔第 I 編 表 3.1.3〕

なお, 第 I 編 表 3.1.4 を用いる場合には, $\lambda = 52$ より, $f_{c1} = 200 \, \text{N}/(\text{mm}^2)$

表の値が短期許容応力度であるため, 長期と短期許容応力度の平均値に換算して,

$$f_c = f_{c1}/1.2 = 200/1.2 = 167 \, \text{N/mm}^2$$

・許容曲げ応力度

第 I 編 3.1 (3.1.3), (3.1.4) 式を用いて算出する.

$$f_{b1} = \alpha_b \times \left\{ 1 - 0.4 \times \left(\frac{l_b / i'}{\Lambda} \right)^2 \times \frac{1}{C} \right\} = 195 \times \left\{ 1 - 0.4 \times \left(\frac{3\,900 / 83.4}{120} \right)^2 \times \frac{1}{1} \right\} = 183 \, \text{N/mm}^2$$

$$f_{b2} = \frac{\beta_b}{\dfrac{l_b h}{A_f}} = \frac{1.112 \times 10^5}{\dfrac{3\,900 \times 300}{30 \times 1.5 \times 10^2}} = 428 \, \text{N/mm}^2 \geqq f_{b1} = 183 \, \text{N/mm}^2$$

記号　　l_b：圧縮フランジの支点間距離 $= l_k = 3.90$ m,

　　　　C：部材端曲げモーメントによる修正係数, h：曲げ材の梁せい $= 30$ cm,

　　　　A_f：圧縮フランジの断面積 $= 30 \times 1.5$ cm^2, α_b, β_b：基準応力度〔第 I 編 表 3.1.5〕

$f_{b2} > 195 \, \text{N/mm}^2$ より $f_b = 195 \, \text{N/mm}^2$

（c）　断面の検討

・曲げと圧縮力が同時に作用

$$\sigma_b = \frac{M}{Z_X} = \frac{98.45 \times 10^6}{1\,150 \times 10^3} = 86 \, \text{N/mm}^2$$

$$\sigma_c = \frac{N}{A} = \frac{160.52 \times 10^3}{104.8 \times 10^2} = 15 \, \text{N/mm}^2$$

$$\frac{\sigma_b}{f_b} + \frac{\sigma_c}{f_c} = \frac{86}{195} + \frac{15}{167} = 0.53 < 1.0 \qquad \text{O.K}$$

・せん断応力度

$$\tau = \frac{Q}{A_w} = \frac{100.97 \times 10^3}{27.0 \times 10^2} = 37 \, \text{N/mm}^2 < f_s = 113 \, \text{N/mm}^2 \qquad \text{O.K}$$

(3) 切梁の検討

(a) 応力

図 2.10 の A 切梁について検討する.

　　曲げスパン　$l_1 = 6.20$ m，座屈長さ $l_k = l_1 = 6.20$ m，

　　軸力負担幅　$l_2 = 6.20$ m，自重等による荷重　$w_0 = 5.00$ kN/m

　　温度応力　$\Delta P_k = \alpha A_K E_K \beta \Delta T_S$
　　　　　　　　$= 0.49 \times 1.048 \times 10^{-2} \times 2.05 \times 10^8 \times 1.0 \times 10^{-5} \times 10 = 105.27$ kN

　　固定度　$\alpha = 0.6 \log L - 0.4$　（洪積地盤：透水壁）
　　　　　　　$= 0.6 \log 31 - 0.4 = 0.49$

記号　A_K：切梁の断面積 $= 1.048 \times 10^{-2}$ m²
　　　E_K：切梁の弾性係数 $= 2.05 \times 10^8$ kN/m²
　　　β：切梁材の線膨張係数 $= 1.0 \times 10^{-5}$ 1/℃
　　　ΔT_S：切梁温度変化量 $= 10$ ℃
　　　L：切梁の長さ $= 31$ m

　　曲げモーメント　$M = \dfrac{w_0 l_1^2}{8} = \dfrac{5.00 \times 6.20^2}{8} = 24.03$ kN・m

　　軸力　　　　　　$N = w l_2 + \Delta P_K = 51.78 \times 6.20 + 105.27 = 426.31$ kN

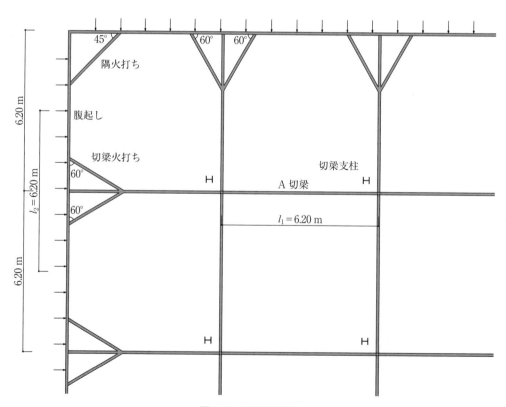

図 2.10　切梁検討図

2. 親杭横矢板壁と鋼製切梁1段による山留めの事例 —109—

（b） 応力度

切梁材　H－300×300×10×15

（SS 400，リース材）

$$\begin{bmatrix} 断面係数 & Z_X = 1\,150 \times 10^3 \text{ mm}^3 \\ 断面積 & A = 104.8 \times 10^2 \text{ mm}^2 \\ 断面2次半径 & i_y = 7.51 \text{ cm} \\ 圧縮フランジと梁せいの1/6からなるT型断面のウェブ軸ま \\ わりの断面2次半径 \quad i' = 8.34 \text{ cm} \\ 単位質量 & 100.0 \text{ kg/m} \\ 鋼材のヤング係数 & E = 2.05 \times 10^5 \text{ N/mm}^2 \end{bmatrix}$$

〔付2「形鋼材断面性能」6.「リース材（H形鋼）の断面性能」参照〕

・許容圧縮応力度

　　$\lambda = l_k / i_y = 620/7.51 = 83$

　第I編 表 3.1.4 より，$f_{c1} = 156$ N/mm²，長期と短期許容応力度の平均値に換算して，

　　$f_c = f_{c1}/1.2 = 156/1.2 = 130$ N/mm²

・許容曲げ応力度

　圧縮フランジの支点間距離　$l_b = l_1 = 6.20$ m

　$C = 1$，梁せい $h = 30$ cm，圧縮フランジの断面積 $A_f = 30 \times 1.5$ cm²

$$f_{b1} = \alpha_b \times \left\{ 1 - 0.4 \times \left(\frac{l_b / i'}{\Lambda} \right)^2 \times \frac{1}{C} \right\} = 195 \times \left\{ 1 - 0.4 \times \left(\frac{6\,200 / 83.4}{120} \right)^2 \times \frac{1}{1} \right\} = 165 \text{ N/mm}^2$$

$$f_{b2} = \frac{\beta_b}{\dfrac{l_b h}{A_f}} = \frac{1.112 \times 10^5}{\dfrac{6\,200 \times 300}{30 \times 1.5 \times 10^2}} = 269 \text{ N/mm}^2 \geqq f_{b1} = 165 \text{ N/mm}^2$$

　$f_{b2} > 195$ N/mm²　より　$f_b = 195$ N/mm²

（c）　断面の検討

・曲げと圧縮力が同時に作用

$$\sigma_b = \frac{M}{Z_X} = \frac{24.03 \times 10^6}{1\,150 \times 10^3} = 21 \text{ N/mm}^2$$

$$\sigma_c = \frac{N}{A} = \frac{426.31 \times 10^3}{104.8 \times 10^2} = 41 \text{ N/mm}^2$$

$$\frac{\sigma_b}{f_b} + \frac{\sigma_c}{f_c} = \frac{21}{195} + \frac{41}{130} = 0.42 < 1.0 \qquad \text{O.K}$$

（4）　隅火打ちの検討

（a）　応力

図 2.11 の隅火打ちについて検討する．

　　曲げスパン　$l_1 = 2.80$ m，座屈長さ　$l_k = l_1 = 2.80$ m，

　　軸力負担幅　$l_2 = 2.40$ m，自重等による荷重　$w_0 = 5.00$ kN/m，角度 $\theta = 45°$

温度応力による増加軸力は，部材が短いため考慮しない．

曲げモーメント　　$M = \dfrac{w_0 l_1^2}{8} = \dfrac{5.00 \times 2.80^2}{8} = 4.90 \text{ kN·m}$

軸力　　　　　　　$N = \dfrac{w l_2}{\sin\theta} = \dfrac{51.78 \times 2.40}{\sin 45°} = 175.75 \text{ kN}$

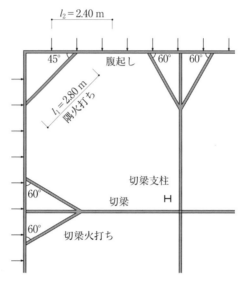

図 2.11　隅火打ち検討図

（b）　応力度

隅火打ち材　H－300×300×10×15　　　断面係数　　　　　　$Z_X = 1\,150 \times 10^3 \text{ mm}^3$
　　　　　　（SS 400，リース材）　　　　断面積　　　　　　　$A = 104.8 \times 10^2 \text{ mm}^2$
　　　　　　　　　　　　　　　　　　　　断面 2 次半径　　　　$i_y = 7.51 \text{ cm}$
　　　　　　　　　　　　　　　　　　　　圧縮フランジと梁せいの 1/6 からなる T 型断面のウェブ
　　　　　　　　　　　　　　　　　　　　まわりの断面 2 次半径　$i' = 8.34 \text{ cm}$

〔付 2「形鋼材断面性能」6.「リース材（H 形鋼）の断面性能」参照〕

・許容圧縮応力度

　$\lambda = l_k / i_y = 280 / 7.51 = 37$

　第 I 編　表 3.1.4 より，$f_{c1} = 217 \text{ N/mm}^2$，長期と短期許容応力度の平均値に換算して，

　$f_c = f_{c1} / 1.2 = 217 / 1.2 = 181 \text{ N/mm}^2$

・許容曲げ応力度

　圧縮フランジの支点間距離　$l_b = l_1 = 2.80 \text{ m}$

　$C = 1$，梁せい $h = 30 \text{ cm}$，圧縮フランジの断面積 $A_f = 30 \times 1.5 \text{ cm}^2$

　$f_{b1} = \alpha_b \times \left\{1 - 0.4 \times \left(\dfrac{l_b / i'}{\Lambda}\right)^2 \times \dfrac{1}{C}\right\} = 195 \times \left\{1 - 0.4 \times \left(\dfrac{2\,800 / 83.4}{120}\right)^2 \times \dfrac{1}{1}\right\} = 189 \text{ N/mm}^2$

$$f_{b2} = \frac{\beta_b}{\dfrac{l_b h}{A_f}} = \frac{1.112 \times 10^5}{\dfrac{2\,800 \times 300}{30 \times 1.5 \times 10^2}} = 596 \text{ N/mm}^2 \geqq f_{b1} = 189 \text{ N/mm}^2$$

$f_{b2} > 195 \text{ N/mm}^2$　より　$f_b = 195 \text{ N/mm}^2$

（c）　断面の検討

・曲げと圧縮力が同時に作用

$$\sigma_b = \frac{M}{Z_X} = \frac{4.90 \times 10^6}{1\,150 \times 10^3} = 4 \text{ N/mm}^2$$

$$\sigma_c = \frac{N}{A} = \frac{175.75 \times 10^3}{104.8 \times 10^2} = 17 \text{ N/mm}^2$$

$$\frac{\sigma_b}{f_b} + \frac{\sigma_c}{f_c} = \frac{4}{195} + \frac{17}{181} = 0.11 < 1.0 \qquad \text{O.K}$$

（d）　取付けボルト本数

高力ボルト（F10T）M22，ボルト軸断面積 $A = 380 \text{ mm}^2$，

許容せん断応力度 $f_S = 225 \text{ N/mm}^2$

ボルト1本あたりの許容せん断力〔付2「形鋼材断面性能」7.「ボルトの許容力」参照〕

　　$R_S = f_S A = 225 \times 380 = 85\,500 \text{ N} = 85.5 \text{ kN}$

ボルト本数（取付け金物の形状から，最低取付け本数を6本とする.）

隅火打ちなので腹起し側のみの取付けとなる.

$$n = \frac{N\cos\theta}{R_S} = \frac{175.75 \times \cos45^\circ}{85.5} = 1.5 \text{ 本} \rightarrow 6 \text{ 本とする}$$

（5）　切梁火打ちの検討

（a）　応力

曲げスパン　$l_1 = 2.50 \text{ m}$，座屈長さ　$l_k = l_1 = 2.50 \text{ m}$，

軸力負担幅　$l_2 = 2.50 \text{ m}$，自重等による荷重　$w_0 = 5.00 \text{ kN/m}$，角度 $\theta = 60^\circ$

温度応力による増加軸力は，部材長が短いため考慮しない.

　　曲げモーメント　　$M = \dfrac{w_0 l_1^2}{8} = \dfrac{5.00 \times 2.50^2}{8} = 3.91 \text{ kN·m}$

　　軸力　　　　　　　$N = \dfrac{w l_2}{\sin\theta} = \dfrac{51.78 \times 2.50}{\sin60^\circ} = 149.48 \text{ kN}$

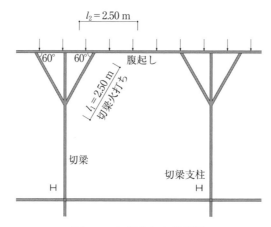

図 2.12 切梁火打ち検討図

（b） 応力度

切梁火打ち材　H－300×300×10×15
　　　　　　　（SS 400，リース材）

- 断面係数　　$Z_X = 1\,150 \times 10^3$ mm^3
- 断面積　　　$A = 104.8 \times 10^2$ mm^2
- 断面2次半径　$i_y = 7.51$ cm
- 圧縮フランジと梁せいの 1/6 からなる T 型断面のウェブ軸まわりの断面2次半径　$i' = 8.34$ cm

〔付 2「形鋼材断面性能」6.「リース材（H 形鋼）の断面性能」参照〕

・許容圧縮応力度

　$\lambda = l_k / i_y = 250/7.51 = 33$

　第 I 編 表 3.1.4 より，$f_{c1} = 220$ N/mm^2，長期と短期許容応力度の平均値に換算して，

　$f_c = f_{c1}/1.2 = 220/1.2 = 183$ N/mm^2

・許容曲げ応力度

　圧縮フランジの支点間距離　$l_b = l_1 = 2.50$ m

　$C = 1$，梁せい $h = 30$ cm，圧縮フランジの断面積 $A_f = 30 \times 1.5$ cm^2

$$f_{b1} = \alpha_b \times \left\{ 1 - 0.4 \times \left(\frac{l_b / i'}{\Lambda} \right)^2 \times \frac{1}{C} \right\} = 195 \times \left\{ 1 - 0.4 \times \left(\frac{2\,500 / 83.4}{120} \right)^2 \times \frac{1}{1} \right\} = 190 \text{ N/mm}^2$$

$$f_{b2} = \frac{\beta_b}{\dfrac{l_b h}{A_f}} = \frac{1.112 \times 10^5}{\dfrac{2\,500 \times 300}{30 \times 1.5 \times 10^2}} = 667 \text{ N/mm}^2 \geqq f_{b1} = 190 \text{ N/mm}^2$$

　$f_{b2} > 195$ N/mm^2　より　$f_b = 195$ N/mm^2

（c） 断面の検討

・曲げと圧縮力が同時に作用

$$\sigma_b = \frac{M}{Z_X} = \frac{3.91 \times 10^6}{1\,150 \times 10^3} = 3 \text{ N/mm}^2$$

2. 親杭横矢板壁と鋼製切梁1段による山留めの事例 — 113 —

$$\sigma_c = \frac{N}{A} = \frac{149.48 \times 10^3}{104.8 \times 10^2} = 14 \text{ N/mm}^2$$

$$\frac{\sigma_b}{f_b} + \frac{\sigma_c}{f_c} = \frac{3}{195} + \frac{14}{183} = 0.09 < 1.0 \qquad \text{O.K}$$

（d） 取付けボルト本数

高力ボルト（F10T）M22，ボルト軸断面積 $A = 380 \text{ mm}^2$，許容せん断応力度 $f_S = 225 \text{ N/mm}^2$

ボルト1本あたりの許容せん断力〔付2「形鋼材断面性能」7.「ボルトの許容力」参照〕

$$R_S = f_S A = 225 \times 380 = 85\,500 \text{ N} = 85.5 \text{ kN}$$

ボルト本数（取付け金物の形状から，最低取付け本数を6本とする．）

腹起し側ボルト本数　$n = \dfrac{N\cos\theta}{R_S} = \dfrac{149.48 \times \cos 60°}{85.5} = 0.9$ 本 → 6本とする

切梁側ボルト本数　$n = \dfrac{N}{R_S} = \dfrac{149.48}{85.5} = 1.7$ 本 → 6本とする

2.3.7　切梁支柱の検討

（1）　切梁支柱に作用する荷重

切梁支柱材　H $- 250 \times 250 \times 9 \times 14$
（SS 400，再使用材）

断面係数	$Z_X = 860 \times 10^3 \text{ mm}^3$
断面積	$A = 91.43 \times 10^2 \text{ mm}^2$
断面2次半径	$i_y = 6.32 \text{ cm}$
圧縮フランジと梁せいの1/6からなるT型断面のウェブ 軸まわりの断面2次半径	$i' = 6.91 \text{ cm}$
単位質量	71.8 kg/m
弱軸方向断面2次モーメント	$I_y = 3\,650 \times 10^4 \text{ mm}^4 = 3.65 \times 10^{-5} \text{ m}^4$
支柱材の幅	$B = 0.25 \text{ m}$
鋼材のヤング係数	$E = 2.05 \times 10^8 \text{ kN/m}^2$

（a）　切梁軸力による分力　　　　　〔付2「形鋼材断面性能」1.「H形鋼」参照〕

$$N_1 = \frac{1}{50}\{(l_x w + \Delta N) + (l_y w + \Delta N)\}$$

$$= \frac{1}{50}\{(6.20 \times 51.78 + 105.27) + (6.20 \times 51.78 + 105.27)\} = 17.05 \text{ kN}$$

記号　　N_1：切梁軸力による分力

w：腹起しに作用する荷重 $= 51.78 \text{ kN/m}$

l_x：x 方向切梁軸力の負担幅 $= 6.20 \text{ m}$

l_y：y 方向切梁軸力の負担幅 $= 6.20 \text{ m}$

ΔN：温度応力による増加軸力 $\Delta P_k = 105.27 \text{ kN}$

〔2.3.6（3）を参照〕

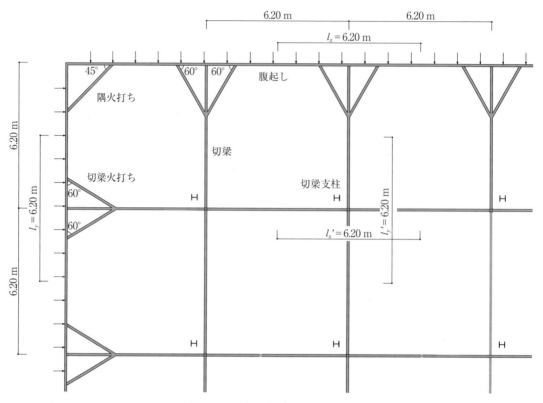

図 2.13　切梁支柱検討用平面図

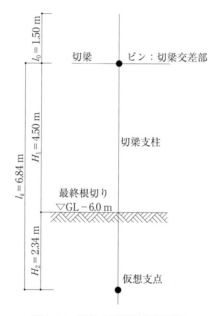

図 2.14　切梁支柱検討用断面図

(b) 切梁自重などによる荷重

$N_2 = w_0(l_x' + l_y')n$

$= 5.00 \times (6.20 + 6.20) \times 1 = 62.00$ kN

記号　N_2：切梁自重などによる荷重

　　　w_0：切梁自重などによる単位長さあたりの荷重＝5.00 kN/m

　　　l_x'：切梁支柱に作用する x 方向切梁自重などの作用長さ＝6.20 m

　　　l_y'：切梁支柱に作用する y 方向切梁自重などの作用長さ＝6.20 m

　　　n：切梁段数＝1 段

(c) 切梁支柱の自重

$N_3 = w_a l_0 = 0.704 \times 1.50 = 1.06$ kN

記号　N_3：切梁支柱の自重

　　　w_a：切梁支柱材の単位長さあたりの重量＝71.8 kg/m × 9.8 m/s² × 10^{-3} ＝0.704 kN/m

　　　l_0：支柱頭部から最下段切梁までの長さ＝1.50 m

(d) 切梁支柱にかかる荷重

$N = N_1 + N_2 + N_3 = 17.05 + 62.00 + 1.06 = 80.11$ kN

記号　N：切梁支柱に作用する荷重

(2) 切梁支柱に作用する応力

(a) 偏心曲げモーメント

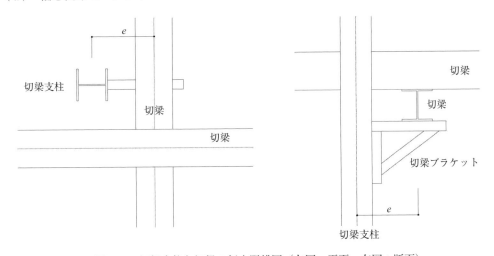

図 2.15　切梁支柱と切梁の偏心距離図（左図：平面，右図：断面）

$M_e = (n_1 + n_2) \times e$

$= (17.05 + 62.00) \times 0.5 = 39.53$ kN・m

記号　M_e：偏心曲げモーメント

　　　n_1：最下段切梁軸力のみによる鉛直分力＝N_1

　　　n_2：最下段（切梁自重などによる荷重）のみによる鉛直分力＝N_2

　　　e：切梁支柱と切梁の偏心距離＝0.5 m

－116－　山留め設計事例集

（b）　軸力

　　　$N = 80.11$ kN

（3）　切梁支柱の応力度

（a）　座屈長さ

$$\beta = \sqrt[4]{\frac{k_h B}{4EI_y}}$$

$$= \sqrt[4]{\frac{4\,000 \times 0.25}{4 \times 2.05 \times 3.65 \times 10^3}}$$

$$= 0.428 \ \mathrm{m}^{-1}$$

記号　　β：特性値（m^{-1}）

　　　　k_h：水平地盤反力係数 $= 4\,000$ kN/m^3

　　　　　　第 I 編 図 4.4.4 より水平地盤反力係数の推奨範囲（粘性土地盤の場合）の平均値を採

　　　　　　用し，根切り底以深の凝灰質粘土層は $k_h = 4\,000$ kN/m^3 とした.

　　　　EI：切梁支柱 1 本あたりの曲げ剛性 $= 2.05 \times 3.65 \times 10^3$ kN・m^2

　　　$l_k = H_1 + H_2 = 4.50 + 2.34 = 6.84$ m

記号　　l_k：切梁支柱の座屈長さ

　　　　H_1：最下段切梁から根切り底までの深さ $= 4.50$ m

　　　　H_2：根切り底から仮想支点までの深さ $= 1/\beta = 1/0.428 = 2.34$ m

（b）　応力度

・許容圧縮応力度

　　　$\lambda = l_k / i_y = 684/6.32 = 108$

　　第 I 編 表 3.1.4 より，$f_{c1} = 117$ N/mm^2，長期と短期許容応力度の平均値に換算して,

　　　$f_c = f_{c1}/1.2 = 117/1.2 = 98$ N/mm^2

・許容曲げ応力度

　　圧縮フランジの固定間距離　$l_b = l_k = 6.84$ m

　　$C = 1$，梁せい $h = 25$ cm，圧縮フランジの断面積 $A_f = 25 \times 1.4$ cm^2

$$f_{b1} = \alpha_b \times \left\{ 1 - 0.4 \times \left(\frac{l_b/i'}{\Lambda} \right)^2 \times \frac{1}{C} \right\} = 195 \times \left\{ 1 - 0.4 \times \left(\frac{6\,840/69.1}{120} \right)^2 \times \frac{1}{1} \right\} = 142 \ \mathrm{N/mm}^2$$

$$f_{b2} = \frac{\beta_b}{\dfrac{l_b h}{A_f}} = \frac{1.112 \times 10^5}{\dfrac{6\,840 \times 250}{25 \times 1.4 \times 10^2}} = 228 \ \mathrm{N/mm}^2 \geqq f_{b1} = 142 \ \mathrm{N/mm}^2$$

　　　$f_{b2} > 195$ N/mm^2　より　$f_b = 195$ N/mm^2

（c）　断面の検討

・曲げと圧縮力が同時に作用

$$\sigma_b = \frac{M}{Z_X} = \frac{39.53 \times 10^6}{860 \times 10^3} = 46 \ \mathrm{N/mm}^2$$

$$\sigma_c = \frac{N}{A} = \frac{80.11 \times 10^3}{91.43 \times 10^2} = 9 \text{ N/mm}^2$$

$$\frac{\sigma_b}{f_b} + \frac{\sigma_c}{f_c} = \frac{46}{195} + \frac{9}{98} = 0.33 < 1.0 \qquad \text{O.K}$$

（4）切梁支柱の支持力

切梁支柱の先端は，支持力が期待できる砂礫層まで到達させることとし，全長を GL 面から 11.0 m として計算する．切梁支柱の施工方法は埋込み工法（プレボーリング工法）とした．

（a）切梁支柱の許容支持力の算定

$$R_a = \frac{2}{3}\left\{\alpha \overline{N} A_p + \left(\frac{10\overline{N}_s L_s}{3} + \frac{\overline{q}_u L_c}{2}\right)\Psi\right\}$$

$$= \frac{2}{3} \times \left\{200 \times 14.4 \times 0.25^2 + \left(\frac{10 \times 30 \times 0.40}{3} + \frac{80 \times 4.60}{2}\right) \times 1.00\right\}$$

$$= 269.33 \text{ kN}$$

記号　α：山留め壁先端地盤の支持力係数（埋込み工法）＝200

　　　$\overline{N}$：切梁支柱先端付近の地盤の平均 N 値（$N \leqq 100$，$\overline{N} \leqq 60$）＝14.4

　　　　　ここでは，支柱先端より下方 d（支柱幅），上方に $4d$ の範囲における平均 N 値とする．

　　　A_p：切梁支柱の先端有効面積＝$0.25 \times 0.25 = 0.25^2$ m^2

　　　$\overline{N}_s$：根切り底から切梁支柱先端までの地盤のうち，砂質土部分の平均 N 値（$\leqq 30$）＝30

　　　L_s：根切り底以深で砂質土地盤にある切梁支柱の長さ＝0.40 m

　　　$\overline{q}_u$：根切り底から切梁支柱先端までの地盤のうち，粘性土部分の平均一軸圧縮強さ

　　　　　（$\leqq 200$）＝80 kN/m^2

　　　L_c：根切り底以深で粘性土地盤にある切梁支柱の長さ＝4.60 m

　　　Ψ：切梁支柱の周長＝$4 \times 0.25 = 1.00$ m

（b）支持力の判定

　　　$R_a = 269.33$ kN $\geqq N = 80.11$ kN　　　O.K

（c）引抜き抵抗力の算定

$$R_{at} = \frac{2}{3}\left\{\left(\frac{10\overline{N}_s L_s}{3} + \frac{\overline{q}_u L_c}{2}\right)\Psi\right\} + W$$

$$R_{at} = \frac{2}{3} \times \left\{\left(\frac{10 \times 30 \times 0.40}{3} + \frac{80 \times 4.60}{2}\right) \times 1.00\right\} + 7.74$$

$$= 157.07 \text{ kN}$$

記号　W：切梁支柱の自重＝0.704 kN/m × 11.00 m ＝ 7.74 kN

（d）引抜き抵抗力の判定

　　　$N_t = N_1 - N'_2 = 17.05 - 12.15 = 4.90$ kN

　　　$R_{at} = 157.07$ kN $\geqq N_t = 4.90$ kN　　　O.K

記号　N_1：切梁軸力による分力＝17.05 kN

〔2.3.7（1）を参照〕

N'_2：切梁自重による分力 = 100.0 kg/m × 9.8 m/s² × 10⁻³ × (6.20 + 6.20) = 12.15 kN

2.3.8　山留め壁の変位量の算定

ここでは，根切りおよび切梁撤去時の各施工段階での山留め壁の変位量と各施工段階の合計値の総変位量を算定する．算定方法については，第Ⅰ編 4.4.3（5）を参照されたい．

（1）　1次根切り時

山留め壁頭部の変位量は，すでに 2.3.5（1）（c）で算定済みである．1次根切り時の変位値を図 2.16 に示す．

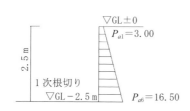
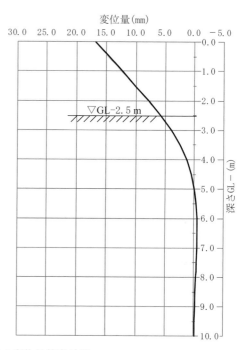

図 2.16　1次根切り時の変位量算定結果

（2）　2次根切り時

2次根切り時の変位量を図 2.17 に示す．

2. 親杭横矢板壁と鋼製切梁1段による山留めの事例 ―119―

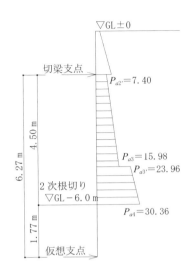
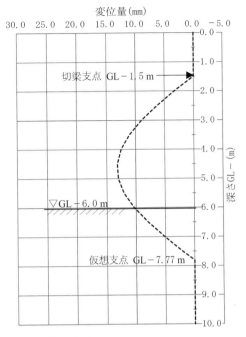

図 2.17 2次根切り時の変位量算定結果

（3） 切梁圧縮量

2次根切り時で算定した切梁位置の支点反力（すなわち，切梁の最大軸力）から第Ⅰ編（4.4.14）式を用いて切梁圧縮量 δ を算定する．仮想支点位置の変位を0として切梁以深の変位分布を直線補完する．また，切梁位置から地表面までは切梁圧縮量 δ と同値とする．なお，今回はプレロードの効果は考慮しない場合とする．切梁圧縮量を図 2.18 に示す．

$$\delta_i = (P_{i-\max} - P_{i-PL})/K_i \tag{4.4.14}$$

$$= (51.78 - 0)/37\,461$$

$$= 0.00138 \text{ m}$$

記号　　δ_i：i段切梁の圧縮量（m）

　　$P_{i-\max}$：i段切梁の単位幅あたりの最大軸力 = 51.78 kN/m

　　P_{i-PL}：i段切梁の単位幅あたりのプレロード = 0 kN/m

　　　　　　プレロードを考慮しない場合は0とする．

　　K_i：i段切梁の単位幅あたりのばね定数 = 37 461 kN/m/m

$$K_i = \alpha \frac{2EA}{al} \tag{4.4.3}$$

α：切梁の緩みを表す係数（0.5〜1.0）= 1.0　ジャッキ等で緩みを除去する．

E：切梁のヤング係数 = 2.05×10^8 kN/m^2

A：切梁の有効断面積（ボルト孔考慮）= 0.01048 m^2

a：切梁の水平間隔 = 6.2 m

l：切梁の長さ = 18.5 m（短辺）

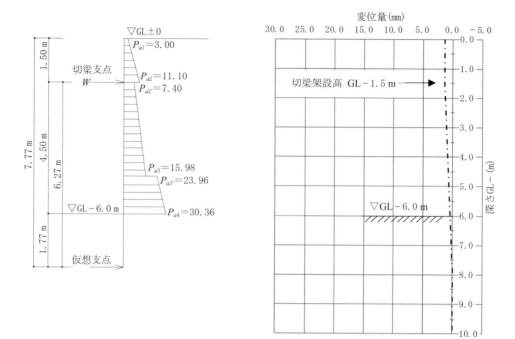

図 2.18 切梁圧縮量の算定結果

（4） 切梁解体時

切梁解体時の変位量を図 2.19 に示す．

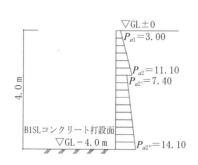
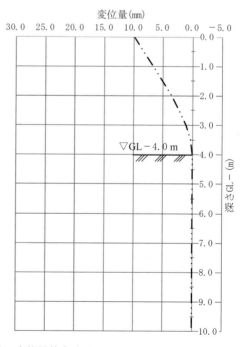

図 2.19 切梁解体時の変位量算定結果

（5） 総変位量

（1）～（4）の各施工段階の変位量を基に，1次根切り完了後，2次根切り完了後，切梁解体後での変位量合計値の総変位量を算定する．表 2.2 に各施工段階での変位量と総変位量の一覧表を，図 2.20 には総変位量算定結果のグラフを示す．

表 2.2　変位量一覧

GL－ (m)	変位量（mm）				総変位量（mm）		
	① 1次 根切り時	② 2次 根切り時	③ 切梁圧縮量	④ 切梁解体時	1次根切り 完了後 =①	2次根切り 完了後 =①+②+③	切梁解体後 =①+②+③+④
0.00	16.75	0.00	1.38	9.95	16.75	18.13	28.08
0.50	14.53	0.00	1.38	8.33	14.53	15.91	24.24
1.00	12.30	0.00	1.38	6.72	12.30	13.68	20.40
1.50	10.08	0.00	1.38	5.14	10.08	11.46	16.60
2.00	7.87	3.33	1.27	3.63	7.87	12.47	16.10
2.50	5.78	6.44	1.16	2.25	5.78	13.38	15.63
3.00	3.95	9.14	1.05	1.11	3.95	14.14	15.25
3.50	2.44	11.28	0.94	0.31	2.44	14.66	14.97
4.00	1.30	12.73	0.83	0.00	1.30	14.86	14.86
4.50	0.48	13.40	0.72	0.00	0.48	14.60	14.60
5.00	－ 0.06	13.23	0.61	0.00	－ 0.06	13.78	13.78
5.50	－ 0.38	12.20	0.50	0.00	－ 0.38	12.32	12.32
6.00	－ 0.53	10.37	0.39	0.00	－ 0.53	10.23	10.23
6.50	－ 0.56	7.89	0.28	0.00	－ 0.56	7.61	7.61
7.00	－ 0.53	4.97	0.17	0.00	－ 0.53	4.61	4.61
7.50	－ 0.45	1.78	0.06	0.00	－ 0.45	1.39	1.39
7.77	－ 0.40	0.00	0.00	0.00	－ 0.40	－ 0.40	－ 0.40
8.00	－ 0.36	0.00	0.00	0.00	－ 0.36	－ 0.36	－ 0.36
8.50	－ 0.27	0.00	0.00	0.00	－ 0.27	－ 0.27	－ 0.27
9.00	－ 0.19	0.00	0.00	0.00	－ 0.19	－ 0.19	－ 0.19
9.50	－ 0.12	0.00	0.00	0.00	－ 0.12	－ 0.12	－ 0.12
10.00	－ 0.07	0.00	0.00	0.00	－ 0.07	－ 0.07	－ 0.07

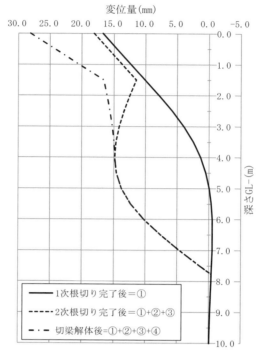

図 2.20　総変位量算定結果

2.3.9　横矢板の検討

横矢板の板厚は，曲げモーメントおよびせん断力の最大値に対して，必要厚さを求める．木材（あかまつ）を使用する．

　　　許容曲げ応力度　　$f_b = 13.2 \text{ N/mm}^2 = 13.2 \times 10^3 \text{ kN/m}^2$
　　　許容せん断応力度　$f_s = 1.03 \text{ N/mm}^2 = 1.03 \times 10^3 \text{ kN/m}^2$

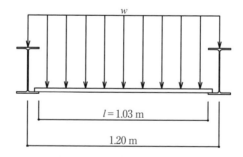

図 2.21　横矢板の応力検討図

GL－2.5 m，GL－4.7 m，GL－6.0 m の各深さでの必要板厚を下式より計算する．
横矢板に作用する荷重は，図 2.3「背面側・掘削側側圧図」を参照されたい．

$$M_{\max} = \frac{wl^2}{8}, \quad \sigma_b = \frac{M_{\max}}{Z} \leq f_b, \quad 単位幅あたりの断面係数\ Z = \frac{t_b^2}{6}\ より\ t_b \geq \sqrt{\frac{6 M_{\max}}{f_b}}$$

$$Q_{\max} = \frac{wl}{2}, \quad \tau = \frac{3Q_{\max}}{2A} \leqq f_s, \quad \text{横矢板の単位深さあたりの断面積 } A = t_s \text{ より } t_s \geqq \frac{1.5Q_{\max}}{f_s}$$

（1）　GL±0〜GL−2.5 m

$w = p_{a2} \times 1 = 16.50 \text{ kN/m}$

$M_{\max} = \dfrac{16.50 \times 1.03^2}{8} = 2.19 \text{ kN·m} \qquad t_b \geqq \sqrt{\dfrac{6 \times 2.19}{13.2 \times 10^3}} = 0.032 \text{ m} = 32 \text{ mm}$

$Q_{\max} = \dfrac{16.50 \times 1.03}{2} = 8.50 \text{ kN} \qquad t_s \geqq \dfrac{1.5 \times 8.50}{1.03 \times 10^3} = 0.012 \text{ m} = 12 \text{ mm}$

必要厚さは，$t = 32$ mm 以上なので 35 mm とする．

（2）　GL−2.5〜GL−4.7 m

$w = p_{a3} \times 1 = 15.98 \text{ kN/m}$

$M_{\max} = \dfrac{15.98 \times 1.03^2}{8} = 2.12 \text{ kN·m} \qquad t_b \geqq \sqrt{\dfrac{6 \times 2.12}{13.2 \times 10^3}} = 0.031 \text{ m} = 31 \text{ mm}$

$Q_{\max} = \dfrac{15.98 \times 1.03}{2} = 8.23 \text{ kN} \qquad t_s \geqq \dfrac{1.5 \times 8.23}{1.03 \times 10^3} = 0.012 \text{ m} = 12 \text{ mm}$

必要厚さは，$t = 31$ mm 以上なので 35 mm とする．

（3）　GL−4.7〜GL−6.0 m

$w = p_{a4} \times 1 = 30.36 \text{ kN/m}$

$M_{\max} = \dfrac{30.36 \times 1.03^2}{8} = 4.03 \text{ kN·m} \qquad t_b \geqq \sqrt{\dfrac{6 \times 4.03}{13.2 \times 10^3}} = 0.043 \text{ m} = 43 \text{ mm}$

$Q_{\max} = \dfrac{30.36 \times 1.03}{2} = 15.64 \text{ kN} \qquad t_s \geqq \dfrac{1.5 \times 15.64}{1.03 \times 10^3} = 0.023 \text{ m} = 23 \text{ mm}$

必要厚さは，$t = 43$ mm 以上なので 45 mm とする．

　一般的に横矢板1枚での必要厚さを計算するが，地域によって入手できる横矢板の厚さが限定されることもある．下記では，横矢板を複数枚重ねて使用する場合の横矢板1枚あたりの必要厚さを示す．なお，前述から曲げモーメントに対する検討によって決まることから，せん断力に対する検討は省略する．

$$t \geqq \sqrt{\frac{6M_{\max}}{\alpha f_b}} \qquad \alpha：横矢板の重ね枚数$$

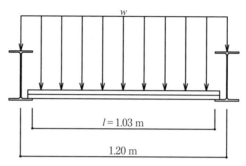

図 2.22 横矢板 2 枚重ね時の応力検討図

・横矢板を 2 枚重ねで使用した場合

（1）　GL±0〜GL−2.5 m

$$t \geqq \sqrt{\frac{6 \times 2.19}{2 \times 13.2 \times 10^3}} = 0.022 \text{ m} = 22 \text{ mm/枚}$$

必要厚さは，$t=22$ mm 以上なので 25 mm/枚とする．

（2）　GL−2.5〜GL−4.7 m

$$t \geqq \sqrt{\frac{6 \times 2.12}{2 \times 13.2 \times 10^3}} = 0.022 \text{ m} = 22 \text{ mm/枚}$$

必要厚さは，$t=22$ mm 以上なので 25 mm/枚とする．

（3）　GL−4.7〜GL−6.0 m

$$t \geqq \sqrt{\frac{6 \times 4.03}{2 \times 13.2 \times 10^3}} = 0.030 \text{ m} = 30 \text{ mm/枚}$$

必要厚さは，$t=30$ mm 以上なので 30 mm/枚とする．

2.3.10　決定した山留めの仕様

表 2.3　使用材一覧

山留め壁	親杭　H−350×175×7×11@1.2 m，$L=10.0$ m（再使用材）
腹 起 し	H−300×300×10×15（リース材）
切　　梁	H−300×300×10×15（リース材）
隅 火 打 ち	H−300×300×10×15（リース材）
切梁火打ち	H−300×300×10×15（リース材）
切 梁 支 柱	H−250×250×9×14，$L=11.0$ m（再使用材）
横 矢 板	あかまつ材　　　　　1 枚時　　　2 枚重ね時の 1 枚あたり GL±0〜GL−2.5 m　　$t_1=35$ mm　　$t_2=25$ mm/枚 GL−2.5〜GL−4.7 m　$t_1=35$ mm　　$t_2=25$ mm/枚 GL−4.7〜GL−6.0 m　$t_1=45$ mm　　$t_2=30$ mm/枚

（形鋼材の種類 SS 400）

2. 親杭横矢板壁と鋼製切梁1段による山留めの事例 —125—

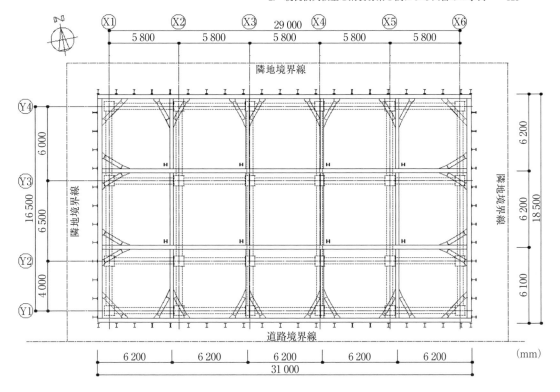

(a) 1段切梁平面図

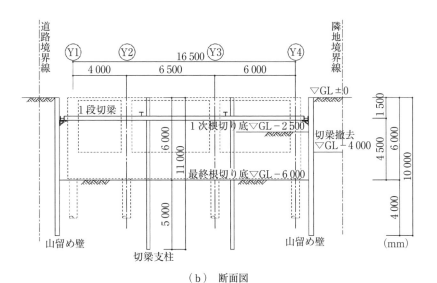

(b) 断面図

図 2.23 山留め計画図

3. 市街地の比較的狭い敷地でボイリングの恐れがある山留め事例

　深さ約8mの根切り工事において，山留め壁には鋼矢板壁，支保工には鋼製切梁2段を採用した事例である．また，根切り対象地盤および根切り底地盤は砂地盤で地下水位が高いため，ボイリングに対する安全性を検討している．

3.1 山留め計画上の条件
3.1.1 工事概要

　当該建物は，市街地に建設される地下2階，地上7階の集合住宅である．構造は鉄筋コンクリート造で，地下に駐輪場，ストックヤード，機械式駐車場を有する．杭は場所打ちコンクリート杭で，GL－31m以深の砂礫層を支持層としている．

　図3.1に敷地および周辺状況を示す．建物周辺は，南面が区道（幅員8m）に面しており，他の3面には杭基礎の集合住宅が建っている．なお，区道に関しては，道路境界まで10m離れており，沿道掘削書類申請の届け出の対象となっていない．

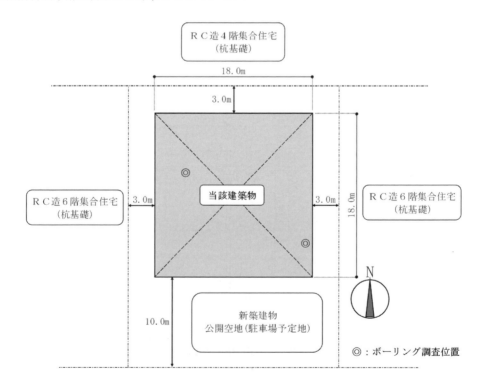

図3.1　敷地と周辺状況およびボーリング位置

3.1.2 地盤概要

建設地では，ボーリング調査が2カ所実施されており，層厚・層序に違いはない．図3.2に地盤条件と地下躯体断面に対する切梁および各次掘削深さを示した．図3.2に示すように，埋土層下部にはGL-10 m付近まで沖積の砂層が堆積し，以深は洪積の砂層がGL-21 mまで堆積している．

地下水位は，現場透水試験の平衡水位としてGL-3.0 mを確認している．また，物理試験を実施しており，湿潤密度，粒度を確認している．

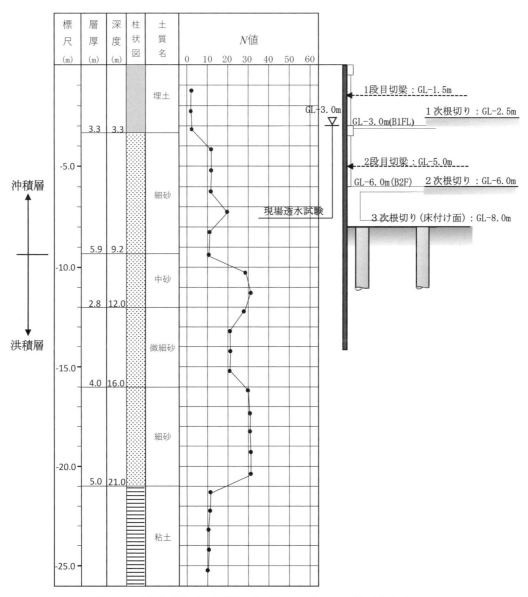

図3.2 地盤条件と地下躯体断面に対する切梁および各次根切り深さ

— 128 — 山留め設計事例集

3.2 山留め計画

根切り深さがGL−8.0 mであるのに対し，地下水位がGL−3.0 mと比較的高く，床付け以深も砂層が続くことから，遮水壁が必要と考えた．鋼矢板壁とソイルセメント壁について検討し，コスト比較した結果，鋼矢板壁を採用した．なお，区道まで離隔があること，他の3面が杭基礎の集合住宅であることから周辺に対し悪影響が出ないものと考え，地下躯体構築後，鋼矢板壁を引き抜くものとした．

鋼矢板の施工方法としては，床付け面以深にN値20以上の砂層があることから，オーガー先行削孔併用圧入工法を採用した．

支保工は，鋼製切梁2段（1段目：GL−1.5 m，2段目：GL−5.0 m）とし，各次掘削深さは各段切梁より1 m深い位置とした．切梁の撤去に関しては，B2F（GL−6.0 m）構築後に2段目切梁を撤去し，B1F（GL−3.0 m）構築後に1段目切梁を撤去するものとした．

3.3 山留めの設計
3.3.1 設計用地盤定数

設計用地盤定数の設定にあたっては，以下のことを考慮した．

（1） 土の湿潤単位体積重量：γ_t（kN/m³）

表層の埋土については，盛土と同等であると考え，本会「建築基礎構造設計指針」(2019)[1]に示す擁壁の裏込め土の砂質土からγ_t＝18.0（kN/m³）とした．

他の層に関しては，物理試験結果，「深い掘削土留工設計法」[2]および「鉄道構造物等設計標準・同解説　開削トンネル」[3]に示されている値も参考とした．

（2） 粘着力：c（kN/m²）

q_u＝12.5N（kN/m²）およびc＝$q_u/2$より推定した．ここで，N：N値．

（3） 内部摩擦角：ϕ（°）

砂質土に関しては大崎の式：ϕ＝$\sqrt{20N}$＋15（°）により推定し，粘性土に関してはϕ＝0（°）とした．ここで，N：N値．

表 3.1　設計用地盤定数

土質 No.	深さ (GL−m)	層厚 (m)	土質名	N値	γ_t (kN/m³)	c (kN/m²)	ϕ (°)	k_h (kN/m³)
①	0〜 3.3	3.3	埋土	1	18.0	0	19	1 000
②	3.3〜 9.2	5.9	細砂	12	18.0	0	30	12 000
③	9.2〜12.0	2.8	中砂	26	18.0	0	37	26 000
④	12.0〜16.0	4.0	微細砂	21	18.0	0	35	21 000
⑤	16.0〜21.0	5.0	細砂	30	18.0	0	39	30 000
⑥	21.0〜	—	粘土	11	16.0	70	0	7 000

（4） 水平地盤反力係数：k_h（kN/m^3）

本事例集 第Ⅰ編 4.「山留めの設計」4.4.1「梁・ばねモデル」図 4.4.4「水平地盤反力係数の推奨範囲」を参考に，砂質土は N 値，粘性土は粘着力 c より推定した k_n を用いた．なお，沖積層，洪積層ともに推奨範囲の平均値を用いた．

以上の結果より，山留め計算に用いる設計用地盤定数は，表 3.1 に示す値とした．

3.3.2 側圧の決定

（1） 背面側の側圧

背面側の側圧は，本事例集 第Ⅰ編 2.1「側圧（土圧および水圧）」に示す側圧係数を用いた三角形分布を基本とする方法（側圧係数法）(2.1.1) 式と，ランキン・レザール式により求まる主働土圧に基づく方法（ランキン・レザール法）(2.1.2) 式による側圧から総合的に判断し，設定するものとした．

南面に関しては，構台の乗入れ口があること，残り 3 面には資材を置くことから，すべての断面において上載荷重として，車両などの走行を考慮し $q = 10$ kN/m^2 を考慮した．

・側圧係数法による側圧

$$p_a = K\gamma_t z \tag{2.1.1}$$

・ランキン・レザール式により求まる主働土圧

$$p_a = (q + \gamma_t z - p_{wa})\tan^2(45° - \phi/2) + 2c\tan(45° - \phi/2) + p_{wa} \tag{2.1.2}$$

記号　　q：上載荷重（kN/m^2）

　　　　p_a：地表面からの深さ z（m）における背面側の側圧（kN/m^2）

　　　　γ_t：土の湿潤単位体積重量（kN/m^3）

　　　　z：地表面からの深さ（m）

　　　　p_{wa}：地表面からの深さ z（m）における背面側の水圧（kN/m^2）

　　　　c：土の粘着力（kN/m^2）

　　　　ϕ：土の内部摩擦角（°）

　　　　K：側圧係数

砂質地盤におけるランキン・レザール式による主働土圧に考慮する水圧は，山留め壁先端が難透水層に根入れしていない場合，山留め壁下端における背面側と掘削側の水圧が等しくなるよう，動水勾配を考慮した側圧係数を使用することが，指針に示されている．しかしながら，その場合，根入れ長さが算定されていないと水圧係数を導くことができないため，安全側に地下水位レベルより水圧係数を $K_{wa} = 1.0$ として算定する．

—地下水位以浅—

　　・GL − 0.0 m 上　　$p_a = 10 \times \tan^2(45° − 19°/2) = 5.09$ kN/m^2

　　・GL − 3.0 m 上下　$p_a = (10 + 18.0 \times 3.0) \times \tan^2(45° − 19°/2) = 32.56$ kN/m^2

—地下水位以深—

　　・GL − 3.3 m 上　　$p_a = (10 + 18.0 \times 3.0 + 18.0 \times 0.3 − 10 \times 0.3) \times \tan^2(45° − 19°/2) + 10 \times 0.3$

－130－　山留め設計事例集

$$= 36.78 \text{ kN/m}^2$$

・GL－3.3 m 下　　$p_a = (10 + 18.0 \times 3.0 + 18.0 \times 0.3 - 10 \times 0.3) \times \tan^2(45° - 30°/2) + 10 \times 0.3$

$$= 25.13 \text{ kN/m}^2$$

・GL－9.2 m 上　　$p_a = (10 + 18.0 \times 3.0 + 18.0 \times 0.3 + 18.0 \times 5.9 - 10 \times 6.2) \times \tan^2(45° - 30°/2) + 10 \times 6.2$

$$= 99.87 \text{ kN/m}^2$$

・GL－9.2 m 下　　$p_a = (10 + 18.0 \times 3.0 + 18.0 \times 0.3 + 18.0 \times 5.9 - 10 \times 6.2) \times \tan^2(45° - 37°/2) + 10 \times 6.2$

$$= 90.24 \text{ kN/m}^2$$

・GL－12.0 m 上　　$p_a = (10 + 18.0 \times 3.0 + 18.0 \times 0.3 + 18.0 \times 5.9 + 18.0 \times 2.8 - 10 \times 9.0)$

$$\times \tan^2(45° - 37°/2) + 10 \times 9.0 = 123.81 \text{ kN/m}^2$$

・GL－12.0 m 下　　$p_a = (10 + 18.0 \times 3.0 + 18.0 \times 0.3 + 18.0 \times 5.9 + 18.0 \times 2.8 - 10 \times 9.0)$

$$\times \tan^2(45° - 35°/2) + 10 \times 9.0 = 126.85 \text{ kN/m}^2$$

・GL－16.0 m 上　　$p_a = (10 + 18.0 \times 3.0 + 18.0 \times 0.3 + 18.0 \times 5.9 + 18.0 \times 2.8 + 18.0 \times 4.0 - 10 \times 13.0)$

$$\times \tan^2(45° - 35°/2) + 10 \times 13.0 = 175.53 \text{ kN/m}^2$$

・GL－16.0 m 下　　$p_a = (10 + 18.0 \times 3.0 + 18.0 \times 0.3 + 18.0 \times 5.9 + 18.0 \times 2.8 + 18.0 \times 4.0 - 10 \times 13.0)$

$$\times \tan^2(45° - 39°/2) + 10 \times 13.0 = 168.22 \text{ kN/m}^2$$

・GL－21.0 m 上　　$p_a = (10 + 18.0 \times 3.0 + 18.0 \times 0.3 + 18.0 \times 5.9 + 18.0 \times 2.8 + 18.0 \times 4.0 + 18.0 \times 5.0$

$$- 10 \times 18.0) \times \tan^2(45° - 39°/2) + 10 \times 18.0 = 227.32 \text{ kN/m}^2$$

・GL－21.0 m 下　　$p_a = (10 + 18.0 \times 3.0 + 18.0 \times 0.3 + 18.0 \times 5.9 + 18.0 \times 2.8 + 18.0 \times 4.0 + 18.0 \times 5.0$

$$- 10 \times 18.0) \times \tan^2(45° - 0°/2) - 2 \times 70 \times \tan(45° - 0°/2) + 10 \times 18.0$$

$$= 248.00 \text{ kN/m}^2$$

図 3.3 に示すように，ランキン・レザール式による土圧＋水圧をおおむね包絡するよう，側圧を求めると，側圧係数 $K = 0.55$ となる.

（2）　掘削側の側圧

本事例集 第 I 編 2.1「側圧（土圧および水圧）」に示すランキン・レザール式による受働土圧に水圧を加算した（2.1.4）式により，掘削側側圧の上限を評価した．また，「梁・ばねモデル」による山留め計算では，クーロン土圧を分布荷重に置き換えて水圧を加算した（2.1.5）式を用い，掘削側の側圧の上限を評価した.

・ランキン・レザール式による土水圧

$$p_p = (\gamma_t z_p - p_{wp}) \tan^2\left(45° + \frac{\phi}{2}\right) + 2c \tan\left(45° + \frac{\phi}{2}\right) + p_{wp} \tag{2.1.4}$$

・クーロン土圧式による土水圧

$$p_p = (\gamma_t z_p - p_{wp}) \frac{\cos^2\phi}{\left\{1 - \sqrt{\dfrac{\sin(\phi + \delta)\sin\phi}{\cos\delta}}\right\}^2} + 2c \frac{\cos\phi}{1 - \sqrt{\dfrac{\sin(\phi + \delta)\sin\phi}{\cos\delta}}} + p_{wp} \tag{2.1.5}$$

記号　　p_p：根切り底面からの深さ z_p（m）における掘削側の側圧の上限値（kN/m²）

　　　　γ_t：土の湿潤単位体積重量（kN/m³）

z_p：根切り底面からの深さ（m）

p_{wp}：根切り底面からの深さ z_p（m）における掘削側の水圧（kN/m^2）

$$p_{wp} = \gamma_w z_w \text{（kN/m}^2\text{）}$$

c：土の粘着力（kN/m^2）

ϕ：土の内部摩擦角（°）

δ：山留め壁と地盤の摩擦角（°）

特別な検討がない場合は $\delta \leq \phi/3$ とする．

γ_w：水の単位体積重量（kN/m^3）

z_w：根切り側の地下水位面からの深さ（m）

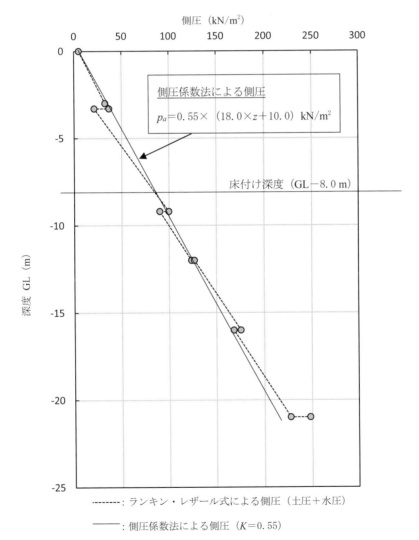

図 3.3　ランキン・レザール式によって求められた側圧と側圧係数法の関係

3.3.3 根入れ長さの検討

山留め壁の根入れ長さに関しては，「切梁を支点とする抵抗モーメントと転倒モーメントの釣合い長さ」に加え，砂地盤であることから「ボイリングによる根入れ部の安定」を考慮し，総合的に判断した．

（1） 切梁を支点とする抵抗モーメントと転倒モーメントの釣合い長さ

2次根切り時および3次根切り時（床付け時）に関して根入れ長さの検討を行った．

a）2次根切り時（1段目切梁を支点としたモーメントの釣合いの検討）

山留め壁長の検討は，山留め壁下端が $GL-8.0\sim GL-12.0$ m の地層にあると仮定し行う．

はじめに，根入れ長さを3mと仮定し，1段目切梁位置を中心とした背面側側圧と掘削側側圧によるモーメントの釣合いを考える．順次山留め壁長を1mずつ伸ばし，転倒モーメント ΣM_a に安全率1.2を乗じ，抵抗モーメント ΣM_p との釣合い計算を行う．

$F=\Sigma M_p/\Sigma M_a\geqq 1.2$ となった長さを，必要根入れ長さとした．

以下に，決定した根入れ長さ（6 m）の計算結果を示す．

（ⅰ） 背面側側圧：側圧係数法による計算式にて算定する．

$\quad$ $GL\pm 0$ m $\quad$ $p_a=0.55\times(10.0+18.0\times 0)=5.50$ kN/m^2

$\quad$ $GL-1.5$ m $\quad$ $p_a=0.55\times(10.0+18.0\times 1.5)=20.35$ kN/m^2

$\quad$ $GL-6.0$ m $\quad$ $p_a=0.55\times(10.0+18.0\times 6.0)=64.90$ kN/m^2

$\quad$ $GL-12.0$ m $\quad$ $p_a=0.55\times(10.0+18.0\times 12.0)=124.30$ kN/m^2

（ⅱ） 掘削側側圧：ランキン・レザール式にて算定する．

$\quad$ $GL-6.0$ m $\quad$ $p_b=0.00$ kN/m^2

$\quad$ $GL-9.2$ m 上 $\quad$ $p_b=(18.0\times 3.2-10\times 3.2)\times\tan^2(45°+30°/2)+10\times 3.2=108.80$ kN/m^2

$\quad$ $GL-9.2$ m 下 $\quad$ $p_b=(18.0\times 3.2-10\times 3.2)\times\tan^2(45°+37°/2)+10\times 3.2=134.98$ kN/m^2

$\quad$ $GL-12.0$ m $\quad$ $p_b=(18.0\times 6.0-10\times 6.0)\times\tan^2(45°+37°/2)+10\times 6.0=253.09$ kN/m^2

（ⅲ） 背面側側圧による転倒モーメント

図3.4における背面側側圧①②による，$GL-1.5$ m（1段切梁位置）を中心とした転倒モーメントを下に示す．

$\quad$ ①部のモーメント：$M_{a1}=(1/2)\times 20.35\times 10.5\times(1/3)\times 10.5=373.93$ kN・m/m

$\quad$ ②部のモーメント：$M_{a2}=(1/2)\times 124.30\times 10.5\times(2/3)\times 10.5=4\,568.03$ kN・m/m

＜背面側側圧による転倒モーメントの合計＞

$\quad$ $\Sigma M_a=M_{a1}+M_{a2}=373.93+4\,568.03=4\,941.96$ kN・m/m

（ⅳ） 掘削側側圧による抵抗モーメント

図3.4における掘削側側圧③④⑤による，$GL-1.5$ m（1段切梁位置）を中心とした抵抗モーメントを下に示す．

$\quad$ ③部のモーメント：$M_{p3}=(1/2)\times 108.80\times 3.2\times\{4.5+(2/3)\times 3.2\}=1\,154.73$ kN・m/m

$\quad$ ④部のモーメント：$M_{p4}=(1/2)\times 134.98\times 2.8\times\{4.5+3.2+(1/3)\times 2.8\}=1\,631.46$ kN・m/m

$\quad$ ⑤部のモーメント：$M_{p5}=(1/2)\times 253.09\times 2.8\times\{4.5+3.2+(2/3)\times 2.8\}=3\,389.72$ kN・m/m

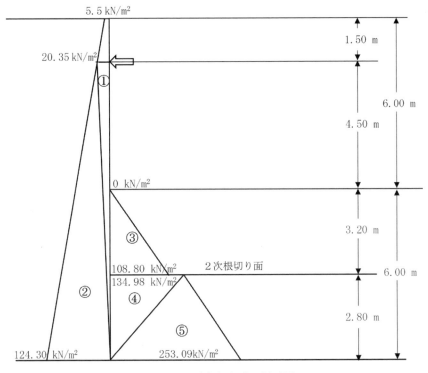

図 3.4　2次根切り時の側圧図

＜掘削側側圧による抵抗モーメントの合計＞

$\Sigma M_p = M_{p3} + M_{p4} + M_{p5}$
$= 1\,154.73 + 1\,631.46 + 3\,389.72 = 6\,175.91$ kN・m/m

（ⅴ）根入れ長さ

転倒モーメント ΣM_a と，抵抗モーメント ΣM_b を比較する．

$F = \Sigma M_b / \Sigma M_a = 6\,175.91 / 4\,941.96 = 1.25 \geq 1.2$ となる．

以上の結果より，2次根切り時に必要な山留め壁長は $L = 12.0$ m，必要な根入れ長さは $D = 6.0$ m となる．

b）3次根切り時―床付け時―（2段目切梁を支点としたモーメントの釣合いの検討）

山留め壁長の検討は，山留め壁下端がGL－12.0～GL－16.0 mの地層にあると仮定し行った．

はじめに，根入れ長さを5 mと仮定し，2段目切梁位置を中心とした背面側側圧と掘削側側圧によるモーメントの釣合いを考える．順次山留め壁長を1 mずつ伸ばし，$F = \Sigma M_b / \Sigma M_a \geq 1.2$ となった長さを，必要根入れ長さとした．

以下に，決定した根入れ長さ（7 m）による計算結果を示す．

（ⅰ）背面側側圧：側圧係数法による計算式にて算定する．

GL±0 m　　$p_a = 0.55 \times (10.0 + 18.0 \times 0) = 5.50$ kN/m²

GL－5.0 m　　$p_a = 0.55 \times (10.0 + 18.0 \times 5.0) = 55.00$ kN/m²

GL－8.0 m　　$p_a = 0.55 \times (10.0 + 18.0 \times 8.0) = 84.70$ kN/m²

— 134 —　山留め設計事例集

$\text{GL}-15.0\text{ m}\quad p_a=0.55\times(10.0+18.0\times15.0)=154.00\text{ kN/m}^2$

（ii）　掘削側側圧：ランキン・レザール式にて算定する．

$\text{GL}-8.0\text{ m}\qquad p_p=0.00\text{ kN/m}^2$

$\text{GL}-9.2\text{ m}\text{ 上}\qquad p_p=(18.0\times1.2-10\times1.2)\times\tan^2(45°+30°/2)+10\times1.2=40.80\text{ kN/m}^2$

$\text{GL}-9.2\text{ m}\text{ 下}\qquad p_p=(18.0\times1.2-10\times1.2)\times\tan^2(45°+37°/2)+10\times1.2=50.62\text{ kN/m}^2$

$\text{GL}-12.0\text{ m}\text{ 上}\qquad p_p=(18.0\times4.0-10\times4.0)\times\tan^2(45°+37°/2)+10\times4.0=168.73\text{ kN/m}^2$

$\text{GL}-12.0\text{ m}\text{ 下}\qquad p_p=(18.0\times4.0-10\times4.0)\times\tan^2(45°+35°/2)+10\times4.0=158.09\text{ kN/m}^2$

$\text{GL}-15.0\text{ m}\qquad p_p=(18.0\times7.0-10\times7.0)\times\tan^2(45°+35°/2)+10\times7.0=276.65\text{ kN/m}^2$

（iii）　背面側側圧による転倒モーメント

図 3.5 における背面側側圧①②による，GL-5.0 m（2 段切梁位置）を中心とした転倒モーメントを下記に示す．

①部のモーメント：$M_{a1}=(1/2)\times55.00\times10.0\times(1/3)\times10.0=916.67\text{ kN・m/m}$

②部のモーメント：$M_{a2}=(1/2)\times154.00\times10.0\times(2/3)\times10.0=5\,133.33\text{ kN・m/m}$

＜背面側側圧による転倒モーメントの合計＞

$\Sigma M_a=M_{a1}+M_{a2}=916.67+5\,133.33=6\,050.00\text{ kN・m/m}$

（iv）　掘削側側圧による抵抗モーメント

図 3.5 における掘削側側圧③④⑤⑥⑦による，GL-5.0 m（2 段切梁位置）を中心とした抵抗モーメントを下記に示す．

③部のモーメント：$M_{p3}=(1/2)\times40.80\times1.2\times\{3.0+(2/3)\times1.2\}=93.02\text{ kN・m/m}$

④部のモーメント：$M_{p4}=(1/2)\times50.62\times2.8\times\{3.0+1.2+(1/3)\times2.8\}=363.79\text{ kN・m/m}$

⑤部のモーメント：$M_{p5}=(1/2)\times168.73\times2.8\times\{3.0+1.2+(2/3)\times2.8\}=1\,433.08\text{ kN・m/m}$

⑥部のモーメント：$M_{p6}=(1/2)\times158.09\times3.0\times\{3.0+1.2+2.8+(1/3)\times3.0\}$
$$=1\,897.08\text{ kN・m/m}$$

⑦部のモーメント：$M_{p7}=(1/2)\times276.65\times3.0\times\{3.0+1.2+2.8+(2/3)\times3.0\}=3\,734.78\text{ kN・m/m}$

＜掘削側側圧による抵抗モーメントの合計＞

$\Sigma M_p=M_{p3}+M_{p4}+M_{p5}+M_{p6}+M_{p7}$
$$=93.02+363.79+1\,433.08+1\,897.08+3\,734.78=7\,521.75\text{ kN・m/m}$$

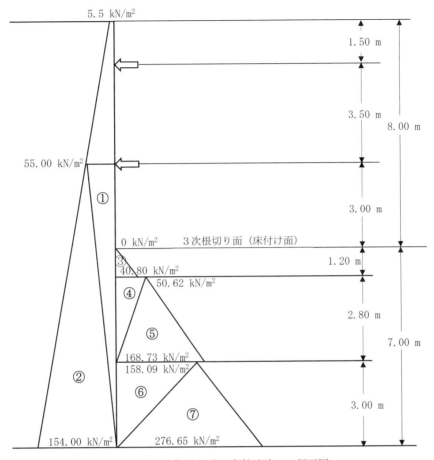

図 3.5 3次根切り時—床付け時—の側圧図

(ⅴ) 根入れ長さ

転倒モーメント ΣM_a と，抵抗モーメント ΣM_p を比較する．

$F = \Sigma M_p / \Sigma M_a = 7\,521.75 / 6\,050.00 = 1.24 \geq 1.2$ となる．

以上の結果より，3次根切り時に必要な山留め壁長は $L = 15.0$ m，必要な根入れ長さは $D = 7.0$ m となる．

(2) 根入れ底面の安定（ボイリングの検討）

鋼矢板壁先端を明確な難透水層に根入れしていないことから，ボイリングに対する検討も行った．

背面側水位は低下しないものとし GL－3.0 m，掘削面側は床付け面まで水位を低下させるものとし GL－8.0 m と地下水位を設定した．

テルツァーギ（Terzaghi）の方法によるボイリングの検討結果を以下に示す．

根切り底面からの湧水を釜場処理した場合，最終根切り段階での水位差は $h_w = 5.0$ (m) となる．

床付け以深が砂層であるため，ボイリングに対する安全率を $F \geq 1.2$ とし，土の水中単位体積重量 $\gamma' = 8.0$ (kN/m³)，水の単位体積重量 $\gamma_w = 10$ (kN/m³)，必要根入れ長さを D (m) とした場合，

－136－　山留め設計事例集

本事例集　第 I 編　4.3.2「ボイリングの検討」に示す $F=2\gamma'D/\gamma_w h_w \geqq 1.2$（4.3.4）式より，ボイリングに対する必要根入れ長さは $D\geqq 3.8$（m）となる．

「切梁を支点とする抵抗モーメントと転倒モーメントの釣合い長さ」および「ボイリングによる根入れ部の安定」から決まる山留め壁長算定結果を表3.2に示した．

山留め壁の根入れ長さは，「2段目切梁を支点としたモーメントの釣合いの検討」で決まり，山留め壁長を $l=15.0$ m とした．

なお，山留め壁下端を透水係数が小さい細砂層まで根入れしていること，GL－21 m 以浅には沖積粘性土が存在しないことから，水位低下による周辺地盤の変状はわずかであると考えた．

表 3.2　山留め壁長算定結果

切梁を支点とする抵抗モーメントと 転倒モーメントの釣合いによるもの		ボイリングの検討によるもの
1段目切梁	2段目切梁	テルツァーギ（Terzaghi）の方法
12.0 m	15.0 m	11.8 m

3.4　山留め計算

3.4.1　山留め計算法および側圧

山留め壁の応力・変形の算定は，梁・ばねモデルによる方法によった．

山留め壁長に関しては，3.3.3「根入れ長さの検討」で決定した値を用いた．また，背面側側圧に関しては，側圧係数法による値を用いた．

掘削側側圧の上限値は，本事例集　第 I 編　2.1「側圧（土圧および水圧）」に示すクーロン式（2.1.5）式を用いた．平衡側圧は，根切り底からの静止側圧（側圧係数0.5），山留め壁と地盤との摩擦角 δ は，土の内部摩擦角 ϕ の 1/3 を用いた．

GL－21 m 以深には，洪積粘性土が存在するが，粘性土までは根入れしていない．このため，各根切り時において，山留め壁下端における背面側と掘削側が同じ水圧となるように設定した．なお，背面側の水位低下は安全側の評価として考慮していない．

梁・ばねモデルに用いた掘削側側圧をクーロン式にて算定した結果を以下に示す（土水圧分離とする）．

・クーロン式による土水圧

$$p_p = (\gamma_t z_p - p_{wp}) \underbrace{\frac{\cos^2\phi}{\left\{1-\sqrt{\dfrac{\sin(\phi+\delta)\sin\phi}{\cos\delta}}\right\}^2}}_{A} + 2c \underbrace{\frac{\cos\phi}{1-\sqrt{\dfrac{\sin(\phi+\delta)\sin\phi}{\cos\delta}}}}_{B} + p_{wp} \qquad (2.1.5)$$

	①	①'	②	③	④	⑤	⑤'	⑥	⑦	⑦'	⑧	⑨	⑩	A ⑪	⑫		B ⑬
深度 (GL-m)	ϕ	PI() /180※1	$\cos\phi$	$\cos^2\phi$	$\sin\phi$	δ	PI() /180※1	$\cos\delta$	$\phi+\delta$	PI() /180※1	$\sin(\phi+\delta)$	α※2	$(1-⑨)^2$	③/⑩	$(1-⑨)$	C	②/⑫
0~ 3.3	19	0.332	0.946	0.894	0.326	6.333	0.111	0.994	25.333	0.442	0.428	0.374	0.391	2.284	0.626	0.000	1.511
3.3~ 9.2	30	0.524	0.866	0.750	0.500	10.000	0.175	0.985	40.000	0.698	0.643	0.571	0.184	4.080	0.429	0.000	2.020
9.2~12.0	37	0.646	0.799	0.638	0.602	12.333	0.215	0.977	49.333	0.861	0.759	0.684	0.100	6.370	0.316	0.000	2.524
12.0~15.0	35	0.611	0.819	0.671	0.574	11.667	0.204	0.979	46.667	0.814	0.727	0.653	0.121	5.563	0.347	0.000	2.359

［注］　※1：角度をラジアン単位に変換

$$※2：1-\sqrt{\frac{\sin(\phi+\delta)\sin\phi}{\cos\delta}}$$

（1）　1次根切り時（GL－2.5 m）

$\quad$ GL－2.5 m $\qquad p_p=0.00\ \mathrm{kN/m^2}$

$\quad$ GL－3.0 m $\qquad p_p=18.0\times0.5\times2.284+2\times0.00\times1.511=20.56\ \mathrm{kN/m^2}$

$\quad$ GL－3.3 m 上 $\quad p_p=(18.0\times0.8-10.0\times0.3)\times2.284+2\times0.00\times1.511+10\times0.3=29.04\ \mathrm{kN/m^2}$

$\quad$ GL－3.3 m 下 $\quad p_p=(18.0\times0.8-10.0\times0.3)\times4.080+2\times0.00\times1.511+10\times0.3=49.51\ \mathrm{kN/m^2}$

$\quad$ GL－9.2 m 上 $\quad p_p=(18.0\times6.7-10.0\times6.2)\times4.080+2\times0.00\times2.020+10\times6.2=301.09\ \mathrm{kN/m^2}$

$\quad$ GL－9.2 m 下 $\quad p_p=(18.0\times6.7-10.0\times6.2)\times6.370+2\times0.00\times2.020+10\times6.2=435.28\ \mathrm{kN/m^2}$

$\quad$ GL－12.0 m 上 $\quad p_p=(18.0\times9.5-10.0\times9.0)\times6.370+2\times0.00\times2.524+10\times9.0=605.97\ \mathrm{kN/m^2}$

$\quad$ GL－12.0 m 下 $\quad p_p=(18.0\times9.5-10.0\times9.0)\times5.563+2\times0.00\times2.524+10\times9.0=540.60\ \mathrm{kN/m^2}$

$\quad$ GL－15.0 m $\qquad p_p=(18.0\times12.5-10.0\times12.0)\times5.563+2\times0.00\times2.359+10\times12.0=704.12\ \mathrm{kN/m^2}$

（2）　2次根切り時（GL－6.0 m）

$\quad$ GL－6.0 m $\qquad p_p=0.00\ \mathrm{kN/m^2}$

$\quad$ GL－9.2 m 上 $\quad p_p=(18.0\times3.2-10.0\times3.2)\times4.08+2\times0.00\times2.020+10\times3.2=136.45\ \mathrm{kN/m^2}$

$\quad$ GL－9.2 m 下 $\quad p_p=(18.0\times3.2-10.0\times3.2)\times6.370+2\times0.00\times2.524+10\times3.2=195.07\ \mathrm{kN/m^2}$

$\quad$ GL－12.0 m 上 $\quad p_p=(18.0\times6.0-10.0\times6.0)\times6.370+2\times0.00\times2.524+10\times6.0=365.76\ \mathrm{kN/m^2}$

$\quad$ GL－12.0 m 下 $\quad p_p=(18.0\times6.0-10.0\times6.0)\times5.563+2\times0.00\times2.359+10\times6.0=327.02\ \mathrm{kN/m^2}$

$\quad$ GL－15.0 m $\qquad p_p=(18.0\times9.0-10.0\times9.0)\times5.563+2\times0.00\times2.359+10\times9.0=490.54\ \mathrm{kN/m^2}$

（3）　3次根切り時（GL－8.0 m）

$\quad$ GL－8.0 m $\qquad p_p=0.00\ \mathrm{kN/m^2}$

$\quad$ GL－9.2 m 上 $\quad p_p=(18.0\times1.2-10.0\times1.2)\times4.080+2\times0.00\times2.020+10\times1.2=51.17\ \mathrm{kN/m^2}$

$\quad$ GL－9.2 m 下 $\quad p_p=(18.0\times1.2-10.0\times1.2)\times6.370+2\times0.00\times2.524+10\times1.2=73.15\ \mathrm{kN/m^2}$

$\quad$ GL－12.0 m 上 $\quad p_p=(18.0\times4.0-10.0\times4.0)\times6.370+2\times0.00\times2.524+10\times4.0=243.84\ \mathrm{kN/m^2}$

$\quad$ GL－12.0 m 下 $\quad p_p=(18.0\times4.0-10.0\times4.0)\times5.563+2\times0.00\times2.359+10\times4.0=218.02\ \mathrm{kN/m^2}$

$\quad$ GL－15.0 m $\qquad p_p=(18.0\times7.0-10.0\times7.0)\times5.563+2\times0.00\times2.359+10\times7.0=381.53\ \mathrm{kN/m^2}$

— 138 — 山留め設計事例集

3.4.2 山留め壁の断面性能

山留め壁として鋼矢板は，Ⅳ型（SY 295）を使用するものとし，表3.3にその断面性能を示した．

表3.3 鋼矢板Ⅳ型（SY 295）の断面性能

断面2次モーメント I（cm⁴/m）	断面係数 Z（cm³/m）
38 600	2 270

U型鋼矢板壁の場合，継手部（セクション）が壁体中心にあるため，鋼矢板に側圧が作用すると継手にずれが生じ，隣り合った鋼矢板が一体として働くことができない．このため，山留め計算を行う際，剛性を低減する必要がある．本事例集 付5「U形鋼矢板壁の継手効率」では，「ずれを無視した場合，断面2次モーメントで45～60 %，断面係数で60～80 %と低減する」と記載がある．本事例では，鋼矢板の天端を50 cm溶接するものとし，（公社）日本道路協会「道路土工—仮設構造物工指針」[4]を参考に，断面係数 Z および断面2次モーメント I は，鋼材表に示される単位幅あたりの値を80 %に低減することとした〔付5 付表1の脚注参照〕．

3.4.3 切梁プレロードおよび支保工ばね定数

支保工に関しては，鋼製切梁のなじみを取ることおよび山留め壁の変形を抑制するため，切梁には油圧ジャッキを設置し，切梁プレロードを導入することを考慮した．梁・ばねモデルにおいては，切梁のプレロードは，切梁ジョイント部のなじみをよくすることを目的として，設計軸力の30 %程度を導入した．

表3.4に計算ステップを，表3.5に切梁および躯体による支保工のばね定数を示す．

コンクリートのヤング係数は，本会「鉄筋コンクリート構造計算規準・同解説」[5]をもとに設定した．

表3.4 計算ステップ

ステップ	施 工 順 序	掘削深さ	支保工設置位置	地下躯体レベル
1	1次根切り	GL − 2.5 m		
2	1段目切梁架設＋切梁プレロード		GL − 1.5 m	
3	2次根切り	GL − 6.0 m		
4	2段目切梁架設＋切梁プレロード		GL − 5.0 m	
5	3次根切り（床付け） 基礎スラブ構築（厚さ40 cm）	GL − 8.0 m	GL − 7.6 m	
6	B2F スラブ（厚さ20 cm）構築→2段目切梁撤去			GL − 6.0 m
7	B1F スラブ（厚さ20 cm）構築→1段目切梁撤去			GL − 3.0 m

表 3.5　切梁および躯体による支保工のばね定数

部　位	仕　様	低減係数 α	躯体コンクリートクリープ係数 ϕ (t)	ヤング係数 E (kN/m²)	断面積 A (m²)	水平間隔 a (m)	切梁長さ l (m)	ばね定数 K (kN/m/m) 〈切梁〉	ばね定数 K (kN/m²) 〈スラブ〉
1段目切梁	H－350×350×12×19 (SS 400)	1	—	2.05×10^8	0.01549	6.0	18.0	58 805	—
2段目切梁	H－350×350×12×19 (SS 400)	1	—	2.05×10^8	0.01549	6.0	18.0	58 805	—
基礎スラブ	厚さ 400 mm $F_c=33$ N/mm²	1	0	2.5×10^7	0.4	1.0	18.0	—	1 111 111
B2F スラブ	厚さ 200 mm $F_c=33$ N/mm²	1	0	2.5×10^7	0.2	1.0	18.0	—	555 555
B1F スラブ	厚さ 200 mm $F_c=33$ N/mm²	1	0	2.5×10^7	0.2	1.0	18.0	—	555 555

3.4.4　山留め壁の検討

　山留め壁に発生する施工ステップごとの，変位と曲げモーメントを表 3.6 および図 3.6 に示す．
［山留め壁変位に関して］

　敷地の南面は，区道に面しているものの区道から 10 m の離隔がある．また，他 3 面に関しては杭を有する集合住宅となっており，本会「近接山留めの手引き」[6] に示す近接程度の判定例（杭基礎）によれば，一般山留め範囲（Ⅰ）と判定でき，集合住宅への影響は小さいと考えられるが，自主的な目安として，山留め壁の最大変位を 60 mm 以下とする設計とした．表 3.6 に示すように山留め壁の最大変位は，$\delta_{\max}=52.25$ mm におさまっている．

表 3.6　施工ステップごとの山留め壁の変位量と曲げモーメント算定結果

ステップ	山留め壁変位（正）		曲げモーメント（正）		曲げモーメント（負）	
	深度	最大値（mm）	深度	最大値（kN・m/m）	深度	最大値（kN・m/m）
1	GL－0.00	48.50	GL－11.17	2.65	GL－4.89	－144.30
2	GL－0.00	30.73	GL－12.10	0.94	GL－5.40	－79.40
3	GL－4.89	41.69	GL－5.14	253.60	GL－10.36	－183.69
4	GL－4.90	39.54	GL－5.70	220.78	GL－10.40	－177.43
5	GL－7.47	52.25	GL－7.93	268.88	GL－12.96	－98.42
6	GL－7.31	51.99	GL－8.20	238.28	GL－12.98	－96.02
7	GL－7.35	52.05	GL－8.13	245.13	GL－3.0	－111.39
最大値	GL－7.47	52.25	GL－7.93	268.89	GL－10.36	－183.69

［注］　曲げモーメントは掘削側引張を（正）とする．

　鋼矢板は，一般にせん断力に対して十分安全と考えられることから，以下では，曲げ応力度のみの検討を実施する．

［山留め壁の曲げ応力度に関して］

表3.6の山留め壁応力度の計算より，モーメントの最大値 $M_{max} = 268.89$ kN・m/m となる．

・使用鋼材：鋼矢板Ⅳ型（SY 295）
・断面係数：$Z = 2\,270$ cm³/m
・断面係数の有効断面率：80 %
・有効断面係数：$Z_a = Z \times 0.8 = 1\,816$ cm³/m
・軸力：$N = 0$
・断面積：$A = 242.5$ cm²/m

$\sigma_c = M_{max}/Z_a + N/A = 268.89 \times 10^3$ N・10^3 mm/$(1\,816 \times 10^3$ mm³$) + 0/242.5 = 148.07$ N/mm²
≤ 225.0 N/mm²……OK

曲げ応力度に関しては，再使用材の許容応力度以下である．

以上の結果より，山留め壁として鋼矢板Ⅳ型（SY 295）を使用するものとする．

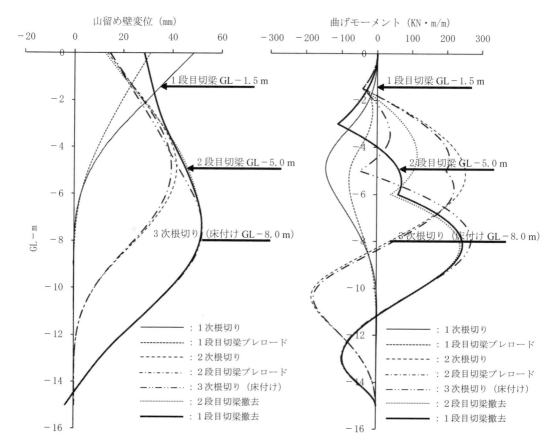

図3.6　施工ステップごとの山留め壁の変位と曲げモーメント分布

3.4.5　切梁・腹起しの検討

図3.7に示すように @6.0 m×@6.0 m の格子型切梁配置，切梁に設置する火打ち梁の腹起し材へ

の設置角度 $\theta=60°$，建物四隅に設置するコーナー火打ちと腹起し材の設置角度を $\theta=45°$ とし，腹起しの有効スパンを $l=2.0$ m とした．切梁支柱は上下段切梁の交差部付近に設けた．

梁・ばねモデルによって算定された，施工ステップごとの切梁設置位置に作用する支点反力を表3.7 に示した．支保工の計算では，各段において，最大の支点反力を用いて検討を行った．

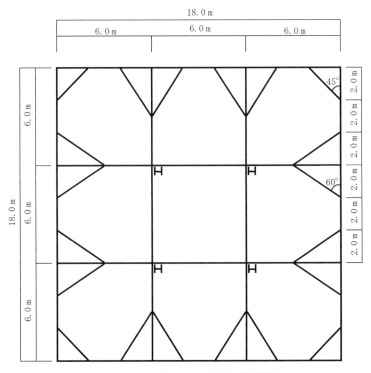

図 3.7 切梁・火打ち・切梁支柱配置図

表 3.7 施工ステップごとに切梁に作用する支点反力

ステップ	支点反力 (kN/m)	
	1段目切梁（GL−1.5 m）	2段目切梁（GL−5.0 m）
1	—	—
2	75.0	—
3	195.8	—
4	189.0	100.0
5	124.1	307.5
6	124.2	307.6
7	155.2	—（撤去）
8	—（撤去）	—（撤去）
最大値	195.8	307.6

・1段目切梁最大支点反力 $\omega_{1max}=195.8$ kN/m
・2段目切梁最大支点反力 $\omega_{2max}=307.6$ kN/m

（1） 腹起しの検討

60°火打ちを使用しているため，腹起しの有効スパンは，図3.8に示すとおりlと考える．コーナー部の火打ち梁は小さく，腹起しに作用する軸力は小さいものと考え，軸力を無視できるものとした．なお，腹起しに作用する荷重は各施工ステップにおける最大値とした．

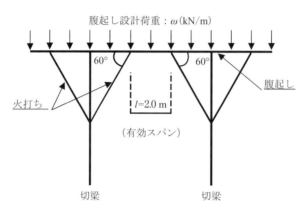

図 3.8　腹起し有効スパン

（a）　1段目腹起しの検討

1，2段とも同一材であり，2段目の支点反力の方が大きいため，2段目の検討を代表して行い，1段目の検討は省いた．

（b）　2段目腹起しの検討

ⅰ）腹起しに作用する曲げモーメントおよびせん断力

・有効スパン：$l = 2.0$ m

・腹起しに作用する荷重：$\omega_{2max} = 307.6$ kN/m

・曲げモーメント：$M = (1/8)\omega_{2max} l^2 = (1/8) \times 307.6 \times 2.0^2 = 153.8$ kN・m

・せん断力：$Q = (1/2)\omega_{max2} l = (1/2) \times 307.6 \times 2.0 = 307.6$ kN

ⅱ）断面の検討

・使用鋼材：SS 400 H－350×350×12×19（再使用材）

・断面係数：$Z = 2\,000 \times 10^3$ mm^3（再使用材の断面係数）

・ウェブ断面積：$A_w = 12 \times (350 - 2 \times 19) = 3\,744$ mm^2

（ウェブには孔が開いていないため，ウェブ断面積は新品材と同等）

・圧縮フランジ断面積：$A_f = 350 \times 19 = 6\,650$ mm^2

・圧縮フランジと梁せいの 1/6 とからなる T 形断面の，ウェブ軸まわりの断面2次半径：$i' = 99.3$ mm

・曲げ応力度 $\sigma_b = M/Z = 153.8 \times 10^6/(2\,000 \times 10^3) = 76.9$ N/mm^2 < $f_b = 195$ N/mm^2……OK

　ここで，許容曲げ応力度は，f_{b1} と f_{b2} を比較して大きい数値とする．

　ただし，$f_b = 195$ N/mm^2 を上限値とする．

$f_{b1} = 195 \times [1 - 0.4\{(l_b/i')/\Lambda\}^2 \times 1/C]$

　　　$= 195 \times [1 - 0.4\{(2\,000/99.3)/120\}^2 \times 1/1] = 193 \text{ N/mm}^2$

　　$C = 1$ とし，Λ は指針[7]に従い，$\Lambda = 120$ とする．

$f_{b2} = 1.11 \times 10^5/(l_b h/A_f)$

　　　$= 1.11 \times 10^5/(2\,000 \times 350/6\,650) = 1\,055 \text{ N/mm}^2$

　　$l_b = l$，梁せい $h = 350$ mm とする．

・せん断応力度 $\tau = Q/A_w = 307.6 \times 10^3/3\,744 = 82 \text{ N/mm}^2 < f_s = 113 \text{ N/mm}^2$……OK

（2） 切梁の検討

切梁は，図 3.9 に示すように l_2 を切梁軸力の負担幅と考える．

切梁の座屈長さおよび曲げスパンを $l_1 = 6.0$ m，切梁の軸力負担幅 $l_2 = 6.0$ m として検討する．曲げモーメントの算定において，自重などによる荷重 $\omega_0 = 5.0$ kN/m として検討する．切梁に生じる温度応力による増加軸力は，本事例集　第Ⅰ編 2.2「温度応力による荷重」に示す（2.2.1）式を用いて算定した．ここで，固定度は沖積地盤の推奨値の平均で $\alpha = 0.4$ とし，切梁材料の線膨張係数 β を 1.0×10^{-5}（1/℃），施工時の朝夕の気温の変化を考慮して $\Delta T_s = 20$ ℃ とした．

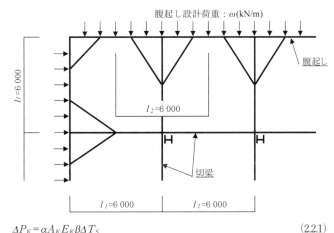

$$\Delta P_K = \alpha A_K E_K \beta \Delta T_S \tag{2.2.1}$$

　　α：固定度　沖積地盤（0.2～0.6）
　ΔP_K：温度応力に伴う切梁軸力の増分（kN）
　　A_K：切梁の断面積（m²）
　　E_K：切梁のヤング係数（kN/m²）
　　β：切梁材料の線膨張係数（1/℃）
　ΔT_S：切梁の温度変化量（℃）

図 3.9 切梁に作用する荷重

$\Delta P_K = 0.4 \times 154.9 \times 10^{-4} \times 2.05 \times 10^8 \times 1.0 \times 10^{-5} \times 20 = 254.0$ kN

となる．そこで，温度応力の増分を 254 kN/本として切梁の検討を行った．

（a） 1 段目切梁の検討

1，2 段とも同一材であり，2 段目の支点反力の方が大きいため，2 段目の検討を代表して行い，1 段目の検討は省いた．

― 144 ―　山留め設計事例集

（b）　2段目切梁の検討

ⅰ）切梁に作用する圧縮力および曲げモーメント

・切梁の座屈長さ：$l_1 = 6.0$ m

・自重などによる荷重：$\omega_0 = 5.0$ kN/m

・腹起しに作用する荷重：$\omega_2 = 307.6$ kN/m

・切梁に生じる温度応力による増加軸力：$\Delta N = 254.0$ kN/本

・自重などにより切梁に生じる曲げモーメント：$M = (1/8)\omega_0 l_1^2 = (1/8) \times 5.0 \times 6.0^2 = 22.5$ kN・m

・切梁に作用する圧縮力：$N = \omega_2 l_2 + \Delta N = 307.6 \times 6.0 + 254.0 = 2\,100$ kN

ⅱ）断面の検討

・使用材料：SS 400 H－350×350×12×19（再使用材）

・断面係数：$Z = 2\,000 \times 10^3$ mm^3（再使用材の断面係数）

・断面2次半径：$i_y = 88.9$ mm（$i' = 99.3$ mm）

・断面積：$A = 154.9 \times 10^2$ mm^2（再使用材の断面）

・細長比：$\lambda = l_1/i_y = 6\,000/88.9 = 67.5 < 120$

・曲げ応力度：$\sigma_b = M/Z = 22.5 \times 10^6/(2\,000 \times 10^3) = 11.3$ N/mm$^2 < f_b = 195$ N/mm^2……OK

　　ここで，許容曲げ応力度は腹起しの検討と同様に算定する．

　　　　$f_{b1} = 175$ N/mm^2，$f_{b2} = 352$ N/mm^2 より $f_b = 195$ N/mm^2

・圧縮応力度：$\sigma_c = N/A = 2\,100 \times 10^3/(154.9 \times 10^2) = 135.6 < 149.6$ N/mm^2……OK

　　ここで，許容圧縮応力度は弱軸方向の座屈長さにより算定する．

　　　　$f_c = 293 \times \{1 - 0.4(\lambda/120)^2\}/\{1.5 + (2/3)(\lambda/120)^2\}$

　　　　　　$= 293 \times \{1 - 0.4(67.5/120)^2\}/\{1.5 + (2/3)(67.5/120)^2\} = 149.6$ N/mm^2

　　曲げモーメントと圧縮力を同時に受ける部材と考え，

　　　　$\sigma_b/f_b + \sigma_c/f_c = 11.3/195 + 135.6/149.6 = 0.96 < 1.0$……OK

　　以上の結果より，1段目，2段目とも H－350×350×12×19 とした．

（3）　火打ちの検討

　火打ちの座屈長さおよび軸力負担幅が小さいことから，切梁部材と同一部材を用いれば安全であることは明らかであり，詳細検討を省略する．

3.4.6　切梁支柱の検討

（1）　軸力と曲げモーメントの検討

　切梁支柱の軸力は，切梁軸力の鉛直分力，切梁自重のほかに切梁ブラケットからの偏心曲げモーメントを考慮する．

　偏心曲げモーメントを算出する鉛直荷重は，過去の実績で特に問題が生じていないことから，本事例集　第Ⅰ編 4.6「支保工」に示すとおり，最下段切梁による荷重のみを考慮する．

　なお，設計荷重は各段切梁に作用する最大軸力を用いた．

（a） 切梁軸力による分力

本事例集 第Ⅰ編 4.6「支保工」に作用する荷重により，既往の施工実績に基づいて，図3.10に示すy方向切梁の軸力負担幅を$l_x=6.0$ m，x方向切梁の軸力負担幅を$l_y=6.0$ mとした切梁軸力の1/50を鉛直分力として考慮する．

・1段目の腹起しに作用する荷重：$\omega_1=195.8$ kN/m
・2段目の腹起しに作用する荷重：$\omega_2=307.6$ kN/m
・y方向切梁の軸力負担幅：$l_x=6.0$ m
・x方向切梁の軸力負担幅：$l_y=6.0$ m
・1段目切梁に生じる温度応力による増加軸力：$\Delta N_1=254$ kN
・2段目切梁に生じる温度応力による増加軸力：$\Delta N_2=254$ kN

$$N_1 = (1/50) \times \{(l_x\omega_1+\Delta N_1)+(l_y\omega_1+\Delta N_1)+(l_x\omega_2+\Delta N_2)+(l_y\omega_1+\Delta N_2)\} \quad (4.6.17)$$
$$= (1/50) \times \{(6.0\times195.8+254)+(6.0\times195.8+254)+(6.0\times307.6+254)$$
$$+(6.0\times307.6+254)\}$$
$$=141.1 \text{ kN}$$

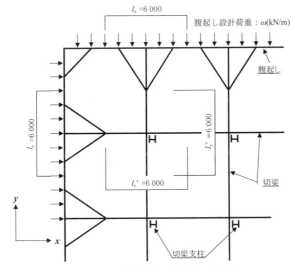

図3.10 切梁支柱に作用する荷重

（b） 切梁自重などによる荷重

・切梁の自重：N_2 kN/m
・切梁自重などによる単位長さあたりの荷重：$\omega_0=5.0$ kN/m
・切梁支柱に作用するx方向切梁自重の作用長さ：l_x'
・切梁支柱に作用するx方向切梁自重の作用長さ：l_y'
・切梁段数：$n=2$段

$$N_2 = \omega_0(l_x'+l_y')n = 5.0\times(6.0+6.0)\times2 = 120.0 \text{ kN}$$

（c） 切梁支柱の自重

図 3.11 に示す，l_0 にあたる切梁支柱の自重 N_3 を求める．

・切梁支柱材の単位長さあたりの自重：$\omega_a = 0.93$ kN/m
・支柱頭部から最下段切梁までの長さ：$l_0 = 5.0$ m

$$N_3 = \omega_a l_0 = 0.93 \times 5.0 = 4.65 \text{ kN}$$

（d） 切梁支柱にかかる荷重

$$N = N_1 + N_2 + N_3 = 141.1 + 120.0 + 4.65 = 265.8 \text{ kN}$$

（e） 切梁支柱に作用する偏芯曲げモーメント

・最下段切梁軸力のみによる鉛直分力（2段目切梁の鉛直分力）

$$n_1 = (1/50) \times \{(6.0 \times 307.6 + 254) + (6.0 \times 307.6 + 254)\}$$
$$= 84.0 \text{ kN}$$

・最下段（切梁自重＋安全通路などの軽量荷重）のみによる鉛直分力

$$n_2 = 5.0 \times (6.0 + 6.0) = 60 \text{ kN}$$

・切梁支柱と切梁の偏心距離

$e = 0.5$ m

$$M = (n_1 + n_2)e = (84.0 + 60) \times 0.5 = 72.0 \text{ kN} \cdot \text{m}$$

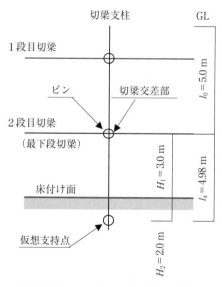

図 3.11 最下段切梁および床付け地盤面と仮想支点の関係

（f） 座屈長さの算定

座屈長さは，最も長い支点間にて検討することから，図 3.11 に示すように，最下段切梁から仮想支持点までの長さ l_k を求める．

・最下段切梁〜床付け面までの深さ：$H_1 = 3.0$ m
・床付け面から仮想支持点までの深さ：$H_2 = 1/\beta = 2.0$ m

・特性値　$\beta = \sqrt[4]{\dfrac{k_h B}{4EI_y}} = \sqrt[4]{\dfrac{12\,000 \times 0.3}{4 \times 2.05 \times 10^8 \times 6\,750 \times 10^{-8}}} = 0.505 \text{ m}^{-1}$

・水平地盤反力係数：$k_h = 12\,000 \text{ kN/m}^3$

・切梁支柱の径または幅：$B = 0.3 \text{ m}$

・鋼材のヤング係数：$E = 2.05 \times 10^8 \text{ kN/m}^2$

・切梁支柱の弱軸方向の断面2次モーメント：$I_y = 6\,750 \times 10^{-8} \text{ m}^4$

・切梁支柱の座屈長さ：$l_k = H_1 + H_2 = 3.0 + 2.0 = 5.0 \text{ m}$

（2）　断面の検討

・使用鋼材：SS 400　H $- 300 \times 300 \times 10 \times 15$（新品材）

・断面係数：$Z = 1\,350 \times 10^3 \text{ mm}^3$（新品材の断面係数）

・断面積：$A = 118.4 \times 10^2 \text{ mm}^2$（新品材の断面積）

・圧縮フランジ断面積：$A_f = 300 \times 15 = 4\,500 \text{ mm}^2$

・圧縮フランジと梁せいの1/6とからなるT形断面のウェブまわりの断面2次半径 $i' = 82.8 \text{ mm}$

・断面2次半径：$i_y = 75.5 \text{ mm}$　　細長比　$\lambda = l_k/i_y = 5\,000/75.5 = 66.2 < 120$

・曲げ応力度：$\sigma_b = M/Z = 72.0 \times 10^6/(1\,350 \times 10^3) = 53.3 < f_b = 195 \text{ N/mm}^2 \cdots\cdots \text{OK}$

　　ここで，許容曲げ応力度は，f_{b1} と f_{b2} を比較して大きい数値とする．

　　ただし，$f_b = 195 \text{ N/mm}^2$ を上限とする．

$\quad f_{b1} = 195 \times [1 - 0.4\{(l_b/i')/120\}^2 \times 1/C]$　　$C = 1$ とする．

$\quad\quad = 195 \times [1 - 0.4\{(5\,000/82.8)/120\}^2 \times 1/1] = 175.2$

$\quad f_{b2} = 1.11 \times 10^5/(l_b \cdot h/A_f)$　　$l_b = l_k$，梁せい $h = 300 \text{ mm}$ とする．

$\quad\quad = 1.11 \times 10^5/(5\,000 \times 300/4\,500) = 333.0 \text{ N/mm}^2$

・圧縮応力度　$\sigma_c = N/A = 265.8 \times 10^3/(118.4 \times 10^2)$

$\quad\quad\quad\quad\quad\quad = 22.4 \text{ N/mm}^2 < f_c = 151.5 \text{ N/mm}^2 \cdots\cdots \text{OK}$

　　ここで，許容圧縮応力度は，弱軸方向の座屈長さにより算定する．

$\quad f_c = 293 \times \{1 - 0.4(\lambda/120)^2\}/\{1.5 + (2/3)(\lambda/120)^2\}$

$\quad\quad = 293 \times \{1 - 0.4\,(66.2/120)^2\}/\{1.5 + (2/3)(66.2/120)^2\} = 151.1 \text{ N/mm}^2$

　　曲げモーメントと圧縮力を同時に受ける部材と考え，

$\quad \sigma_b/f_b + \sigma_c/f_c = 53.3/195 + 22.4/151.5 = 0.42 < 1.0 \cdots\cdots \text{OK}$

（3）　根入れ長さの検討

根入れ長さについては，押込み力と引抜き抵抗力について検討する．

　切梁支柱の施工方法は，埋込み工法（プレボーリング工法）とする．根固めの強度は原地盤相当の強度と考える．切梁支柱の先端面積と周長としては，根固め径を考慮せず，安全側にH形鋼材の閉塞断面で検討する．

（a）　支持力の検討

　支持力については，本事例集　第 I 編 4.6「支保工」に示す切梁支柱の支持力算定式（4.6.25）式より求めた．検討した結果は，以下のとおりである．

－148－　山留め設計事例集

切梁支柱まわりのパイピング防止のため，山留め壁材と同様に GL－15 m の微細砂まで根入れするものとする．

- 使用鋼材：H－300×300×10×15
- 切梁支柱の自重：$W = 0.93 \times 15 = 13.95$ kN
- 切梁支柱に作用する荷重：$\Sigma N = N_1 + N_2 + W = 141.1 + 120.0 + 13.95 = 275.1$ kN
- 切梁支柱先端付近の地盤の平均 N 値 $\overline{N} = 20$（切梁支柱先端より下方に d（支柱幅），上方に $4d$ の範囲における平均 N 値）
- 切梁支柱先端の有効支持面積：$A_p = 0.30 \times 0.30 = 0.09$ m^2
- 根切り底から切梁支柱先端までの地盤のうち，砂質土部分の平均 N 値 $\overline{N_s} = 21$
- 根切り底以深で砂質土部分にある切梁支柱の長さ：$L_s = 7.0$ m
- 根切り底から切梁支柱先端までの地盤のうち，粘性土部分の平均一軸圧縮強さ．本計画地では粘性土がないことから：$q_u = 0.0$ kN/m^2
- 根切り底以深で粘性土部分にある切梁支柱の長さ．本計画地では粘性土がないことから：$L_c = 0.0$ m
- 切梁支柱の周長：$\varPsi = 0.3 \times 4 = 1.2$ m
- 許容支持力による判定

$$R_a = (2/3)\{200 N A_p + (10 N_s L_s/3 + q_u L_c/2)\varPsi \qquad\qquad (4.6.25)$$
$$= (2/3)\{200 \times 20 \times 0.09 + (10 \times 21 \times 7.0/3 + 0 \times 0/2) \times 1.2\}$$
$$= 632.0 \text{ kN} > \Sigma N = 275.1 \text{ kN}\cdots\cdots\text{OK}$$

（b）　引抜き抵抗力の検討

切梁軸力による分力が鉛直上方に作用した場合における引抜き力に対する安全率を，本事例集第Ⅰ編 4.6「支保工」に示す引抜き抵抗力の算定式（4.6.27）式より検討する．

- 切梁軸力による分力　$N_1 = 141.1$ kN〔軸力の検討参照〕
- H－350×350×12×19（再使用材）の自重：$\omega_1 = \omega_2 = 1.5$ kN/m
- 切梁の自重：$N_2' = \omega_1(l_x' + l_y') + \omega_2(l_x' + l_y')$
$$= 1.5 \times (6.0 + 6.0) + 1.5 \times (6.0 + 6.0) = 36.0 \text{ kN}$$
- 引抜き力　$N_t = N_1 - N_2' = 141.1 - 36.0 = 105.1$ kN
- 引抜き抵抗力による判定

$$R_a = (2/3)\{(10 N_s L_s/3 + q_u L_c/2)\varPsi\} + W \qquad\qquad (4.6.27)$$
$$= (2/3)\{(10 \times 21 \times 7.0/3 + 0 \times 0/2) \times 1.2\} + 13.95 \text{ kN} = 406.0 \text{ kN} > 105.2 \text{ kN}\cdots\cdots\text{OK}$$

以上の結果より，切梁支柱のサイズを H－300×300×10×15，切梁支柱の全長を 15.0 m，根入れ長さを 7.0 m とした．

3.5　地下水処理設備の設計

以下に，本事例による排水流量の算定結果を示す．

GL－21.0 m に難透水層の粘土層があるが，鋼矢板壁は粘土層に根入れしていない．そこで（1）

3. 市街地の比較的狭い敷地でボイリングの恐れがある山留め事例 —149—

根切り部の規模による仮想井戸半径, (2) 地盤の透水係数, (3) 地下水の排水による影響圏半径を設定し, 井戸の理論式による方法により (4) 排水流量を求めた.

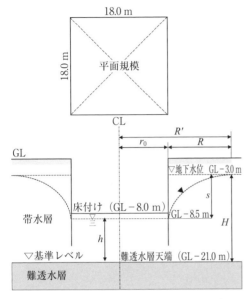

r_0：仮想井戸半径 (m)
R'：仮想井戸を用いる場合の影響圏半径 (m)
h：仮想井戸の基準レベルから地下水位までの距離 (m)
H：影響圏 R' の地点における基準レベルから地下水位までの距離 (m)
s：水位低下量 (m)

図 3.12 根切り規模と地下水位および地下水位低下量の関係

(1) 仮想井戸半径

図 3.12 に示すように, 根切りの平面規模は, 18.0 m×18.0 m であり, 仮想井戸半径は面積等価とした場合の算定式により求めた.

・面積等価とした場合の仮想井戸半径

$$r_0 = \sqrt{\frac{A}{\pi}} = \sqrt{\frac{18.0 \times 18.0}{\pi}} = 10.16 \text{ m}$$

r_0：仮想井戸半径 (m)
A：根切り面積 (m²)

(2) 透水係数

床付け以深の透水係数は, 本事例集 第Ⅰ編 5.「地下水処理」に示すクレーガー (Creager) 法より求めた. 表 3.8 に示したように, 床付け面以深の砂層も土質により透水係数が異なる. そこで, 安全側の評価として透水係数の一番大きな中砂層の透水係数 k_2 を代表値として用いた.

表 3.8 透水係数

深さ (GL−m)	土質名	透水係数 (m/sec)	
0〜3.3	埋土	—	—
3.3〜3.4	細砂	k_1	1.0×10^{-6}
9.2〜3.5	中砂	k_2	1.0×10^{-5}
12 m 以深	微細砂	k_3	1.0×10^{-6}

(3) 影響圏半径

影響圏半径の算定方法は複数提案されているが，本事例ではジーハルト（Siechardt）式を用いた．ボイリングの検討では地下水位低下高さを床付け面としたが，地下水処理設備の設計において地下水位を床付け面（GL－8.0 m）より 50 cm 下げるものとし，水位低下量 s を $s = 8.5 - 3.0 = 5.5$ m とし，検討した．

影響圏半径は，本事例集 第Ⅰ編 5.3「地下水処理設備の設計」に示す（5.3.1）式および（5.3.2）式から算定した．

$$R = 3\,000 \times s \times \sqrt{k} \tag{5.3.1}$$

$$R' = r_0 + R = r_0 + 3\,000 \times s \times \sqrt{k} \tag{5.3.2}$$

k：透水係数（m/sec）

s：水位低下量（m）

透水係数 k は（2）に示したように，$k = k_2 = 1.0 \times 10^{-5}$（m/sec）とした．

$R = 3\,000 \times 5.5 \times \sqrt{1.0 \times 10^{-5}} = 52.18$ m

$R' = 10.16 + 52.18 = 62.34$ m

(4) 排水流量

地下水位低下を対象としているのは不圧帯水層としているため，排水流量は，本事例集 第Ⅰ編 5.3「地下水処理設備の設計」に示す（5.3.3）式を用いた．

$$Q = \frac{\pi k \left(H^2 - h^2\right)}{l_n \left(\dfrac{R'}{r_0}\right)} \tag{5.3.3}$$

h：仮想井戸の基準レベルから地下水位までの距離（m）

Q：排水量（m³/min）

$$Q = \frac{\pi \times 1.0 \times 10^{-5} \times (18.0 \times 18.0 - 12.5 \times 12.5)}{l_n \left(\dfrac{62.34}{10.16}\right)} = 2.90 \times 10^{-3} \text{ m}^3/\text{s} = 0.174 \text{ m}^3/\text{min}$$

(5) 地下水処理の方法

(4)に示したように，排水流量 $Q = 0.174$ m³/min と少ないため，釜場排水で対応できるものとし，図 3.13 に示す釜場を，根切り面に 4 カ所設けた．

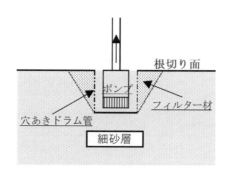

図 3.13　釜場構造

<参考>

以下に，単純梁モデルにおける山留め壁の変位算定結果を示す．

指針に従い，算定した．

[単純梁モデルにおける側圧および支点反力]

1段目切梁の支点反力は，2次掘削深さ以浅に対して，側圧係数法に基づく側圧を用い，以深については主働側圧—受働側圧を用いる．2段目切梁の支点反力は，3次掘削深さ（床付け）以浅に対しては，側圧係数法に基づく側圧を用い，以深については主働側圧—受働側圧を用いる．なお，掘削側については指針に従い，ランキン・レザール式による受働土圧に水圧を加算して側圧を算定した．

2次根切り時以降の各根切り段階における切梁および腹起しに作用する荷重は，図3.14に示すように，単純梁モデルにおける支点反力とする．支点反力の算定の際，1段目切梁より上部の側圧を考慮する．また，2段目以降の支点反力は図3.14（b）に示すように，上下の単純梁モデルにおける各支点反力の和とする．

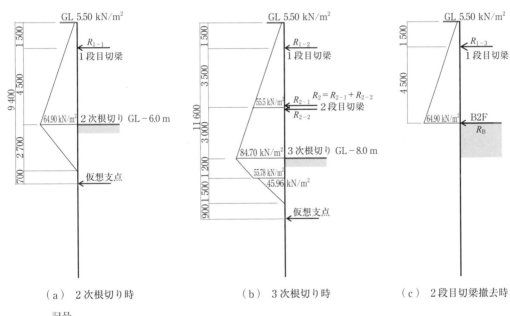

(a) 2次根切り時　　(b) 3次根切り時　　(c) 2段目切梁撤去時

記号

R_{1-1}：2次根切り時における1段目切梁の支点反力
R_{1-2}：3次根切り時における地表面から2段目切梁間で算定した1段目切梁の支点反力
R_{1-3}：2段目切梁撤去時における1段目切梁の支点反力
R_{2-1}：3次根切り時における地表面から2段目切梁間で算定した2段目切梁の支点反力
R_{2-2}：3次根切り時における2段目切梁から仮想支点間で算定した2段目切梁の支点反力
R_2：2段目切梁の支点反力（$R_2 = R_{2-1} + R_{2-2}$）
R_B：B2Fの躯体の固定位置の支点反力

図 3.14 単純梁モデルによる支点反力算定方法

［仮想支点］

　仮想支点は，各次根切りにおける最下段切梁以深の側圧によるモーメントの釣合いから求める．図 3.15 にその算出方法を示す．仮想支点は，背面側側圧による回転モーメントと掘削側側圧による抵抗モーメントが等しくなる根入れ長さ（釣合い長さ）を求め，その際の掘削側側圧の合力作用位置とした．

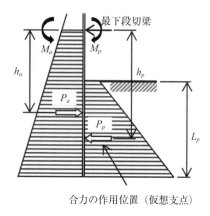

記号　M_a：背面側側圧による回転モーメント
　　　　　$(=P_a h_a)$
　　　P_a：背面側側圧の合力
　　　h_a：最下段切梁位置から背面側側圧の合力の作用位置までの距離
　　　M_p：掘削側側圧による抵抗モーメント
　　　　　$(=P_p h_p)$
　　　P_p：掘削側側圧の合力
　　　h_p：最下段切梁位置から掘削側側圧の合力の作用位置までの距離
　　　L_p：$M_a=M_p$ となる根入れ長さ（釣合い長さ）

図 3.15　仮想支点の算出

ここで，単純梁の計算より，

　　　$R_{1-1}=176.26$ kN/m

　　　$R_2 = R_{2-1} + R_{2-2} = 73.33 + 207.94 = 281.27$ kN/m

　　　$R_{1-3} = 77.694$ kN/m

　　　$R_B = 133.506$ kN/m

山留め壁の変位は，①〜③の変位を合算したものとする．

① 1 次根切り時の山留め壁の変位量を自立山留めの梁・ばねモデル（Chang の方法）より算定する．

② i 次根切り時の増分変位量は単純梁モデルを用いて算定する．

③ ②で算定した切梁の支点反力（切梁の最大軸力）から（3.1）式を用いて，切梁の圧縮量 δ_i を算定し，図 3.16（b）（c）に示すように，仮想支点の変位 0 として切梁以深の変位分布を直線補完する．また，切梁位置から地表面までは，切梁圧縮量 δ_i と同値を補完する．ここで $(P_{i-\max}-P_{i-PL})<0$ の場合は，$\delta_i=0$ とし切梁プレロードによる山留め変位の戻り量は，無視した．

$$\delta_i = (P_{i-\max} - P_{i-PL})/K_i \tag{3.1}$$

　　　δ_i：i 段切梁の圧縮量（m）

　　　$P_{i-\max}$：i 段切梁の単位幅あたりの最大軸力（kN/m）

　　　P_{i-PL}：i 段切梁の単位幅あたりの切梁プレロード（kN/m）

　　　K_i：i 段切梁の単位幅あたりのばね定数（kN/m/m）

1段目切梁最大軸力：$P_{i-\max} = R_{1-1} = 176.26$ kN/m

2段目切梁最大軸力：$P_{2-\max} = R_2 = 281.27$ kN/m

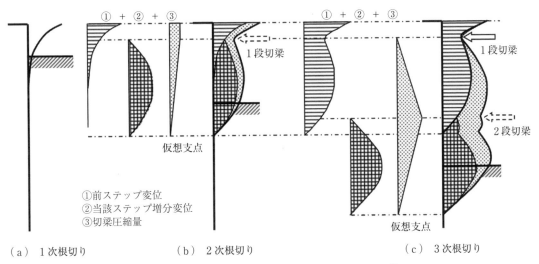

(a) 1次根切り　　　(b) 2次根切り　　　(c) 3次根切り

図 3.16　単純梁モデルによる山留め変位算定方法[8]

切梁のばね定数は，表 3.5 に従い，1，2段目切梁とも $K = 58\,805$（kN/m/m）とする．

1段目切梁圧縮量

$$\delta_1 = (P_{1-\max} - 0.3 \times P_{1-\max})/K_i = (176.27 - 0.3 \times 176.27)/58\,805 = 2.10 \times 10^{-3} \text{ m} = 2.10 \text{ mm}$$

2段目切梁圧縮量

$$\delta_2 = (P_{2-\max} - 0.3 \times P_{2-\max})/K_i = (281.27 - 0.3 \times 281.27)/58\,805 = 3.35 \times 10^{-3} \text{ m} = 3.35 \text{ mm}$$

図 3.17～3.23 に各次根切り時の山留め壁の増分変位，切梁の圧縮量，切梁撤去時の山留め壁の増分変位を示した．

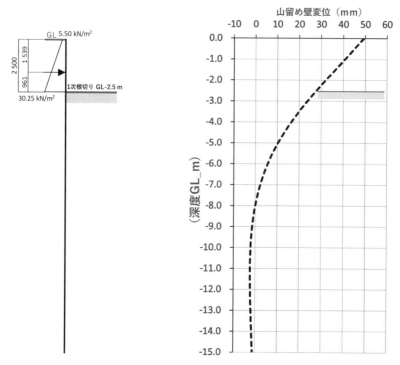

図 3.17　1 次根切り時　山留め壁変位（①）
―自立時変位―

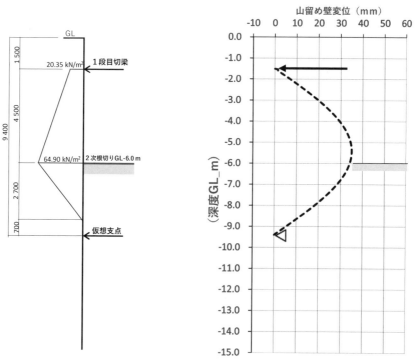

図 3.18　2 次根切り時　山留め壁変位（②）
―1 段目切梁と仮想支点間の変位―

3. 市街地の比較的狭い敷地でボイリングの恐れがある山留め事例 ― 155 ―

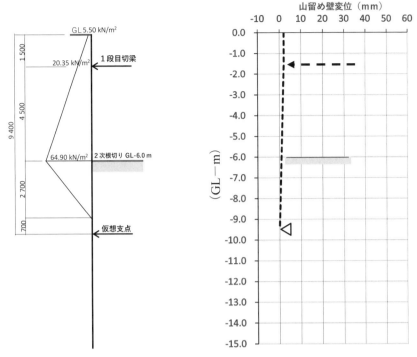

図 3.19 2次根切り時 山留め壁増分変位（③）
―1段目切梁の圧縮に伴う変位―

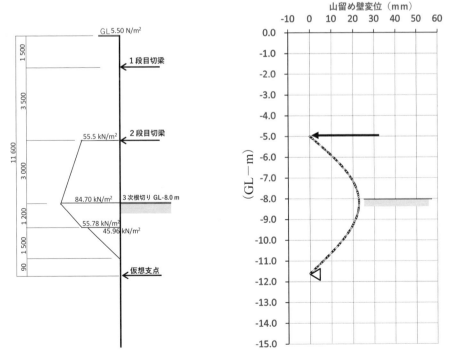

図 3.20 3次根切り時 山留め壁増分変位（④）
―2段目切梁と仮想支点間の変位―

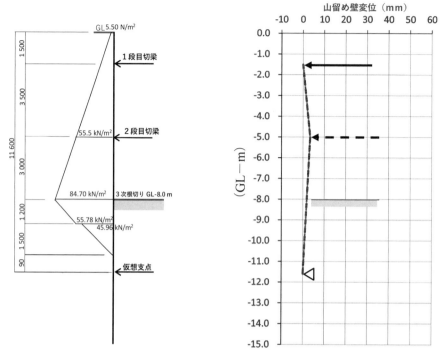

図 3.21　3 次根切り時　山留め壁変位（⑤）
―2 段目切梁の圧縮に伴う変位―

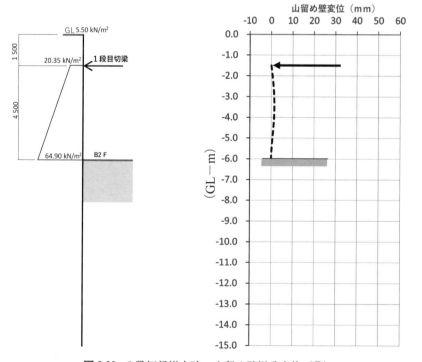

図 3.22　2 段切梁撤去時　山留め壁増分変位（⑥）

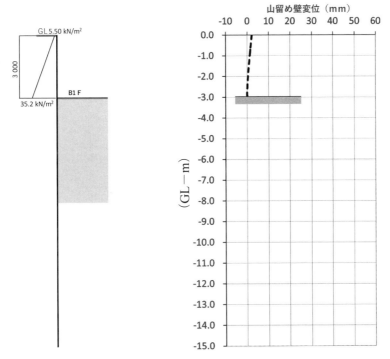

図 3.23 1段切梁撤去時 山留め壁増分変位（⑦）

　表 3.9 に，単純梁モデルの各根切り時の山留め壁増分変位および各根切り時変位を，表 3.10 および図 3.24，3.25 に，梁・ばねモデルと単純梁モデルの山留め壁変位を比較して示した．

　単純梁モデルは，床付け以深に仮想支点を設定するが，仮想支点の位置が梁・ばねと比べ浅い．一方，梁・ばねモデルの場合には，山留めの変形が山留め壁先端付近まで発生していること，また，切梁プレロードによる山留め壁の押戻し効果がある．そのため，2次根切り以降の山留め壁天端および山留め壁下端の山留め変形モードに多少違いがみられた．ただし，最大変位量は，$\delta \fallingdotseq 50$ mm 程度とほぼ同一の数値となっている．

表3.9 単純梁モデルの各根切り時の山留め壁増分変位および各根切り時変位

深さ GL(m)	変位 (mm)							総変位 (mm)				
	① 1次根切り時	② 2次根切り時増分	③ 1段目切梁圧縮量	④ 3次根切り時増分	⑤ 2段目切梁圧縮量	⑥ 2段目切梁撤去時増分	⑦ 1段目切梁撤去時増分	① 1次根切り時	2次根切り時 ①+②+③	3次根切り時 ①+②+③ +④+⑤	2段目切梁撤去時 ①+②+③ +④+⑤+ ⑥	1段目切梁撤去時 ①+②+③ +④+⑤+ ⑥+⑦
0.0	49.32		1.82				2.15	49.32	51.14	51.14	51.14	53.29
−0.5	45.00		1.82				1.69	45.00	46.82	46.82	46.82	48.50
−1.0	40.67		1.82				1.23	40.67	42.49	42.49	42.49	43.72
−1.5	36.35	0.00	1.82		0.00	0.00	0.80	36.35	38.17	38.17	38.17	38.96
−1.5	36.01	0.36	1.81		0.03	0.04	0.76	36.01	38.18	38.21	38.26	39.02
−2.0	32.03	4.58	1.69		0.43	0.56	0.41	32.03	38.30	38.73	39.28	39.69
−2.5	27.80	8.91	1.56		0.85	1.02	0.12	27.80	38.27	39.12	40.14	40.26
−3.0	23.74	12.77	1.42		1.28	1.31	0.00	23.74	37.94	39.22	40.53	40.53
−3.5	19.92	15.97	1.29		1.71	1.40		19.92	37.18	38.89	40.29	40.29
−4.0	16.39	18.34	1.16		2.13	1.28		16.39	35.89	38.03	39.30	39.30
−4.5	13.20	19.77	1.03		2.56	0.97		13.20	33.99	36.55	37.52	37.52
−5.0	10.34	20.17	0.90	0.00	2.99	0.56		10.34	31.41	34.40	34.96	34.96
−5.5	7.83	19.53	0.76	2.93	2.70	0.18		7.83	28.13	33.76	33.94	33.94
−6.0	5.66	17.88	0.63	5.57	2.41	0.00		5.66	24.18	32.15	32.15	32.15
−6.5	3.82	15.30	0.50	7.66	2.13			3.82	19.61	29.40	29.40	29.40
−7.0	2.28	11.93	0.37	9.03	1.84			2.28	14.57	25.44	25.44	25.44
−7.5	1.01	7.96	0.24	9.57	1.55			1.01	9.21	20.33	20.33	20.33
−8.0	0.00	3.61	0.11	9.24	1.26			0.00	3.72	14.22	14.22	14.22
−8.4	−0.64	0.00	0.00	8.37	1.03			−0.64	−0.64	8.76	8.76	8.76
−9.0	−1.38			6.21	0.69			−1.38	−1.38	5.53	5.53	5.53
−9.5	−1.80			3.82	0.40			−1.80	−1.80	2.43	2.43	2.43
−10.0	−2.08			1.12	0.11			−2.08	−2.08	−0.84	−0.84	−0.84
−10.2	−2.15			0.00	0.00			−2.15	−2.15	−2.15	−2.15	−2.15
−10.5	−2.23							−2.23	−2.23	−2.23	−2.23	−2.23
−11.0	−2.30							−2.30	−2.30	−2.30	−2.30	−2.30
−11.5	−2.28							−2.28	−2.28	−2.28	−2.28	−2.28
−12.0	−2.21							−2.21	−2.21	−2.21	−2.21	−2.21
−12.5	−2.09							−2.09	−2.09	−2.09	−2.09	−2.09
−13.0	−1.94							−1.94	−1.94	−1.94	−1.94	−1.94
−13.5	−1.76							−1.76	−1.76	−1.76	−1.76	−1.76
−14.0	−1.58							−1.58	−1.58	−1.58	−1.58	−1.58
−14.5	−1.40							−1.40	−1.40	−1.40	−1.40	−1.40
−15.0	−1.21							−1.21	−1.21	−1.21	−1.21	−1.21

3. 市街地の比較的狭い敷地でボイリングの恐れがある山留め事例

表 3.10 梁・ばねモデルと単純梁モデルの山留め壁変位比較

施工ステップ / 計算方法	梁・ばねモデル 深度 (m)	梁・ばねモデル 最大値 (mm)	単純梁モデル 深度 (m)	単純梁モデル 最大値 (mm)
1次根切り時 (①)	GL - 0	48.50	GL - 0	49.32
1段切梁・プレロード	GL - 0	30.73	GL - 0	—
2次根切り時 (①+②+③)	GL - 4.89	41.69	GL - 0	51.41
2段切梁・プレロード	GL - 4.90	39.54	GL - 0	—
3次根切り時 (床付け) (①+②+③+④+⑤)	GL - 7.47	52.25	GL - 0	51.41
2段切梁撤去時 (①+②+③+④+⑤+⑥)	GL - 7.31	51.99	GL - 0	51.41
1段切梁撤去時 (①+②+③+④+⑤+⑥+⑦)	GL - 7.35	52.05	GL - 0	53.29
最大値	GL - 7.47	52.25	GL - 0	53.29

[注] ①〜⑦は，単純梁モデルにおける図 3.17〜3.23 の各ステップの変位を示す．

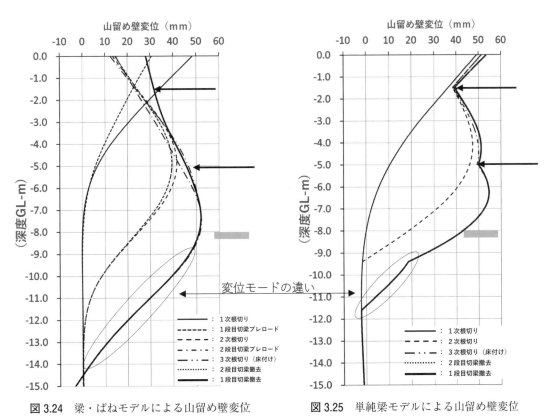

図 3.24 梁・ばねモデルによる山留め壁変位　　図 3.25 単純梁モデルによる山留め壁変位

参 考 文 献

1) 日本建築学会：建築基礎構造設計指針，p.89，2019
2) 日本鉄道技術協会：深い掘削土留工設計法，p.69，1993
3) 鉄道総合技術研究所：鉄道構造物等設計標準・同解説　開削トンネル，p.195，2001.3
4) 日本道路協会：道路土工—仮設構造物工指針，pp.107-109，1999
5) 日本建築学会：鉄筋コンクリート構造計算規準・同解説，p.7，2018
6) 日本建築学会：近接山留めの手引き，p.20，2015
7) 日本建築学会：山留め設計指針，p.111，2017
8) 日本建築学会：山留め設計指針，p.172，2017

4. 軟弱粘性土地盤でのヒービング検討事例

深さ約7.6 m の根切り山留め工事で，山留め壁には鋼矢板壁，支保工は鋼製切梁2段を採用した事例である．軟弱粘性土地盤であるため，ヒービングの検討を実施した．

4.1 山留め計画上の条件
4.1.1 工事概要

工事概要図を図4.1に示す．最大掘削深さ GL－7.56 m，平面規模約 37 m×24 m，地下1階を有する建物の根切り山留め工事である．

敷地周囲は四面とも道路に面しているが，山留めから道路境界まで最低でも 10 m 以上の余裕があった．そのため，ある程度までの変位を許容する山留めを計画した．

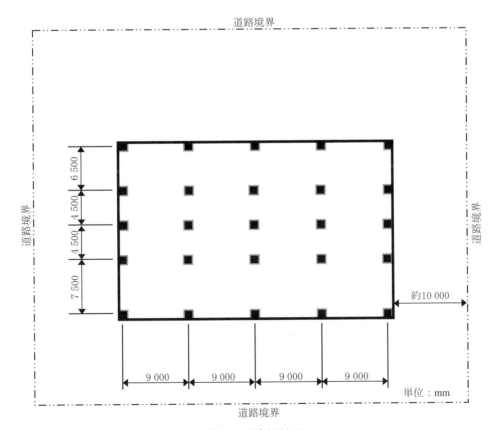

図 4.1　工事概要図

4.1.2 地盤概要

　土質柱状図を図4.2に示す．表層の埋土層下には，GL－3.5m付近まで$N=10$程度の緩い砂層が堆積し，以深には$N=0\sim1$の軟弱粘性土層がGL－25m付近まで堆積している．以下，硬質シルト，細砂，砂礫層が堆積している．

　地下水位は，上部細砂層の現場透水試験から自由地下水位がGL－1.3mであり，下部砂礫層の被圧地下水位は調査されていない．

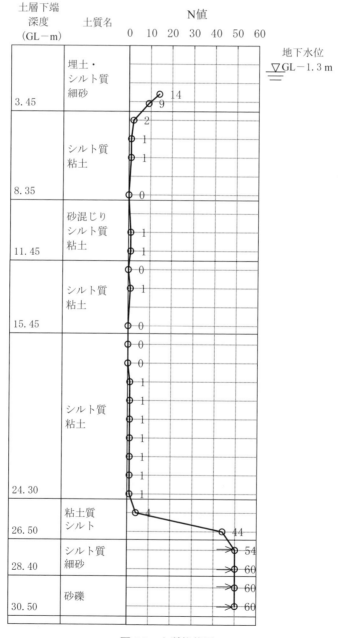

図 4.2　土質柱状図

4.2 山留め計画

軟弱粘性土地盤で地下水位が高いことから，山留め壁は遮水壁である鋼矢板壁を採用した．ヒービングおよび梁ばねモデルによる検討から，山留め壁長は 13.7 m（突出長 0.3 m を含めると全長 14.0 m）とし，支保工は鋼製切梁 2 段として計画した．山留め壁設計上の上載荷重は，山留め壁背面の影響範囲内に特に考慮すべき上載荷重はないため，10 kN/m² とした．

山留め壁の応力および変位は，梁・ばねモデルにより算定した．変位の管理基準値は，山留め変位による影響が敷地外に及ばないと考えられたことから変位をある程度許容する計画とし，山留め壁と地下外壁のクリアランスを十分に確保したうえで，山留め壁の最大変位が 60～70 mm 程度となるように計画した．根切り作業開始からひずみ計，傾斜計を用いた計測を行い，切梁の軸力と山留め壁の変位を管理することとした．

4.3 山留めの設計

4.3.1 設計用地盤定数

設計に使用した地盤定数を表 4.1 に示す．

物理試験結果より，粘土層の湿潤単位体積重量 $\gamma_t = 15.0$ kN/m³ とした．上部細砂層は，シルト質であることを考慮し，湿潤単位体積重量 $\gamma_t = 17.0$ kN/m³ を想定した．

内部摩擦角 ϕ は，粘土層は 0 とし，細砂層は大崎の式（$\sqrt{20N} + 15$（°））より算出した．

粘土層の粘着力 c は，三軸圧縮試験結果を基に $\phi = 0$ として決定した．GL－7 m 付近で 22 kN/m²，GL－9 m 付近で 28 kN/m²，GL－14 m 付近で 44 kN/m² の結果が得られていることから，表 4.1 に示す値とした．シルト質細砂にも 5 kN/m² の粘着力を想定した．

水平地盤反力係数 k_h は，粘土層では第 I 編 図 4.4.4「水平地盤反力係数の推奨範囲」の $k_h = 100c$（kN/m³）を，同様に細砂層では $k_h = 1\,000N$（kN/m³）を用いた．

表 4.1　設計用地盤定数

主土質	下端深度 （GL－m）	γ_t （kN/m³）	ϕ （°）	c （kN/m²）	N 値	k_h （kN/m³）
細砂	3.45	17.0	30	5	10	10 000
粘土	8.35	15.0	0	25	1	2 500
粘土	11.45	15.0	0	30	1	3 000
粘土	15.45	15.0	0	45	1	4 500

4.3.2 側圧の設定

側圧は，ランキン・レザール式による土圧と水圧を合算した側圧（(4.1) 式）を計算したうえで，側圧係数法による土水圧を一体とした側圧（(4.2) 式）における側圧係数を，山留め壁下端までの側圧合力がほぼ等価になるように設定した．

$$p_{a1} = (q + \gamma_t z - p_{wa})\tan^2(45° - \phi/2) - 2c\tan(45° - \phi/2) + p_{wa} \tag{4.1}$$

―164―　　山留め設計事例集

$$p_{a2} = K\gamma_t z \tag{4.2}$$

ここに，p_{a1}：ランキン・レザール式による側圧（kN/m²），p_{a2}：側圧係数法による側圧（kN/m²），K：側圧係数，γ_t：土の湿潤単位体積重量（kN/m³），z：地表面からの深さ（m），p_{wa}：水圧 $p_{wa} = \gamma_w z_w$（kN/m²），γ_w：水の単位体積重量（kN/m³），z_w：水位面からの深さ（m），c：粘着力（kN/m²），ϕ：内部摩擦角（°）である．

なお，ランキン・レザール式による側圧の算定においては，上載荷重 $q = 10 \ \text{kN/m}^2$ を考慮するものとする．

（1）　ランキン・レザール式による側圧

地層構成の大部分が粘性土で占められているため，地下水位が GL−1.3 m より静水圧分布をしているものと仮定し，ランキン・レザール式における水圧の値を決定した．ランキン・レザール式による各深度の側圧は，以下に示すとおりである．

GL−0.0 m 　　$p_{a1} = (10.0 + 0.0) \times \tan^2(45° - 30°/2) - 2 \times 5 \times \tan(45° - 30°/2) = -2.4 \to 0.0 \ (\text{kN/m}^2)$

GL−1.3 m 　　$p_{a1} = (10.0 + 17.0 \times 1.3) \times \tan^2(45° - 30°/2) - 2 \times 5 \times \tan(45° - 30°/2) = 4.9 \ (\text{kN/m}^2)$

GL−3.45 m 上 　$p_{a1} = (10.0 + 17.0 \times 3.45 - 10 \times 2.15) \times \tan^2(45° - 30°/2) - 2 \times 5 \times \tan(45° - 30°/2)$
　　　　　　　　　　$+ 10 \times 2.15 = 31.4 \ (\text{kN/m}^2)$

GL−3.45 m 下 　$p_{a1} = (10.0 + 17.0 \times 3.45 - 10 \times 2.15) \times \tan^2(45° - 0°/2) - 2 \times 25 \times \tan(45° - 0°/2)$
　　　　　　　　　　$+ 10 \times 2.15 = 18.7 \ (\text{kN/m}^2)$

GL−7.56 m 　　$p_{a1} = (10.0 + 17.0 \times 3.45 + 15.0 \times 4.11 - 10 \times 6.26) \times \tan^2(45° - 0°/2) - 2 \times 25$
　　　　　　　　　　$\times \tan(45° - 0°/2) + 10 \times 6.26 = 80.3 \ (\text{kN/m}^2)$

GL−8.35 m 上 　$p_{a1} = (10.0 + 17.0 \times 3.45 + 15.0 \times 4.9 - 10 \times 7.05) \times \tan^2(45° - 0°/2) - 2 \times 25$
　　　　　　　　　　$\times \tan(45° - 0°/2) + 10 \times 7.05 = 92.2 \ (\text{kN/m}^2)$

GL−8.35 m 下 　$p_{a1} = (10.0 + 17.0 \times 3.45 + 15.0 \times 4.9 - 10 \times 7.05) \times \tan^2(45° - 0°/2) - 2 \times 30$
　　　　　　　　　　$\times \tan(45° - 0°/2) + 10 \times 7.05 = 82.2 \ (\text{kN/m}^2)$

GL−11.45 m 上 　$p_{a1} = (10.0 + 17.0 \times 3.45 + 15.0 \times 8.0 - 10 \times 10.15) \times \tan^2(45° - 0°/2) - 2 \times 30$
　　　　　　　　　　$\times \tan(45° - 0°/2) + 10 \times 10.15 = 128.7 \ (\text{kN/m}^2)$

GL−11.45 m 下 　$p_{a1} = (10.0 + 17.0 \times 3.45 + 15.0 \times 8.0 - 10 \times 10.15) \times \tan^2(45° - 0°/2) - 2 \times 45$
　　　　　　　　　　$\times \tan(45° - 0°/2) + 10 \times 10.15 = 98.7 \ (\text{kN/m}^2)$

GL−13.7 m 　　$p_{a1} = (10.0 + 17.0 \times 3.45 + 15.0 \times 10.25 - 10 \times 12.4) \times \tan^2(45° - 0°/2) - 2 \times 45$
　　　　　　　　　　$\times \tan(45° - 0°/2) + 10 \times 12.4 = 132.4 \ (\text{kN/m}^2)$

（2）　側圧係数法による側圧

ランキン・レザール式による側圧とほぼ等価になるように側圧係数 K を設定し，$K = 0.6$ とした．この側圧係数で側圧を計算すると以下のとおりとなる．

GL−0.0 m 　　$p_{a2} = 0.6 \times (0.0) = 0 \ (\text{kN/m}^2)$

GL−7.56 m 　　$p_{a2} = 0.6 \times (15.91 \times 7.56) = 72.2 \ (\text{kN/m}^2)$

GL−13.7 m 　　$p_{a2} = 0.6 \times (15.91 \times 13.7) = 130.8 \ (\text{kN/m}^2)$

湿潤単位体積重量 γ_t は，最終根切り深さ（GL−7.56 m）までの層厚平均とする．

$\gamma_t = (17 \text{k N/m}^3 \times 3.45 \text{ m} + 15 \text{ kN/m}^3 \times 4.11 \text{ m})/7.56 \text{ m} = 15.91 \text{ kN/m}^3$

　根切り底までの上記側圧の合力は 272.9 kN/m となり，ランキン・レザール式による側圧の合力 244.6 kN/m を上回っている．また，山留め壁下端までの側圧の合力は 896.0 kN/m で，ランキン・レザール式による側圧の合力 899.6 kN/m とほぼ同程度である．

○側圧の合力の算定（根切り底まで）
・側圧係数法
　72.2 kN/m² × 7.56 m/2 = 272.9 kN/m
・ランキン・レザール式
　$(0 \text{ kN/m}^2 + 4.9 \text{ kN/m}^2) \times (1.3 \text{ m} - 0.43 \text{ m})/2 + (4.9 \text{ kN/m}^2 + 31.4 \text{ kN/m}^2) \times (3.45 \text{ m} - 1.3 \text{ m})/2 + (18.7 \text{ kN/m}^2 + 80.3 \text{ kN/m}^2) \times (7.56 \text{ m} - 3.45 \text{ m})/2 = 244.6 \text{ kN/m}$

○側圧の合力の算定（山留め壁下端まで）
・側圧係数法
　130.8 kN/m² × 13.7 m/2 = 896.0 kN/m
・ランキン・レザール式
　$(0 \text{ kN/m}^2 + 4.9 \text{ kN/m}^2) \times (1.3 \text{ m} - 0.43 \text{ m})/2 + (4.9 \text{ kN/m}^2 + 31.4 \text{ kN/m}^2) \times (3.45 \text{ m} - 1.3 \text{ m})/2 + (18.7 \text{ kN/m}^2 + 92.2 \text{ kN/m}^2) \times (8.35 \text{ m} - 3.45 \text{ m})/2 + (82.2 \text{ kN/m}^2 + 128.7 \text{ kN/m}^2) \times (11.45 \text{ m} - 8.35 \text{ m})/2 + (98.7 \text{ kN/m}^2 + 132.4 \text{ kN/m}^2) \times (13.7 \text{ m} - 11.45 \text{ m})/2 = 899.6 \text{ kN/m}$

（3）設計側圧

　図 4.3 に水圧のみによる側圧，ランキン・レザール式による側圧および設計側圧の分布を示す．上載荷重 10 kN/m² を考慮したランキン・レザール式による側圧から，全体を単一層とみなしたうえで側圧係数を 0.6 とした値（上載荷重は未考慮）を設計側圧とした．

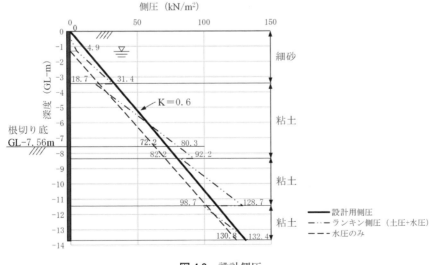

図 4.3　設計側圧

4.3.3 山留め架構の設定

設計に用いた地盤定数，根切り深さ，および山留め支保工の架設・撤去計画の概要を図4.4に示す．山留め壁はU形鋼矢板（Ⅳ型）を採用した．支保工は，1～3次根切りの過程で2段の切梁（1段目：GL−0.7 m，2段目：GL−2.95 m）を架設し，基礎躯体・地下階躯体の施工後に2段目・1段目切梁を同時撤去する計画とした．なお，掘削が浅く砂礫層の被圧地下水位による盤ぶくれは発生しないと考えられることから，補助工法であるディープウェルは設置していない．

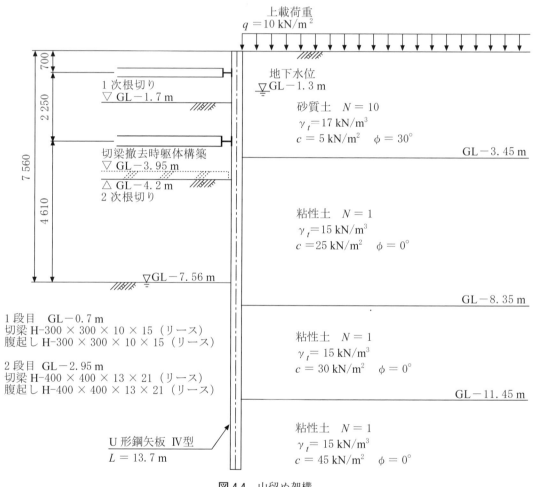

図 4.4　山留め架構

4.3.4 根入れ長さの検討

山留め壁の長さは，「ヒービング」の検討から決定した．また，本事例は切梁段数が2段であることから，最下段切梁を中心とする背面側側圧と掘削側側圧の釣合いの検討は省略し，梁・ばねモデルを用いて山留め壁先端に大きな変位が生じないように根入れ長さを設定した．

粘性土地盤が根切り底以深まで深く堆積しているため，根切り底面の安定性の検討として，ヒービングの検討を行う．最下段切梁（2段目切梁）を中心としたすべり円弧を設定し，背面側土塊と

上載荷重による滑動モーメントに対して，すべり面に沿った地盤のせん断抵抗モーメントが十分に抵抗できるかどうかを検討する．

図4.5は，ヒービング検討の模式図を示している．検討用の半径 x として，$x = 8.7$ m，9.0 m，10.0 m を設定した．

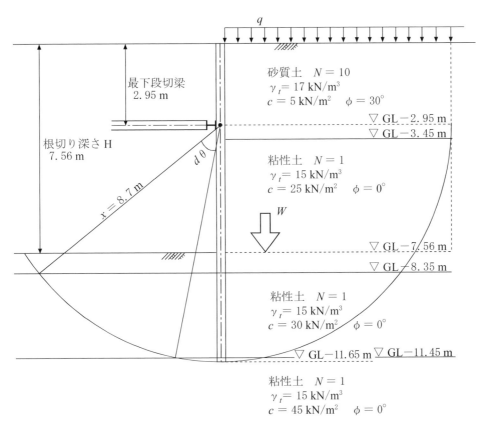

図 4.5 ヒービングの検討模式図（$x = 8.7$ m の場合）

(ⅰ) 滑動モーメント Md

滑動モーメント（Md）は，次式による．

$$Md = Wx/2 = \Sigma(\gamma_t H + q)x^2/2$$

ここで，　　　x：すべり面円弧の半径（m）

W：根切り底面より上の背面土重量（kN）

γ_t：土の湿潤単位体積重量（kN/m³）

H：根切り深さ（m）

q：上載重量（kN/m³）

$\Sigma(\gamma_t H + q)$：根切り底面での土被り圧（$= 130.30$ kN/m²）

表4.2に，各検討半径における滑動モーメント（Md）を示す．

－168－　山留め設計事例集

表 4.2　滑動モーメント Md

半径 x (m)	W (kN)	Md (kN・m)
8.700	1 133.61	4 931.20
9.000	1 172.70	5 277.15
10.000	1 303.00	6 515.00

（ⅱ）　抵抗モーメント Mr

抵抗モーメント（Mr）は，次式による.

$$Mr = (d\theta xc)x$$

ここで，　x：すべり面円弧の半径（m）

　　　　$d\theta$：各層（背面側と掘削側）に含まれるすべり面円弧の角度（rad）

　　　　c：各層の粘着力（kN/m²）

表 4.3 に，各検討半径における抵抗モーメント（Mr）を示す.

表 4.3　抵抗モーメント Mr

半径 x (m)	深度 (GL－m)	層厚 (m)	$d\theta$ (rad)	c (kN/m²)	$d\theta xc$ (kN) 掘削側	$d\theta xc$ (kN) 背面側	Mr (kN・m)
8.700	2.95～ 3.45	0.500	0.058	5		2.52	
	3.45～ 7.56	4.110	0.501	25		108.97	
	7.56～ 8.35	0.790	0.111	25	24.14	24.14	
	8.35～11.45	3.100	0.686	30	179.05	179.05	
	11.45～11.65	0.200	0.215	45	84.17	84.17	5 970.07
9.000	2.95～ 3.45	0.500	0.056	5		2.52	
	3.45～ 7.56	4.110	0.482	25		108.45	
	7.56～ 8.35	0.790	0.106	25	23.85	23.85	
	8.35～11.45	3.100	0.592	30	159.84	159.84	
	11.45～11.95	0.500	0.335	45	135.68	135.68	6 747.30
10.000	2.95～ 3.45	0.500	0.050	5		2.50	
	3.45～ 7.56	4.110	0.429	25		107.25	
	7.56～ 8.35	0.790	0.091	25	22.75	22.75	
	8.35～11.45	3.100	0.446	30	133.80	133.80	
	11.45～12.95	1.500	0.555	45	249.75	249.75	9 223.50

（ⅲ）　安全率 Fs

安全率（Fs）は，次式による.

$$Fs = Mr/Md \geqq 1.2$$

ここで，　Mr：抵抗モーメント

　　　　Md：滑動モーメント

表 4.4 に，各検討半径における安全率（Fs）を示す.

表 4.4 安全率 Fs

半径 x (m)	Mr (kN・m)	Md (kN・m)	安全率 (Fs)	
8.700	5 970.07	4 931.20	1.211	安全率 1.2 を満たす最小半径
9.000	6 747.30	5 277.15	1.279	
10.000	9 223.50	6 515.00	1.416	

滑動モーメント Md と抵抗モーメント Mr により算出される安全率 Fs は，最小半径 8.7 m の場合に以下のとおりとなる．

$$Fs = Mr/Md = 5\,970.07/4\,931.2 = 1.211 \geqq 1.2$$

以上より，ヒービングの検討から必要な山留め壁の長さは，$L = 11.65$ m（最小半径 8.7 m＋最下段切梁深さ 2.95 m）であることが確認された．ただし，梁・ばねモデルから必要な山留め壁の長さが 13.7 m〔4.3.5 参照〕であることから，山留め壁長を $L = 13.7$ m（突出長 0.3 m を含めると全長 14.0 m）として以下の検討を進めるものとする．

4.3.5 山留め壁の変位と応力の検討

鋼製切梁の架設時の緩みの除去，および山留め壁の変位の抑制を目的として，切梁には油圧ジャッキを設置し，切梁プレロードを導入することを考慮した．

山留め壁の変位と応力の検討は，梁・ばねモデルにより行う．山留め壁は鋼矢板壁であり，U 形鋼矢板Ⅳ型を採用することとした．また，1 段目切梁は H－300×300×10×15（7 m 間隔），2 段目切梁は H－400×400×13×21（7 m 間隔）とし，それぞれの架設時に 60 kN/m，120 kN/m のプレロードを導入するものとした．

梁・ばねモデルの計算条件として，背面側側圧は 4.3.2（3）に示す設計側圧，掘削側側圧の上限値はランキン・レザール式による受働土圧に水圧を加算した値〔第Ⅰ編（2.1.4）式〕，平衡側圧は除荷に伴う土圧の残留を考慮する方法〔第Ⅰ編（2.1.8）～（2.1.9）式〕により評価した．掘削側の地下水位は根切り底とし，静水圧分布で評価した．また，プレロード時の計算は，山留め壁の背面側に地盤ばねを設けた別モデルで解き，プレロード導入前の値に足し合わせる方法とした[4.1)．切梁および切梁撤去時の地下 1 階スラブの水平ばね定数は，第Ⅰ編の（4.4.3），（4.4.4）式を用いて以下のように算定した〔切梁・スラブ長さは長辺方向 38 m で評価：図 4.7 参照〕．

○切梁の水平ばね定数

・1 段目：$K = \alpha \cdot 2 \cdot EA/(al) = 1.0 \times 2 \times 2.05 \times 10^8 \times 104.8 \times 10^{-4}/(7.0 \times 38) = 16\,153.4$

$\fallingdotseq 16\,150$ kN/m/m

・2 段目：$K = \alpha \cdot 2 \cdot EA/(al) = 1.0 \times 2 \times 2.05 \times 10^8 \times 197.7 \times 10^{-4}/(7.0 \times 38) = 30\,472.6$

$\fallingdotseq 30\,470$ kN/m/m

ここで，　α：切梁の緩みを表す係数（0.5～1.0 とし，ジャッキ等で緩みを除去する場合は 1.0）

E：切梁のヤング係数（kN/m^2）

A：切梁の有効断面積（ボルト孔考慮）（m^2）

a：切梁の水平間隔（m）

l：切梁の長さ（m）

○スラブの水平ばね定数

・地下 1 階：$K = 2 \cdot EA/(al) \times 1/(1+\phi(t)) = 2 \times 23 \times 10^6 \times 0.3/(1.0 \times 38) \times 1/(1+1.4)$
= 151 315.8 ≒ 151 300 kN/m/m

ここで，　E：逆打ち躯体のヤング係数（kN/m^2）

a：逆打ち躯体の単位幅（m）

A：逆打ち躯体の単位幅あたりの断面積（m^2）

l：逆打ち躯体の長さ（m）

$\phi(t)$：経過時間に応じたクリープ係数

コンクリートのヤング係数 E は，$E = 3.35 \times 10^7 \times (\gamma/24)^2 \times (F_c/60)^{1/3}$（kN/m^2）で算定した[4.2]（コンクリート気乾単位体積重量 $\gamma = 23$ kN/m^3，設計基準強度 $F_c = 24$ N/mm^2）．

$E = 3.35 \times 10^7 \times (23/24)^2 \times (24/60)^{1/3} = 22.67 \times 10^6 ≒ 23 \times 10^6$ kN/m^2

クリープ係数 $\phi(t)$ は，スラブ打設から切梁撤去時までの期間を 14 日，環境条件を屋外として $\phi(t)$ = 1.4 と設定した[4.3]．

・曲げモーメント・せん断力の検討

梁・ばねモデルによる山留め壁の変位・応力解析結果を図 4.6 に，山留め壁に生じる変位・応力の最大値を表 4.5 に示す．また，山留め壁の長さを変えた場合の山留め壁の最大変位，および山留め壁下端変位の計算結果を以下に示す．山留め壁の長さ $L = 13.7$ の場合の山留め壁下端は，ほとんど動いていないが，山留め壁を短くした場合には山留め壁下端が動く結果となったため，山留め壁の必要長さは 13.7 m（突出長 0.3 m を含めると全長 14.0 m）とした．

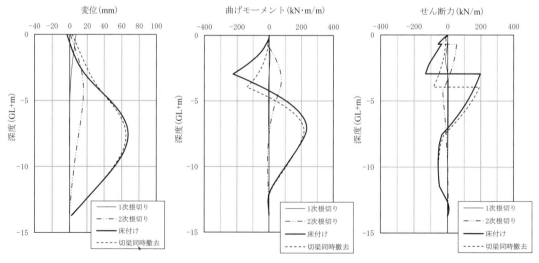

図 4.6　山留め壁の変位・応力の解析結果

表 4.5 山留め壁に生じる変位・応力の最大値

施 工 段 階	変 位		曲げモーメント		せ ん 断 力	
	最大値 （mm）	発生位置 （GL − m）	最大値 （kN・m/m）	発生位置 （GL − m）	最大値 （kN/m）	発生位置 （GL − m）
1 次根切り	7.0	0.0	− 18.1	3.0	− 13.8	1.7
1 段目プレロード	3.0	0.0	− 9.6	0.7	32.8	0.7
2 次根切り	15.5	4.3	75.2	3.4	54.6	0.7
2 段目プレロード	12.4	5.0	45.1	4.2	69.5	3.0
床付け	67.3	7.6	234.1	7.1	196.4	3.0
切梁同時撤去	64.9	7.7	217.8	7.3	192.4	4.0

山留め壁長さ　　　　　山留め壁最大変位　　　山留め壁下端変位

・$L=13.7$ m【採用】　　67.3 mm　　　　　　2.6 mm

・$L=12.7$ m　　　　　67.4 mm　　　　　　15.0 mm

・$L=11.7$ m　　　　　山留め壁先端まで地盤が塑性化（解析不能）

山留め壁の応力検討結果を以下に示す.

山留め壁　　　　　　　U 形鋼矢板　Ⅳ型

鋼材のヤング係数　　　$E=2.05\times10^8$（kN/m^2）

断面 2 次モーメント　$I=38\,600\times10^4$（mm^4/m）　　　低減前の値

断面係数　　　　　　　$Z=2\,270\times10^3$（mm^3/m）　　　低減前の値

有効断面率　　　　　　断面 2 次モーメント $\alpha_I=0.45$（45 %）

　　　　　　　　　　　断面係数　　　　　　$\alpha_Z=0.6$（60 %）

曲げ応力度　　　　　　$\sigma_b=M/(\alpha_Z Z)=234.1\times10^6/(0.6\times2\,270\times10^3)=171.9<225$（N/mm^2）

せん断応力度　　　　　検証しない

以上より，山留め壁として U 形鋼矢板Ⅳ型を使用するものとする.

4.3.6　決定した山留めの仕様

以上の検討により決定した山留めの仕様を表 4.6 に示す. 腹起し，切梁，切梁支柱などの検討は本章では省略しているため，事例 2 を参考にされたい.

図 4.7 は，山留め計画の略図を示しており，道路境界面に一番近い面の山留め壁に傾斜計を，平面中央部の X，Y 方向の各段切梁にひずみ計をセットして山留め壁の変位と切梁の軸力を計測管理することとした.

表 4.6 決定した山留めの仕様

山留め壁	U形鋼矢板　Ⅳ型　$L=13.7$ m（リース材）	
切梁支柱	H−300×300×10×15　$L=16.0$ m（新品材）	
山留め支保工	1段目	2段目
腹起し	H−300×300×10×15（リース材）	H−400×400×13×21（リース材）
切　　梁	H−300×300×10×15（リース材）	H−400×400×13×21（リース材）
隅火打ち	H−300×300×10×15（リース材）	H−400×400×13×21（リース材）

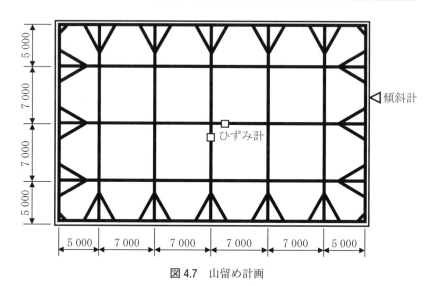

図 4.7　山留め計画

4.4 施工状況と計測結果

地盤のばらつき評価も含め，設計時に山留め壁の挙動を正確に予測することは難しく，施工時に計測管理を行い，その結果を確認・フィードバックしながら工事を進めることが重要である．以下に切梁軸力および山留め壁の変位計測結果を示す．

4.4.1 切梁の軸力

各段切梁の軸力の計算値は，1段目 592 kN，2段目 2 297 kN であった．

図 4.8 は，切梁の軸力の経日変化を示している．1段目の軸力はプレロード後に一旦低下し，2次掘削に伴い 600 kN 程度まで上昇した．最大値は 670 kN であった．2段目切梁の軸力もプレロード後には一旦低下するが，床付けにかけて 1 200 kN 程度まで上昇した．最大値は 1 260 kN であった．1段目切梁は，2段目架設中には 400 kN 程度以下で推移していた．

計算上は 2 段同時撤去で計画していたが，変位状況を考慮して 2 段目を先行撤去して状況を確認した．この時の 1 段目軸力は再び 600 kN 程度に上昇した．頭部変位がさらに大きくなることを防止するために，地下外壁を 1 m 立ち上げた後に 1 段目切梁を撤去することとした．

なお，最終的な切梁軸力は，1段目は計算値と同程度，2段目は計算値の 55 % 程度であった．

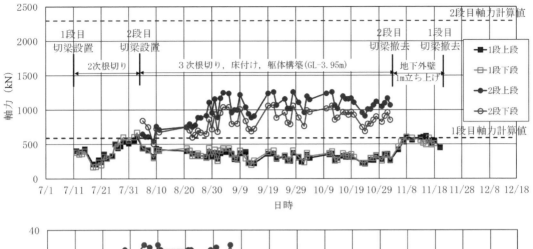

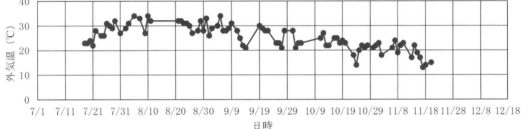

図 4.8 切梁の軸力

4.4.2 山留め壁の変位

図 4.9 は，山留め壁の変位の深度分布を，計算値と実測値に分けて示したものである．山留め壁の変位は，根切り当初から計算値よりも大きい値で推移していた．1 次根切りでは 40 mm 程度，2 次根切りでは 30 mm 程度が計測されたが，周辺に変状がないことからプレロードをほぼ計画通りに導入して最終根切りに進んだ．なお，軟弱地盤での根切り工事では，傾斜計の不動点である山留め壁下端が変位するケースがある．このような場合に備えて，傾斜計の測定管を硬質層まで根入れするか，山留め壁の頭部変位を別途測定して山留め壁変位を補正できるようにする必要がある．本事例でも山留め壁の頭部変位の測定を行い，必要に応じて変位を補正できるようにしたが，図 4.9 (b) に示す山留め壁変位の計測データを確認した結果，2 段目切梁の設置深度（GL - 2.95 m）における山留め変位が背面側に大きく戻るような傾向はみられなかったため，変位補正は不要と判断した．

躯体構築工事では，4.4.1 に示したとおり，同時撤去を諦めて段階撤去を実施した結果，山留め壁の頭部変位は 15 mm 以下に抑えられた．

山留め変位の最大値は，約 67 mm の計算値に対して約 80 mm の実測値であり，計算値の 118 ％程度の変位量となったが，山留め壁から 10 m 程度離れた周辺道路に対する影響など，特に問題は生じなかった．

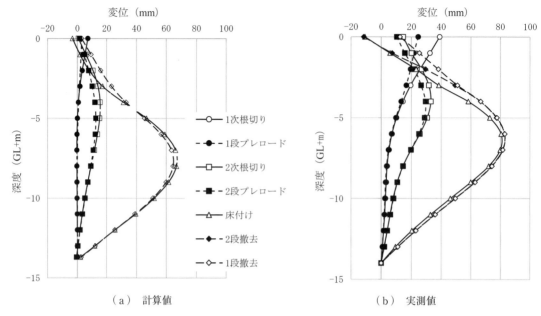

図 4.9 山留め壁の変位

参 考 文 献

4.1) 日本建築学会：山留め設計指針，p.160，2017.11
4.2) 日本建築学会：鉄筋コンクリート構造計算規準・同解説，p.55，2018.12
4.3) 土木学会：2007 年制定　コンクリート標準示方書　設計編，p.52，2008.4

5. 逆打ち工事の事例

　本事例は，深さ約10mの掘削工事である．建物の平面形状が複雑，かつ杭基礎で切梁支柱の配置が困難であったため，支保工には逆打ち工法による躯体スラブ2段を採用した事例である．また，本事例では，地下水の被圧水頭が高く，根切り底以深にある粘性土の盤ぶくれが予測されたので，対策として地下水処理の検討を行った．

5.1 山留め計画上の条件
5.1.1 工事概要

　図5.1に建物平面図を，図5.2に建物断面図を示す．本工事は病院施設の建替え工事であり，建物規模は，地下1階，地上8階，基礎形式は，場所打ちコンクリート杭による杭基礎である．平面規模は41m×35mで，根切り深度は9.7mであり，周辺には構内道路が配置されている．

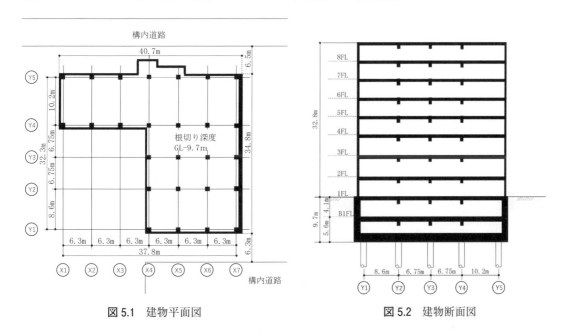

図5.1　建物平面図　　　　　　　　図5.2　建物断面図

5.1.2 地盤概要

　図5.3は，土質柱状図と地盤調査結果である．地盤は，GL−12.3mまで沖積層で，上位から埋土，GL−1.3〜GL−8.8mまでが砂層，GL−8.8〜GL−11.1mが粘性土層，GL−11.1〜GL−12.3mが砂層である．GL−12.3m以深は洪積層で，GL−12.3〜GL−23.0mが洪積砂層，GL−23.0m以深は洪積粘土層である．地下水位は，自由水位がGL−2.9mで，GL−11.1m以深の砂層の被圧水頭もGL−2.9mである．

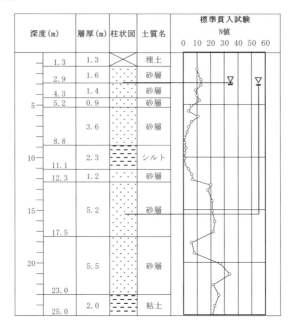

図 5.3　土質柱状図と地盤物性

5.2　山留め計画

　山留め壁の選定にあたっては，根切り深度，想定される山留め壁の深度の範囲が軟弱地盤であること，地下水位が高いことから，剛性の高さや遮水性の確実性などを考慮して，ソイルセメント壁を採用した．山留め支保工としては，逆打ち工法による1階スラブと地下1階スラブを採用した．地下躯体形状が複雑，かつ杭基礎で切梁支柱の配置が困難であったため，逆打ち工法を採用したが，構築する躯体による鉛直力は山留め壁に負担させない計画とした．

5.3　山留めの設計

5.3.1　設計用地盤定数

　設計に用いる地盤定数は，ボーリング調査結果より図 5.4 のように設定した．

深度(m)	層厚(m)	柱状図	土質名	標準貫入試験 N値 (0 10 20 30 40 50 60)	平均N値	湿潤単位体積重量 γ_t (kN/m³)	粘着力 c (kN/m²)	内部摩擦角 ϕ (°)	水平地盤反力係数 k_h (kN/m³)	山留め架構
1.3	1.3		埋土		12	18.0	0.0	30.5	12 000	▽1F GL±0 m / GL-0.7 m
2.9	1.6		砂層		12	18.0	0.0	30.5	12 000	▽1次根切り GL-2.3 m
4.3	1.4		砂層		12	18.0	0.0	30.5	12 000	▽B1F GL-4.1 m
5.2	0.9		砂層		8	17.0	0.0	27.6	8 000	GL-5.0 m
8.8	3.6		砂層		3	17.0	0.0	22.7	3 000	▽2次根切り GL-6.4 m
11.1	2.3		シルト		2	15.0	25.0	0.0	2 500	▽3次根切り GL-9.7 m
12.3	1.2		砂層		9	17.0	0.0	28.4	9 000	
17.5	5.2		砂層		20	18.0	10.0	35.0	20 000	
23.0	5.5		砂層		21	17.0	10.0	35.5	21 000	▽応力材先端 GL-17.5 m
25.0	2.0		粘土							

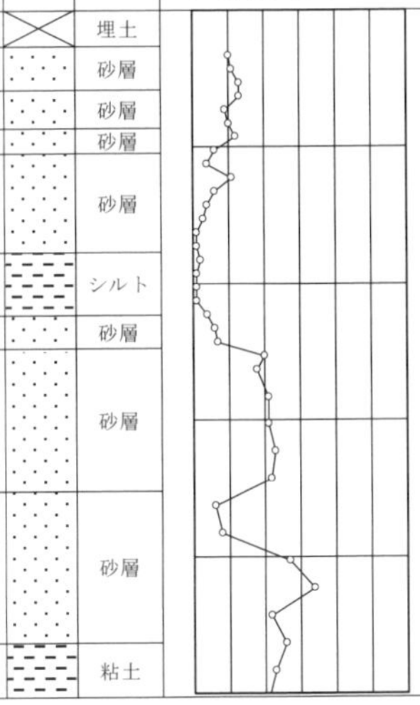

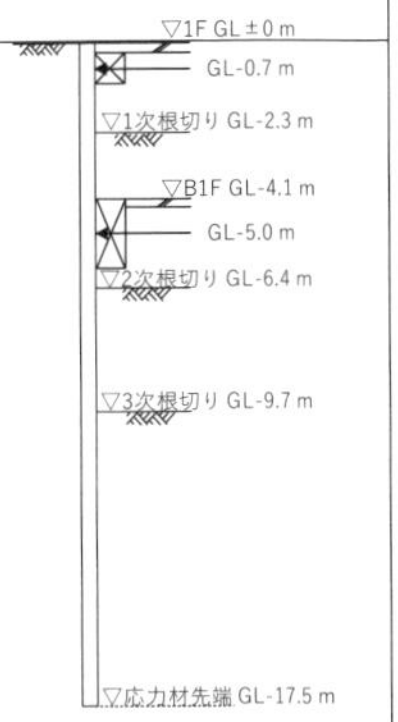

図 5.4　設定定数

① N値：

N 値は，各層の試験結果の平均値を用いた．

② 湿潤単位体積重量 γ_t：

湿潤単位体積重量 γ_t は，砂質土，粘性土ともに付1「地盤定数」の付表1および付表2を参考に設定した．また，埋土については，盛土と同様であると考え，本会「建築基礎構造設計指針」（2019）の表4.3.1 に示される擁壁の裏込め土の砂質土から判断した．

③ 粘着力 c：

粘着力 c は，砂質土に関しては，沖積層で $c = 0$ kN/m²，洪積層で $c = 10$ kN/m²，粘性土に関しては，$c = \dfrac{(40 + 5N)}{2}$ kN/m²（大崎の式）により設定した．

④ 内部摩擦角 ϕ：

内部摩擦角 ϕ は，砂質土に関しては $\phi = \sqrt{20N} + 15°$（大崎の式）により設定し，粘性土に関しては $\phi = 0$ とした．

⑤ 水平地盤反力係数 k_h：

水平地盤反力係数 k_h は，第Ⅰ編 第4章 図4.4.4 の平均を参考に，砂質土は N 値，粘性土は粘着力 c より設定した．

5.3.2　側圧の設定

（1）　背面側の側圧

背面側の側圧は，土層ごとにランキン・レザール式により設定する．なお，上載荷重は施設構内の道路であり，一般的な通行車両程度であるため，10 kN/m² とした．水圧は，自由水位および被圧水頭の GL−2.9 m からの静水圧を仮定し設定する．図5.5 に設定した背面側側圧を示す．

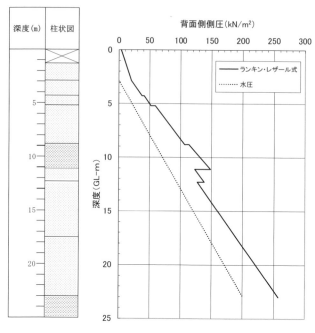

図 5.5 背面側側圧

（2） 掘削側の側圧

山留め壁の掘削側に作用する側圧の上限値は，ランキン・レザールの掘削側側圧の（5.1）式で算定し，各根切り段階における値を図5.6に示す．各施工時の掘削側の地下水圧は，根切り底から1m下を掘削側の水頭とし，静水圧を仮定し設定する．

$$p_p = (\gamma_t z_p - p_{wp})\tan^2\left(45° + \frac{\phi}{2}\right) + 2c\tan\left(45° + \frac{\phi}{2}\right) + p_{wp} \tag{5.1}$$

記号　p_p：根切り面から深さ z_p（m）における掘削側側圧の上限値（kN/m^2）

　　　γ_t：土の湿潤単位体積重量（kN/m^3）

　　　z_p：根切り底面からの深さ（m）

　　　p_{wp}：根切り底面から深さ z_p（m）における掘削側水圧（kN/m^2）

　　　c：土の粘着力（kN/m^2）

　　　ϕ：土の内部摩擦角（°）

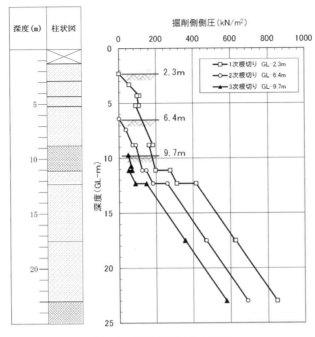

図 5.6 掘削側側圧の上限値

(3) 平衡側圧

根切り底から想定する平衡側圧は,(5.2) 式および (5.3) 式により算定し,最終の 3 次根切り時における値を図 5.7 に示す.

$$砂質土 \quad p_{eq} = K_{eq}(\gamma_t z_p - p_{wp}) + p_{wp} \tag{5.2}$$

記号　p_{eq}：平衡側圧（kN/m²）

　　　K_{eq}：根切り底面からの深さ z_p（m）における平衡土圧係数，$K_{eq} = 1 - \sin\phi$

　　　ϕ：内部摩擦角（°）

　　　γ_t：土の湿潤単位体積重量（kN/m³）

　　　z_p：根切り底面からの深さ（m）

　　　p_{wp}：根切り底面からの深さ z_p（m）における掘削側の水圧（kN/m²）

$$粘性土 \quad p_{eq} = K_{eq}\sigma_{zp} = K_o OCR^\alpha \sigma_{zp} \tag{5.3}$$

記号　p_{eq}：平衡側圧（kN/m²）

　　　K_{eq}：根切り底面からの深さ z_p（m）における平衡土圧係数

　　　σ_{zp}：掘削側の鉛直全応力（kN/m²）

　　　K_o：静止土圧係数（= 0.5）

　　　OCR：過圧密比（= σ_{v0}'/σ_v'）

　　　A：係数　0.6

　　　σ_{v0}'：初期の鉛直有効応力（kN/m²）

　　　σ_v'：鉛直有効応力（kN/m²）

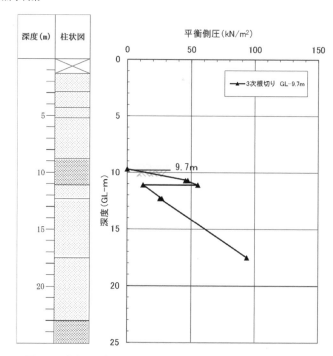

図 5.7 床付け（3 次根切り）時の根切り底以深の平衡側圧

5.3.3 山留め架構の設定

　図 5.8 に，設定した山留め架構図を示す．山留め壁はソイルセメント壁を用い，応力材の深さは，先端を GL−17.5 m と仮設定し，根入れ長さの検討を行う．遮水壁としてのソイルセメントの先端は，5.3.7「地下水処理に関する検討」で示す排水流量と施工性に鑑み，GL−18.5 m とした．支保工は，逆打ち工法による 1 階スラブと地下 1 階スラブを採用した．なお，計算における支保工設置深度は 1 階梁せい中央および地下 1 階梁せい中央レベルとする．

　山留め壁　　　：ϕ650 ソイルセメント壁，L = 18.5 m
　山留め応力材：H−488×300×11×18　@450 mm　L = 17.5 m
　支保工 1 段目：1 階スラブ（t : 250 mm）計算上の支保工設置深度は GL−0.7 m
　支保工 2 段目：地下 1 階スラブ（t : 200 mm）計算上の支保工設置深度は GL−5.0 m

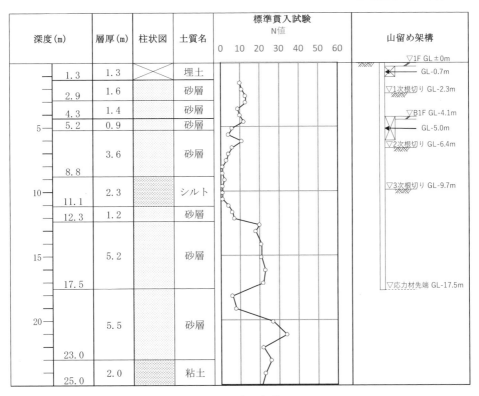

図 5.8 山留め架構図

5.3.4 根入れ長さの検討

　最下段支保工（地下1階スラブ）を中心とするモーメントの釣合いより，山留め壁の安定性を検討する．山留め壁の先端深さは，前項に示したとおり，GL−17.5 m と設定する．背面側および掘削側の側圧は，5.3.2 で設定した側圧分布を用いる．図 5.9 より背面側の転倒モーメント M_a と掘削側の抵抗モーメント M_p を算定し，転倒に対する安全率を算出する．

$M_a = 1/2 \times 49.7 \text{ kN/m}^2 \times (5.2 \text{ m} - 5.0 \text{ m}) \times (5.2 \text{ m} - 5.0 \text{ m}) \times 1/3$

　　　$+ 1/2 \times 52.2 \text{ kN/m}^2 \times (5.2 \text{ m} - 5.0 \text{ m}) \times (5.2 \text{ m} - 5.0 \text{ m}) \times 2/3$

　　　$+ 1/2 \times 59.1 \text{ kN/m}^2 \times (8.8 \text{ m} - 5.2 \text{ m}) \times \{(5.2 \text{ m} - 5.0 \text{ m}) + (8.8 \text{ m} - 5.2 \text{ m}) \times 1/3\}$

　　　$+ 1/2 \times 106.6 \text{ kN/m}^2 \times (8.8 \text{ m} - 5.2 \text{ m}) \times \{(5.2 \text{ m} - 5.0 \text{ m}) + (8.8 \text{ m} - 5.2 \text{ m}) \times 2/3\}$

　　　$+ 1/2 \times 113.9 \text{ kN/m}^2 \times (11.1 \text{ m} - 8.8 \text{ m}) \times \{(8.8 \text{ m} - 5.0 \text{ m}) + (11.1 \text{ m} - 8.8 \text{ m}) \times 1/3\}$

　　　$+ 1/2 \times 148.4 \text{ kN/m}^2 \times (11.1 \text{ m} - 8.8 \text{ m}) \times \{(8.8 \text{ m} - 5.0 \text{ m}) + (11.1 \text{ m} - 8.8 \text{ m}) \times 2/3\}$

　　　$+ 1/2 \times 123.2 \text{ kN/m}^2 \times (12.3 \text{ m} - 11.1 \text{ m}) \times \{(11.1 \text{ m} - 5.0 \text{ m}) + (12.3 \text{ m} - 11.1 \text{ m}) \times 1/3\}$

　　　$+ 1/2 \times 138.2 \text{ kN/m}^2 \times (12.3 \text{ m} - 11.1 \text{ m}) \times \{(11.1 \text{ m} - 5.0 \text{ m}) + (12.3 \text{ m} - 11.1 \text{ m}) \times 2/3\}$

　　　$+ 1/2 \times 126.8 \text{ kN/m}^2 \times (17.5 \text{ m} - 12.3 \text{ m}) \times \{(12.3 \text{ m} - 5.0 \text{ m}) + (17.5 \text{ m} - 12.3 \text{ m}) \times 1/3\}$

　　　$+ 1/2 \times 190.1 \text{ kN/m}^2 \times (17.5 \text{ m} - 12.3 \text{ m}) \times \{(12.3 \text{ m} - 5.0 \text{ m}) + (17.5 \text{ m} - 12.3 \text{ m}) \times 2/3\}$

　　　$= 11\,509.5 \text{ kN} \cdot \text{m/m}$

$M_b = 1/2 \times 50.0 \text{ kN/m}^2 \times (10.7 \text{ m} - 9.7 \text{ m}) \times \{(9.7 \text{ m} - 5.0 \text{ m}) + (10.7 \text{ m} - 9.7 \text{ m}) \times 1/3\}$
$\qquad + 1/2 \times 65.0 \text{ kN/m}^2 \times (10.7 \text{ m} - 9.7 \text{ m}) \times \{(9.7 \text{ m} - 5.0 \text{ m}) + (10.7 \text{ m} - 9.7 \text{ m}) \times 2/3\}$
$\qquad + 1/2 \times 65.0 \text{ kN/m}^2 \times (11.1 \text{ m} - 10.7 \text{ m}) \times \{(10.7 \text{ m} - 5.0 \text{ m}) + (11.1 \text{ m} - 10.7 \text{ m}) \times 1/3\}$
$\qquad + 1/2 \times 71.0 \text{ kN/m}^2 \times (11.1 \text{ m} - 10.7 \text{ m}) \times \{(10.7 \text{ m} - 5.0 \text{ m}) + (11.1 \text{ m} - 10.7 \text{ m}) \times 2/3\}$
$\qquad + 1/2 \times 52.2 \text{ kN/m}^2 \times (12.3 \text{ m} - 11.1 \text{ m}) \times \{(11.1 \text{ m} - 5.0 \text{ m}) + (12.3 \text{ m} - 11.1 \text{ m}) \times 1/3\}$
$\qquad + 1/2 \times 88.4 \text{ kN/m}^2 \times (12.3 \text{ m} - 11.1 \text{ m}) \times \{(11.1 \text{ m} - 5.0 \text{ m}) + (12.3 \text{ m} - 11.1 \text{ m}) \times 2/3\}$
$\qquad + 1/2 \times 149.0 \text{ kN/m}^2 \times (17.5 \text{ m} - 12.3 \text{ m}) \times \{(12.3 \text{ m} - 5.0 \text{ m}) + (17.5 \text{ m} - 12.3 \text{ m}) \times 1/3\}$
$\qquad + 1/2 \times 357.3 \text{ kN/m}^2 \times (17.5 \text{ m} - 12.3 \text{ m}) \times \{(12.3 \text{ m} - 5.0 \text{ m}) + (17.5 \text{ m} - 12.3 \text{ m}) \times 2/3\}$
$\qquad = 14\,531.9 \text{ kN} \cdot \text{m/m}$

$F_s = M_b/M_a$
$\quad = 14\,531.9/11\,509.5$
$\quad = 1.26 > 1.2 \quad \text{OK}$

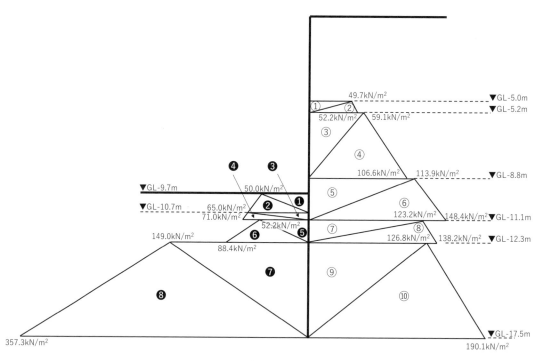

図 5.9 床付け時の側圧

5.3.5 根切り底面の安定検討

盤ぶくれの検討を行い，根切り底面の安定性を確認する．図 5.10 に盤ぶくれ検討図を示す．盤ぶくれ検討深度を GL−11.1 m と設定した場合，検討深度より上部の土被り圧 W，揚圧力 U は，

$\qquad W = \gamma_t d = 15.0 \times (11.1 - 9.7) = 21.0 \text{ kN/m}^2$
$\qquad U = \gamma_w h = 10 \times (11.1 - 2.9) = 82.0 \text{ kN/m}^2$

盤ぶくれ安全率 F は 1.0 以下となり，盤ぶくれの危険がある．

$$F = \frac{W}{U} = \frac{21.0}{82.0} = 0.26 < 1.0$$

盤ぶくれの対策として，①遮水壁を被圧帯水層以深の難透水層まで根入れする，②排水工法により被圧水頭を下げる，③根切り底盤に地盤改良を行い，盤ぶくれ検討深度を下げる方法がある．本事例では地下工事状況に鑑み，②排水工法により被圧水頭を下げる方法を採用した．盤ぶくれ安全率 F が 1.0 である時（$F = F_{1.0} = 1.0$）の必要水位低下量 s は以下となる．したがって，根切り深度が GL－9.7 m に達する段階では，被圧水頭を 6.1 m 低下させる必要がある．盤ぶくれ対策としての地下水処理に関する検討を 5.3.7 に示す．

$$s = \left(U - \frac{W}{F_{1.0}}\right) / \gamma_w = \left(82.0 - \frac{21.0}{1.0}\right) / 10 = 6.1 \text{ m}$$

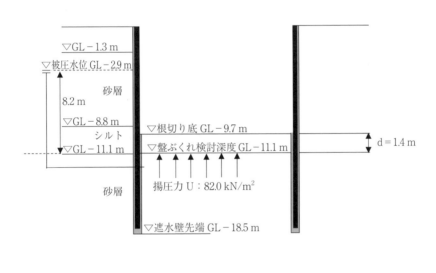

図 5.10 盤ぶくれ検討図

5.3.6 山留め壁の検討

梁・ばねモデルによる山留め壁の変形解析を行う．山留め壁の最大変位は，敷地周辺に近接構造物がないため 60 mm を目標変位とし検討する．

（1） 解析モデルの設定

梁・ばねモデルにおける切梁のばね定数は，(5.4) 式により算定する．(5.4) 式において，水平間隔 a は解析における単位幅として 1 m と設定する．また，クリープ係数は，（公社）土木学会「コンクリート標準示方書 設計編」(2007) の表 5.2.9 を参考に，架設後の期間を 28 日，環境条件を屋外とし，$\phi(t) = 1.2$ と設定する．

$$K = \frac{2EA}{al} \times \frac{1}{1+\phi(t)} \tag{5.4}$$

記号　　E：逆打ち躯体のヤング係数（kN/m²）

　　　　A：逆打ち躯体の単位幅あたりの断面積（m²）

　　　　a：逆打ち躯体の単位幅（m）

　　　　l：逆打ち躯体の長さ（掘削幅）（m）

　　$\phi(t)$：経過時間に応じたクリープ係数

表 5.1　山留め壁の定数

	仕　　様	ヤング係数 E (kN/m²)	断面 2 次モーメント I (m⁴/m)	断面係数 Z (mm³/m)	ウェブ断面積 (mm²/m)
山留め壁	H－488×300×11×18 @450 mm, L=17.5 m	2.05×10^8	1.53×10^{-3}	6.27×10^6	1.14×10^4

表 5.2　支保工のばね定数

位　　置	仕　　様	ヤング係数 E (kN/m²)	断面積 (m²)	水平間隔 a (m)	切梁（スラブ）長さ l (m)	クリープ係数	ばね定数 K (kN/m/m)
1 階スラブ	厚さ 250 mm	2.2×10^7	0.25	1.0	34.8	1.2	143.7×10^3
地下 1 階 スラブ	厚さ 200 mm	2.2×10^7	0.20	1.0	34.8	1.2	114.9×10^3

$E = 3.35 \times 10^4 \times (\gamma/24)^2 \times (F_c/60)^{1/3}$ （N/mm²）コンクリート気乾単位体積重量 γ：23 kN/m³，設計基準強度 F_c：21 N/mm²

表 5.3　解析ステップ

ステップ	施工段階	根切り深さ (GL－m)	支保工設置深度 (GL－m)
1	1 次根切り	2.3	―
2	1 階構築	2.3	0.7
3	2 次根切り	6.4	―
4	地下 1 階構築	6.4	5.0
5	3 次根切り	9.7	―

（2）　解析結果

　山留め壁の変形・応力の解析結果を図 5.11 に，各根切り段階における解析結果を表 5.4 に示す．山留め壁の最大変位量は 54 mm で，目標変位量 60 mm 以下となる．

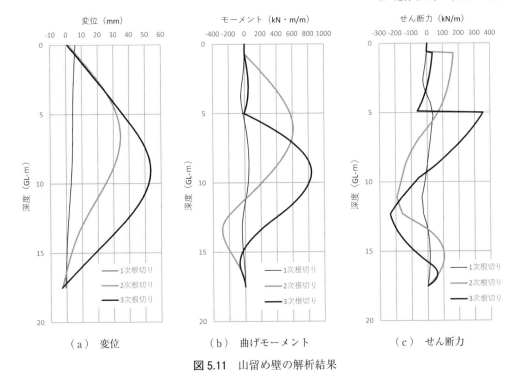

図 5.11 山留め壁の解析結果

表 5.4 解析結果一覧

施工段階	根切り深さ (GL−m)	最大曲げモーメント (kN・m/m)	最大せん断力 (kN/m)	最大変位 (mm)
1次根切り	2.3	−51	37	6 (0.0 m)
2次根切り	6.4	612	−192	35 (6.6 m)
3次根切り	9.7	839	354	54 (9.0 m)

[注]（ ）内数値：最大変位の発生深度

（3） 山留め壁の断面算定

山留め応力材に作用する応力の最大値は以下のようになる．

$M = 839$ kN・m/m

$Q = 354$ kN/m

また，山留め壁応力材の諸定数は以下のとおりである．なお，ソイルセメント壁で新品の応力材を用いるため，応力材の許容応力度は短期許容応力度を採用した．

仕様　　　　　　：H−488×300×11×18@450 mm（SS 400 材），$L = 17.5$ m

断面係数　　　　：$Z = 6.27 \times 10^6$ mm^3/m

ウェブ断面積　　：$A_w = 1.14 \times 10^4$ mm^2/m

許容曲げ応力度　：$f_b = 235$ N/mm^2

許容せん断応力度：$f_s = 135$ N/mm^2

したがって，山留め壁応力材の応力度は以下のようになる．

－186－　山留め設計事例集

$$\sigma_b = \frac{M}{Z} = \frac{839 \times 10^3 \times 10^3}{6.27 \times 10^6} = 134\,\mathrm{N/mm^2} \leqq f_b = 235\,\mathrm{N/mm^2} \quad \mathrm{OK}$$

$$\tau = \frac{Q}{A_w} = \frac{354 \times 10^3}{1.14 \times 10^4} = 31\,\mathrm{N/mm^2} \leqq f_s = 135\,\mathrm{N/mm^2} \quad \mathrm{OK}$$

以上の結果より，山留め壁の応力材の安全性が確認された．

本事例では，逆打ち躯体の鉛直力を山留め壁に負担させない計画であるが，山留め壁に逆打ち躯体等の鉛直力を負担させる場合には，山留め応力材断面に軸力 N に相当する圧縮応力度 σ_c を算定し，以下の式による曲げ応力度 σ_b との組合せ応力に対して断面を算定する．また，山留め壁に鉛直力が作用する場合には，応力材の断面算定のほかに，山留め壁の鉛直支持力の検討も必要である．検討方法については，第 I 編 4.2.4「山留め壁の鉛直支持力に対する検討」による．

$$\frac{\sigma_b}{f_b} + \frac{\sigma_c}{f_c} \leqq 1$$

記号　σ_c：応力材に生じる圧縮応力度（kN/m²）（$= N/A$）

　　　N：単位幅あたりの軸力（kN）

　　　A：単位幅あたりの応力材の断面積（m²）

　　　f_c：応力材の許容圧縮応力度（kN/m²）

5.3.7　地下水処理に関する検討

（1）　盤ぶくれ抑止を目的とする排水流量の検討

盤ぶくれ防止のための被圧水頭低下を達成する地下水処理設備について検討した．排水流量は，平衡式であるティーム（Thiem）式を用い算定する．算定には，根切り部の平面規模による仮想井戸半径，地盤の透水係数，地下水の排水による影響圏半径の設定が必要となる．以下に，仮想井戸半径，地盤の透水係数，影響圏半径および排水流量の算定を示す．

（a）　仮想井戸半径

仮想井戸半径は，図5.1 に示す根切り部と等価な面積および等価な周長とした場合で (5.5)，(5.6) 式により算定し，大きい方の半径を採用する．

・面積等価とした場合　　$r_o = \sqrt{\dfrac{A}{\pi}}$ 　　　　　　　　　　　　　　　　　　　　（5.5）

・周長等価とした場合　　$r_o = \dfrac{\sum l_i}{2\pi}$ 　　　　　　　　　　　　　　　　　　　（5.6）

記号　　r_o：仮想井戸半径（m）

　　　　A：根切り面積（m²）

　　　　Σl_i：根切り周長（m）

根切り面積は 995 m²，根切り周長は 151 m より，

面積等価とした場合の r_o は，　$r_o = \sqrt{\dfrac{A}{\pi}} = \sqrt{\dfrac{995}{\pi}} = 17.8\,\mathrm{m}$ ，

周長等価とした場合の r_o は，$r_o = \dfrac{\sum l_i}{2\pi} = \dfrac{151}{2\pi} = 24.0 \, \mathrm{m}$ より，r_o は大きい値である 24.0 m とする．

(b) 透水係数

本計画は遮水壁を採用することから，排水対象層は粘性土層以深（GL－11.1～GL－23.0 m）の細砂層であり，リチャージ対象を粘性土層以浅（GL－1.3～GL－8.8 m）の細砂層とする．透水係数は地盤調査結果と砂層の目安値より設定した〔図 5.12〕．図 5.13 に各層の透水係数を示す．

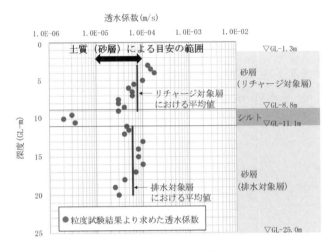

図 5.12 透水係数の設定

深度(m)	層厚(m)	柱状図	土質名	透水係数 (m/s)
1.3			埋土	—
	1.6		砂層	
	1.4		砂層	
5	0.9		砂層	1.0×10^{-4}
	3.6		砂層	
10	2.3		シルト	1.0×10^{-7}
	1.2		砂層	
15	5.0		砂層	6.0×10^{-5}
20	5.7		砂層	
25	2.0		粘土	1.0×10^{-7}

▼GL－23.0 m：基準レベル

図 5.13 透水係数分布

（ c ） 影響圏半径

影響圏半径 R は，(5.7) 式に示すジーハルト（Siechardt）式により算定し，仮想井戸を用いる場合の影響圏半径 R' は (5.8) 式より算定する．

$$R = 3\,000s\sqrt{k} \tag{5.7}$$

$$R' = r_o + R = r_o + 3\,000s\sqrt{k} \tag{5.8}$$

記号　R：影響圏半径（m）
　　　R'：仮想井戸を用いる場合の影響圏半径（m）
　　　r_o：仮想井戸半径（m）
　　　s：水位低下量（m）
　　　k：帯水層の透水係数（m/s）

水位低下量 s は 6.1 m，帯水層の透水係数 k は 6.0×10^{-5} m/s，仮想井戸半径 r_o は 24.0 m より，仮想井戸を用いる場合の影響圏半径 R' は，以下のように算出する．

$$R' = r_o + 3\,000s\sqrt{k} = 24.0 + 3\,000 \times 6.1 \times \sqrt{6.0 \times 10^{-5}} = 166 \text{ m}$$

（ d ） 排水流量

検討対象が被圧帯水層であるため，排水流量は (5.9) 式を用い算定する．排水流量の検討モデルを図 5.14 に示す．

$$Q = \frac{2\pi kD(H-h)}{\ln\left(\dfrac{R'}{r_o}\right)} \tag{5.9}$$

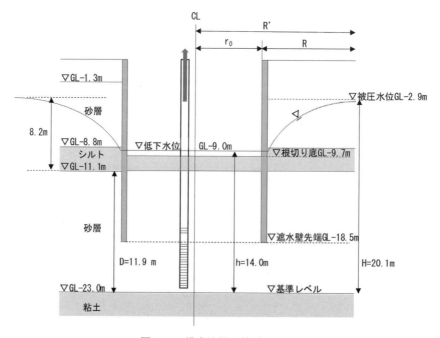

図 5.14　排水流量の検討モデル

記号　Q：排水流量（m³/s）

　　　k：帯水層の透水係数（m/s）

　　　D：帯水層厚（m）

　　　H：影響圏半径 R' の地点における基準レベルから地下水位までの距離（m）

　　　h：仮想井戸内における基準レベルから地下水位までの距離（m）

　　　R'：仮想井戸を用いる場合の影響圏半径（m）

　　　r_o：仮想井戸半径（m）

透水係数 k は 6.0×10^{-5} m/s，帯水層圧 D は 11.9 m，H は 20.1 m，h は 14.0 m，R' は 166 m，r_o は 24.0 m より排水流量 Q は以下のように算出する．

$$Q = \frac{2\pi kD(H-h)}{ln\left(\dfrac{R'}{r_o}\right)} = \frac{2\pi \times 6.0 \times 10^{-5} \times 11.9 \times (20.1-14.0)}{ln\left(\dfrac{166}{24.0}\right)} = 0.0142 \text{ m}^3/\text{s} = 0.85 \text{ m}^3/\text{min}$$

以上より，盤ぶくれ抑止のための根切り部全体の排水流量は 0.85 m³/min となる．

（e）必要井戸本数

ディープウェル 1 カ所あたりの排水流量は，ディープウェルで排水を検討する場合は，1 カ所あたりの排水流量 Q_w は砂層で 0.1〜0.5 m³/min/カ所が目安となる．被圧帯水層の場合は（5.10）式を用いて算定する．

$$Q_w = \frac{2\pi kD(H-h)}{\ln\left(\dfrac{R}{r_w}\right)} \tag{5.10}$$

記号　Q_w：排水流量（m³/s）

　　　k：帯水層の透水係数（m/s）

　　　D：帯水層厚（m）

　　　H：影響圏半径 R の地点における基準レベルから地下水位までの距離（m）

　　　h：ディープウェル内部における基準レベルから地下水位までの距離（m）

　　　R：影響圏半径（m）

　　　r_w：仮想井戸半径（m）

透水係数 k は 6.0×10^{-5} m/s，帯水層圧 D は 11.9 m，H は 20.1 m，h は 14.0 m，R は 141.8 m，r_w は 0.3 m より排水流量 Q_w は以下のように算出する．

$$Q_w = \frac{2\pi kD(H-h)}{ln\left(\dfrac{R}{r_w}\right)} = \frac{2\pi \times 6.0 \times 10^{-5} \times 11.9 \times (20.1-14.0)}{ln\left(\dfrac{141.8}{0.3}\right)} = 0.0044 \text{ m}^3/\text{s} = 0.27 \text{ m}^3/\text{min}$$

ここでは，同敷地内での同様な工事の施工実績を踏まえ，1 カ所あたりの排水流量 Q_w を 0.3 m³/min と想定し，井戸本数 n を以下より算定する．被圧水頭低下のために計 3 本のディープウェルが必要となった．

$$n = \frac{Q}{Q_w} = \frac{0.85}{0.3} = 2.8 \text{ 本} \rightarrow 3 \text{ 本}$$

（2） リチャージの検討

検討対象が不圧帯水層であるため，注水流量は（5.11）式を用い算定する．図5.15にリチャージの検討モデルを示す．水位上昇量（$h-H$）は，土粒子の移動による井戸近傍の目詰まりを抑制するため，周辺地域で実施した段階注水試験結果を基に2.5 mとする．なお，目詰まりを抑制するため定期的に行う排水による逆洗浄では下水道へ放流する計画とする．

$$q_r = \frac{\pi k (h^2 - H^2)}{ln\left(\dfrac{R}{r_w}\right)} \tag{5.11}$$

記号　q_r：リチャージウェル1本あたりの注水流量（m³/s）
　　　k：注水層の透水係数（m/s）
　　　H：影響圏半径 R の地点における基準レベルから地下水位までの距離（m）
　　　h：リチャージウェル内部における基準レベルから地下水位までの距離（m）
　　　R：影響圏半径（m）〔（5.7）式参照〕
　　　r_w：リチャージウェル半径（m）

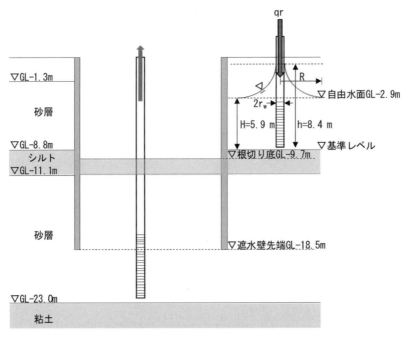

図5.15　リチャージの検討モデル

透水係数 k は，1.0×10^{-4} m/s，h は8.4 m，H は5.9 m，R は75 m，r_w は0.3 m より，

注水流量 q_r は，$q_r = \dfrac{\pi k (h^2 - H^2)}{ln\left(\dfrac{R}{r_w}\right)} = \dfrac{\pi \times 1 \times 10^{-4} \times (8.4^2 - 5.9^2)}{ln\left(\dfrac{75}{0.3}\right)} = 0.002$ m³/s $= 0.12$ m³/min となる．

（３） 地下水処理計画

以上の検討により，表 5.5 に決定した地下水処理設備の仕様，図 5.16 に井戸配置を示す．本事例では，敷地スペースの関係上，リチャージ設置本数を 4 本とし，ディープウェルの排水流量に対する足りない分は下水道へ放流する計画とする．

表 5.5　決定した地下水処理設備の仕様

地下水処理設備	スクリーン設置深度	1 本あたりの能力 (m^3/本)	設置本数
ディープウェル	GL−12〜GL−23 m	0.3	3
リチャージウェル	GL−2.9〜GL−8.8 m	0.12	4

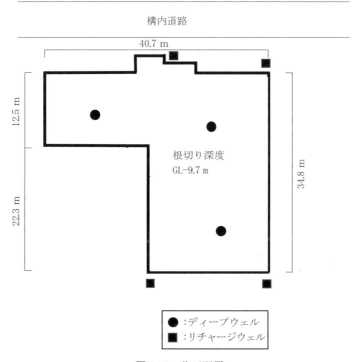

図 5.16　井戸配置

6. 上載荷重を考慮したソイルセメント壁の山留め事例

本事例は，根切り深さ約8.0 mの工事で，山留め壁にはソイルセメント壁，支保工には地盤アンカー2段を採用した例である．敷地周囲に高低差があり，山留め壁背面には既存擁壁に支えられた盛土が存在するため，上載荷重を考慮した検討を行っている．

6.1 山留め計画上の条件
6.1.1 工事概要

敷地および周辺の状況を図6.1に示す．当該建物は研究施設の増築工事で，地下2階，地上5階，基礎形式は直接基礎，根切り平面は約52 m×26 m，根切り深さは8.11 mである．敷地外周には既存の擁壁が存在し，施工地盤（山留め設計GL）より2.5 m上がった位置に構内道路がある〔図6.2〕．

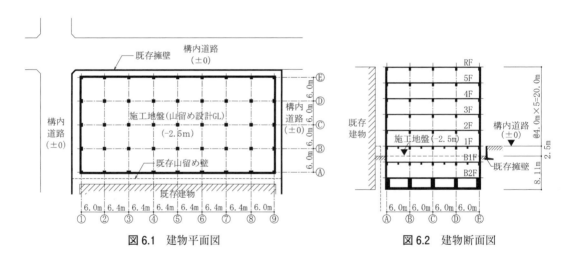

図6.1 建物平面図　　　　図6.2 建物断面図

6.1.2 地盤概要

敷地内の地盤構成は，図6.3に示すように，施工地盤（GL）から表層約3 mまでは粘土・ローム主体の埋土，それ以深は粘土・砂礫・シルト・砂礫の順に堆積している．以下に，施工地盤を基準とした主な地層の構成などを記述する（φ：礫の粒径を示す）．

① 埋土層（GL±0〜GL−3.0 m）

粘土，ローム主体の埋土層で，敷地表層にほぼ一様な厚さで分布する．所々に礫を混入する．

② 洪積粘土層（GL−3.0〜GL−6.8 m）

関東ローム層の下部．不均質な凝灰質粘土であり，浮石，有機物を多量混入する．N値は1〜2程度を示し，含水は中位から多く，粘性は中位から強い．

③ 洪積砂礫層（GL−6.8〜GL−13.1 m）

φ5〜30 mm 程度の円礫から亜円礫が主体で，N 値は 40 以上を示している．この層は含水が多く，第 1 帯水層を形成している．

④ 洪積粘土層（GL−13.1〜GL−16.0 m）

シルトで構成される粘性土層で，平均層厚は約 3 m である．本工事では，この層を難透水層と考え，ここまで山留め壁を根入れする計画とした．

⑤ 洪積砂礫層（GL−16.0〜GL−20.3 m）

φ5〜30 mm 程度の亜円礫から亜角礫を主体とし，最大 80 mm 程度の礫を混入する．N 値は 50 以上を示し，第 2 帯水層を形成している．

なお，砂礫層の被圧水位は GL−4.1 m，ボーリング時に無水堀りで確認された地下水位は GL−3.8 m である．

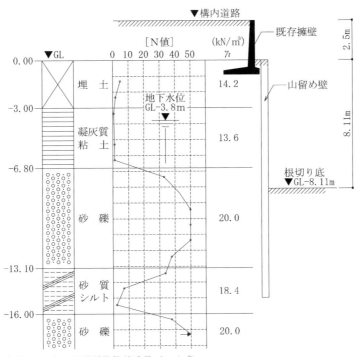

記号　γ_t：土の湿潤単位体積重量（kN/m³）

図 6.3　ボーリング柱状図

6.2 山留め計画

6.2.1 山留め工法の選定条件

本工事においては，山留め工法の選定条件として，敷地条件と周辺の環境，地盤条件に関して次の事項に留意した．

（1）敷地周辺の状況

施設構内での根切り工事であるが，工事場所は既存の研究施設に隣接している．また，敷地の三

方は擁壁を介した盛土に囲まれており，その上部は一般車両も通行可能な構内道路となっている．山留め壁の構築にあたっては，これらの条件に配慮し，低騒音・低振動工法であることと，根切りに伴い，周辺地盤に影響（沈下・水平移動）を極力与えない工法を採用する．

（2） 地盤の状況

根切り部の地盤は，N値1～2の粘性土が主体である．根切り底付近は，N値30～40程度の硬質な砂礫層となっている．被圧水頭はGL－4.1 m，無水掘り水位はGL－3.8 mであることからGL－3.8 mを設計水位とし，遮水壁を採用した．

6.2.2 山留め計画の基本方針

以上の条件より，本工事の山留め計画の基本方針を次のように決定した．

（1） 山留め壁

山留め壁は，遮水性があり剛性が高く，低騒音・低振動で施工できるソイルセメント壁を採用した．山留め壁のソイルセメント先端は，GL－13.1～GL－16.0 mの粘性土層に根入れして，根切り底下部から回り込んでくる地下水を遮水する計画とした．

（2） 山留め支保工

山留め支保工は，敷地に余裕がない条件のなかで地下階の施工性を向上させるため，また，隣接する既存施設に影響を与えない工法とするため，施設の管理者と協議し，敷地外周の構内道路内に納まる条件で地盤アンカーを打設する計画とした．地盤アンカーの定着層は，N値30以上の砂礫層と設定した．

6.3 山留めの設計

6.3.1 設計用地盤定数

山留め架構の設計に用いる地盤定数は，土質・N値および土質試験結果から判断し，表6.1に示す値とした．N値は過去に実施された周辺の試験結果も参考に，過大な値を除いた平均N値を算出し，安全側に評価した．以下に根拠を示す．

表6.1　設計用地盤定数

土層 No.	深さ (GL－m)	層厚 (m)	土質名	N値	γ_t (kN/m³)	c (kN/m²)	ϕ (°)	k_h (kN/m³)
1	0.00～ 3.00	3.00	埋土 (粘性土)	2	14.2	25	0	2 500
2	3.00～ 6.80	3.80	凝灰質粘土	1	13.6	23	2	2 300
3	6.80～13.10	6.30	砂礫	37	20.0	0	42	37 000
4	13.10～16.00	2.90	砂質シルト	4	18.4	34	4	3 400
5	16.00～20.30	4.30	砂礫	50	20.0	0	45	50 000

（1）　土の湿潤単位体積重量（γ_t）

湿潤単位体積重量は，湿潤密度試験結果の平均値より求めた.

（2）　土の粘着力（c）

粘着力は，三軸圧縮試験結果の平均値を採用した．三軸圧縮試験を実施していない表層の埋土層（ローム主体の粘性土層）については，付1 3.「粘土のN値と一軸圧縮強さq_u（粘着力$c_u = q_u/2$）の関係」に示す，大崎の式（東京地盤）[6.1]を用いてN値より推定した．ただし，砂礫土層については，$c = 0$とした.

$$q_u = 40 + 5N, \quad c = \frac{q_u}{2} \quad (\text{kN/m}^2)$$

（3）　土の内部摩擦角（ϕ）

内部摩擦角（せん断抵抗角）は，下記の大崎の式を用いてN値より推定し，上限値を45°とした．また，三軸圧縮試験を実施している粘性土層については試験結果の平均値を採用し，実施していない表層の埋土は$\phi = 0°$とした.

$$\phi = \sqrt{20N} + 15 \quad (°)$$

（4）　水平地盤反力係数（k_h）

水平地盤反力係数は，第Ⅰ編 4.「山留めの設計」における図4.4.4の平均の関係に基づいて，砂質地盤については地層のN値，粘性土地盤では粘着力（c）を用いて設定した.

6.3.2　上載荷重の設定

敷地外周の盛土は，周辺の既存ボーリングデータより，表6.1に示す土層No.1（埋土）と同様に，粘性土を主体とした土層であることを確認した．ただし，湿潤単位体積重量の試験結果が存在しないため，宅地造成等規制法施行令第7条「鉄筋コンクリート造等の擁壁の構造」3項に示す，別表第二（盛土の土質に応じた単位体積重量と土圧係数）を参考に，「粘性土を多量に含む土」として$\gamma_t = 16.0 \text{ kN/m}^3$と仮定した．さらに，鉄筋コンクリート造擁壁の自重と擁壁背面の裏込め材の荷重を2 kN/m³見込み，盛土の湿潤単位体積重量を18.0 kN/m³と仮定して上載荷重を設定した．その他，一般的な通行車両程度を想定して，10 kN/m²の上載荷重を見込んだ．山留め壁背面地盤に作用する盛土荷重は，図6.4に示すように根切り底面から想定した主働崩壊線と山留め壁に囲まれた土塊重量が等価になるように仮想地盤高さを設定し，換算上載荷重として等分布の帯状荷重を与えた.

（1）　山留め壁背面の盛土荷重

a）主働崩壊線内の盛土重量：W_1（ABCDの重量）

$$W_1 = 1/2 \times (6.231 + 8.731) \times 2.5 \times 18.0 = 336.65 \quad (\text{kN/m})$$

b）主働崩壊線内の盛土面積：A_0（ABCDの面積）

$$A_0 = 1/2 \times (6.231 + 8.731) \times 2.5 = 18.70 \quad (\text{m}^2)$$

c）ABCDの平均湿潤単位体積重量：γ_o

$$\gamma_o = 18.00 \quad (\text{kN/m}^3)$$

（2） 換算上載荷重の算定

図 6.4 の ABCD で囲まれた山留め壁背面の盛土（ABCD）と同等の面積・重量になるような仮想盛土（EBFG）を想定する．

h_o：仮想盛土の高さ（m）
A'：仮想盛土の面積（m²）
W'：仮想盛土の重量（kN/m）

$W_1 = W'$ を満足する仮想盛土の高さ h_o を求める．

$$W' = 1/2\{7.231 + (7.231 + h_o \times \cos 45°)\} h_o \times 18.0 = 336.65 \text{（kN/m）}$$
$$= 1/2(14.462 + h_o) \times 18.0 h_o = 336.65$$
$$= (7.231 + 0.5 h_o) \times 18.0 h_o = 336.65$$
$$9 h_o^2 + 130.158 h_o - 336.65 = 0 \quad \cdots ①$$

上記①の方程式を解き　　∴ $h_o = 2.24$（m）

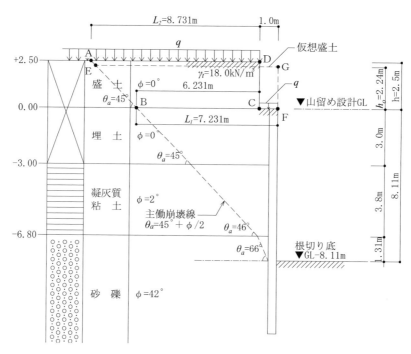

図 6.4　盛土荷重を考慮した換算上載荷重（最終掘削時）

a）盛土荷重（q_0）を仮想盛土として B−F 間に換算上載荷重として作用させる．
　　$q_0 = \gamma_t h_o = 18.0 \times 2.24 = 40.32 \rightarrow 41.0$（kN/m²）
b）上載荷重（q）として一般的な通行車両程度を考慮する．
　　$q = 10.0$（kN/m²）

6.3.3 側圧の設定

表層が粘性土地盤の場合，背面側側圧をランキン・レザール法により算定すると，以下の計算に示すように側圧が0となり危険側の設計となる．そこで，側圧には土水圧一体とした側圧係数法を採用し，上載荷重を含まない，各層のランキン・レザール法で求めた側圧とほぼ同等となるように側圧係数を設定した．

（1）ランキン・レザール法による背面側側圧

$$p_a = (\gamma_t z - p_{wa})\tan^2(45° - \frac{\phi}{2}) - 2c\tan(45° - \frac{\phi}{2}) + p_{wa}$$

記号　p_a：地表面からの深さ z における背面側側圧（kN/m^2）

　　　　γ_t：土の湿潤単位体積重量（kN/m^3）

　　　　z：地表面からの深さ（m）

　　　　ϕ：土の内部摩擦角（°）

　　　　c：土の粘着力（kN/m^2）

　　　　p_{wa}：地表面からの深さ z における背面側水圧（kN/m^2）

深さ 13.1 m の砂礫層下端までの側圧を算出する．

GL ± 0　　　　　$p_a = (14.2 \times 0) \times \tan^2 45° - 2 \times 25 \times \tan 45° = -50.00$ kN/m$^2 \Rightarrow 0$

GL − 3.0 m 上　$p_a = (14.2 \times 3.0) \times \tan^2 45° - 2 \times 25 \times \tan 45° = -7.40$ kN/m$^2 \Rightarrow 0$

GL − 3.0 m 下　$p_a = (14.2 \times 3.0) \times \tan^2(45° - 2/2) - 2 \times 23 \times \tan(45° - 2/2) = -4.69$ kN/m$^2 \Rightarrow 0$

GL − 3.8 m　　$p_a = (42.6 + 13.6 \times 0.8) \times \tan^2(45° - 2/2) - 2 \times 23 \times \tan(45° - 2/2)$

　　　　　　　　　$= 5.45$ kN/m^2（地下水面）

GL − 6.8 m 上　$p_a = (53.48 + 13.6 \times 3.0 - 10 \times 3.0) \times \tan^2(45° - 2/2) - 2 \times 23 \times \tan(45° - 2/2) + 10 \times 3.0$

　　　　　　　　　$= 45.52$ kN/m^2

GL − 6.8 m 下　$p_a = (53.48 + 13.6 \times 3.0 - 10 \times 3.0) \times \tan^2(45° - 42/2) + 10 \times 3.0 = 42.74$ kN/m^2

GL − 8.11 m　　$p_a = (94.28 + 20.0 \times 1.31 - 10 \times 4.31) \times \tan^2(45° - 42/2) + 10 \times 4.31$

　　　　　　　　　$= 58.44$ kN/m^2（根切り深さ）

GL − 13.1 m　　$p_a = (120.28 + 20.0 \times 5.0 - 10 \times 9.3) \times \tan^2(45° - 42/2) + 10 \times 9.3 = 118.23$ kN/m^2

（2）側圧係数法による背面側側圧

表6.2 に示す側圧係数により背面側側圧を算定した．土層 No.1 は埋土であるが，粘土・ローム主体の地盤であり，同構内で施工した過去の実績からも自立性の高い安定した地盤であることを確認している．そこで，側圧係数の下限値[6.2]である 0.2 を採用した．

$$p_a = K\gamma_t z$$

記号　p_a：背面側側圧（kN/m^2）

　　　　K：側圧係数

　　　　γ_t：土の湿潤単位体積重量（kN/m^3）

　　　　z：地表面からの深さ（m）

— 198 —　山留め設計事例集

表6.2　設計用側圧係数

土層 No.	深さ (GL−m)	層厚 (m)	土質名	側圧係数 K
1	0.00〜3.00	3.00	埋　土 （粘性土）	0.20
2	3.00〜6.80	3.80	凝灰質粘土	0.30
3	6.80〜13.10	6.30	砂　礫	0.50
4	13.10〜16.00	2.90	砂質シルト	0.60
5	16.00〜20.30	4.30	砂　礫	0.60

GL−0.0 m 　　　$p_a = 0.00$ kN/m^2

GL−3.0 m 上　$p_a = 0.2 \times 14.2 \times 3.0 = 8.52$ kN/m^2

GL−3.0 m 下　$p_a = 0.3 \times 14.2 \times 3.0 = 12.78$ kN/m^2

GL−3.8 m 　　$p_a = 0.3 \times (14.2 \times 3.0 + 13.6 \times 0.8) = 16.04$ kN/m^2（地下水面）

GL−6.8 m 上　$p_a = 0.3 \times (53.48 + 13.6 \times 3.0) = 28.28$ kN/m^2

GL−6.8 m 下　$p_a = 0.5 \times (53.48 + 13.6 \times 3.0) = 47.14$ kN/m^2

GL−8.11 m 　$p_a = 0.5 \times (94.28 + 20.0 \times 1.31) = 60.24$ kN/m^2（根切り深さ）

GL−13.1 m 　$p_a = 0.5 \times (120.48 + 20 \times 4.99) = 110.14$ kN/m^2

　ランキン・レザール法および側圧係数法で算定した背面側側圧を図6.5に示す．設計用の側圧は，土層ごとに設定した側圧係数法による土水一体型の側圧に，上載荷重による増分側圧を加えた値とした．増分側圧は，6.3.2「上載荷重の設定」で求めた盛土荷重による上載荷重が深度方向に一律に加算されるものとし，これに各層の側圧係数を乗じて求めた．

（3）　掘削側の側圧

　山留め壁の掘削側に作用する側圧の上限値は，第Ⅰ編 2.「荷重」(2.1.4) 式による，ランキン・レザール法で算定した．

（4）　平衡側圧

　根切り後の平衡側圧の評価に際しては，第Ⅰ編 2.「荷重」(2.1.8)，(2.1.9) 式に示す，「除荷に伴う土圧の残留を考慮する方法[6.3]」を採用し，掘削側地盤が過圧密状態にあることを考慮して土圧係数を割り増して算定することとした．

（5）　梁・ばねモデルに用いる設計側圧

　山留め壁に作用する荷重は，（2）に定める背面側の側圧から（4）に定める平衡側圧を差し引いた側圧が設計外力として作用する．また，山留め壁の変位に応じて掘削側根入れ部に反力として発生する水平地盤反力の増分は，（3）に定める掘削側の側圧の上限値から（4）で求めた平衡側圧を差し引いた値を超えないものとする．図6.6に最終掘削時の設計側圧を示す．

6. 上載荷重を考慮したソイルセメント壁の山留め事例 —199—

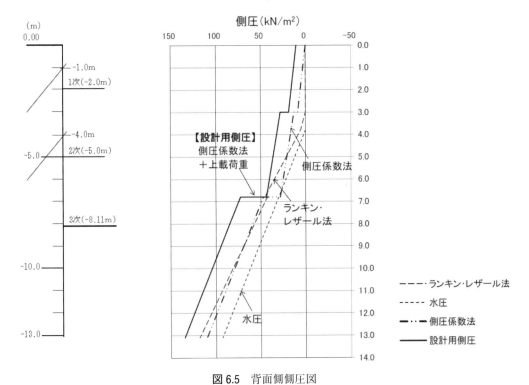

図 6.5　背面側側圧図

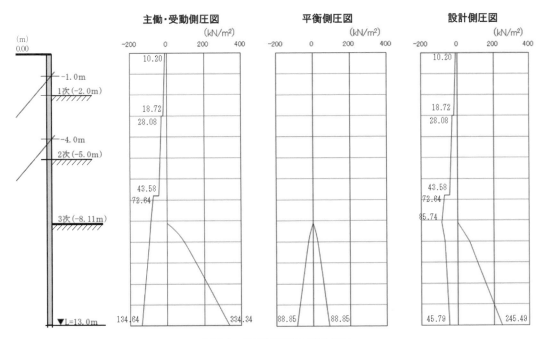

図 6.6　最終掘削時の設計側圧

6.3.4 山留め架構の設定

図 6.7 は，想定する山留め断面図である．山留め壁はソイルセメント壁，支保工には残置式の地盤アンカーを採用し，掘削深さや背面地盤の条件から，支保工については 1 段とすることも考えられたが，山留め壁背面に存在する既存擁壁や盛土に対する安全性を考慮して 2 段配置とし，アンカーの定着層が N 値 30 以上の砂礫層（GL -6.8 〜 GL -13.1 m）になるように，傾角と自由長を設定した．また，定着体を含む土塊全体の滑りに対する安全性の確保と，盛土による上載荷重を考慮して，山留め壁根入れ部の変位 0 点に設定した不動点から発生する仮想主働すべり面（$45°+\phi/2$）の外側に定着体を配置した．

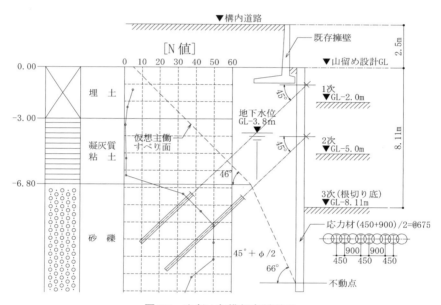

図 6.7　山留め架構想定断面図

6.3.5 山留め壁の検討

梁・ばねモデルによる山留め壁の変位・応力解析を行う．変位の目標値としては，敷地外周に近接している構内道路への影響を考慮し，一般的な沿道掘削の基準に準拠して山留め壁の頭部変位を 30 mm 以内に抑えることを目標とする．本事例では，最大変位も 30 mm 以内に抑えるように計画した．検討にあたり想定した諸元を以下に示す．

（1）山留め壁諸元

山留め壁の諸元は，以下のとおりである．

応力材は，@450 mm と @900 mm を交互に配置する隔孔配置とし，@675 mm として検討した．

山留め壁：ソイルセメント壁，柱列式，ϕ600 mm，@450 mm，$L=15.0$ m

応　力　材：H$-450\times200\times9\times14$（$Z_x=1\,460$ cm^3，$A_w=37.98$ cm^2），@675 mm，$L=13.0$ m

　　　　　　$E=2.05\times10^8$ kN/m^2，$I_x=32\,900$ cm^4，0.000329 m^4/0.675 m $=0.0004874$ m^4/m

　　　　　　（単位幅 1.0 m あたりの断面二次モーメントに換算）

記号　　Z_x：断面係数（強軸方向）（cm^3）

A_w：ウェブ断面積（cm^2）

E：応力材のヤング係数（kN/m^2）

I_x：断面二次モーメント（強軸方向）（cm^4）

（2） 地盤アンカー諸元

地盤アンカーの諸元を表6.3に示す.

表6.3 地盤アンカー諸元

段数	引張材 （SWPR 7 BL）	断面積 （mm^2）	自由長 （m）	アンカー 間隔（m）	アンカー 傾角（°）	ばね定数 （kN/m/m）
1段	PC鋼より線 7本より 12.7 mm×4本	394.8	9.0	2.7	45	1 665
2段	同上　×6本	592.3	5.0	2.7	45	4 497

　本計画は敷地外周に余裕がなく, 山留め壁を地下外壁の外型枠として利用する. 検討にあたっては, 地下躯体の施工手順を検討し, コンクリートの水平打継ぎ計画により, 支保工の段数や高さを仮定する. 地盤アンカーの場合, 各段の腹起しが2段配置となるため, 特にコンクリート水平打継ぎ部の柱筋や壁筋との干渉に留意する必要がある. それらの条件により, 地盤アンカーの傾角と自由長, 水平間隔, 鋼線の断面積を仮定し, 水平ばね定数を算定したうえで, 梁・ばねモデルによる解析を行う. 設計時には, 山留め壁の変位や断面算定の結果を参照し, 安全性や施工性, 合理性を総合的に判断したうえで, 適切な結果が得られるまで条件を変化させながら繰返し検討を行うが, ここでは採用した仕様についての結果のみを示す.

　梁・ばねモデルでの解析時に使用する地盤アンカーの水平ばね定数は, 本会「建築地盤アンカー設計施工指針・同解説」（2018）[6.4]により, 以下の式から求める.

$$k = \frac{EA}{L_{ft}} \times \frac{1}{a} \cos^2 \theta_v$$

記号　　k：地盤アンカーの水平ばね定数（kN/m/m）

　　　　E：引張材のヤング係数 $= 2.05 \times 10^8$（kN/m^2）

　　　　A：引張材の断面積（m^2）

　　　　L_{ft}：引張材の自由長（m）

　　　　a：アンカー間隔（m）

　　　　θ_v：アンカー傾角（°）

① 1段アンカーばね定数

$$k_1 = \frac{\{(2.05 \times 10^8) \times (394.8 \times 10^{-6})\}}{9.0} \times \frac{1}{2.7} \cos^2 45° = 1\,665.31 \ (\text{kN/m/m})$$

② 2段アンカーばね定数

$$k_2 = \frac{\{(2.05 \times 10^8) \times (592.3 \times 10^{-6})\}}{5.0} \times \frac{1}{2.7} \cos^2 45° = 4\,497.09 \ (\text{kN/m/m})$$

（3） 施工ステップ

梁・ばねモデルによる解析時の施工ステップを表6.4に示す．

表6.4　施工ステップ

ステップ	施工段階	根切り深さ (GL－m)	支保工架設高さ (GL－m)	プレロード (kN/m)
1	1次根切り	2.0	―	―
2	1段アンカー設置・緊張	2.0	1.0	60.0
3	2次根切り	5.0	―	―
4	2段アンカー設置・緊張	5.0	4.0	100.0
5	3次（最終）根切り	8.1	―	―

以上の条件により，梁・ばねモデルによる変位・応力解析を行う．解析時の導入緊張力（プレロード）は，本会「建築地盤アンカー設計施工指針・同解説」(2018) では，地盤アンカーに作用する最大荷重の50～90％程度とすることが多い[6.8)]としている．本計画では，山留め壁背面に存在する既存擁壁の変位を最小限に抑えるため，プレロードを与えない予備計算で得られた支点反力の約80％をプレロード荷重と設定し導入した．

（4） 解析結果

梁・ばねモデルによる山留め壁の変位・応力解析結果を図6.8に示す．また，山留め壁に発生する変位，曲げモーメント，およびせん断力の最大値を表6.5に示す．

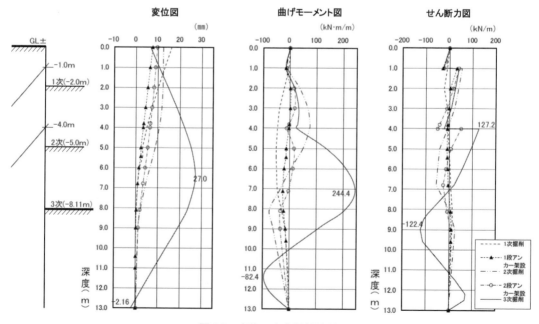

図6.8　変位・応力解析結果

表 6.5 山留め壁変位・応力の最大値

	最大値	発生ステップ	発生位置 (GL－m)
変　位 (mm)	27.0	最終（3次）根切り	6.4
曲げモーメント (kN・m/m)	244.4	最終（3次）根切り	7.1
せん断力 (kN/m)	127.2	最終（3次）根切り	4.0

（5） 応力材根入れ長さの検討

梁・ばねモデルでは，地盤の塑性化を考慮して根切り側地盤の側圧に上限値を設けており，また本事例は多段支保工であることから，山留め壁の根入れ部に過大な変位が生じないことを確認したうえで，側圧の釣合いによる検討を省略した[6.5]．なお，参考までに，土木系の指針類に示される「弾性領域率」を施工ステップごとに算定し，表 6.6 に示した．弾性領域率は，根切り側の側圧が上限値に達していない，すなわち，地盤が塑性化していない範囲を山留め壁の根入れ長さで除した値として定義される．首都高速道路（株）「仮設構造物設計要領」[6.6]では「砂質土」「粘性土」の場合，同割合が 10 ％以上であることが推奨されている．弾性領域率最小時の弾性・塑性領域を図 6.9 に示す．

表 6.6 弾性領域率一覧表

ステップ	根切り深さ GL－m	根入れ長さ (a) m	弾性領域 (b) m	弾性領域 (b)/(a) %
1	2.0	11.0	11.0	100.0
2	2.0	11.0	11.0	100.0
3	5.0	8.0	7.1	88.8
4	5.0	8.0	7.3	91.3
5	8.11	4.89	1.5	30.7

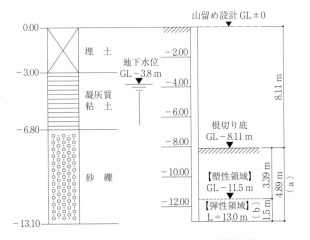

図 6.9 弾性領域率最小時の弾性・塑性領域図

（6） 根切り底面の安定

山留め壁の先端は図6.10に示すように，遮水のためにGL－13.1 m以深の難透水層（砂質シルト層）に2 m程度根入れするものとし，GL－15.0 mをソイルセメント壁の先端とした．

根切り底面の安全性を確認するため，被圧水頭（GL－4.1 m）による盤ぶくれの検討を行う．

$$F = \frac{\gamma_t d}{\gamma_w h} = \frac{20 \times 4.99 + 18.4 \times 2.9}{10 \times 11.9} = \frac{153.16}{119} = 1.29 > 1.0 \quad \cdots \text{OK}$$

記号　　γ_t：土の湿潤単位体積重量（kN/m³）

　　　　d：根切り底から難透水層下端までの距離（m）

　　　　γ_w：水の単位体積重量（kN/m³）

　　　　h：被圧帯水層の水頭（m）

　　　　$\gamma_w h$：難透水層下端に作用する被圧水による揚圧力（kN/m²）

　　　　F：盤ぶくれに対する安全率（$F > 1.0$）

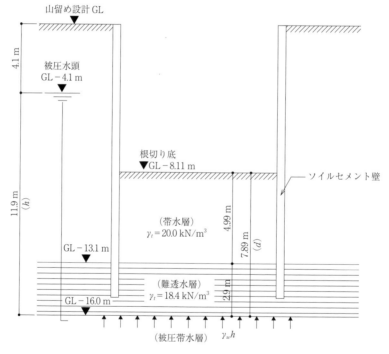

図 6.10　盤ぶくれの検討

（7） 山留め壁の応力検討

梁・ばねモデルでの算定による支点反力，およびそれより求まるアンカー軸力を表6.7に示す．

表 6.7 アンカー軸力一覧表

段数	支点反力 R (kN/m)	アンカー間隔 a (m)	アンカー傾角 θ_v (°)	鉛直軸力 P_v (kN/m)	鉛直軸力 P_v (kN/本)	アンカー軸力 P_d (kN/本)
1段	69.7	2.7	45	69.7	188.2	266.1
2段	150.1	2.7	45	150.1	405.3	573.1

記号　R：支点反力（kN/m）

　　　a：アンカーの水平間隔（m）

　　　P_v：単位幅あたりの鉛直方向成分　$= R \tan\theta_v$（kN/m）

　　　P_d：アンカー1本あたりの軸力　$= (R/\cos\theta_v) \cdot a$（kN/本）

使用応力材　　　：H-450×200×9×14（SS 400）
断面積　　　　　：$A = 9\,543$ mm^2
断面係数　　　　：$Z_x = 1\,460 \times 10^3$ mm^3
断面二次半径　　：$i_x = 186$ mm，$i_y = 44.3$ mm
せん断有効断面積：$A_w = (450 - 2 \times 14) \times 9 = 3\,798$ mm^2（ウェブの断面積）
応力材間隔　　　：@675 mm

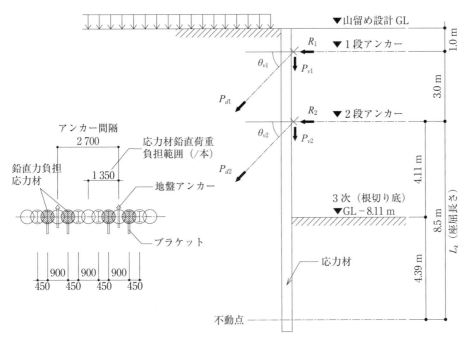

図 6.11　山留め壁の応力検討図

図 6.11 に示す，地盤アンカー緊張時に山留め壁に作用する鉛直荷重（P_{v1}, P_{v2}）に対して，山留め壁の応力および支持力の検討を行う．本事例では，地盤アンカーの水平間隔が 2.7 m と大きく，また，1段目と2段目が同ピッチのため分散効果が期待しにくい．安全側の検討として地盤アンカー

― 206 ―　山留め設計事例集

の鉛直力に対して，それを挟み込む 2 本の応力材で負担すると仮定して検討する.

・応力材 1 本あたりに作用する鉛直荷重

表 6.7 より　$P_v = (188.2 + 405.3)/2 = 296.75$（kN/本）

鉛直力に対して応力材の弱軸方向については，全長にわたりソイルセメントで拘束されているものと考え，変位方向である強軸に対して検討を行う. 許容応力度算定に用いる座屈長さ（L_k）は，最下段のアンカー高さから根入れ部の不動点（変位・応力解析結果における変位 0 点）までの距離とした. 応力材は新品材を使用し，第 I 編 3.「許容応力度」3.1「形鋼材」に示す短期許容応力度[6.9]を用いて検討した.

＜断面算定＞

曲げ応力度　　　　$\sigma_b = M/Z_x = (244.4 \times 10^6 \times 0.675)/(1\,460 \times 10^3) = 112.99$（N/mm²）

圧縮応力度　　　　$\sigma_c = p_v/A = 296.75 \times 10^3/9\,543 = 31.10$（N/mm²）

許容曲げ応力度　　$f_b = 235$（N/mm²）

細長比　　　　　　$\lambda = L_k/i_x = 8\,500/186 = 45.70 \rightarrow 46$ として検討

許容圧縮応力度　　$f_c = 207$（N/mm²）※第 I 編　表 3.1.4「λ と f_c との関係（短期許容応力度）」

$$\therefore \frac{\sigma_b}{f_b} + \frac{\sigma_c}{f_c} = \frac{112.99}{235} + \frac{31.10}{207} = 0.63 < 1.0 \quad \text{OK}$$

許容せん断応力度　$f_s = 135$（N/mm²）

せん断応力度　　　$\tau = Q/A_w = 127.2 \times 10^3 \times 0.675/3\,798 = 22.61$（N/mm²）

$$\therefore \frac{\tau}{f_s} = \frac{22.61}{135} = 0.17 < 1.0 \quad \text{OK}$$

以上より，使用する応力材の強度は，生じる最大応力に比べ，十分上回っている.

（8）　山留め壁支持力の検討

地盤アンカーの鉛直力に対して，山留め壁先端の支持力を検討する.

$$R_a = \frac{1}{2}\left\{ \alpha \overline{N} A_p + \left(\frac{10\overline{N_s}L_s}{3} + \frac{\overline{q_u}L_c}{2} \right)\Psi \right\}$$

記号　　R_a：単位幅あたりの山留め壁の許容支持力（kN/m）

　　　　α：山留め壁先端地盤の支持力係数（ソイルセメント壁の場合　$\alpha = 75$）

　　　　$\overline{N}$：山留め壁先端付近の平均 N 値

　　　　A_p：単位幅あたりの山留め壁先端の有効断面積（m²）〔図 6.13 参照〕

　　　　$\overline{N_s}$：根切り底から山留め壁先端までの地盤のうち，砂質土部分の平均 N 値（ただし，$\overline{N_s}$
　　　　　　≦30）

　　　　L_s：根切り底以深で砂質土部分にある山留め壁の長さ（m）

　　　　$\overline{q_u}$：根切り底から山留め壁先端までの地盤のうち，粘性土部分の平均一軸圧縮強さ（kN/
　　　　　　m²）（ただし，$\overline{q_u}$≦200 kN/m²）

　　　　L_c：根切り底以深で粘性土部分にある山留め壁の長さ（m）

　　　　Ψ：単位幅あたりの山留め壁の周長（m）→ 0.51 m×2 面〔図 6.13 参照〕

q_u：山留め壁先端粘性土の一軸圧縮強さ（kN/m²）

山留め壁の支持力検討は，図6.12に示す最終掘削時のモデルにて行い，山留め壁と地盤との摩擦抵抗を評価する範囲は根切り底以深の範囲とするが，（7）「山留め壁の応力検討」と同様に地盤アンカーの鉛直力に対して，それを挟み込む2本のソイルセメントで負担すると仮定して検討する．支持力評価に用いるソイルセメント壁の有効断面積（A_p）と周長（Ψ）の範囲を図6.13に示す．

$$R_{a1} = \frac{1}{2}\left\{75 \times 37 \times 0.242 + \left(\frac{10 \times 30 \times 4.89}{3}\right) \times 0.51 \times 2\right\}$$

$$= \frac{1}{2}(671.55 + 489 \times 1.02) = 585.17 \text{ kN}$$

記号　R_{a1}：山留め壁1本あたりの許容支持力（kN）

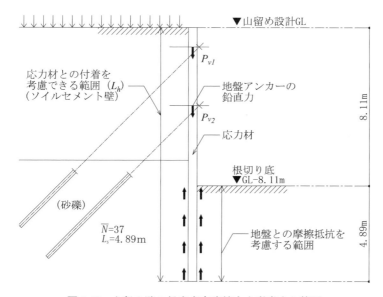

図6.12 山留め壁の鉛直方向摩擦力を考慮する範囲

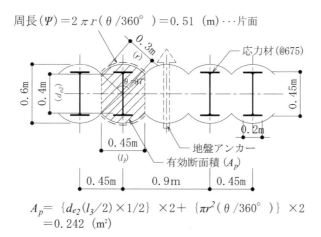

図6.13 支持力評価に用いる山留め壁先端の有効断面積および周長

（9）応力材とソイルセメントの付着に対する検討

ソイルセメント壁の場合，応力材の付着を考慮できる範囲は，第Ⅰ編 4.「山留めの設計」図 4.2.4 に示す応力材全長〔図 6.12〕であるが，根切り側の壁面においては，ソイルセメントのカット〔図 6.14〕を考慮して付着強度は見込まない．図 6.15（a）および（b）に示すソイルセメント壁の破壊面を考慮し，（7）「山留め壁の応力検討」と同様に地盤アンカーの鉛直力に対して，それを挟み込む 2 本の応力材で負担すると仮定し，以下の式で応力材 1 本あたりの許容鉛直力を検討する．

$$R_{a2} = \min\{f_a \psi_a L_h + f_c A_h,\ (f_a \psi_a + f_s \psi_s) L_h + f_c A_{hp}\}$$

記号　R_{a2}：応力材とソイルセメントの付着・せん断および先端抵抗から定まる許容鉛直力（kN）

　　　L_h：山留め壁応力材の長さ（m）

　　　f_a：ソイルセメントの許容付着応力度（kN/m²）

　　　f_c：ソイルセメントの許容圧縮応力度（kN/m²）

　　　ψ_a：ソイルセメントと山留め壁応力材の接する長さ（m）〔図 6.15 参照〕

　　　　　（a）付着破壊の検討長さ → 1.68 m（カット部は 1.68 − 0.23 = 1.45 m）

　　　　　（b）付着＋せん断破壊の検討長さ → 0.46 m（カット部は 0.23 m 片面）

　　　　　（a），（b）ともに根切り底以浅でソイルセメントのカットを行う範囲〔図 6.14〕については，フランジ見付幅＋フランジ厚＝0.23 m を見込まない．

　　　f_a：ソイルセメントの許容付着応力度（kN/m²）

　　　A_h：山留め壁応力材の先端面積（m²）→ 0.009543 m²

　　　f_s：ソイルセメントの許容せん断応力度（kN/m²）

　　　ψ_s：ソイルセメントのせん断を考慮する部分の長さ（m）→ 0.42 m×2（両面）

　　　A_{hp}：山留め壁応力材の閉塞断面の面積（m²）→ 0.09 m²〔図 6.14 参照〕

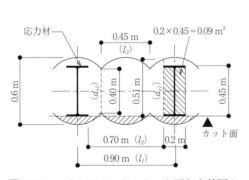
図 6.14　ソイルセメントのカット面と有効厚さ

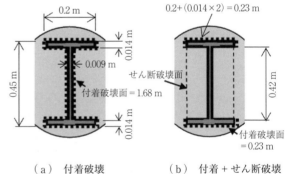
図 6.15　ソイルセメントの破壊面

ソイルセメントの設計基準強度（F_c）は 0.5 N/mm² とし，許容応力度は，第Ⅰ編 3.「許容応力度」表 3.6.1，3.6.2 に示す値とする．

$$f_c = \frac{F_c}{2} = \frac{0.5}{2} = 0.25\ (\text{N/mm}^2)$$

6. 上載荷重を考慮したソイルセメント壁の山留め事例 — 209 —

$$f_s = \frac{F_c}{6} = \frac{0.5}{6} = 0.08 \ (\text{N/mm}^2)$$

$$f_a = \frac{F_c}{20} = \frac{0.5}{20} = 0.025 \ (\text{N/mm}^2)$$

（a） 付着破壊から定まる許容鉛直力（kN）

$f_a \psi_\alpha L_h + f_c A_h = \{0.025 \times 10^3 \times (1.45 \times 8.11 + 1.68 \times 4.89) + 0.25 \times 10^3 \times 0.009543\} = 501.75 \ \text{kN}$

（b） 付着＋せん断破壊から定まる許容鉛直力（kN）

$(f_a \psi_\alpha + f_s \psi_s) L_h + f_c A_{hp}$

$= \{0.025 \times 10^3 \times (0.23 \times 8.11 + 0.46 \times 4.89) + (0.08 \times 10^3 \times 0.84) \times 13.0 + 0.25 \times 10^3 \times 0.09\}$

$= 998.97 \ \text{kN}$

$R_{a2} = \min\{501.75, \ 998.97\} = 501.75 \ \text{kN}$

$R_{a1} > R_{a2}$ ∴許容支持力には R_{a2} を採用する.

・応力材（ソイルセメント）1本あたりに作用する鉛直荷重

表6.7より　$P_v = (188.2 + 405.3)/2 = 296.75 < R_{a2} = 501.75$（kN）　…OK

6.3.6　ソイルセメントの検討

梁・ばねモデルによる解析で設定した背面側設計側圧の最大値を用いて，ソイルセメントの応力・断面検討を行う．本事例では，応力材の間隔を 0.45 m と 0.9 m の交互に配置する計画としている．ここでは，応力材を 0.9 m 間隔（以下，隔孔という）に配置したモデルで指針に示す A 法[6.7] を用い，ソイルセメント内に図6.16（b）に示す仮想の放物線アーチを想定し，アーチの軸力（N）に対する圧縮力，およびせん断力（Q）に対する検討を行う．

記号　V：支点反力（kN）

　　　b：深さ方向の長さ（1 m）

　　　w：深さ方向単位長さ（1 m）あたりの側圧（kN/m）→図6.6より 85.74（kN/m）

　　d_e：ソイルセメントの有効厚さ（m）

　　　Q：ソイルセメントの有効厚さに生じるせん断力（kN）

　　　H：水平反力（kN）

　　　N：アーチの軸力（kN）

付4「ソイルセメント内の仮想放物線アーチの寸法と応力」付表1を用いて算定する．

　　応力材：H－450×200×9×14　より，

　　　D：ソイルセメント径　0.6（m）

　　　l_1：応力材間隔　　　　0.9（m）

　　　l_2：応力材の内法間隔　0.7（m）

　　　t：アーチの厚み　　　0.293（m）

　　　f：アーチのライズ　　0.253（m）

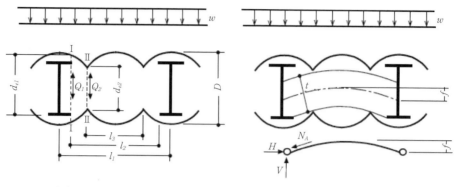

(a) せん断応力度の検討　　　　　　(b) 圧縮応力度の検討 [A 法]

図 6.16 応力材の隔孔配置例

① アーチの軸力に対する圧縮力（N）の検討

付 4 付表 1 より $N/w = 0.6$

∴ $N = 0.6 \times 85.74 = 51.44$ （kN）

$$\sigma = \frac{N}{bt} = \frac{51.44 \times 10^3}{1\,000 \times 293} = 0.18 \text{ （N/mm}^2\text{）}$$

∴ $\dfrac{\sigma}{f_c} = \dfrac{0.18}{0.25} = 0.72 < 1.0 \quad \cdots \text{OK}$

② せん断力（Q）に対する検討

・図 6.16（a） I ～ I 断面の検討

付 4 付表 1 より $Q_1/w = 0.35$，図 6.14 より $d_{e1} = 0.51$ m

∴ $Q_1 = 0.35 \times 85.74 = 30.01$ （kN）

$$\tau_1 = \frac{Q_1}{b\,d_{e1}} = \frac{30.01 \times 10^3}{1\,000 \times 0.51 \times 10^3} = 0.06 \text{ （N/mm}^2\text{）}$$

∴ $\dfrac{\tau_1}{f_s} = \dfrac{0.06}{0.08} = 0.75 < 1.0 \quad \cdots \text{OK}$

・図 6.16（a） II ～ II 断面の検討

図 6.14 より $d_{e2} = 0.40$ m

$$Q_2 = \frac{w l_3}{2} = \frac{85.74 \times 0.45}{2} = 19.29 \text{ （kN）}$$

$$\tau_2 = \frac{Q_2}{b\,d_{e2}} = \frac{19.29 \times 10^3}{1\,000 \times 0.40 \times 10^3} = 0.05 \text{ （N/mm}^2\text{）}$$

∴ $\dfrac{\tau_2}{f_s} = \dfrac{0.05}{0.08} = 0.63 < 1.0 \quad \cdots \text{OK}$

6.3.7 山留め支保工の検討

（1） 地盤アンカー定着長の検討

梁・ばねモデルの算定で求めた支点反力により，引張型定着体を用いた地盤アンカーの検討を行う．計算法は，本会「建築地盤アンカー設計施工指針・同解説」(2018) の 6 章「仮設地盤アンカーの設計」による．

引抜試験を省略する場合の許容摩擦応力度は，表 6.8 によるが，本事例では 2 年未満，仮設利用の条件で検討する．

表 6.8 引抜試験を省略する場合の許容摩擦応力度[6.10]

(kN/m²)

定着地盤種類		長　期	仮設時（2 年未満）
砂質土，砂礫	$N≧20$	$6N$ かつ 300 以下	$9N$ かつ 450 以下

地盤アンカーの摩擦抵抗は，定着体の全長にわたって均等に発揮されるのではなく，緊張力が増加するに従って分布形状が変化する．定着体長が 3 m を超えた上方の部分については，図 6.17 に示すとおり，許容摩擦応力度を 60 % に低減することとし，以下の式より算定する．

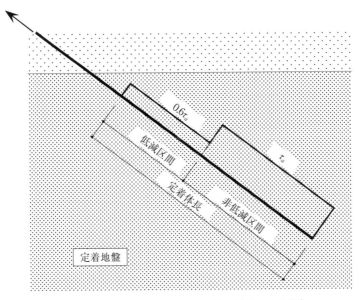

図 6.17 引張型定着体の摩擦抵抗の低減の方法[6.11]

$$P_d ≦ \{3 + 0.6(L_a - 3)\} \pi D_a \tau_a$$

記号　P_d：設計アンカー力（kN）

　　　L_a：定着体長（m）

　　　D_a：定着体径（m）

　　　τ_a：定着地盤の許容摩擦応力度（kN/m²）

上式を以下のように書き換えて，定着体長（L_a）を算定する．

$$L_a \geq \left\{\frac{P_d}{\pi D_a \tau_a} - 3\right\} / 0.6 + 3 = \left\{\frac{P_d}{\pi D_a \tau_a} - 3\right\} \times \frac{5}{3} + 3 = \frac{5P_d}{3\pi D_a \tau_a} - 2 \quad (\text{かつ 3 m 以上})$$

1段目，2段目とも定着地盤は図6.18に示す砂礫層（GL$-$6.8～GL$-$13.1 m）とし，平均N値＝37を採用する．

許容摩擦応力度　$\tau_{a1} = \tau_{a2} = 9 \times 37 = 333$ kN/m^2

① 1段目必要定着長の検討

　$D_a = 135$ mm，$P_{d1} = 266.1$ kN/本〔表6.7〕

$$L_{a1} \geq \frac{5 \times 266.1}{3\pi \times 0.135 \times 333} - 2 = 1.14 \text{ m} \rightarrow 3.0 \text{ m}$$

② 2段目必要定着長の検討

　$D_a = 135$ mm，$P_{d1} = 573.1$ kN/本〔表6.7〕

$$L_{a2} \geq \frac{5 \times 573.1}{3\pi \times 0.135 \times 333} - 2 = 4.76 \text{ m} \rightarrow 5.0 \text{ m}$$

上記検討により決定した断面を図6.18に示す．なお，本事例では地盤アンカー鋼材の断面検討は省略する．

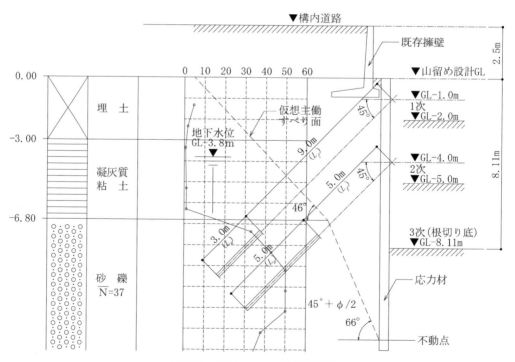

図6.18　地盤アンカー配置断面図

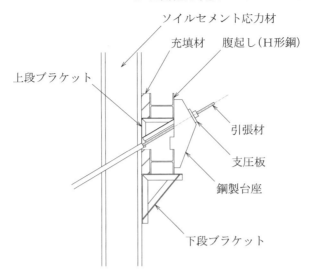

図 6.19 地盤アンカー頭部詳細図

(2) 腹起しの検討

腹起し〔図 6.19〕に使用する部材を，表 6.9 のように仮定し検討する．

表 6.9 腹起し部材表

段数	腹起しサイズ (SS 400 リース材)	本数 (本)	断面係数 (mm³)		断面積 (mm²)	
			Z_x	Z_y	A_w	A_f
1 段	H−300×300×10×15	2	$1\,150\times10^3$	394×10^3	2 700	4 500
2 段	H−350×350×12×19	2	$2\,000\times10^3$	716×10^3	3 744	6 650

記号　Z_x：断面係数（強軸方向）(mm³)

　　　Z_y：断面係数（弱軸方向）(mm³)

　　　A_w：ウェブ断面積 (mm²)

　　　A_f：フランジ片側断面積 (mm²)

腹起しに作用する曲げモーメントおよびせん断力を以下に算定する．

本会「建築地盤アンカー設計施工指針・同解説」(2018) では，強軸方向の応力については鉛直角が大きくなるほど上段の腹起しの負担が若干大きくなるが，上段と下段で同サイズの H 形鋼（広幅）の腹起しの場合は，2 本の腹起しが均等に負担すると考えても特に問題ないとある．本計画では，強軸（水平）方向の曲げモーメント，せん断力に対しては，上下 2 本の腹起しで均等に負担し〔図 6.20〕，また，弱軸（鉛直）方向の曲げモーメント，せん断力に対しては，下段の腹起し 1 本で負担する〔図 6.21〕として検討する．

1) 強軸方向の応力（水平面内応力）

　　…上下 2 本の腹起しで均等に負担するとして検討する．

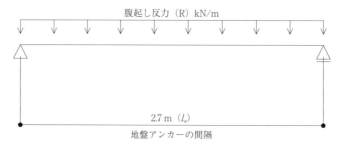

図 6.20 強軸方向の検討

① 1段目（表 6.7 より $R_1 = 69.7$ kN/m）

（曲げ応力度）

$$M_{h1} = \frac{1}{8} R_1 l_a^2 = \frac{1}{8} \times 69.7 \times \frac{1}{2} \times 2.7^2 = 31.76 \text{ kN} \cdot \text{m}$$

$$\sigma_{b1} = \frac{M_{h1}}{Z_x} = \frac{31.76 \times 10^6}{1\,150 \times 10^3} = 27.62 \text{ N/mm}^2$$

（せん断応力度）

$$Q_{h1} = \frac{1}{2} R_1 l_a = \frac{1}{2} \times 69.7 \times \frac{1}{2} \times 2.7 = 47.05 \text{ kN}$$

$$\tau_{h1} = \frac{Q_{h1}}{A_w} = \frac{47.05 \times 10^3}{2\,700} = 17.43 \text{ N/mm}^2$$

② 2段目（表 6.7 より $R_2 = 150.1$ kN/m）

（曲げ応力度）

$$M_{h2} = \frac{1}{8} R_2 l_a^2 = \frac{1}{8} \times 150.1 \times \frac{1}{2} \times 2.7^2 = 68.39 \text{ kN} \cdot \text{m}$$

$$\sigma_{b2} = \frac{M_{h2}}{Z_x} = \frac{68.39 \times 10^6}{2\,000 \times 10^3} = 34.20 \text{ N/mm}^2$$

（せん断応力度）

$$Q_{h2} = \frac{1}{2} R_2 l_a = \frac{1}{2} \times 150.1 \times \frac{1}{2} \times 2.7 = 101.32 \text{ kN}$$

$$\tau_{h2} = \frac{Q_{h2}}{A_w} = \frac{101.32 \times 10^3}{3\,744} = 27.06 \text{ N/mm}^2$$

2）弱軸方向の応力（鉛直面内応力）

　　…下段の腹起し1本で負担するとして検討する．

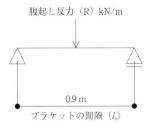

図 6.21 弱軸方向の検討

③ 1段目（表 6.7 より $R_1 = 69.7$ kN/m）

（曲げ応力度）

$$M_{v1} = \frac{1}{4} R_1 l_a l_b \tan\theta_v = \frac{1}{4} \times 69.7 \times 2.7 \times 0.9 \times \tan 45° = 42.34 \text{ kN/m}$$

$$\sigma_{b1} = \frac{M_{v1}}{Z_y} = \frac{42.34 \times 10^6}{394 \times 10^3} = 107.46 \text{ N/mm}^2$$

（せん断応力度）

$$Q_{v1} = \frac{1}{2} R_1 l_a \tan\theta_v = \frac{1}{2} \times 69.7 \times 2.7 \times \tan 45° = 94.10 \text{ kN}$$

$$\tau_{h1} = \frac{Q_{v1}}{A_f} = \frac{94.10 \times 10^3}{4\,500} = 20.91 \text{ N/mm}^2$$

④ 2段目（表 6.7 より $R_2 = 150.1$ kN/m）

（曲げ応力度）

$$M_{v2} = \frac{1}{4} R_2 l_a l_b \tan\theta_v = \frac{1}{4} \times 150.1 \times 2.7 \times 0.9 \times \tan 45° = 91.19 \text{ kN/m}$$

$$\sigma_{b2} = \frac{M_{v2}}{Z_y} = \frac{91.19 \times 10^6}{716 \times 10^3} = 127.36 \text{ N/mm}^2$$

（せん断応力度）

$$Q_{v2} = \frac{1}{2} R_2 l_a \tan\theta_v = \frac{1}{2} \times 150.1 \times 2.7 \times \tan 45° = 202.64 \text{ kN}$$

$$\tau_{h2} = \frac{Q_{v2}}{A_f} = \frac{202.64 \times 10^3}{6\,650} = 30.47 \text{ N/mm}^2$$

記号　M_h：強軸方向曲げモーメント（kN・m）

　　　Q_h：強軸方向せん断力（kN）

　　　M_v：弱軸方向曲げモーメント（kN・m）

　　　Q_v：弱軸方向せん断力（kN）

　　　R：腹起し反力（kN/m）

　　　l_a：地盤アンカーの間隔（m）

　　　l_b：ブラケットの間隔（m）→ 0.9 m

— 216 — 山留め設計事例集

θ_v：アンカー傾角（°）

σ_b：曲げ応力度（N/mm²）

τ：せん断応力度（N/mm²）

各部材の断面算定結果を，表6.10，6.11に示す．

表6.10 水平方向応力算定結果

段数	M_h (kN・m)	Q_h (kN)	曲げ検討 (N/mm²)		せん断検討 (N/mm²)	
			σ_b	f_b	τ	f_s
1段	31.76	47.05	27.62	<195 OK	17.43	<113 OK
2段	68.39	101.32	34.20	<195 OK	27.06	<113 OK

表6.11 鉛直方向応力算定結果

段数	M_v (kN・m)	Q_v (kN)	曲げ検討 (N/mm²)		せん断検討 (N/mm²)	
			σ_b	f_b	τ	f_s
1段 （下部）	42.34	94.10	107.46	<195 OK	20.91	<113 OK
2段 （下部）	91.19	202.64	127.36	<195 OK	30.47	<113 OK

記号 f_b：許容曲げ応力度（N/mm²）

f_s：許容せん断応力度（N/mm²）

以上の検討により，腹起しは発生する応力に対して安全である．

6.3.8 決定した山留め壁の仕様

以上の検討により決定した山留め仕様を表6.12，6.13に示す．

表6.12 山留め仕様一覧表

山 留 め 壁	ソイルセメント壁 $\phi 600$ mm，@450 mm，$L = 15.0$ m
応 力 材	H－450×200×9×14，@675 mm，$L = 13.0$ m
支 保 工	地盤アンカー，2段（残置式）

表6.13 支保工一覧表

段数	設置高さ （山留め設計 GL）	アンカー間隔 a (m)	アンカー傾角 θ_v (°)	自 由 長 (m)	定 着 長 (m)
1段	1.0 m	2.7	45	9.0	3.0
2段	4.0 m	2.7	45	5.0	5.0

<参考>

　指針では，山留め壁の掘削側に作用する側圧の上限値について，梁・ばねモデルを用いる場合は，本事例集　第Ⅰ編 2.「荷重」2.1「側圧（土圧および水圧）」に示すランキン・レザール式による受働土圧に水圧を加算した（2.1.4）式に加え，実測結果などからクーロン（Coulomb）の受働土圧を分布荷重に置き換え，水圧を加算した同（2.1.5）式によって評価してよいものとした[6.12]．そのため，本事例に示した梁・ばねモデルによるソイルセメント壁の検討において，両式の比較を行った．なお，クーロン式の山留め壁と地盤との摩擦角は $\delta = \phi/3$ とした．図6.22に施工ステップごとの変位解析結果，図6.23に同曲げモーメント解析結果の比較を示す．また，変位・曲げモーメント解析結果の最大値，支点反力，弾性領域率，それぞれの比較を表6.14～6.16にまとめた．

　クーロン式を用いた場合，掘削側の側圧が大きくなる．本事例では，1次根切りの弾性域（弾性領域率が100 %）の場合変位は同じであるが，それ以降の結果に差が生じる．

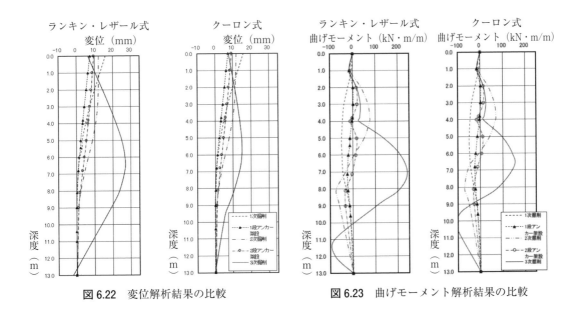

図6.22　変位解析結果の比較　　　　図6.23　曲げモーメント解析結果の比較

表6.14　変位・曲げモーメント解析結果（最大値）の比較

	ランキン・レザール式 発生位置(GL－m)	ランキン・レザール式 最大値	クーロン式 発生位置(GL－m)	クーロン式 最大値
変位 (mm)	6.4 ※3次根切り	27.0	0.0 ※1次根切り	16.0
曲げモーメント (kN・m/m)	7.1 ※3次根切り	244.4	6.6 ※3次根切り	149.0
せん断力 (kN/m)	4.0 ※3次根切り	127.2	8.6 ※3次根切り	131.8

［注］※発生ステップを示す．

— 218 —　山留め設計事例集

表 6.15　掘削側側圧による支点反力の比較

	ランキン・レザール式	クーロン式
1段目反力 (R_1) (kN/m)	69.7	69.0
2段目反力 (R_1) (kN/m)	150.1	126.2

表 6.16　掘削側側圧による弾性領域率の比較

ステップ[*]	根切り深さ (GL − m)	根入れ長さ (m)	ランキン・レザール式		クーロン式	
			弾性領域 (m)	弾性領域率 (%)	弾性領域 (m)	弾性領域率 (%)
1	2.0	11.0	11.0	100.0	11.0	100.0
2	2.0	11.0	11.0	100.0	11.0	100.0
3	5.0	8.0	7.1	88.8	8.0	100.0
4	5.0	8.0	7.3	91.3	8.0	100.0
5	8.11	4.89	1.5	30.7	3.4	69.5

参 考 文 献

6.1)　建築基礎構造：大崎順彦，pp.399-400，技報堂出版，1991
6.2)　日本建築学会：山留め設計指針，p.87，2017
6.3)　日本建築学会：山留め設計指針，p.92，2017
6.4)　日本建築学会：建築地盤アンカー設計施工指針・同解説，p.100，2018
6.5)　日本建築学会：山留め設計指針，p.128，2017
6.6)　首都高速道路：仮設構造物設計要領，p.99，2019
6.7)　日本建築学会：山留め設計指針，p.192，2017
6.8)　日本建築学会：建築地盤アンカー設計施工指針・同解説，p.96，2018
6.9)　日本建築学会：山留め設計指針，p.108，2017
6.10)　日本建築学会：建築地盤アンカー設計施工指針・同解説，p.88，2018
6.11)　日本建築学会：建築地盤アンカー設計施工指針・同解説，pp.114-116，2018
6.12)　日本建築学会：山留め設計指針，pp.88-89，2017

7. 大火打ちを山留め支保工として用いた事例

　本事例は，深さ7.0 m の根切り工事で，山留め壁にはソイルセメント壁，支保工には切梁1段を採用した事例である．根切り平面は，短辺と長辺の長さの比が約1：3と細長い形状である．切梁を直交させて配置する格子型切梁工法では，短辺の壁に架かる切梁の長さが約60 mと長くなることから，変形抑制効果，施工性などを総合的に判断し，短辺側には山留め支保工として大火打ちを架設する計画とした．

7.1　山留め計画上の条件
7.1.1　工事概要
　本工事は，大学敷地内に位置する地下1階，地上4階で鉄筋コンクリート造の校舎建設工事である．図7.1および図7.2に，建物平面図および断面図を示す．根切り平面はX方向が61.2 m，Y方向が21.0 m の長方形で根切り深さは7.0 m である．また，基礎形式は杭基礎で，支持層はGL－10.5 m の砂礫層である．なお，周辺には，山留め計画上考慮が必要となるような近接構造物はない．

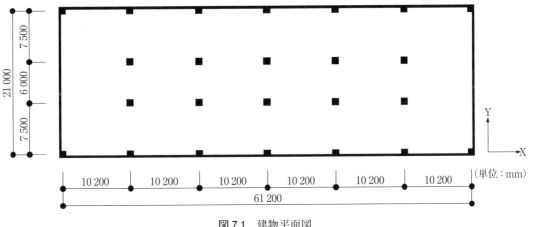

図7.1　建物平面図

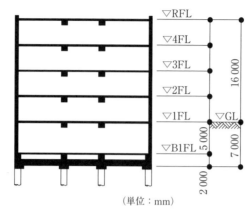

図 7.2　建物断面図

7.1.2　地盤概要

図 7.3 に土質柱状図および根切り断面図を示す．敷地の地層構成は，表層 2.0 m までが埋土，2.0 m から 10.5 m まではロームおよび凝灰質粘土・粘土が堆積しており，それ以深は砂礫・泥岩の順に堆積している．また，自由水位は GL－3.0 m，GL－10.5～GL－13.0 m に堆積する砂礫層の被圧地下水の水頭は GL－5.0 m である．山留め検討上の水位は GL－3.0 m と設定した．

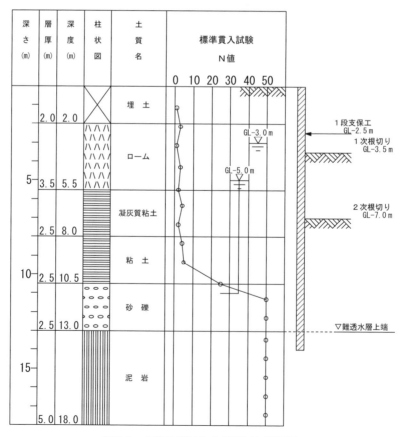

図 7.3　土質柱状図および根切り断面図

7.2 山留め計画

　根切りの対象地盤がロームおよび粘性土地盤で，被圧地下水頭は GL−5.0 m である．しかしながら，ローム層において地下水が確認されたため，山留め壁としてソイルセメント壁を採用した．支保工は鋼製切梁1段とした．根入れ長さは，切梁1段に対して根切り深さが7.0 m と深いことから，根切り底面の安定を考慮して砂礫層に応力材を根入れさせる計画とした．また，GL−10.5〜GL−13.0 m の砂礫層の被圧地下水による盤ぶくれの危険性があるため，ソイルセメント壁を難透水層と考えられる泥岩層に根入れする計画とした．

　図 7.1 において，左右の短辺側を支持する支保工として切梁と大火打ちのどちらを採用するか，両者における設計上配慮すべきことや施工上の長所，短所を考慮し決定した．

7.3 山留めの設計

7.3.1 設計用地盤定数

　表 7.1 に，山留め架構の設計に用いた地盤定数を示す．粘着力は一軸圧縮強さ q_u の 1/2 とし，粘性土の内部摩擦角は考慮しない．一方，砂質土の内部摩擦角は $\phi = \sqrt{20N} + 15 \leqq 45°$ として設定し，砂質土については粘着力を考慮していない．また，水平地盤反力係数 k_h は，N 値および粘着力 c からの設定方法を示した第 I 編 図 4.4.4 を参考に設定した．

表 7.1　設計用地盤定数

土層 No.	深さ (m)	層厚 (m)	土質名	平均 N 値	湿潤単位体積重量 γ_t (kN/m³)	粘着力 c (=q_u/2) (kN/m²)	内部摩擦角 ϕ (°)	水平地盤反力係数 k_h (kN/m²)
1	0.0〜 2.0	2.0	埋　土	1	15.0	10.0	0	1 000
2	2.0〜 5.5	3.5	ローム	3	14.0	40.0	0	4 000
3	5.5〜 8.0	2.5	凝灰質粘土	3	15.0	20.0	0	2 000
4	8.0〜10.5	2.5	粘　土	5	15.0	30.0	0	3 000
5	10.5〜13.0	2.5	砂　礫	50	20.0	0.0	45	50 000

7.3.2 側圧の設定

（1）　背面側の側圧

　表 7.2 に側圧係数法に用いた各層の側圧係数とその設定理由を示した．表 7.3 に背面側側圧算定結果を示した．ランキン・レザール法では，軽微な上載荷重として $q = 10$ kN/m² を考慮した．ランキン・レザール法においては，土水圧分離として算定した．また，水圧は地下水位設定レベルとした GL−3.0 m からの静水圧として評価した．側圧係数法では，すでに側圧係数に軽微な地表面荷重が考慮されているものと考え，特に上載荷重を加算しないこととした．

　設計用の背面側側圧は，側圧係数法による側圧とランキン・レザール法による主働側圧をおおむね包絡する三角形分布として設定した．山留め壁応力材長さである 12 m までの側圧合力を各方法で算出し，これらを土の湿潤単位体積重量の平均値で除して側圧係数を求める．双方の算出方法で

— 222 —　山留め設計事例集

求めた側圧係数の単純平均を設計上の側圧係数として採用した（$K=0.51$）．なお，土の湿潤単位体積重量の平均値は，深度方向 12 m 区間の地盤の湿潤単位体積重量の加重平均で求めた（15.3 kN/m³）．図 7.4 に，側圧係数法，ランキン・レザール法による主働側圧および設計用背面側側圧を示した．

表 7.2　各層の側圧係数

土層 No.	土質名	側圧係数	設 定 理 由
1	埋土	0.6	正規圧密程度の鋭敏な粘性土と考え，0.6 と設定
2	ローム	0.4	過圧密と判断される粘性土で $q_u=80$ kN/m² なので 0.4 と設定
3	凝灰質粘土	0.6	過圧密と判断される粘性土で $q_u=40$ kN/m² なので 0.6 と設定
4	粘土	0.6	過圧密と判断される粘性土で $q_u=60$ kN/m² なので 0.6 と設定
5	砂礫	0.5	地下水位以深の密実な砂礫層で一様な透水性地盤なので 0.5 と設定

表 7.3　背面側側圧の算定

土層 No.	深度 (m)	上 載 荷 重 (kN/m²)		湿潤単位体積重量 γ_t (kN/m³)	粘着力 c (kN/m²)	内部摩擦角 ϕ (°)	側圧係数 K	全 土 被 り 圧 (kN/m²)	水 圧 (kN/m²)	側 圧 (kN/m²)	
		ランキン・レザール法	側圧係数法							ランキン・レザール法※	側圧係数法
1	0.0	10.0	0	15.0	10.0	0.0	0.6	0.0	0.0	0.0 (−10.0)	0.0
	2.0	10.0	0					30.0	0.0	20.0	18.0
2	2.0	10.0	0	14.0	40.0	0.0	0.4	30.0	0.0	0.0 (−40.0)	12.0
	3.0	10.0	0					44.0	0.0	0.0 (−26.0)	17.6
2	3.0	10.0	0	14.0	40.0	0.0	0.4	44.0	0.0	0.0 (−26.0)	17.6
	5.5	10.0	0					79.0	25.0	25.0	31.6
3	5.5	10.0	0	15.0	20.0	0.0	0.6	79.0	25.0	49.0	47.4
	8.0	10.0	0					116.5	50.0	86.5	69.9
4	8.0	10.0	0	15.0	30.0	0.0	0.6	116.5	50.0	66.5	69.9
	10.5	10.0	0					154.0	75.0	104.0	92.4
5	10.5	10.0	0	20.0	0.0	45.0	0.5	154.0	75.0	90.3	77.0
	12	10.0	0					184.0	90.0	107.8	92.0

［注］　※（　）内は負の土圧を考慮した場合の値

（2）　掘削側の側圧

　山留め壁の掘削側に作用する側圧の上限値は，ランキン・レザール法による受働側圧とした．

　以下に各層上端下端での掘削側側圧を示す．（計算内において P_{PX}（X は添え字）を用いている．これは，地層上下で検討する掘削側側圧（P_P）を示し，X は上部からの順とする．）

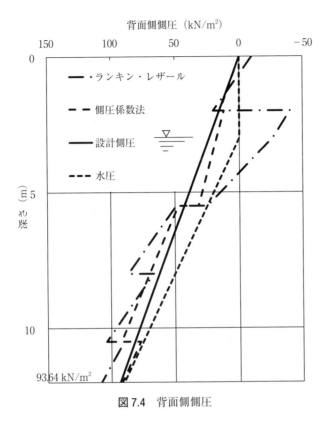

図 7.4 背面側側圧

GL − 7.0 m　　$P_{P1} = 2 \times 20.0 \times \tan(45°) = 40.0 \text{ kN/m}^2$

GL − 8.0 m 上　$P_{P2} = (15.0 \times 1 - 10.0 \times 1) \times \tan^2(45°) + 2 \times 20.0 \times \tan(45°) + 10.0 = 55.0 \text{ kN/m}^2$

GL − 8.0 m 下　$P_{P3} = (15.0 \times 1 - 10.0 \times 1) \times \tan^2(45°) + 2 \times 30.0 \times \tan(45°) + 10.0 = 75.0 \text{ kN/m}^2$

GL − 10.5 m 上　$P_{P4} = (15.0 \times 1 + 15.0 \times 2.5 - 10.0 \times 3.5) \times \tan^2(45°) + 2 \times 30.0 \times \tan(45°) + 35.0$
$\qquad\qquad\qquad = 112.5 \text{ kN/m}^2$

GL − 10.5 m 下　$P_{P5} = (15.0 \times 1 + 15.0 \times 2.5 - 10.0 \times 3.5) \times \tan^2(45° + 45°/2) + 35.0 = 137.0 \text{ kN/m}^2$

GL − 12.0 m　　$P_{P6} = (15.0 \times 1 + 15.0 \times 2.5 + 20.0 \times 1.5 - 10.0 \times 5) \times \tan^2(45° + 45°/2) + 50.0$
$\qquad\qquad\qquad = 239.4 \text{ kN/m}^2$

7.3.3　根入れ長さの設定

根入れ長さの検討に用いる側圧は，図 7.5 に示す背面側側圧および掘削側側圧を基に検討した．
切梁位置を転倒中心として，背面側側圧による転倒モーメント M_a と掘削側側圧による抵抗モーメント M_p との関係により，根入れ長さが十分であるかを確認する．

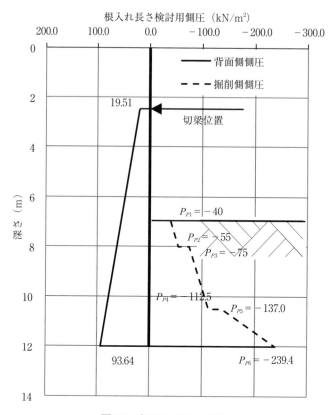

図7.5 根入れ長さの検討

$$Fs = \frac{M_p}{M_a} = \frac{4\,329.64 \text{ kN·m/m}}{3\,110.46 \text{ kN·m/m}} = 1.39 > 1.2 \quad \text{OK}$$

ここに,

$$M_a = 19.51 \times (12-2.5) \times \frac{1}{2} \times \frac{12-2.5}{3} + 93.64 \times (12-2.5) \times \frac{1}{2} \times \frac{2 \times (12-2.5)}{3}$$

$$= 293.46 + 2\,817.00 = 3\,110.46 \text{ kN·m/m}$$

$$M_p = 40 \times (8-7) \times \frac{1}{2} \times \left(7 - 2.5 + \frac{8-7}{3}\right) + 55 \times (8-7) \times \frac{1}{2} \times \left(7 - 2.5 + \frac{2 \times (8-7)}{3}\right)$$

$$+ 75 \times (10.5-8) \times \frac{1}{2} \times \left(8 - 2.5 + \frac{10.5-8}{3}\right)$$

$$+ 112.5 \times (10.5-8) \times \frac{1}{2} \times \left(8 - 2.5 + \frac{2 \times (10.5-8)}{3}\right)$$

$$+ 137 \times (12-10.5) \times \frac{1}{2} \times \left(10.5 - 2.5 + \frac{12-10.5}{3}\right)$$

$$+ 239.4 \times (12-10.5) \times \frac{1}{2} \times \left(10.5 - 2.5 + \frac{2 \times (12-10.5)}{3}\right)$$

$$= 96.67 + 142.08 + 593.75 + 1\,007.81 + 873.38 + 1\,615.95 = 4\,329.64 \text{ kN·m/m}$$

7.3.4　根切り底面安定性の検討

本計画では，床付け位置が粘性土であるため，その下の砂礫層の被圧地下水による盤ぶくれの検討を行った．

盤ぶくれの検討は，以下のとおりである．

$$F = \frac{\gamma_t d}{\gamma_w h} = \frac{15.0 \text{ kN/m}^3 \times (10.5 - 7.0) \text{ m}}{10.0 \text{ kN/m}^3 \times (10.5 - 5.0) \text{ m}} = \frac{52.5}{55} = 0.95 < 1.0$$

記号　　F：盤ぶくれに対する安全率

　　　　γ_t：土の湿潤単位体積重量（kN/m³）

　　　　d：根切り底から難透水層下端までの距離（m）

　　　　γ_w：水の単位体積重量（kN/m³）

　　　　h：被圧帯水層の水頭（m）〔第 I 編　図 4.3.3 参照〕

　　　　$\gamma_w h$：難透水層下端に作用する被圧水による揚圧力（kN/m²）

GL－10.5～GL－13.0 m に存在する砂礫層の地下水の被圧により盤ぶくれの危険性があるため，遮水壁であるソイルセメント壁を下層にある泥岩層に貫入する計画とした．

7.3.5　山留め架構の設定

（1）　支保工仕様について

本計画の根切り形状は，細長い長方形であり，山留め支保工計画として格子型切梁を採用するか，短辺側大火打ちを採用するか迷うところだが，山留め架構の構造および施工的な特徴を整理し，双方を比較することで支保工の仕様を決定することとした．表 7.4 に支保工の特徴比較を示す．

また，以下の計算内において特別に記載がない場合は，鋼材は SS 400 とし，ボルトは第 I 編 3.4「ボルト」に記載されているボルトを用いて検討する．

表 7.4　支保工の特徴比較

		格子型切梁	大火打ち
①	山留め検討 （支保工ばね）	指針等に推奨検討方法が記述されている．	推奨検討方法が記述された指針類がない．
②	山留め検討 （支保工応力）	切梁部材長が 60 m と長くなるため，温度応力が大きくなる．	切梁部材長が格子型切梁に比べ短いため，温度応力は小さくできる．ただし，腹起しに過大な軸力が発生することがある．
③	施　工 （施工量）	支保工を格子型に架設する必要があり，大火打ちに比べて支保工量が多い．	短辺側大火打ちのため，格子型切梁に比べて支保工量を低減できる．ただし，すべり止めなどの追加施工が必要となる場合がある．
④	施　工 （工期）	施工量に伴い，工期がかかる．また，原則として切梁すべてが架設完了するまで次根切りに移行することができない．	根切り領域中央部は，一方向だけの支保工となるため，施工の工夫によっては支保工架設完了前に次根切りに移行できる．
⑤	施　工 （支保工の施工性）	長い切梁を架設する必要があるため，施工性が落ちる．	支保工部材長が短いため，格子型切梁に比べ，施工性が高い．

(2) 山留め架構の平面および断面

図7.6に，比較検討のために設定した山留め架構の断面図および掘削領域端部短辺側の平面図を示した．

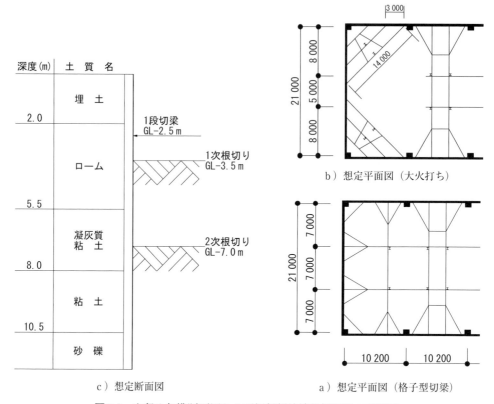

図7.6 山留め架構断面図および掘削領域端部短辺側の平面図

山留め壁および支保工材料としては，以下のように設定し検討することとした．

山留め壁：ソイルセメント壁 $\phi 550$ mm ＠0.45 m $L=14.0$ m
　応　力　材：H－450×200×9×14 ＠0.45 m $L=12.0$ m

支保工
　腹　起　し：H－500×500×25×25 （リース材）
　切　　　梁：H－400×400×13×21 （リース材）
　切梁火打ち：H－400×400×13×21 （リース材）
　切 梁 支 柱：H－300×300×10×15 （新品材）
　大 火 打 ち：H－400×400×13×21 （リース材）
　　　　　　（設定として，大火打ち1本あたりの負担幅3.0 m，山留め壁との取付き角度45°）

山留め壁の仕様および定数は表7.5として示す．

表7.5 山留め壁の定数

山留め壁種類	仕様	ヤング係数 E (kN/m²)	断面2次モーメント I (m⁴/m)	断面係数 Z (m³/m)
ソイルセメント壁	H-450×200×9×14 @0.45 m L=12.0 m	2.05×10^8	7.31×10^{-4}	3.24×10^{-3}

（3） 支保工ばね定数の設定

　山留め検討を行うにあたり，切梁および大火打ちのばね定数を検討する必要がある．切梁のばね定数は，第Ⅰ編 表4.4.1を参考に表7.6に示すように設定した．

表7.6 切梁の定数

		長さ (m)	仕様	ヤング係数 E (kN/m²)	断面積 A_K (m²)	水平間隔 a (m)	不動点までの距離 L (m)	ばね定数 K (kN/m/m)
切梁	X方向	61.2	H-400×400 ×13×21	2.05×10^8	1.977×10^{-2}	7.0	30.6	1.89×10^4
	Y方向	21.0				5.1	10.5	7.57×10^4

　大火打ちのばね値の求め方は，指針に記述されていない．本事例では，山留め壁に直角な切梁ばねとして扱い，ばね値を設定することとした．算定方法を図7.7に示す．山留め壁の変位がδ増大すると，大火打ちは軸方向に$\Delta l = \delta\sin\theta$だけ圧縮されるので，大火打ちの軸方向軸力増分は，$K\delta\sin\theta$（$K$：軸方向ばね定数）となる．このうち，山留め壁と直角成分は$(K\delta\sin\theta)\sin\theta$となり，これが計算上の切梁反力となる．したがって，計算上のばね定数は$K'=K\sin^2\theta$で与えられる．本事例では，取付き角度が45°であることから，ばね定数を$K'=K\sin^245°$より，$K'=9.65\times10^4$ kN/m/mと設定することとした．表7.7に最長の大火打ちの仕様を示す．なお，大火打ちのばね値算出において，火打ち材と接続されている腹起しに荷重が流れ，腹起しのばねも影響するが，モデルが複雑化するため，長辺方向にかかる腹起しの圧縮は考慮しないこととした．

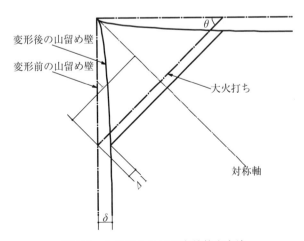

図7.7 大火打ちのばね定数算出方法

－228－　山留め設計事例集

表7.7　大火打ちの定数

	長さ L (m)	仕　様	ヤング係数 E (kN/m²)	断面積 A_K (m²)	水平間隔 a (m)	不動点までの距離 L (m)	ばね定数 K (kN/m/m)
大火打ち	14.0	H－400×400×13×21	$2.05×10^8$	$1.977×10^{-2}$	3.0	7.0	$9.65×10^4$

（4）　切梁の温度応力

　切梁の検討においては，第Ⅰ編 2.2 より，温度応力を考慮する必要があるため，それぞれの切梁に対して，温度応力を算出する．

　温度変化による切梁軸力の増分算定

$$\Delta P_k = \alpha A_K E_K \beta \Delta T_S$$

　　　α：固定度（洪積地盤・遮水壁より）＝$0.6×\log_{10}L－0.2$

　　A_K：切梁の断面積（m²）＝$1.977×10^{-2}$（m²）（H－400×400×13×21（リース材））

　　E_K：切梁のヤング係数（kN/m²）＝$2.05×10^8$（kN/m²）

　　　β：切梁材料の線膨張係数（1/℃）＝$1.0×10^{-5}$（1/℃）

　　ΔT_S：切梁温度変化量（℃）＝10（℃）

　　　L：切梁長さ（m）

温度応力検討結果を表7.8に示す．なお，切梁方向に関しては，図7.1に図示する方向で記述する．

表7.8　切梁の温度応力

支保工方向	支保工長さ L (m)	温度応力（kN/本）
X 方向	61.2	353.43
Y 方向	21.0	240.47
大火打ち	14.0	197.65

（5）　スラブのばね定数

　本計画は，切梁を架設しながら根切りを行い，レベルコンクリートおよび地下1階スラブを構築したのち，切梁・大火打ちを解体する計画としている．山留め検討において，地下1階スラブの構築というステップを考慮するため，地下1階スラブのばね係数を設定した．地下1階スラブの設置深さは，GL－5.0 m で，スラブ厚は 0.25 m とした．ばね定数の低減係数は，乾燥収縮やクリープ変形などを考慮して 0.5 とした．表7.9 として，スラブのばね定数を示す．

表 7.9 スラブのばね定数

位　　置	仕様 (mm)	ヤング係数 E ($\times 10^7$ kN/m²)	断面積 A (m²)	水平間隔 a (m)	不動点まで の距離 L (m)	低減係数 α	ばね定数 K (kN/m)
地下1階スラブ（長辺）	厚250	2.1	0.25	1.0	61.2/2	0.5	8.58×10^4
地下1階スラブ（短辺）	厚250	2.1	0.25	1.0	21/2	0.5	2.50×10^5

（6） 支保工計画の方針

前述の（1）～（5）の検討を総合的に判断し，

・施工性が大火打ちの方が高く，工程的にメリットとなる可能性があること．（1）（2）
・大火打ち支保工のばね値の設定も可能であること．（3）
・X方向切梁は長いため，温度応力も大きいこと．（4）

などを考慮し，両妻面は大火打ちとした．

7.3.6 山留め架構の応力・変形の算定結果

山留め壁応力・変形は，前項までに設定した数値を用いて梁・ばねモデルにより算定した．梁・ばねモデルによる山留め壁の応力の計算結果は，切梁と大火打ちとがほぼ等しい結果となっているが，代表して図7.8に変位が大きい大火打ち支持面のみの計算結果を示した．表7.10には最大応力値を発生位置と併せて示した．また，表7.11には，切梁および大火打ちの最大軸力を示した．なお，切梁のみ支保工プレロードとして100 kN/mを考慮した．

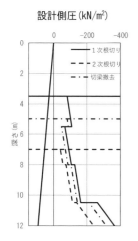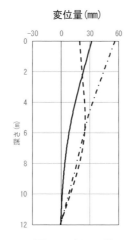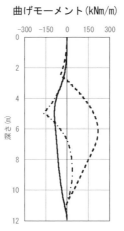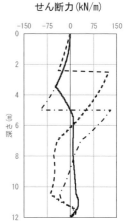

図7.8 梁・ばねモデルによる解析結果

— 230 — 山留め設計事例集

表 7.10 山留め壁に発生する最大応力

	最 大 応 力	発 生 位 置	施 工 段 階
曲げモーメント M_{max}	218.6 （kN・m/m）	GL－6.2 m	2 次根切り
せん断力 Q_{max}	130.8 （kN/m）	GL－5.0 m	切梁解体時

表 7.11 切梁・大火打ち軸力最大値

	単位幅あたりの反力	1 本あたりの軸力	備　　考
切　　梁	207.02 （kN/m）	1 055.8 （kN）	単位幅あたりの反力×負担幅 （5.1 m）
大 火 打 ち	163.58 （kN/m）	694.01 （kN）	単位幅あたりの反力×負担幅 （3.0 m)/sin45°

7.3.7　山留め壁の検討

　山留め壁の応力の解析結果は，X 方向と Y 方向でほぼ等しいので，代表して Y 方向のみの検討を行う．

（1）　山留め壁応力材の検討

　応力材には SS 400 材を使用するものとし，$f_b = 235$ N/mm^2，$f_s = 135$ N/mm^2 とする．

$$\sigma_b = \frac{M_{max}}{Z_e} = \frac{218.6 \text{ kNm/m}}{1\,460 \times 10^{-6} \text{ m}^3/\text{m} / 0.45 \text{ m}} = 6.74 \times 10^4 \text{ kN/m}^2 = 67.4 \text{ N/mm}^2 < f_b$$

$$= 235 \text{ N/mm}^2 \quad \text{OK}$$

$$\tau = \frac{Q_{max}}{A_w} = \frac{130.8 \text{ kN/m}}{37.98 \times 10^{-4} \text{ m}^2 / 0.45 \text{ m}} = 1.55 \times 10^4 \text{ kN/mm}^2 = 15.5 \text{ N/mm}^2 < f_s$$

$$= 135 \text{ N/mm}^2 \quad \text{OK}$$

記号　　σ_b：曲げ応力度（N/mm^2）

　　　　M_{max}：単位幅あたりの最大曲げモーメント（kN・m/m）

　　　　Z_e：単位幅あたりの応力材の有効断面係数（m^3/m）

　　　　f_b：応力材の許容曲げ応力度（N/mm^2）

　　　　τ：せん断応力度（N/mm^2）

　　　　Q_{max}：単位幅あたりの最大せん断力（kN/m/m）

　　　　A_w：単位幅あたりの応力材のウェブに相当する部分の有効断面積（m^2/m）

　　　　f_s：応力材の許容せん断応力度（N/mm^2）

（2）　ソイルセメントの検討

　代表して 2 次根切り底におけるソイルセメントの検討を示す．

　本計画は，ソイルセメント柱全孔に対して応力材を挿入しているため，図 7.9 に示すようにソイルセメントの検討は押抜きせん断 Q のみを考慮する．

　2 次根切り底背面側圧：54.62 kN/m^2（$w = 15.3 \times 7.0 \times 0.51 = 54.62$）（土の湿潤平均体積荷重（15.3 kN/m^3）と高さ（7 m）から得られる背面土塊荷重に側圧係数（0.51）を乗じたもの）

内法間隔：$l_2 = 0.45 - 0.20 = 0.25$ m

せん断力：

$$Q = \frac{wl_2}{2} = \frac{54.62 \times 0.25}{2} = 6.83 \text{ kN} = 6.83 \times 10^3 \text{ N}$$

せん断応力度の検討

$$\tau = \frac{Q}{bd_e} = \frac{6.83 \times 10^3}{1\,000 \times 481} = 0.014 \text{ N/mm}^2$$

ソイルセメントの設計基準強度（F_c）を 0.5 N/mm^2 とすると，

$$f_s = \frac{F_c}{6} = \frac{0.5}{6} = 0.083 \text{ N/mm}^2$$

であるため，

$$\tau = 0.014 < f_s = 0.083 \text{ N/mm}^2$$

となり，OK である．

記号　τ：せん断応力度（N/mm^2）

　　　Q：せん断力（N）

　　　w：床付け深さにおける背面側側圧（kN/m^2）

　　　l_2：応力材間の内法寸法（m）

　　　b：深さ方向の単位長さ（mm）

　　　d_e：ソイルセメントの有効厚さ（mm）〔図 7.9 参照〕ソイル径：550（mm）

　　　f_s：許容せん断応力度（N/mm^2）

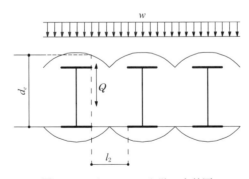

図 7.9　ソイルセメント壁の有効厚

7.3.8　山留め支保工の検討

（1）　腹起しの検討

図 7.10 に，腹起しの有効負担幅の考え方を示す．本工事は，建築物の平面形状により，大火打ちを採用しており，また，Y 方向側山留め壁の変形抑制効果を高めるために，大火打ちに随時緊張力を加えられるよう，油圧ジャッキを取り付けた．腹起しの最大曲げスパンは，火打ち取付け位置を支点としたスパンとし，また，大火打ち採用により大きな軸力が作用するので，曲げモーメント

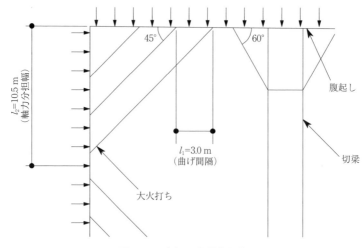

図 7.10　腹起し有効負担幅

とせん断力の検討のほかに，曲げモーメントと軸力を同時に受ける部材として検討した．

腹起しの検討

  腹起しに作用する荷重　　$R = 163.58$ kN/m（大火打ち部荷重）

  曲げおよび座屈スパン　　$l_1 = 3.0$ m

  腹起し軸力負担幅　　$l_2 = 10.5$ m

  使用材料　H－500×500×25×25（リース材）

   断面性能　　　　　　$Z = 5\,950 \times 10^3$ mm^3

   断面積　　　　　　　$A = 343.3 \times 10^2$ mm^2

   圧縮フランジと梁せいの 1/6 からなる T 形断面のウェブ軸まわりの断面 2 次半径

         $i' = 139.7$ mm

   断面 2 次半径　　　　$i = 120.0$ mm

   ウェブ断面積　　　　$A_w = (h - 2 \times t_2) \times t_1 = 112.5 \times 10^2$ mm^2

             （t_1：ウェブ厚（mm），t_2：フランジ厚（mm））

  断面力の算定

   曲げモーメント　　　$M = R \times l_1^2 / 8 = 163.58 \times 3.0^2 / 8 = 184.03$ kNm

   軸力　　　　　　　　$N = R \times l_2 = 163.58 \times 10.5 = 1\,717.59$ kN

   せん断力　　　　　　$S = R \times l_1 / 2 = 163.58 \times 3.0 / 2 = 245.37$ kN

  許容応力度の算定

   許容曲げ応力度　　　$f_b = 195$ N/mm^2（$f_{b1} = 193$，$f_{b2} = 925$ より）

$$f_{b1} = \alpha_b \times \left\{ 1 - 0.4 \times \left(\frac{l_b / i'}{120} \right)^2 \times \frac{1}{C} \right\} = 195 \times \left\{ 1 - 0.4 \times \left(\frac{3\,000 / 139.7}{120} \right)^2 \times \frac{1}{1.0} \right\} = 193 \text{ N/mm}^2$$

$$f_{b2} = \frac{\beta_b}{\dfrac{l_b \times h}{A_f}} = \frac{1.11 \times 10^5}{\dfrac{3\,000 \times 500}{500 \times 25}} = 925 \text{ N/mm}^2$$

ここで,

C：部材端曲げモーメントによる修正係数

h：曲げ部材の梁せい（mm）

l_b：圧縮フランジの支点間距離（mm）

許容せん断応力度 　　　$f_s = 113$ N/mm^2（指針 表5.2.2 による値）

許容圧縮応力度 　　　　$f_c = 188$ N/mm^2（$\lambda = l_k/i = 3\,000/120 = 25.0$, $\Lambda = 120$, $\lambda \leqq \Lambda$ より）

$$f_c = \frac{\alpha_c \times \left\{1 - 0.4 \times \left(\dfrac{\lambda}{120}\right)^2\right\}}{1.5 + \dfrac{2}{3} \times \left(\dfrac{\lambda}{120}\right)^2} = \frac{293 \times \left\{1 - 0.4 \times \left(\dfrac{25.0}{120}\right)^2\right\}}{1.5 + \dfrac{2}{3} \times \left(\dfrac{25.0}{120}\right)^2} = 188 \text{ N/mm}^2$$

ここで,

λ：圧縮部材の細長比　$\lambda = l_k/i$

Λ：限界細長比（指針 表5.2.3 による値）

l_k：座屈長さ（mm）

i：座屈軸についての断面2次半径（mm）

α_b, β_b, α_c：基準応力度（指針 表5.2.3 による値）

断面の検討

曲げ応力度　　　$\sigma_b = M/Z = 184.03 \times 10^6/(5\,950 \times 10^3) = 30.93$ N/mm$^2 \leqq f_b = 195$ N/mm^2

圧縮応力度　　　$\sigma_c = N/A = 1\,717.59 \times 10^3/(343.3 \times 10^2) = 50.03$ N/mm$^2 \leqq f_c = 188$ N/mm^2

せん断応力度　$\tau = S/A_w = 245.37 \times 10^3/(112.5 \times 10^2) = 21.81$ N/mm$^2 \leqq f_s = 113$ N/mm^2

曲げモーメントと軸方向圧縮力を同時に受ける部材として,

$$\sigma_b/f_b + \sigma_c/f_c = 30.93/195 + 50.03/188 = 0.42 \leqq 1.0$$

（2） 切梁の検討

切梁に作用する荷重を図7.11に示す.

　切梁は，腹起し支点反力による軸力と，自重および安全通路等の軽微な荷重による曲げを同時に受ける部材として検討した.

　切梁座屈長さは，水平方向の座屈に対してはつなぎ材と切梁交差部間隔，鉛直方向の座屈に対しては支柱間隔とした．なお，つなぎ材は切梁軸力による水平方向成分に抵抗できるよう部材および接続部仕様を選定する.

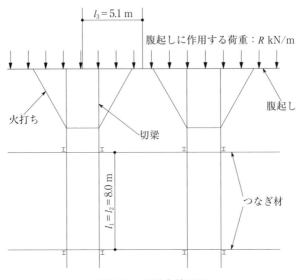

図 7.11 切梁有効間隔

切梁の検討

 腹起しに作用する荷重 R = 207.02 kN/m（切梁部）

 曲げスパンおよび

  鉛直方向（構面外）の座屈スパン l_1 = 8.0 m

  水平方向（構面内）の座屈スパン l_2 = 8.0 m

 切梁軸力負担幅 l_3 = 5.1 m

 温度軸力増加分 ΔP_k = 240.47 kN

 自重および安全通路などの軽微な荷重 w = 5.0 kN/m

 使用材料 H − 400 × 400 × 13 × 21（リース材）

  断面係数 Z = 2 950 × 10^3 mm^3

  断面積 A = 197.7 × 10^2 mm^2

  圧縮フランジと梁せいの 1/6 からなる T 形断面のウェブ軸まわりの断面 2 次半径

    i' = 114.1 mm

  断面 2 次半径 i = 101.0 mm

断面力の算定

 曲げモーメント $M = w \times l_1^2/8 = 5.0 \times 8.0^2/8 = 40.00$ kN・m

 軸力 $N = R \times l_3 + \Delta P_K = 207.02 \times 5.1 + 240.47 = 1\,296.27$ kN

許容応力度の算定

 許容曲げ応力度 f_b = 195 N/mm^2 （f_{b1} = 168, f_{b2} = 291 より）

$$f_{b1} = \alpha_b \times \left\{1 - 0.4 \times \left(\frac{l_b/i'}{120}\right)^2 \times \frac{1}{C}\right\} = 195 \times \left\{1 - 0.4 \times \left(\frac{8\,000/114.1}{120}\right)^2 \times \frac{1}{1.0}\right\} = 168 \text{ N/mm}^2$$

$$f_{b2} = \frac{\beta_b}{\dfrac{l_b \times h}{A_f}} = \frac{1.11 \times 10^5}{\dfrac{8\,000 \times 400}{400 \times 21}} = 291\,\text{N/mm}^2$$

許容圧縮応力度　$f_c = 135\,\text{N/mm}^2$　（$\lambda = l_k/i = 8\,000/101.0 = 79.21$, $\Lambda = 120$, $\lambda \leq \Lambda$ より）

$$f_c = \frac{\alpha_c \times \left\{1 - 0.4 \times \left(\dfrac{\lambda}{\Lambda}\right)^2\right\}}{1.5 + \dfrac{2}{3} \times \left(\dfrac{\lambda}{\Lambda}\right)^2} = \frac{293 \times \left\{1 - 0.4 \times \left(\dfrac{79.21}{120}\right)^2\right\}}{1.5 + \dfrac{2}{3} \times \left(\dfrac{79.21}{120}\right)^2} = 135\,\text{N/mm}^2$$

断面の検討

　　曲げ応力度　　　$\sigma_b = M/Z = 40 \times 10^6/(2\,950 \times 10^3) = 13.56\,\text{N/mm}^2 \leq f_b = 195\,\text{N/mm}^2$

　　圧縮応力度　　　$\sigma_c = N/A = 1\,296.27 \times 10^3/(197.7 \times 10^2) = 65.57\,\text{N/mm}^2 \leq f_c = 135\,\text{N/mm}^2$

　　曲げモーメントと軸方向圧縮力を同時に受ける部材として，

$$\sigma_b/f_b + \sigma_c/f_c = 13.56/195 + 65.57/135 = 0.56 \leq 1.0$$

(3)　大火打ちの検討

　大火打ちの検討は，腹起しの支点反力による軸力と，自重および安全通路等の軽微な荷重による曲げモーメントを同時に受ける部材として検討した〔図7.12〕．

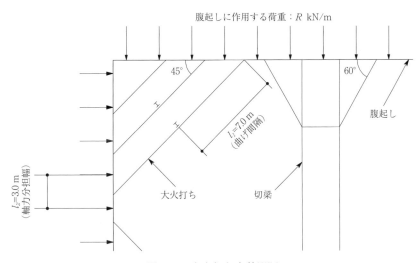

図7.12　大火打ち有効間隔

　腹起しに作用する荷重　　　　　　$R = 163.58\,\text{kN/m}$
　曲げスパンおよび
　鉛直方向（構面外）の座屈スパン　$l_1 = 7.0\,\text{m}$
　軸力負担幅　　　　　　　　　　　$l_2 = 3.0\,\text{m}$
　温度軸力増加分　　　　　　　　　$\Delta P_k = 197.65\,\text{kN}$
　自重および安全通路等の軽微な荷重　$w = 5.0\,\text{kN/m}$
　使用材料　　H－400×400×13×21（リース材）

— 236 — 山留め設計事例集

断面係数 $\qquad Z = 2\,950 \times 10^3 \text{ mm}^3$

断面積 $\qquad A = 197.7 \times 10^2 \text{ mm}^2$

圧縮フランジと梁せいの 1/6 からなる T 形断面のウェブ軸まわりの断面 2 次半径

$\qquad\qquad i' = 114.1 \text{ mm}$

断面 2 次半径 $\qquad i = 101.0 \text{ mm}$

火打ちに取り付けるボルト本数 $\quad n = 10$ 本（M22 高力ボルト使用）

断面積 $\qquad A_b = 3.80 \times 10^2 \text{ mm}^2 / 本$

断面力の算定

曲げモーメント $\qquad M = w \times l_1^2 / 8 = 5.0 \times 7.0^2 / 8 = 30.63 \text{ kN·m}$

軸力 $\qquad N = R \times l_2 / \sin\theta + \Delta P_k = 163.58 \times 3.0 / \sin45° + 197.65 = 891.66 \text{ kN}$

ボルトのせん断力 $\quad S = N\cos\theta = 891.66 \times \cos45° = 630.50 \text{ kN}$

許容応力度の算定

許容曲げ応力度 $\qquad f_b = 195 \text{ N/mm}^2$ （$f_{b1} = 174$, $f_{b2} = 333$ より）

$$f_{b1} = \alpha_b \times \left\{ 1 - 0.4 \times \left(\frac{l_b / i'}{\Lambda} \right)^2 \times \frac{1}{C} \right\} = 195 \times \left\{ 1 - 0.4 \times \left(\frac{7\,000 / 114.1}{120} \right)^2 \times \frac{1}{1.0} \right\} = 175 \text{ N/mm}^2$$

$$f_{b2} = \frac{\beta_b}{\dfrac{l_b \times h}{A_f}} = \frac{1.11 \times 10^5}{\dfrac{7\,000 \times 400}{400 \times 21}} = 333 \text{ N/mm}^2$$

許容圧縮応力度 $\qquad f_c = 147 \text{ N/mm}^2$ （$\lambda = l_k / i = 7\,000 / 101.0 = 69.31$, $\Lambda = 120$, $\lambda \leqq \Lambda$ より）

$$f_c = \frac{\alpha_c \times \left\{ 1 - 0.4 \times \left(\dfrac{\lambda}{\Lambda} \right)^2 \right\}}{1.5 + \dfrac{2}{3} \times \left(\dfrac{\lambda}{\Lambda} \right)^2} = \frac{293 \times \left\{ 1 - 0.4 \times \left(\dfrac{69.31}{120} \right)^2 \right\}}{1.5 + \dfrac{2}{3} \times \left(\dfrac{69.31}{120} \right)^2} = 147 \text{ N/mm}^2$$

断面の検討

曲げ応力度 $\qquad \sigma_b = M / Z = 30.63 \times 10^6 / (2\,950 \times 10^3) = 10.38 \text{ N/mm}^2 \leqq f_b = 195 \text{ N/mm}^2$

圧縮応力度 $\qquad \sigma_c = N / A = 891.66 \times 10^3 / (197.7 \times 10^2) = 45.10 \text{ N/mm}^2 \leqq f_c = 147 \text{ N/mm}^2$

ボルトせん断応力度（ボルトは 10 本使用するものとする）

$$\tau = S / (n \times A_b) = 630.50 \times 10^3 / (10 \times 3.80 \times 10^2) = 166 \text{ N/mm}^2 \leqq f_s = 225 \text{ N/mm}^2$$

曲げモーメントと軸方向圧縮力を同時に受ける部材として，

$$\sigma_b / f_b + \sigma_c / f_c = 10.38/195 + 45.10/147 = 0.36 \leqq 1.0$$

なお，一般的には井形切梁での火打ちは直交する腹起しレベルが同一でないため，火打ち自体は双方の腹起しレベルに合わせて上下 2 つの部材をボルトなどで接合する機構となっている．それにより，火打ちを接合しているボルトのせん断の検討が必要であるが，今回は長辺側・短辺側の腹起しレベルが同一とできる納まりのため不要となる．

7.3.9 切梁支柱の検討

（1） 断面力の検討

切梁支柱に作用する断面力は，切梁軸力による分力，切梁自重等による荷重および切梁支柱の自重を考慮した.

（a） 切梁軸力による分力：N_1

$$N_1 = (1/50) \times (l_1 \times w + \Delta P_k) = (1/50) \times (5.1 \times 207.02 + 240.47) = 25.93 \text{ kN}$$

　　w：腹起しに作用する荷重 $= 207.02$ （kN/m）

　　l_1：切梁の軸力負担幅 $= 5.1$ （m）

　　ΔP_k：切梁に生じる温度応力による増加軸力 $= 240.47$ （kN）

（b） 切梁自重等による荷重：N_2

$$N_2 = w_0 \times l_1' \times n = 5.0 \times 8.0 \times 1 = 40.0 \text{ kN}$$

　w_0：切梁自重等による単位長さあたりの荷重 $= 5.0$ （kN/m）

　l_1'：切梁支柱に作用する切梁自重等の作用長さ $= 8.0$ （m）

　n：切梁段数 $= 1$ （段）

（c） 切梁支柱の自重：N_3

$$N_3 = w_a \times l_0 = 0.93 \times 2.5 = 2.33 \text{ kN}$$

　w_a：切梁支柱材の単位長さあたりの重量 （H$-300 \times 300 \times 10 \times 15$）$= 0.93$ （kN/m）

　l_0：支柱頭部から最下段切梁までの長さ $= 2.5$ （m）

（d） 切梁支柱にかかる荷重：N

$$N = N_1 + N_2 + N_3 = 25.93 + 40.0 + 2.33 = 68.26 \text{ kN}$$

（e） 切梁支柱に作用する偏心曲げモーメント：M

$$M = (n_1 + n_2) \times e = \left\{ \left(\frac{1}{50} \right) \times (5.1 \times 207.02 + 240.47) + 5.0 \times 8.0 \right\} \times 0.5$$

$$= 32.96 \text{ kN} \cdot \text{m}$$

　n_1：切梁軸力のみによる鉛直分力 （kN）

　n_2：切梁自重等による荷重のみによる鉛直力 （kN）

　e：切梁支柱と切梁の偏心距離 $= 0.5$ （m）

（2） 座屈長さの算定：l_k

座屈長さは，切梁と地盤中の仮想支持点との間を最大座屈長さとした〔図 7.13〕.

　　$l_k = H_1 + H_2 = 4.5 + 3.1 = 7.6 \text{ m}$

　H_1：最下段切梁から根切り底までの深さ （m）

　H_2：根切り底から仮想支持点までの深さ （m）

$$H_2 = \frac{1}{\beta} = \frac{1}{0.323} = 3.10 \text{ m}$$

　β：特性値

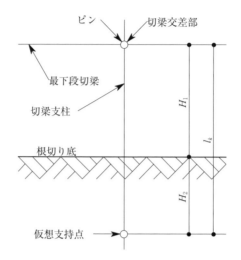

図 7.13 座屈長さの算定

$$\beta = \sqrt[4]{\frac{k_h \times B}{4 \times E \times I}} \text{ m}^{-1}$$

k_h：水平地盤反力係数 = 2 000（kN/m³）（c = 20（kN/m²）より）

B：切梁支柱材の径または幅 = 0.30（m）

E：ヤング率 = 2.05×10^5 N/mm² = 2.05×10^8（kN/m²）

I：切梁支柱材の弱軸方向断面 2 次モーメント = $6\,750 \times 10^4$（mm⁴/本）
$\qquad\qquad\qquad\qquad\qquad\qquad\qquad$ = $6\,750 \times 10^{-8}$（m⁴/本）

$$\beta = \sqrt[4]{\frac{2\,000 \times 0.30}{4 \times 2.05 \times 10^8 \times 6\,750 \times 10^{-8}}} = 0.323 \text{ m}^{-1}$$

（3） 切梁支柱断面の検討

使用材料　H-300×300×10×15（新品材）

　断面係数　　　　　$Z = 1\,350 \times 10^3$ mm³

　断面積　　　　　　$A = 118.5 \times 10^2$ mm²

　圧縮フランジと梁せいの 1/6 とからなる T 形断面の，ウェブ軸まわりの断面 2 次半径
　　　　　　　$I' = 82.8$ mm

　断面 2 次半径　　$i = 75.5$ mm

断面力の算定

　曲げモーメント　$M = 32.96$ N・m

　軸力　　　　　　$N = 68.26$ kN

許容応力度の算定

　許容曲げ応力度　$f_b = 195$ N/mm²（$f_{b1} = 149$，$f_{b2} = 219$ より）

$$f_{b1} = \alpha_b \times \left\{1 - 0.4 \times \left(\frac{l_b/i'}{\Lambda}\right)^2 \times \frac{1}{C}\right\} = 195 \times \left\{1 - 0.4 \times \left(\frac{7\,600/82.8}{120}\right)^2 \times \frac{1}{1.0}\right\} = 149\,\text{N/mm}^2$$

$$f_{b2} = \frac{\beta_b}{\dfrac{l_b \times h}{A_f}} = \frac{1.11 \times 10^5}{\dfrac{7\,600 \times 300}{300 \times 15}} = 219\,\text{N}/\text{mm}^2$$

許容圧縮応力度　$f_c = 107\,\text{N}/\text{mm}^2$　$(\lambda = l_k/i = 7\,600/75.5 = 100.66,\ \varLambda = 120,\ \lambda \leqq \varLambda\ \text{より})$

$$f_c = \frac{\alpha_c \times \left\{1 - 0.4 \times \left(\dfrac{\lambda}{\varLambda}\right)^2\right\}}{1.5 + \dfrac{2}{3} \times \left(\dfrac{\lambda}{\varLambda}\right)^2} = \frac{293 \times \left\{1 - 0.4 \times \left(\dfrac{100.66}{120}\right)^2\right\}}{1.5 + \dfrac{2}{3} \times \left(\dfrac{100.66}{120}\right)^2} = 107\,\text{N}/\text{mm}^2$$

作用応力度の算定

曲げ応力度　　$\sigma_b = M/Z = 3.29 \times 10^6 / (1\,350 \times 10^3) = 24.41\,\text{N}/\text{mm}^2 \leqq f_b = 195\,\text{N}/\text{mm}^2$

圧縮応力度　　$\sigma_c = N/A = 68.26 \times 10^3 / (118.4 \times 10^2) = 5.76\,\text{N}/\text{mm}^2 \leqq f_c = 107\,\text{N}/\text{mm}^2$

曲げモーメントと軸方向圧縮力を同時に受ける部材として，

$$\sigma_b/f_b + \sigma_c/f_c = 24.41/195 + 5.76/107 = 0.18 \leqq 1.0$$

（4）　切梁支柱の支持力算定

切梁支柱の支持力は，押込み力と引抜き力について検討した．なお，切梁支柱の先端深度は GL－11.0 m として検討する．

また，切梁支柱の支持力算定式は，第 I 編 4.6.3 の埋込み工法（プレボーリング後のセメントミルクで全体充填）として算定した．

（a）　支持力の算定：埋込み工法（プレボーリング後のセメントミルクで全体充填）による

$$R_a = \frac{2}{3}\left\{200\overline{N} \times A_p + \left(\frac{10 \times \overline{N}_s \times L_s}{3} + \frac{\bar{q}_u \times L_c}{2}\right) \times \psi\right\}$$

$\overline{N}$：切梁支柱先端付近の地盤の平均 N 値 $= 50$

A_p：切梁支柱先端の有効支持面積 $= B \times H = 0.3 \times 0.3 = 0.09$（$\text{m}^2$）

$\overline{N}_s$：根切り底から切梁支柱先端までの盤のうち，砂質土部分の平均 N 値 $= 50$

L_s：根切り底以深で砂質土部分にある切梁支柱の長さ $= 0.5$（m）

$\bar{q}_u$：根切り底から切梁支柱先端までの地盤のうち，

　　　粘性土部分の平均一軸圧縮強さ〔表 7.1 参照　$q_u = 2c$〕

L_n：n 層の層厚（m），q_{un}：n 層の q_u（kN/m^2），L：粘性土層の層厚合計（m）

　　　$= (\varSigma L_n \times q_{un})/L = (1.0 \times 40 + 2.5 \times 60)/3.5 = 54.3$（$\text{kN}/\text{m}^2$）

L_c：根切り底以深で粘性土部分にある切梁支柱の長さ $= 3.5$（m）

ψ：切梁支柱の周長 $= 2B + 2H = 2 \times 0.3 + 2 \times 0.3 = 1.2$（m）

　　　B：切梁支柱のフランジ幅　H：切梁支柱の高さ

$$R_a = \frac{2}{3}\left\{200 \times 50 \times 0.09 + \left(\frac{10 \times 50 \times 0.5}{3} + \frac{54.3 \times 3.5}{2}\right) \times 1.2\right\} = 743\,\text{kN}$$

（b）　支持力の判定

$R_a \geqq N$

R_a：切梁支柱の許容支持力 $= 743$（kN）

－240－　山留め設計事例集

N_3'：切梁支柱の自重 $= 0.93 \times 11.0 = 10.23$（kN）

N：切梁支柱に作用する荷重（kN）

$$N = N_1 + N_2 + N_3' = 76.16 \text{（kN）}$$

$R_a = 743$ kN $\geqq$ N $= 76.16$ kN

（5）　切梁支柱の引抜き抵抗力の検討

（a）　引抜き抵抗力の算定

$$R_{at} = \frac{2}{3}\left\{\left(\frac{10 \times \overline{N}_s \times L_s}{3} + \frac{\overline{q}_u \times L_c}{2}\right) \times \psi\right\} + W$$

$\overline{N}_s$：根切り底から切梁支柱先端までの地盤のうち，砂質土部分の平均 N 値 $= 50$

L_s：根切り底以深で砂質土部分にある切梁支柱の長さ $= 0.5$（m）

$\overline{q}_u$：根切り底から切梁支柱先端までの地盤のうち，

粘性土部分の平均一軸圧縮強さ〔表 7.1 参照〕

$$= (\Sigma L_n \times q_{un})/L = (1.0 \times 40 + 2.5 \times 60)/3.5 = 54.3 \text{（kN/m}^2\text{）}$$

L_c：根切り底以深で粘性土部分にある切梁支柱の長さ $= 3.5$（m）

ψ：切梁支柱の周長 $= 2B + 2H = 2 \times 0.3 + 2 \times 0.3 = 1.2$（m）

W：切梁支柱の自重 $= 0.93 \times (7.0 + 4.0) = 10.23$（kN）

$$R_{at} = \frac{2}{3}\left\{\left(\frac{10 \times \overline{N}_s \times L_s}{3} + \frac{\overline{q}_u \times L_c}{2}\right) \times \psi\right\} + W$$

$$= \frac{2}{3} \times \left\{\left(\frac{10 \times 50 \times 0.5}{3} + \frac{54.3 \times 3.5}{2}\right) \times 1.2\right\} + 10.23 = 152.9 \text{ kN}$$

（b）　引抜き抵抗力の判定

$R_{at} \geqq N_t$

R_{at}：切梁支柱の許容引抜き抵抗力 $= 152.9$（kN）

N_t：切梁支柱に作用する引抜き力（kN）

$$N_t = N_1 - N_2'$$

$N_1 = 25.93$（N）

$N_2' = w \times (L_1' + L_2')$　　　　　w：切梁自重（安全通路などの軽微な荷重は考慮しない）

　　　　　　　　　　　　　　L_1', L_2'：切梁自重の分担幅

$$= 2.00 \times (8.0 + 0.0) = 16.00 \text{（kN）}$$

$N_t = 25.93 - 16.00 = 9.93$（kN）

$R_{at} = 147.0$ kN $\geqq N_t = 9.93$ kN

7.3.10　決定した山留めの仕様

以上の検討により，決定した山留め仕様を図 7.14，7.15 に示す．

山留め壁：ソイルセメント壁（$\phi 550$　$L = 14.0$ m）

　応力材：H－$450 \times 200 \times 9 \times 14$（SS 400）@0.45 m　$L = 12.0$ m

ソイルセメント設計基準強度：0.5 N/mm²

山留め支保工

腹　起　し：H−500×500×25×25（リース材）

切　　　梁：H−400×400×13×21（リース材）（切梁 1 本あたりの負担幅：5.1 m）

切梁火打ち：H−400×400×13×21（リース材）

切 梁 支 柱：H−300×300×10×15　$L=11.0$ m（新品材）

大 火 打 ち：H−400×400×13×21（リース材）

（大火打ち 1 本あたりの負担幅：3.0 m，山留め壁との取付き角度：45°）

なお，検討前の想定時切梁のつなぎ材ピッチを 6 m としていたが〔図 7.6 参照〕，検討において 8 m まで許容できることが確認できたため，最終的にはそのような計画とした〔図 7.15 参照〕.

7.3.11　大火打ちを採用する上での留意点

本計画は，大火打ちを採用しているが，ここで用いている大火打ちのばね値の検討方法は，指針で推奨されているものではなく，あくまで一例として紹介している. しかしながら，山留め変形などに着目する検討を行う場合，本事例のような火打ちのばね値を想定して検討する必要が生じる. そのような場合の参考としていただきたい.

山留め支保工を計画するにあたり，切梁および大火打ちの設置がすべて完了してから 2 次根切りを開始することを条件に大火打ちを採用した. 表 7.4 に示したように，工期短縮のため，短辺側の火打ちと一部の切梁だけを構築し，完了した部分から次根切りに移る施工案もあるが，このとき大火打ちの荷重は腹起しから山留め壁に確実に伝達させて，短辺側の変位を抑制する必要がある. そのために腹起しと山留め壁応力材の間にすべり止めと呼ばれる部材を必要分だけ設置するとともに，山留め壁の応力材の弱軸方向への曲げに対する検討も必要となる. 仮に山留め壁が親杭横矢板の場合，親杭の弱軸曲げを受けることになるため，親杭全長にわたって根固め材を充填するなど，親杭に均等な力が作用するような施工的な工夫を行うなどの，特別な処置が必要となる.

本事例の場合は，山留め壁としてソイルセメント壁を用いているため，応力材間のソイルセメントは圧縮力にはある程度の強度を有していることから，山留め壁全体で圧縮力を受けることができるともいえる. ただし，そのためには応力材とソイルセメントの付着も重要となり，検討としてはモデルの設定から複雑なものとなる. 作業内容を把握し，綿密な検討が必要である.

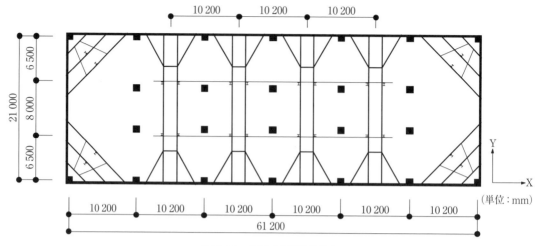

図 7.14 山留め架構平面図

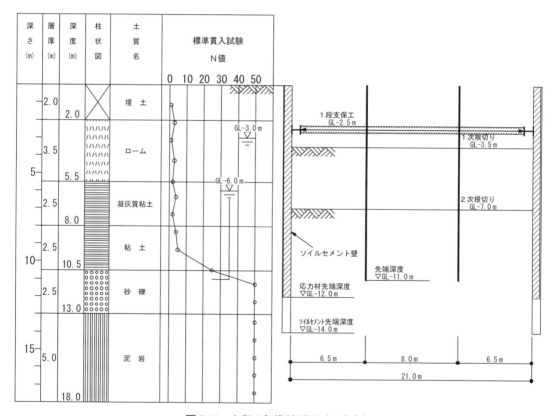

図 7.15 山留め架構断面図（Y方向）

　本事例では，大火打ちの反力のうち，腹起し軸方向の分力は対面の山留め壁まで腹起しを介して伝達する方針で検討している．この場合，腹起しに大きな軸力が発生し，曲げ圧縮により腹起しの仕様が決定され，不経済な設計となることがある．本事例のように，前述のすべり止めが不要となる検討結果であっても，腹起しが負担する軸力を抑えるため，すべり止めを設置するなど特別に安全側の配慮を行う場合もある．

8. 軟弱地盤で地盤改良を併用した山留めの事例

　深さ 9.7 m の根切り工事で，山留め壁にはソイルセメント壁を，支保工には鋼製切梁 2 段を採用した事例である．本事例では，軟弱な粘性土層が対象となるため，山留め壁の変形量が大きくなることが予想された．しかし，地下躯体の施工条件上，切梁の段数を増やすことが難しかったため，補助工法として地盤改良を採用した．

8.1 山留め計画上の条件
8.1.1 工事概要

　図 8.1 に本事例の敷地およびその周囲の状況を，図 8.2 に建物の断面形状を示す．本事例は，地下 1 階，地上 10 階の事務所（鉄筋コンクリート造）を新築する工事である．根切り形状は，約 31 m × 33 m の矩形，根切り深さは 9.7 m，基礎形式は杭基礎である．

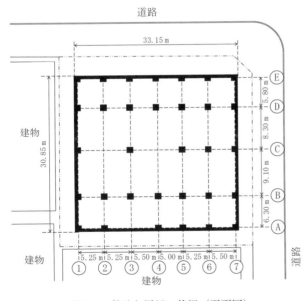

図 8.1 敷地と周辺の状況（平面図）

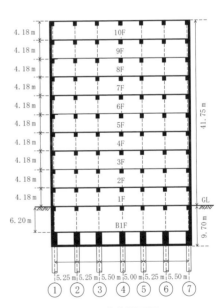

図 8.2 建物断面図

8.1.2 地盤概要

　図 8.3 に，敷地内で実施した地盤調査から得られた土質柱状図および地盤定数を示す．おおよその地層構成は下記のとおりである．ボーリング調査時の孔内水位は GL − 1.8 m であった．

　　GL ± 0.0 ～ GL − 3.8 m　　盛土
　　GL − 3.8 ～ GL − 19.0 m　　非常に軟らかいシルト

GL−19.0〜GL−20.2 m　非常に軟らかい砂混じりシルト

GL−20.2〜GL−24.2 m　軟らかいシルト

GL−24.2〜GL−25.0 m　中位の泥岩混じり細砂

GL−25.0〜GL−26.0 m　硬質な砂礫

GL−26.0〜GL−30.0 m　硬質な砂・泥岩

　図8.3および表8.1に室内土質試験の結果を示す．軟弱なシルト層のうち，3深度において一軸圧縮試験および三軸圧縮試験（UU試験）を実施した．なお，図8.3と表8.1に記載の粘着力 c および内部摩擦角 ϕ は，三軸圧縮試験（UU試験）に基づく結果である．

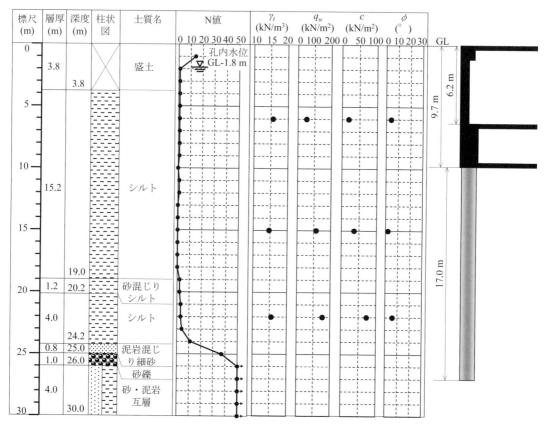

図8.3　土質柱状図および地盤定数

表8.1　室内土質試験結果

深さ (GL−m)	土質名	N値	湿潤単位体積重量 γ_t (kN/m^3)	一軸圧縮強さ q_u (kN/m^2)	粘着力 c (kN/m^2)	内部摩擦角 ϕ (°)
6.0〜 6.9	シルト	1	15.6	51.6	18.7	4
15.0〜15.9	シルト	0	14.7	114	44.9	2
22.0〜22.9	シルト	3	15.5	155	73.2	6

8.2 山留め計画

　軟弱な地盤が根切り底以深まで厚く堆積しているため，山留め壁は，根入れ部も含め連続性を有する鋼矢板壁やソイルセメント壁の採用が望ましい．さらに，根切り工事が周辺へ与える影響を考慮し，より高い剛性を有するソイルセメント壁を採用した．

　山留め支保工については，格子状の鋼製切梁工法を採用した．しかし，本設地下躯体の施工条件から，切梁を3段以上架設することが難しく，山留め壁の変形に対する抵抗が不足することが想定された．また，地盤アンカーは，定着層となる地盤が深いこと，敷地の余裕がないことから採用が難しい．そこで，本事例では2段の鋼製切梁を架設したうえで，補助工法としてストラット状地盤改良を併用する計画とした．

　近接協議や沿道掘削申請の対象となる構造物は存在しないが，山留め壁の最大変位の許容値を40 mm として設計を行った．

　なお，ストラット状地盤改良には機械撹拌工法を採用し，柱状の改良体を連続的に構築するものとした．また，山留め工事と杭工事は，地表面を地盤改良し，重機等の安定性を確保したのちに開始した．

8.3　山留めの設計

8.3.1　設計用地盤定数

　山留めの設計に用いる地盤定数は，標準貫入試験から得られた土質と N 値，および室内土質試験結果から判断し，表8.2に示すとおりとした．数値の採用理由は，①～④に示すとおりである．

表 8.2　設計用地盤定数

土層 No.	深さ (GL−m)	土質名	N 値	γ_t (kN/m^3)	c (kN/m^2)	ϕ (°)	k_h (kN/m^3)
1	0.0～ 3.8	盛土	5	(17.5)	0	(24)	5 000
2	3.8～12.5	シルト	1	15.6	18	4	1 800
3	12.5～19.0	シルト	0	14.7	45	2	4 500
4	19.0～20.2	砂混じりシルト	2	(16.0)	(60)	0	6 000
5	20.2～24.2	シルト	3	15.5	73	6	7 300
6	24.2～25.0	泥岩混じり細砂	11	(18.0)	0	(30)	11 000

［注］　※（　）内の数値は推定値

① 湿潤単位体積重量 γ_t：No. 2層，3層，5層は，室内土質試験結果を採用した．No. 1層は，本会「建築基礎構造設計指針」[8.1)] に示される擁壁の裏込め土の値を参考に判断した．No. 4層，6層は，（公社）鉄道総合技術研究所「鉄道構造物等設計標準・同解説　開削トンネル」[8.2)] に示される値を参考に判断した．

② 粘着力 c：No. 2層，3層，5層は，三軸圧縮試験（UU試験）の結果を採用した．No. 4層は，図8.3に示す粘着力の深度分布が直線的であることから，上下層の値から推定した．

－246－　山留め設計事例集

③ 内部摩擦角 ϕ：No.1層は，本会「建築基礎構造設計指針」[8.1)]に示される擁壁の裏込め土の値を参考に判断した．No.6層は，$\phi = \sqrt{20N} + 15$（°）（大崎の提案式）により推定した．No.2層，3層，5層では，三軸圧縮試験（UU 試験）の結果を採用し，粘性土層のうち三軸圧縮試験を実施していない No.4層では0とした．

④ 水平地盤反力係数 k_h：第I編 図4.4.4 に示す推奨範囲のうち，平均的な関係を表した直線上の値を採用した．砂質土は N 値，粘性土は粘着力 c を用いて推定した．

8.3.2　背面側側圧の設定

背面側の側圧は，第I編 2.1（1）に示す土水圧一体とした側圧係数法による側圧（（2.1.1）式）と，ランキン・レザール法による土圧と水圧を合算した側圧（（2.1.2）式）を比較して決定した．

$$p_a = K \gamma_t z \tag{2.1.1}$$

$$p_a = (\gamma_t z - p_{wa}) \tan^2\left(45° - \frac{\phi}{2}\right) - 2c \tan\left(45° - \frac{\phi}{2}\right) + p_{wa} \tag{2.1.2}$$

ここに，p_a：地表面からの深さ z（m）における背面側の側圧（kN/m²），K：側圧係数，γ_t：土の湿潤単位体積重量（kN/m³），z：地表面からの深さ（m），p_{wa}：地表面からの深さ z（m）における水圧（kN/m²）である．

山留め壁の背面側で特別に考慮すべき上載荷重はないため，ランキン・レザール法による側圧の算定時は，軽微な上載荷重として $q = 10$ kN/m² を考慮した．すなわち，（2.1.2）式における上載圧の項 $\gamma_t z$ を $\gamma_t z + q$ として算定した．一方，側圧係数法においては，軽微な上載荷重の影響が含まれているものとみなした．

（1）　側圧係数法による側圧

各層の側圧係数は，第I編 表2.1.2 を参考に設定した．表8.3 に採用した側圧係数を示す．

表8.3 に示す側圧係数により算出した各深度の側圧は，以下に示すとおりである．

GL－0.0 m　　　$p_a = 0.6 \times 17.5 \times 0.0 = 0.0$（kN/m²）

GL－3.8 m 上　$p_a = 0.6 \times 17.5 \times (3.8 - 0.0) = 39.9$（kN/m²）

　　　　　下　$p_a = 0.7 \times 17.5 \times (3.8 - 0.0) = 46.6$（kN/m²）

GL－12.5 m　　$p_a = 0.7 \times \{17.5 \times (3.8 - 0.0) + 15.6 \times (12.5 - 3.8)\} = 141.6$（kN/m²）

GL－19.0 m 上　$p_a = 0.7 \times \{17.5 \times (3.8 - 0.0) + 15.6 \times (12.5 - 3.8) + 14.7 \times (19.0 - 12.5)\}$
　　　　　　　　$= 208.4$（kN/m²）

　　　　　下　$p_a = 0.5 \times \{17.5 \times (3.8 - 0.0) + 15.6 \times (12.5 - 3.8) + 14.7 \times (19.0 - 12.5)\}$
　　　　　　　　$= 148.9$（kN/m²）

GL－20.2 m　　$p_a = 0.5 \times \{17.5 \times (3.8 - 0.0) + 15.6 \times (12.5 - 3.8) + 14.7 \times (19.0 - 12.5) + 16.0 \times$
　　　　　　　　$(20.2 - 19.0)\} = 158.5$（kN/m²）

GL－24.2 m　　$p_a = 0.5 \times \{17.5 \times (3.8 - 0.0) + 15.6 \times (12.5 - 3.8) + 14.7 \times (19.0 - 12.5) + 16.0 \times$
　　　　　　　　$(20.2 - 19.0) + 15.5 \times (24.2 - 20.2)\} = 189.5$（kN/m²）

8. 軟弱地盤で地盤改良を併用した山留めの事例 — 247 —

表8.3 各層の側圧係数

土層 No.	土質名	下端深さ (GL-m)	側圧係数 K	設定理由
1	盛土	3.8	0.6	緩い砂質土 (地下水位が浅く透水性が一様でない)
2	シルト	12.5	0.7	層厚の大きな正規圧密程度の鋭敏な粘土
3	シルト	19.0	0.7	層厚の大きな正規圧密程度の鋭敏な粘土
4	砂混じりシルト	20.2	0.5	過圧密と判断される粘土
5	シルト	24.2	0.5	過圧密と判断される粘土
6	泥岩混じり細砂	25.0	0.5	中位の砂質土 (地下水位が浅く透水性が一様でない)

GL-25.0 m $\quad p_a = 0.5 \times \{17.5 \times (3.8-0.0) + 15.6 \times (12.5-3.8) + 14.7 \times (19.0-12.5) + 16.0$
$\times (20.2-19.0) + 15.5 \times (24.2-20.2) + 18.0 \times (25.0-24.2)\} = 196.7$ (kN/m^2)

（2） ランキン・レザール法による側圧

地層構成の大部分が粘性土で占められているため，水圧が GL-1.8 m より静水圧分布をしているものと仮定した．ランキン・レザール法による各深度の側圧は，以下に示すとおりである．

GL-0.0 m $\quad p_a = (10 + 17.5 \times 0.0) \times \tan^2(45° - 24°/2) = 4.2$ (kN/m^2)

GL-1.8 m $\quad p_a = \{10 + 17.5 \times (1.8-0.0)\} \times \tan^2(45° - 24°/2) = 17.5$ (kN/m^2)

GL-3.8 m 上 $\quad p_a = \{10 + 17.5 \times (3.8-0.0) - 10 \times (3.8-1.8)\} \times \tan^2(45° - 24°/2) + 10$
$\times (3.8-1.8) = 43.8$ (kN/m^2)

　　　　　　下 $\quad p_a = \{10 + 17.5 \times (3.8-0.0) - 10 \times (3.8-1.8)\} \times \tan^2(45° - 4°/2) - 2 \times 18$
$\times \tan(45° - 4°/2) + 10 \times (3.8-1.8) = 35.6$ (kN/m^2)

GL-12.5 m 上 $\quad p_a = \{10 + 17.5 \times (3.8-0.0) + 15.6 \times (12.5-3.8) - 10 \times (12.5-1.8)\}$
$\times \tan^2(45° - 4°/2) - 2 \times 18 \times \tan(45° - 4°/2) + 10 \times (12.5-1.8) = 164.9$ (kN/m^2)

　　　　　　下 $\quad p_a = \{10 + 17.5 \times (3.8-0.0) + 15.6 \times (12.5-3.8) - 10 \times (12.5-1.8)\}$
$\times \tan^2(45° - 2°/2) - 2 \times 45 \times \tan(45° - 2°/2) + 10 \times (12.5-1.8) = 118.2$ (kN/m^2)

GL-19.0 m 上 $\quad p_a = \{10 + 17.5 \times (3.8-0.0) + 15.6 \times (12.5-3.8) + 14.7 \times (19.0-12.5) - 10$
$\times (19.0-1.8)\} \times \tan^2(45° - 2°/2) - 2 \times 45 \times \tan(45° - 2°/2) + 10 \times (19.0-1.8)$
$= 211.7$ (kN/m^2)

　　　　　　下 $\quad p_a = \{10 + 17.5 \times (3.8-0.0) + 15.6 \times (12.5-3.8) + 14.7 \times (19.0-12.5) - 10$
$\times (19.0-1.8)\} \times \tan^2(45° - 0°/2) - 2 \times 60 \times \tan(45° - 0°/2) + 10 \times (19.0-1.8)$
$= 187.8$ (kN/m^2)

GL-20.2 m 上 $\quad p_a = \{10 + 17.5 \times (3.8-0.0) + 15.6 \times (12.5-3.8) + 14.7 \times (19.0-12.5) + 16.0$
$\times (20.2-19.0) - 10 \times (20.2-1.8)\} \times \tan^2(45° - 0°/2) - 2 \times 60 \times \tan(45° - 0°/2)$
$+ 10 \times (20.2-1.8) = 207.0$ (kN/m^2)

　　　　　　下 $\quad p_a = \{10 + 17.5 \times (3.8-0.0) + 15.6 \times (12.5-3.8) + 14.7 \times (19.0-12.5) + 16.0$

— 248 — 山留め設計事例集

$$\times (20.2-19.0) - 10 \times (20.2-1.8)\} \times \tan^2(45°-6°/2) - 2 \times 73 \times \tan(45°-6°/2)$$
$$+ 10 \times (20.2-1.8) = 168.5 \ (kN/m^2)$$

GL − 24.2 m 上 $p_a = \{10 + 17.5 \times (3.8-0.0) + 15.6 \times (12.5-3.8) + 14.7 \times (19.0-12.5) + 16.0$
$$\times (20.2-19.0) + 15.5 \times (24.2-20.2) - 10 \times (24.2-1.8)\} \times \tan^2(45°-6°/2) - 2$$
$$\times 73 \times \tan(45°-6°/2) + 10 \times (24.2-1.8) = 226.3 \ (kN/m^2)$$

下 $p_a = \{10 + 17.5 \times (3.8-0.0) + 15.6 \times (12.5-3.8) + 14.7 \times (19.0-12.5) + 16.0$
$$\times (20.2-19.0) + 15.5 \times (24.2-20.2) - 10 \times (24.2-1.8)\} \times \tan^2(45°-30°/2) + 10$$
$$\times (24.2-1.8) = 279.0 \ (kN/m^2)$$

GL − 25.0 m $p_a = \{10 + 17.5 \times (3.8-0.0) + 15.6 \times (12.5-3.8) + 14.7 \times (19.0-12.5) + 16.0$
$$\times (20.2-19.0) + 15.5 \times (24.2-20.2) + 18.0 \times (25.0-24.2) - 10 \times (25.0-1.8)\}$$
$$\times \tan^2(45°-30°/2) + 10 \times (25.0-1.8) = 289.1 \ (kN/m^2)$$

（3） 設計用側圧

図8.4に側圧係数法による側圧およびランキン・レザール法による側圧の分布を示す．図に示すように，ランキン・レザール法による側圧がおおむね側圧係数法による側圧を上回るため，ランキン・レザール法による側圧を背面側の設計用側圧とした．

8.3.3 補助工法による効果

補助工法として採用するストラット状地盤改良の効果として，掘削側側圧の上限値の増加および水平地盤反力係数の増加を考慮した．

ストラット状地盤改良の仕様は，表8.4に示す条件とした．改良深度は，地表面からGL − 13.0 mまでとし，直径850 mmの柱状改良体を600 mm間隔でラップ施工するものとした．図8.5に示すように，山留め壁との取合い部では，ストラット状改良体の両脇に柱状改良体を追加している．こ

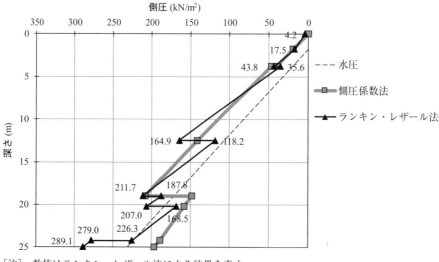

［注］ 数値はランキン・レザール法による結果を表す．

図 8.4　背面側の側圧

8. 軟弱地盤で地盤改良を併用した山留めの事例 —249—

表 8.4 ストラット状地盤改良の仕様

改良深度 (GL-m)	改良幅 w (m)	改良ピッチ w_0 (m)	山留め壁との接続幅 w_1 (m)	改良距離 L_s (m)	一軸圧縮強さ q_u (kN/m²)
0.0〜13.0	0.77	8.4	1.2	33.2	1 500

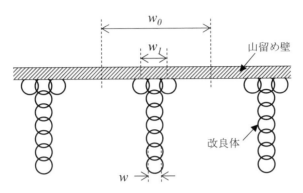

図 8.5 ストラット状地盤改良

れにより，幅 w_1 の範囲で山留め壁からストラット状改良体へ荷重が伝達されるようにした．

なお，表 8.4 に示す改良幅 w は，改良面積が等価な長方形の幅として算定した値である．また，改良ピッチ w_0 は，対面する山留め壁を3本のストラットで接続した場合における最大値，改良距離 L_s は，根切り平面の長辺方向の距離である．

（1）水平地盤反力係数

掘削側の水平地盤反力係数の算定には(8.1)式を用い，ストラットと原地盤それぞれの水平地盤反力係数から，改良地盤として等価な水平地盤反力係数 k_{he} を求めた．

$$k_{he} = k_{hs}\frac{w}{w_0} + k_{h0}\left(1 - \frac{w}{w_0}\right) \tag{8.1}$$

ここに，k_{he}：改良地盤の水平地盤反力係数（kN/m³），k_{hs}：ストラットの水平地盤反力係数（kN/m³），k_{h0}：原地盤の水平地盤反力係数（kN/m³），w：地盤改良の幅（m），w_0：地盤改良のピッチ（m）である．

k_{hs} は，（一財）日本建築センター「建築物のための改良地盤の設計及び品質管理指針」[8.3]を参照しストラットの変形係数を $E_{50} = 260q_u$ としたうえで，$k_{hs} = 2E_{50}/L_s$（L_s：ストラットの長さ（m））により求めた．

改良地盤の水平地盤反力係数 k_{he} の算定結果は，以下に示すとおりである．

ストラットの変形係数　　　$E_{50} = 260 \times 1\,500 = 3.9 \times 10^5$（kN/m²）

ストラットの水平地盤反力係数　$k_{hs} = 2 \times 3.9 \times 10^5/33.2 = 23\,494$（kN/m³）

改良した盛土（GL±0.0〜GL-3.8 m）の水平地盤反力係数

$$k_{he} = 23\,494 \times 0.77/8.4 + 5\,000 \times (1 - 0.77/8.4)$$
$$= 6\,695 \fallingdotseq 6\,700 \text{（kN/m}^3\text{）}$$

－250－　山留め設計事例集

改良したシルト（GL－3.8〜GL－13.0 m）の水平地盤反力係数

$$k_{he} = 23\,494 \times 0.77/8.4 + 1\,800 \times (1 - 0.77/8.4)$$
$$= 3\,789 \fallingdotseq 3\,800 \ (\mathrm{kN/m^3})$$

（2）　掘削側側圧の上限値

掘削側側圧の上限値は，第Ⅰ編 2.1（2）の（2.1.4）式（ランキン・レザール法）により算定した．

$$p_p = (\gamma_t z_p - p_{wp})\tan^2\!\left(45° + \frac{\phi}{2}\right) + 2c\tan\!\left(45° + \frac{\phi}{2}\right) + p_{wp} \tag{2.1.4}$$

ここに，p_p：根切り底面からの深さ z_p（m）における掘削側の側圧の上限値（$\mathrm{kN/m^2}$），γ_t：土の湿潤単位体積重量（$\mathrm{kN/m^3}$），z_p：根切り底面からの深さ（m），p_{wp}：根切り底面からの深さ z_p（m）における水圧（$\mathrm{kN/m^2}$）である．

（2.1.4）式の粘着力 c に対し，（8.2）式を用いてストラット状地盤改良の効果を考慮した．水平地盤反力係数 k_{he} の場合と同様に，ストラットと原地盤それぞれの粘着力から改良地盤として等価な粘着力 c_e を求めた．

$$c_e = c_s\frac{w}{w_0} + c_0\left(1 - \frac{w}{w_0}\right) \tag{8.2}$$

ここに，c_e：改良地盤の粘着力（$\mathrm{kN/m^2}$），c_s：ストラットの粘着力（$\mathrm{kN/m^2}$），c_0：原地盤の粘着力（$\mathrm{kN/m^2}$）である．

なお，ストラットの粘着力 c_s は，$c_s = q_u/2$ により求めた．改良地盤の粘着力 c_e の算定結果は，以下に示すとおりである．

　　ストラットの粘着力　　$c_s = 1\,500/2 = 750$（$\mathrm{kN/m^2}$）

　　改良した盛土（GL±0.0〜GL－3.8 m）の粘着力

$$c_e = 750 \times 0.77/8.4 + 0 \times (1 - 0.77/8.4) = 68.8 \fallingdotseq 68 \ (\mathrm{kN/m^2})$$

　　改良したシルト（GL－3.8〜GL－13.0 m）の粘着力

$$c_e = 750 \times 0.77/8.4 + 18 \times (1 - 0.77/8.4) = 85.1 \fallingdotseq 85 \ (\mathrm{kN/m^2})$$

8.3.4　山留め架構の設定

設計に用いた地盤定数，および根切り・山留め計画の概要を図8.6に示す．1〜3次根切りの過程で2段の切梁を架設し，基礎躯体・地下階躯体の施工後にそれぞれ2段目切梁・1段目切梁を解体する計画とした．図中の［　］内に示した地盤定数は，ストラット状地盤改良の効果を見込んだ値である．改良地盤は粘性土とみなし，原地盤において設定した内部摩擦角は考慮しないものとした．

図8.6に示す地盤改良後の地盤定数を用いて算定した掘削側側圧の上限値の分布を図8.7に示す．掘削側側圧の上限値は，ランキン・レザール法により求めたものである．

8. 軟弱地盤で地盤改良を併用した山留めの事例　— 251 —

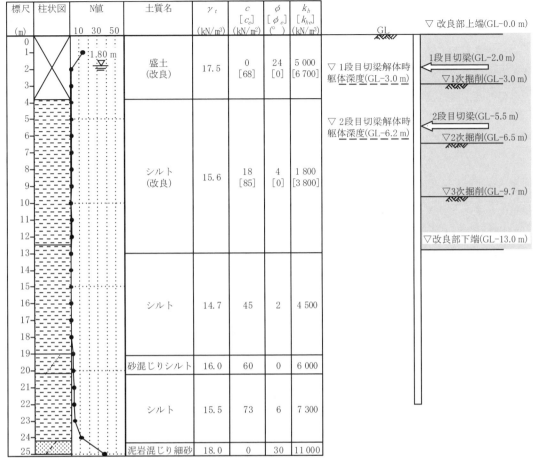

図 8.6　設計に用いた地盤定数および根切り・山留め計画の概要

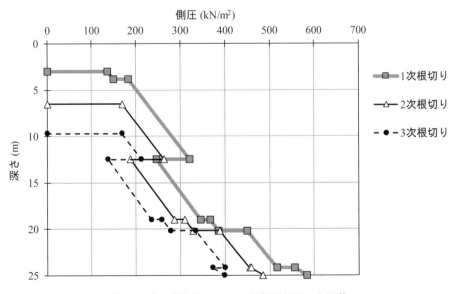

図 8.7　各次根切りにおける掘削側側圧の上限値

8.3.5 根入れ長さの検討

粘性土地盤が根切り底以深まで堆積しているため，根切り底面の安定性の検討として，ヒービングの検討を行う．第Ⅰ編 4.3.1 に示す (4.3.1) 式および図 8.8 のように，最下段切梁を中心としたすべり円弧を設定し，背面側土塊と上載荷重による滑動モーメント M_d に対して，すべり面に沿った地盤のせん断抵抗モーメント M_r が十分に抵抗できるかどうかを検討する．

$$F = \frac{M_r}{M_d} = \frac{x\int_0^{\pi/2+\alpha} s_u x\,d\theta}{W\dfrac{x}{2}} \qquad F \geqq 1.2 \tag{4.3.1}$$

ここに，F：ヒービングに対する安全率，M_r：単位奥行きあたりのすべり面に沿う地盤のせん断抵抗モーメント（kN・m），M_d：単位奥行きあたりの背面土塊などによる滑動モーメント（kN・m），s_u：地盤の非排水せん断強さ（kN/m^2），x：検討すべり円弧の半径（m），α：最下段切梁中心から根切り底面までの間隔と検討すべり円弧の半径で決まる角度（rad），θ：検討すべり円弧の中心角（rad），W：単位奥行きあたりの滑動力（kN）である．

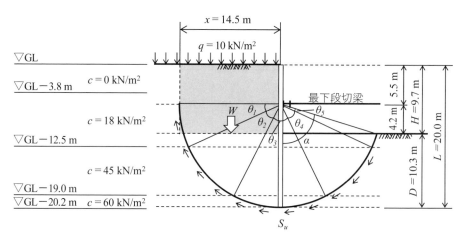

図 8.8 ヒービングの検討

検討は，最終根切り時（3次根切り時）を対象とし，すべり円弧の中心は2段目切梁の位置とする．山留め壁の全長は，$L = 20.0$ m と仮定し，背面側側圧の算定時と同様に上載荷重 $q = 10$ kN/m^2 を考慮する．

（1）背面側土塊と上載荷重による滑動モーメント

滑動モーメント M_d を求めると，以下のとおりとなる．

すべり円弧の半径　　　　　$x = 20.0 - 5.5 = 14.5$（m）

背面土塊荷重と上載荷重の合計　$W = \{10.0 + 17.5 \times (3.8 - 0.0) + 15.6 \times (9.7 - 3.8)\} \times x$
　　　　　　　　　　　　　　　$= 168.54 \times 14.5 = 2\,443.8$（kN）

滑動モーメント　　　　　　$M_d = W \times x/2 = 2\,443.8 \times 14.5/2 = 17\,718$（kN・m）

8. 軟弱地盤で地盤改良を併用した山留めの事例 — 253 —

（2）　すべり面に沿った地盤のせん断抵抗モーメント

地盤のせん断抵抗モーメントを算定するにあたり，非排水せん断強度 s_u には各地層の粘着力 c を採用する．また，ストラット状地盤改良のピッチが比較的大きいため，ここでは地盤改良による効果は考慮しないものとする．各地層におけるせん断抵抗モーメントを求めると，以下のとおりとなる．

背面側 GL -5.5〜GL -12.5 m

$$M_{r1}=x \times c \times x \times \theta_1 = 14.5 \times 18 \times 14.5 \times \sin^{-1}(7.0/14.5)$$
$$= 1\,906.6 \ (\text{kN} \cdot \text{m})$$

背面側 GL -12.5〜GL -19.0 m

$$M_{r2}=x \times c \times x \times \theta_2 = 14.5 \times 45 \times 14.5 \times \{\sin^{-1}(13.5/14.5)$$
$$- \sin^{-1} (7.0/14.5)\} = 6\,560.8 \ (\text{kN} \cdot \text{m})$$

背面側 GL -19.0〜掘削側 GL -19.0 m

$$M_{r3}=x \times c \times x \times \theta_3 = 14.5 \times 60 \times 14.5 \times \{\pi/2 - \sin^{-1}(13.5/14.5)\}$$
$$\times 2 = 9\,424.9 \ (\text{kN} \cdot \text{m})$$

掘削側 GL -19.0〜GL -12.5 m

$$M_{r4}=x \times c \times x \times \theta_4 = 14.5 \times 45 \times 14.5 \times \{\sin^{-1}(13.5/14.5)$$
$$- \sin^{-1}(7.0/14.5)\} = 6\,560.8 \ (\text{kN} \cdot \text{m})$$

掘削側 GL -12.5〜GL -9.7 m

$$M_{r5}=x \times c \times x \times \theta_5 = 14.5 \times 18 \times 14.5 \times \{\sin^{-1}(7.0/14.5)$$
$$- \sin^{-1}(4.2/14.5)\} = 794.5 \ (\text{kN} \cdot \text{m})$$

すべり面に沿った地盤のせん断抵抗モーメントは，各地層のせん断抵抗モーメントの合計であり，以下のとおりとなる．

せん断抵抗モーメント

$$M_r = M_{r1} + M_{r2} + M_{r3} + M_{r4} + M_{r5} = 1\,906.6 + 6\,560.8 + 9\,424.9$$
$$+ 6\,560.8 + 794.5 = 25\,248 \ (\text{kN} \cdot \text{m})$$

（3）　ヒービングに対する安全率と山留め壁全長の決定

ヒービングに対する安全率は，$F = M_r/M_d = 25\,248/17\,718 = 1.42 > 1.2$ となり，ヒービングの検討において山留め壁の根入れ長さが十分であることが確認された．したがって，以後の検討においては，山留め壁の全長を $L = 20.0$ m とする．

8.3.6　山留め壁の応力と変位に対する検討

（1）　梁・ばねモデルによる応力と変位の算定

山留め壁の応力と変位に対する検討は，梁・ばねモデルにより行う．根入れ部に作用する側圧は，平衡側圧を考慮して設定する．第Ⅰ編 2.1（3）に示す（2.1.8）式により平衡土圧係数を求め，（8.3）式により平衡側圧を求める．平衡側圧は，鉛直有効土圧に平衡土圧係数を乗じ，掘削側の水圧を加算した値とする．なお，掘削側の水圧は根切り底をゼロとし，静水圧分布するものとした．

$$K_{eq} = K_0 \cdot OCR^{\alpha_K} = K_0 \cdot (\sigma_v'/\sigma_{v0}')^{-\alpha_K} \tag{2.1.8}$$

$$p_{eq} = K_{ep} \cdot \sigma_v' + p_{wp} \tag{8.3}$$

ここに，K_{eq}：平衡土圧係数，K_0：静止土圧係数（$K_0 = 0.5$ とする），OCR：過圧密比，α_K：係数 $\alpha_K = \sin\phi$（粘性土で土水圧一体評価の場合は $\alpha_K = 0.6$ とする），ϕ：内部摩擦角（°），σ_v'：鉛直有効土圧（kN/m²），σ_{v0}'：初期の鉛直有効土圧（kN/m²），p_{eq}：平衡側圧（kN/m²），p_{wp}：掘削側の水圧（kN/m²）である．

—254— 山留め設計事例集

以下に，例として3次根切り時（根切り深さ GL−9.7 m）の平衡側圧の算定結果を示す.

GL−12.5 m $\quad\sigma_{v0}' = 17.5 \times (3.8 - 0.0) + 15.6 \times (12.5 - 3.8) - 10 \times (12.5 - 1.8) = 95.2 \ (\mathrm{kN/m^2})$

$\qquad\qquad\quad\sigma_v' = 15.6 \times (12.5 - 9.7) - 10 \times (12.5 - 9.7) = 15.7 \ (\mathrm{kN/m^2})$

$\qquad\qquad\quad\alpha = 0.6$

$\qquad\qquad\quad K_{eq} = 0.5 \times (15.7/95.2)^{-0.6} = 1.5$

$\qquad\qquad\quad p_{eq} = 1.5 \times 15.7 + 10 \times (12.5 - 9.7) = 51.6 \ (\mathrm{kN/m^2})$

GL−19.0 m $\quad\sigma_{v0}' = 17.5 \times (3.8 - 0.0) + 15.6 \times (12.5 - 3.8) + 14.7 \times (19.0 - 12.5) - 10 \times (19.0 - 1.8)$

$\qquad\qquad\quad = 125.8 \ (\mathrm{kN/m^2})$

$\qquad\qquad\quad\sigma_v' = 15.6 \times (12.5 - 9.7) + 14.7 \times (19.0 - 12.5) - 10 \times (19.0 - 9.7) = 46.2 \ (\mathrm{kN/m^2})$

$\qquad\qquad\quad\alpha = 0.6$

$\qquad\qquad\quad K_{eq} = 0.5 \times (46.2/125.8)^{-0.6} = 0.9$

$\qquad\qquad\quad p_{eq} = 0.9 \times 46.2 + 10 \times (19.0 - 9.7) = 134.6 \ (\mathrm{kN/m^2})$

GL−20.2 m $\quad\sigma_{v0}' = 17.5 \times (3.8 - 0.0) + 15.6 \times (12.5 - 3.8) + 14.7 \times (19.0 - 12.5) + 16.0$

$\qquad\qquad\quad \times (20.2 - 19.0) - 10 \times (20.2 - 1.8) = 133.0 \ (\mathrm{kN/m^2})$

$\qquad\qquad\quad\sigma_v' = 15.6 \times (12.5 - 9.7) + 14.7 \times (19.0 - 12.5) + 16.0 \times (20.2 - 19.0) - 10 \times (20.2 - 9.7)$

$\qquad\qquad\quad = 53.4 \ (\mathrm{kN/m^2})$

$\qquad\qquad\quad\alpha = 0.6$

$\qquad\qquad\quad K_{eq} = 0.5 \times (53.4/133.0)^{-0.6} = 0.9$

$\qquad\qquad\quad p_{eq} = 0.9 \times 53.4 + 10 \times (20.2 - 9.7) = 153.1 \ (\mathrm{kN/m^2})$

GL−24.2 m $\quad\sigma_{v0}' = 17.5 \times (3.8 - 0.0) + 15.6 \times (12.5 - 3.8) + 14.7 \times (19.0 - 12.5) + 16.0 \times (20.2 - 19.0)$

$\qquad\qquad\quad + 15.5 \times (24.2 - 20.2) - 10 \times (24.2 - 1.8) = 155.0 \ (\mathrm{kN/m^2})$

$\qquad\qquad\quad\sigma_v' = 15.6 \times (12.5 - 9.7) + 14.7 \times (19.0 - 12.5) + 16.0 \times (20.2 - 19.0) + 15.5 \times (24.2 - 20.2)$

$\qquad\qquad\quad - 10 \times (24.2 - 9.7) = 75.4 \ (\mathrm{kN/m^2})$

$\qquad\qquad\quad\alpha = 0.6$

$\qquad\qquad\quad K_{eq} = 0.5 \times (75.4/155.0)^{-0.6} = 0.8$

$\qquad\qquad\quad p_{eq} = 0.8 \times 75.4 + 10 \times (24.2 - 9.7) = 205.3 \ (\mathrm{kN/m^2})$

GL−25.0 m $\quad\sigma_{v0}' = 17.5 \times (3.8 - 0.0) + 15.6 \times (12.5 - 3.8) + 14.7 \times (19.0 - 12.5) + 16.0 \times (20.2 - 19.0)$

$\qquad\qquad\quad + 15.5 \times (24.2 - 20.2) + 18.0 \times (25.0 - 24.2) - 10 \times (25.0 - 1.8) = 161.4 \ (\mathrm{kN/m^2})$

$\qquad\qquad\quad\sigma_v' = 15.6 \times (12.5 - 9.7) + 14.7 \times (19.0 - 12.5) + 16.0 \times (20.2 - 19.0) + 15.5 \times (24.2 - 20.2)$

$\qquad\qquad\quad + 18.0 \times (25.0 - 24.2) - 10 \times (25.0 - 9.7) = 81.8 \ (\mathrm{kN/m^2})$

$\qquad\qquad\quad\alpha = \sin 30° = 0.5$

$\qquad\qquad\quad K_{eq} = 0.5 \times (81.8/161.4)^{-0.5} = 0.7$

$\qquad\qquad\quad p_{eq} = 0.7 \times 81.8 + 10 \times (25.0 - 9.7) = 210.3 \ (\mathrm{kN/m^2})$

図8.9に，（2.1.8）式および（8.3）式により求めた各次根切りにおける平衡側圧の分布を示す.

8. 軟弱地盤で地盤改良を併用した山留めの事例 —255—

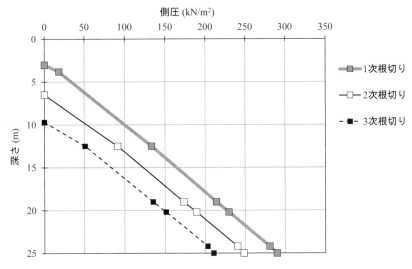

図 8.9 各次根切りにおける平衡側圧

表 8.5 山留め壁の仕様（改良体）

改良径 (mm)	改良間隔 (mm)	長さ (m)	設計基準強度 (N/mm²)
650	450	21.0	0.3

表 8.6 山留め壁の仕様（応力材）

材質	部材	設置間隔 (mm)	長さ (m)	ヤング係数 (kN/m²)	1本あたり強軸方向の断面2次モーメント (mm⁴)	単位幅あたり強軸方向の断面2次モーメント (m⁴/m)
SS 400	H－450×200×9×14	450	20.0	2.05×10^8	3.29×10^8	7.31×10^{-4}

表 8.7 鋼製切梁の仕様

段数	材質	部材	長さ (m)	1本あたり断面積 (mm²)	架設ピッチ (m)	ヤング係数 (kN/m²)	単位幅あたりばね係数 (kN/m/m)
1段目	SS 400	H－400×400×13×21	33.2	19 770	7.65	2.05×10^8	31 915
2段目	SS 400	H－500×500×25×25	33.2	33 750	7.65	2.05×10^8	54 483

　山留め壁は表 8.5，8.6 に示す条件とし，切梁は表 8.7 に示す条件とした．また，切梁架構の剛性を確保し山留め壁の変位を抑えるため，1段目切梁と2段目切梁の架設時にプレロードを載荷するものとした．プレロード量は，切梁に生じる軸力の 40 ％程度を上限とし，1段目で 80 kN/m，2段目で 175 kN/m とした．

　また，本設地下躯体の底版・基礎梁・地下1階スラブを構築した後に2段目切梁を解体し，さらに地下1階外壁を GL－3.0 m まで構築した後に1段目切梁を解体する計画とした．梁・ばねモデルにおいては，各切梁解体時に底版・基礎梁・スラブの断面積とコンクリートのヤング係数を考慮

したばねを設置した．さらに，1段目切梁の解体時には山留め壁の変形が増加する可能性があるため，地下1階スラブと地下1階外壁の間に斜め切梁を設置し，躯体の補強を図った．図8.10に切梁と本設地下躯体の位置関係を，表8.8にB1F地下外壁の補強に用いた斜め切梁の仕様を示す．斜め切梁のばね係数は，軸方向のばね係数を水平面との角度に応じて低減することにより求めた．

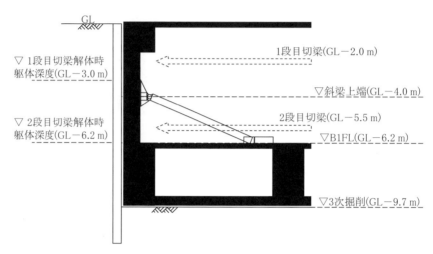

図8.10 切梁と本設地下躯体の位置関係

表8.8 地下1階地下外壁の補強に用いた斜め切梁の仕様

上端深さ (GL−m)	材質	部　材	長さ (m)	水平面との角度 (°)	1本あたり断面積 (mm^2)	架設ピッチ (m)	ヤング係数 (kN/m^2)	単位幅あたりばね係数 (kN/m/m)
4.0	SS 400	H−350×350×12×19	5.0	23	15 490	5.5	2.05×10^8	97 841

（2）山留め壁の変位・曲げモーメント・せん断力に対する検討

図8.11に梁・ばねモデルによって算定した山留め壁の変位・応力の分布を，表8.9にそれらの最大値を示す．変位・応力ともに最大値は3次根切り時に生じており，変位の最大値は許容値として設定した40 mm以下となった．

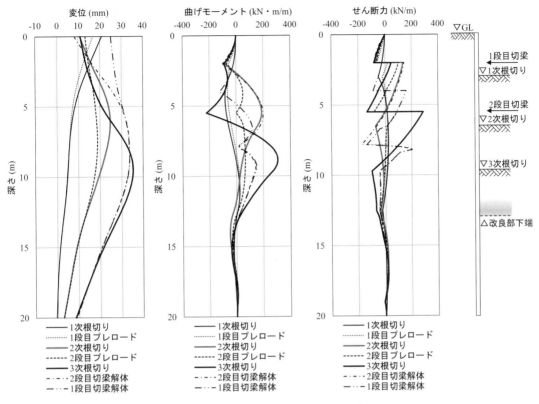

図 8.11 山留め壁の変位・応力の分布

表 8.9 山留め壁の変位・応力の最大値

施工段階	変位 最大値 (mm)	発生位置 (GL−m)	曲げモーメント 最大値 (kN・m/m)	発生位置 (GL−m)	せん断力 最大値 (kN/m)	発生位置 (GL−m)
1次根切り	20.9	0.0	−82.3	4.4	−50.0	3.0
1段目プレロード	16.8	0.0	−63.2	4.0	−59.4	2.0
2次根切り	24.7	6.1	189.3	5.5	136.9	2.0
2段目プレロード	18.8	7.4	−70.8	2.0	101.9	2.0
3次根切り	35.3	9.5	307.2	8.9	288.3	5.5
2段目切梁解体	33.7	8.5	201.1	5.6	202.7	8.2
1段目切梁解体	33.7	8.6	151.3	9.4	206.1	8.2
全段階の最大値	35.3	9.5	307.2	8.9	288.3	5.5

山留め壁の曲げモーメントおよびせん断力に対する検討結果は，以下のとおりとなる．

最大曲げモーメント　　　　$M = 307.2$ (kN・m/m)
最大せん断力　　　　　　　$Q = 288.3$ (kN/m)
応力材　　　　　　　　　　H−450×200×9×14 (SS 400)

強軸方向断面係数	$Z_x = 1\,460 \times 10^3$ (mm^3)
せん断有効断面積（ウェブ断面積）	$A_w = 9 \times (450 - 2 \times 14) = 3\,798$ (mm^2)
応力材間隔	$a = 450$ (mm)
形鋼材の許容曲げ応力度	$f_b = 235$ (N/mm^2)
曲げ応力度	$\sigma_b = M/Z_x = 307.2 \times 10^6/(1\,460 \times 10^3 \times 1\,000/450)$
	$= 94.7 < f_b$ (N/mm^2)
形鋼材の許容せん断応力度	$f_s = 135$ (N/mm^2)
せん断応力度	$\tau = Q/A_w = 288.3 \times 10^3/(3\,798 \times 1\,000/450) = 34.2 < f_s$ (N/mm^2)

以上より，山留め壁の応力材は H－450×200×9×14 を 0.45 m 間隔で使用すればよいことが確認された．

（3） 山留め壁のソイルセメントに対する検討

応力材を全孔配置としているため，図 8.12 に示すように応力材間で生じるせん断応力について検討する．

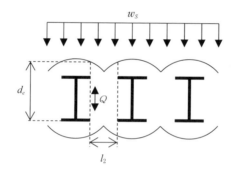

図 8.12 ソイルセメントの応力算定（全孔配置の場合）

応力材	H－450×200×9×14 (SS 400)
ソイルセメント設計基準強度	$F_c = 0.3$ (N/mm^2)
ソイルセメント径	$D = 650$ (mm)
応力材間隔	$a = 450$ (mm)
有効厚	$d_e = \{(650/2)^2 - (200/2)^2\}^{1/2} + 450/2 = 534$ (mm)
応力材の内法寸法	$l_2 = 450 - 200 = 250$ (mm)
荷重	$w_S = 132.5$ (kN/m^2) （3次根切り時の根切り底の背面側側圧）

これらの条件から，山留め壁のソイルセメントに生じるせん断応力を算定すると，以下のとおりとなる．

応力材間で生じるせん断力	$Q = w_S \times l_2/2 = 132.5 \times 0.25/2 = 16.6$ (kN/m)
応力材間で生じるせん断応力度	$\tau = Q/d_e = 16.6 \times 1.0/534 = 0.031$ (N/mm^2)
ソイルセメントの許容せん断応力度	$f_s = F_c/6 = 0.3/6 = 0.05$ (N/mm^2)

したがって，ソイルセメントの設計基準強度は，$F_c = 0.3$ で十分であることが確認された．

（4） ストラット状地盤改良の応力に対する検討

ストラット状地盤改良は，対面する山留め壁を接続する形で構築されており，掘削範囲の中心を軸として対称な条件と考えられる．したがって，ストラット状地盤改良については，水平方向の圧縮応力を検討する．水平方向の圧縮応力の算定には，梁・ばねモデルの検討により得られた地盤反力の値を用いる．図8.13に，改良範囲の地盤反力が最大となった3次根切り時における地盤反力の分布を示す．地盤反力全体に対してストラットが発揮する地盤反力が占める割合は，ストラットおよび原地盤の水平地盤反力，改良幅・改良ピッチを考慮して，(8.4) 式により求める．

$$\alpha_S = k_{hs}\frac{w}{w_0} \Big/ \left\{ k_{hs}\frac{w}{w_0} + k_{h0}\left(1-\frac{w}{w_0}\right)\right\} \tag{8.4}$$

ここに，α_S：ストラットが発揮する地盤反力の割合，k_{hs}：ストラットの水平地盤反力係数（kN/m³），k_{h0}：原地盤の水平地盤反力係数（kN/m³），w：地盤改良の幅（m），w_0：地盤改良のピッチ（m）である．

(8.8) 式より，ストラットが発揮する地盤反力の割合 α_S は，以下のとおりとなる．

$$\alpha_S = 23\,494 \times 0.77/8.4 / \{23\,494 \times 0.77/8.4 + 1\,800 \times (1 - 0.77/8.4)\} = 0.57$$

したがって，ストラットが発揮する地盤反力，すなわちストラット端部に生じる圧縮応力は，以下のとおりとなる．

ストラット範囲の地盤反力の最大値（GL−9.7 m）　　$R = 134.1$（kN/m²/m）

ストラットに作用する水平方向の圧縮応力の最大値　　$\sigma_c = R \times w_0 \times \alpha_S = 134.1 \times 8.4 \times 0.57$
$$= 642.1 \ (\mathrm{kN/m^2})$$

表8.4に示した一軸圧縮強さ q_u を改良体の設計基準強度 F_c とし，改良体の許容圧縮応力度を $f_c = F_c/2$ とすると，$\sigma_c = 642.1 < f_c = 750$（kN/m²）となる．したがって，ストラットは十分な強度を有しているものと考えられる．

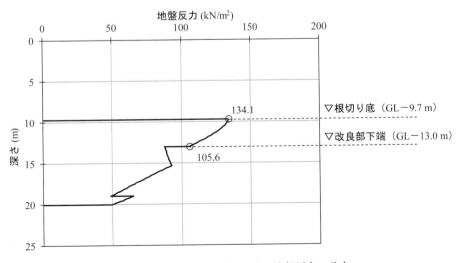

図8.13　3次根切り時における地盤反力の分布

8.3.7 決定した山留めの仕様

以上の検討により決定した山留めの仕様を表 8.10 および図 8.14～8.16 に示す．腹起し，切梁，切梁支柱などの検討は本章では省略しているため，第 2 章，第 3 章，第 7 章の事例を参考にされたい．

表 8.10 決定した山留めの仕様

山留め壁	ソイルセメント壁 $\phi650$ @450 mm $L=21.0$ m 応力材 H－450×200×9×14（SS 400）@450 mm $L=20.0$ m	
切梁支柱	H－350×350×12×19（SS 400）$L=28.0$ m	
山留め支保工	1 段目	2 段目
腹 起 し	H－400×400×13×21（SS 400）	H－500×500×25×25（SS 400）
切　　梁	H－400×400×13×21（SS 400）	H－500×500×25×25（SS 400）
隅火打ち	H－400×400×13×21（SS 400）	H－500×500×25×25（SS 400）
切梁火打ち	H－400×400×13×21（SS 400）	H－500×500×25×25（SS 400）

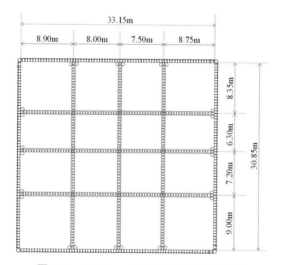

図 8.14　ストラット状地盤改良の平面配置

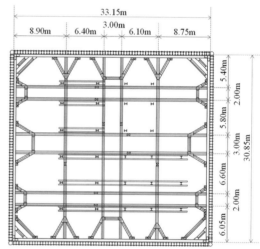

図 8.15　1 段目・2 段目切梁の平面配置

8. 軟弱地盤で地盤改良を併用した山留めの事例 — 261 —

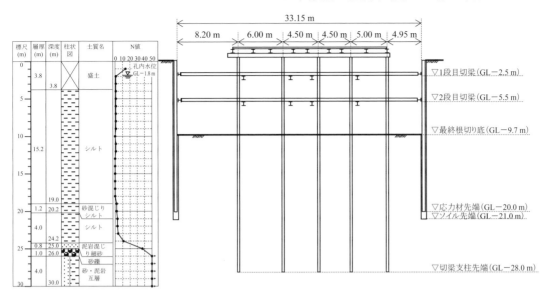

図 8.16 山留め壁と支保工の断面図

＜参考＞ 山留め変位の実測値と梁ばねモデル・両面ばねモデルによる検討結果の比較

参考のため，本事例では両面ばねモデルによる検討を行い，梁・ばねモデルによる結果と比較する．両面ばねモデルとは，山留め壁の掘削側だけでなく背面側にも地盤ばねを設ける手法であり，山留めの変位に伴う背面側側圧の変化を考慮することができる．図8.17に，両面ばねモデルにおける側圧の変化を示す．

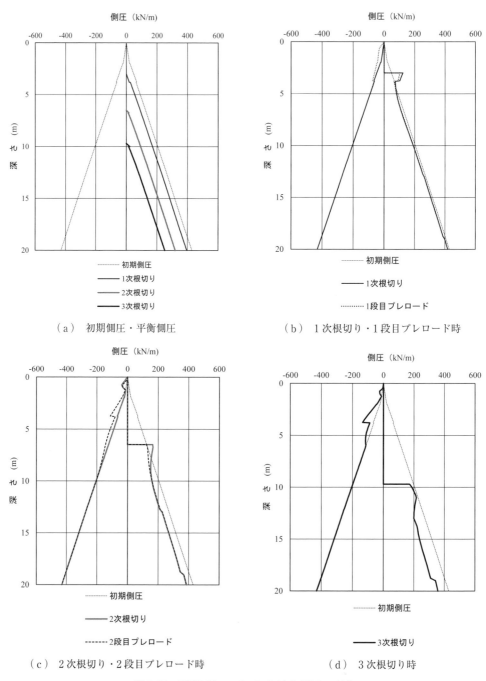

図 8.17　両面ばねモデルにおける側圧の変化

初期の側圧は，掘削側・背面側ともに静止側圧を設定する．静止側圧は，指針[8.4]に則り（8.5）式により求めた．砂質土については，（8.6）式に示すヤーキーの式により静止土圧係数 K_0 を求め，粘性土については静止土圧係数 K_0 を 0.5 とした．

$$p_0 = K_0(\gamma_t z_p - p_{wp}) + p_{wp} \tag{8.5}$$

$$K_0 = 1 - \sin\phi \tag{8.6}$$

ここに，p_0：根切り底面からの深さ z_p における静止土圧（kN/m²），K_0：根切り底面からの深さ z_p における静止土圧係数，γ_t：土の湿潤単位体積重量（kN/m³），z_p：根切り底面からの深さ（m），p_{wp}：根切り底面からの深さ z_p における掘削側水圧（kN/m²），ϕ：内部摩擦角（°）である．

平衡側圧は，図 8.9 に示す梁・ばねモデルの場合と同様に設定した．背面側側圧から平衡側圧を差し引いた値が各根切り段階での設計用側圧となる．山留め壁の変位による側圧の変化は，ランキン・レザール法による受働側圧を最大値，主働側圧を最小値としている．

また，掘削側の地盤ばねの特性は，図 8.6 に示す地盤改良後の値を，背面側の地盤ばねの特性は，図 8.6 に示す地盤改良前の値を採用した．

図 8.18 に，両面・ばねモデルによる山留め壁の変位・応力の分布を示す．変位の最大値は，66 mm 程度となっており，梁・ばねモデルによる結果（35 mm 程度）よりも大きくなった．これは，根切りの進行に伴う掘削側と背面側の側圧分布の変化により，根入れ部の変位が梁・ばねモデルの場合よりも大きく評価された結果と考えられる．一方，曲げモーメントとせん断力の最大値はそれぞれ 205 kN・m/m，245 kN/m となっており，梁・ばねモデルによる結果（307 kN・m/m，288 kN/m）よりも小さくなっている．本事例では，周辺構造物によって山留め壁の変位に対する許容値が定められていなかったため，応力の条件がより厳しい梁・ばねモデルによる結果を採用した．

図 8.19 に，山留め壁の変位を傾斜計により実測した結果と，梁・ばねモデルおよび両面ばねモデルによる検討結果を比較して示す．実測結果の最大値は 40 mm であり，梁・ばねモデルの結果をやや上回り，両面ばねモデルの結果を下回った．ただし，傾斜計による実測結果は下端の変位を 0 とした相対値であり，本事例のような軟弱粘性土地盤では山留め壁の下端においても無視できない変位が生じていた可能性がある．したがって，山留め壁の変位によって周辺の構造物等への悪影響が懸念されるケースにおいては，梁・ばねモデルと両面ばねモデルの結果を比較し，変位に対して安全側の想定をしておく（本事例の場合は両面ばねモデルの変位を採用する）ことが望ましい．

— 264 — 山留め設計事例集

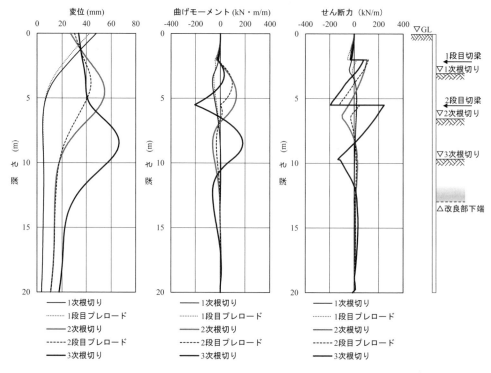

図 8.18　両面ばねモデルによる山留め壁の変位・応力の分布

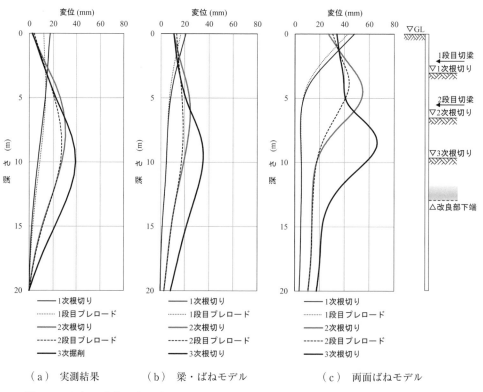

（a）実測結果　　　（b）梁・ばねモデル　　　（c）両面ばねモデル

図 8.19　山留め変位の実測結果と梁・ばねモデルおよび両面ばねモデルによる検討結果

参考文献

8.1) 日本建築学会：建築基礎構造設計指針，p.89，2019.11

8.2) 鉄道総合技術研究所：鉄道構造物等設計標準・同解説　開削トンネル，p.64，2001.3

8.3) 日本建築センター：建築物のための改良地盤の設計及び品質管理指針―セメント系固化材を用いた深層・浅層混合処理工法―，pp.349-352，2012.11

8.4) 日本建築学会：山留め設計指針，p.162，2017.11

9. 既存建物地下躯体の山留め壁としての利用事例

　本事例は，市街地に計画された商業ビル建設に伴う既存建物地下躯体を，山留め壁や支保工として利用した工事である．

　都市部では，既存建物を解体して新築建物を構築するケースが多くみられる．既存建物が地下を有する場合は，新築地下躯体をその内側におさめ，既存地下外壁を新築地下工事の山留め壁として利用することで，仮設材の低減とともに躯体解体に伴う振動・騒音などの発生も抑制されるため，環境負荷低減の側面からも有効である．ただし，既存地下躯体を残す場合は，既存地下躯体を有効利用するなどの理由を明確化し，建築主の了承を受けたうえで，地方自治体などに説明する必要がある[9.1]．

9.1　山留め計画上の条件

9.1.1　工　事　概　要

　表 9.1 に新築および既存建物の概要を示す．敷地および周辺の状況は，図 9.1 のとおりである．図 9.2 に新築・既存地下躯体の断面および土質柱状図を示す．新築地下躯体は，既存地下躯体（地下外壁，基礎スラブ）の内側に構築する計画である．既存地下躯体で存置する部分は，外周地下外壁（地下 1 階，2 階）と外周部の基礎梁および基礎スラブである．

　新築建物の基礎形式は，シルト質細砂層を支持地盤とした直接基礎である．新築基礎スラブと支持地盤の間に存置する既存基礎スラブは，ラップルコンクリートとして評価している．なお，本新築建物は，当初から既存地下外壁を山留めとして利用することを前提として設計されている．

表 9.1　新築および既存建物概要

	既 存 建 物	新 築 建 物
構　　造	地上：鉄骨鉄筋コンクリート造 地下：鉄筋コンクリート造	地上：鉄骨造 地下：鉄筋コンクリート造
階　　数	地上 8 階，地下 2 階	地上 8 階，地下 1 階
基礎形式	直接基礎（GL − 11.2 m　シルト質細砂）	直接基礎（GL − 10.6 m）

9. 既存建物地下躯体の山留め壁としての利用事例 — 267 —

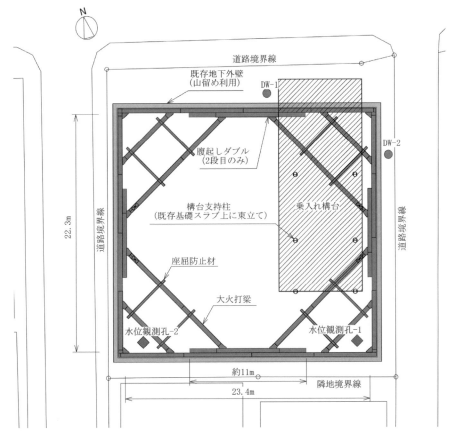

図 9.1 敷地状況および山留め計画平面図

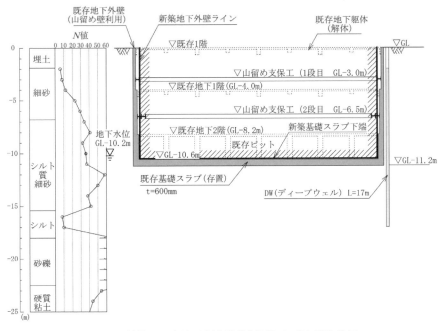

図 9.2 新築・既存地下躯体建物断面および土質柱状図

9.1.2 地盤概要

地層構成は, 表層が埋土であり, その下部に砂質土層（細砂, シルト質細砂）, 粘性土層（シルト）, 砂質土層（砂礫）, 粘性土層（硬質粘土）の順となっている.

自由地下水位は, GL-10.2 m（シルト質細砂層）にある. また, 同シルト質細砂の GL-12 m 位置での現場透水試験結果によると透水係数 $k = 4.59 \times 10^{-6}$ m/s（注水法）, 3.07×10^{-5} m/s（回復法）であった.

9.1.3 既存地下躯体の調査

既存地下躯体の利用にあたっては, 設計図書で構造物の仕様を確認するとともに, 実測や現状調査などで構造体を調査する. 確認項目の例を表 9.2 に示す.

実測などによる現地確認では, クラック調査, 各種試験などを実施して利用する部分の地下躯体の健全性を確認する.

本事例では, 設計図書から既存地下躯体の断面形状, コンクリート強度および鉄筋量を確認した. このほかに, 既存地下躯体からコンクリートコアを採取し圧縮強度試験を行い, 実際のコンクリート強度を確認した. また, 既存地下外壁のレーダー探査を行い, 実際の鉄筋配筋状況を確認した.

表9.2 既存地下外壁を山留め壁として利用する場合の確認項目の例 [9.2)に加筆]

確 認 内 容	確 認 項 目
実測などによる 現地確認	・既存地下躯体（地下外壁, フーチングなど）と敷地境界, 道路境界との距離, 既存地下躯体と隣接構造物（地上部）との距離, 既存地下躯体と新築建物との離隔 ・既存地下躯体の形状（部位厚, 深さなど）, 構造形式（RC 造, SRC 造など） ・既存山留め壁の有無（種別, 位置, 形状, 深さ） ・既存地下躯体のクラック調査, 各種強度試験, 中性化試験などによる利用する構造体の健全性 ・必要に応じて試掘による埋設物・埋設管などの有無, 漏水, 湧水, エフロレッセンス, 鉄筋などのさび汁の状況, 現地での鉄筋量の確認（レーダー探査など） ・地下水位

9.2 山留め計画

山留め計画は, 図 9.1 および図 9.2 に示すように山留め壁として既存地下外壁を利用し, 山留め支保工は鋼製切梁 2 段とした. 当初計画では格子状の切梁配置であったが, 解体重機の作業スペースを確保することを目的に大火打ち形式とした. 同様の理由により, 大火打ちの座屈防止措置を講じたうえで切梁支柱をなくす計画とした. 2 段目の各面中央部分の腹起しは, 支持スパンが約 11 m と大きく, 負担荷重も大きいため 2 本とした.

また, 地下水による浮力によって既存躯体が浮き上がらないこと, 既存基礎スラブが曲げ破壊しないことを計算により確認しているが, 地下水位が上昇した場合を考慮してディープウェルを場外に 2 カ所（$L = 17$ m）設置し, 場内に設置した 2 カ所の水位観測孔により工事中の水位計測を行った. なお, 既存地下躯体の解体にあたっては, 山留め壁として利用する部分の健全性を維持できるように, 他の部分の解体を慎重に行うことが重要である.

9.3 山留めの設計
9.3.1 設計用地盤定数

表9.3に山留め架構の設計に用いた地盤定数を示す．地盤調査報告書によると，表層の埋土は，主に砂質土であったため砂質土として評価した．砂質土の内部摩擦角は$\phi=\sqrt{20N}+15$（°）として設定し，粘着力は0（kN/m^2）とした．

表9.3 設計用地盤定数

土質 No.	深さ (m)	層厚 (m)	土質名	平均 N 値	湿潤単位体積重量 γ_t (kN/m^3)	粘着力 c (kN/m^2)	内部摩擦角 ϕ (°)
1	0～1.80	1.80	埋土	8	18.0	0	28
2	1.80～6.80	5.00	細砂	18	18.0	0	34
3	6.80～15.45	8.65	シルト質細砂	36	18.5	0	42

9.3.2 側圧の設定

既存地下外壁に作用する側圧は，既存地下躯体の解体に伴い，静止側圧から主働側圧に移行すると考えられるため，背面側の設計側圧として主働側圧を採用した．

背面側の設計側圧は，解体レベル（GL-10.6 m）までの地盤の平均湿潤単位体積重量を用いた側圧係数法（(2.1.1)式）を採用した．側圧係数は，解体レベルまでの側圧係数法による主働側圧の合力が，ランキン・レザール法（(2.1.2)式）による主働側圧の合力を下回らないように0.3とした．また，上載荷重を10 kN/m^2と考慮した．図9.3に側圧係数法とランキン・レザール法による側圧の比較を示す．

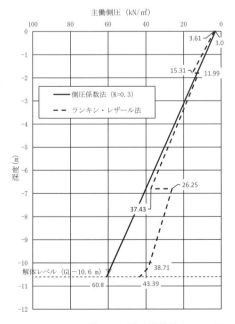

図9.3 側圧係数法とランキン・レザール法による主働側圧の比較

9.3.3 山留め壁の検討

図9.4に地下工事施工手順および計算モデルを示す．山留め壁の応力は，山留め支保工，既存・新築スラブなどを支点とした単純梁モデルによる手法で算定した．ただし，ステップ1およびステップ5では，既存および新築地下1階スラブレベルを固定端とした片持梁として算定した．

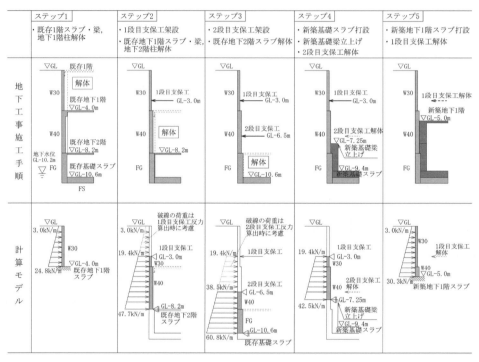

図9.4　地下工事施工手順および計算モデル

本事例では，既存地下躯体を3つの部位（W30，W40，FG）から構成される山留め壁とした．応力検討は，各ステップで発生する各部位ごとの応力に対して行った．図9.5に既存地下躯体の配筋を示す．既存地下外壁（W30，W40）は縦筋のみを考慮し，既存基礎梁（FG）はあばら筋を縦筋とみなした壁として評価した．なお，各部位接続部の配筋によっては，上下階の既存地下外壁鉄筋が連続していないなど，支点間で連続した壁とみなせず，その接続部が弱点となる場合がある．その場合は，山留め支保工の設置レベルを調整するなど，接続部に発生する曲げモーメントが接続部の許容曲げモーメント以上にならないように配慮する．

既存地下躯体の許容曲げモーメントおよびせん断力の算出は，本会「鉄筋コンクリート構造計算規準・同解説」を参考に (9.1)，(9.2) 式を用いた．許容応力度は，前述の既存地下躯体の調査で既存地下躯体の健全性を確認したことと仮設利用であることを考慮して短期とし，既存地下躯体のコンクリート強度は圧縮強度試験結果から $F_c = 21$ N/mm^2 とした．図9.6に既存地下外壁の断面を示す．

9. 既存建物地下躯体の山留め壁としての利用事例 —271—

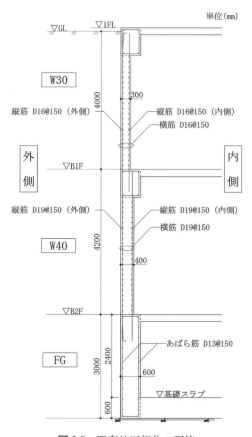

図9.5 既存地下躯体の配筋

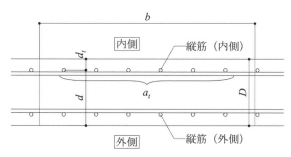

図9.6 既存地下外壁の断面（平面）

$$M_a = a_t f_t j$$
$$= a_t f_t (7/8) d$$
$$= a_t f_t (7/8) (D - d_t) \qquad (9.1)$$

記号　M_a：許容曲げモーメント（kN・m/m）

　　　a_t：単位幅1mあたりの引張鉄筋断面積（m²/m）

　　　f_t：引張鉄筋の許容引張応力度（kN/m²）

　　　j：壁の応力中心距離で（7/8）d（m）

　　　d：壁の有効厚さ（m）

　　　D：壁の全厚さ（m）

　　　d_t：曲げ材の引張縁から引張鉄筋重心までの距離（m）

$$Q_a = b j f_s$$
$$= b(7/8) d f_s$$
$$= b(7/8)(D - d_t) f_s \qquad (9.2)$$

記号　Q_a：許容せん断力（kN/m）

　　　b：単位幅（1 m）（m）

f_s：コンクリートの許容せん断応力度　$f_s = 1.5 \times \{(1/30)F_c$ かつ $(0.49+(1/100)F_c)$ 以下 $\}$
(kN/m^2)

表9.4 に (9.1), (9.2) 式を用いて算出した既存躯体の許容曲げモーメントおよび許容せん断力を示す.

表9.4　既存躯体の許容曲げモーメントおよび許容せん断力

位置	符号	縦筋	鉄筋の種類	D (mm)	a_t (mm²/m)	f_t (N/mm²)	d_t (mm)	M_a (kN・m/m)
地下1階	W30	D16@150	SD 295 A	300	1 326.7	295	50	85.6
地下2階	W40	D19@150	SD 345	400	1 913.3	345	50	202.2

位置	符号	D (mm)	F_c (N/mm²)	f_s (N/mm²)	d_t (mm)	Q_a (kN/m)
地下1階	W30	300	21	1.05	50	229.7
地下2階	W40	400	21	1.05	50	321.6

位置	符号	あばら筋	鉄筋の種類	D (mm)	a_t (mm²/m)	f_t (N/mm²)	d_t (mm)	M_a (kN・m/m)
基礎梁	FG	D13@150	SD 295 A	600	846.7	295	50	120.2

位置	符号	D (mm)	F_c (N/mm²)	f_s (N/mm²)	d_t (mm)	Q_a (kN/m)
基礎梁	FG	600	21	1.05	50	505.3

図9.7 に応力算定結果を，表9.5 に部位ごとの最大応力と許容応力を示す．

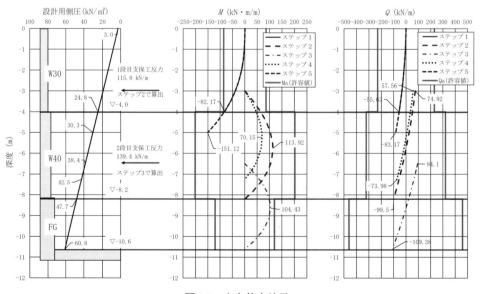

図9.7　応力算定結果

表 9.5 既存躯体検討結果

位置	符号	最大曲げモーメント M (kN・m/m)	最大せん断力 Q (kN/m)	許容曲げモーメント Ma (kN・m/m)	許容せん断力 Qa (kN/m)	判定
地下1階	W30	82.17	74.92	85.6	229.7	OK
地下2階	W40	151.12	99.50	202.2	321.6	OK
基礎梁	FG	104.43	109.38	120.2	505.3	OK

なお，単純梁モデルは，モデルの特性上，外側の曲げモーメントが発生しない（片持梁となるステップ1，ステップ5を除く）．本事例では，縦筋の配筋が外側・内側で同一であり，外側・内側の許容曲げモーメントは同等であるため，支点位置をピンとした単純梁モデルにより応力を算定した．しかしながら，外側縦筋の鉄筋量が内側縦筋の鉄筋量以下の場合には，単純梁ではなく連続梁として応力を算出するなどして外側の曲げモーメントを適切に評価し，外側の曲げモーメントが外側の許容曲げモーメント以下であることを確認する．図 9.8 に単純梁モデルと連続梁モデルの比較を示す．

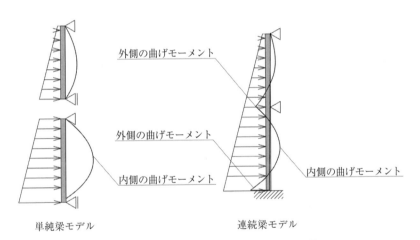

図 9.8 単純梁モデルと連続梁モデルの比較

9.3.4 決定した山留めの仕様

以上の検討により決定した山留めの仕様を表 9.6 に示す．山留め支保工（腹起し，大火打ち）の検討は本章では省略しているので，第Ⅱ編 第7章を参考にされたい．施工状況の例を写真 9.1 に示す．

本事例では，既存地下外壁を単純梁モデルで検討したが，既存の梁や柱を存置できる場合には，既存の梁や柱を考慮する方法や既存地下外壁の剛性を評価し，連続梁モデルとして検討する方法がある．また，本事例では，既存地下外壁の補強は不要であったが，既存地下外壁が許容値を超える場合には，壁厚を増すために既存地下外壁の内側を配筋のうえ，コンクリートを打設するなどの補強が有効である．

既存建物地下躯体を山留め壁として利用する場合は，山留め架構の各部位に力がどのような流れ

で作用するか確認して部位ごとの応力を検討すること，接続部などに弱点となる箇所はないか確認することが重要である．

表 9.6 山留め仕様一覧

山留め壁	既存躯体（既存地下外壁，基礎梁）	
山留め支保工	1段目	2段目
腹 起 し	H－350×350×12×19（SS 400）	H－400×400×13×21（SS 400） （中央部2本）
大火打ち	H－350×350×12×19（SS 400）	H－400×400×13×21（SS 400）

写真 9.1 施工状況の例（ステップ 3）

参 考 文 献
9.1) 日本建設業連合会：既存地下工作物の取扱いに関するガイドライン，2020
9.2) 日本建築学会：山留め設計指針，p.309，2017

10. 有限要素法による近接構造物への影響検討事例

　本事例は，深さ 15 m の掘削工事で，山留め壁にはソイルセメント壁，支保工には鋼製切梁 4 段を採用している．敷地には，掘削位置から離隔 5 m のところに地下鉄シールドトンネルが近接しており，FEM を用いて掘削工事によるシールドの変位を検討した事例である．

10.1　近接構造物への影響検討方針

　掘削規模が面積的・深度的に拡大する中で，掘削による周辺地盤や近接構造物への影響検討が必要となることが多くなっている．こうした掘削規模の拡大により，山留め壁の変位による周辺地盤の沈下や移動に加え，掘削による土被り圧の開放に伴う地盤の浮上り（リバウンド）が無視できない大きさとなってきた．

　掘削という行為は，地盤内で水平方向と鉛直方向で釣り合っていた地中応力を開放することであり，その応答として山留め壁や地盤の変形が起こる．そのため，掘削に伴う山留め壁を含めた周辺地盤や近接構造物の変形予測を詳細に検討する場合には，地中応力解放による解析（応力解放法，逐次解析法とも呼ばれる）を行うことが有効である．

　実務においては，検討の簡便さから，有限要素法の掘削問題への適用を山留め壁の変位を強制水平変位として与えるいわゆる強制変位法[10.1]と呼ばれる方法によることが多い．この方法は，山留め壁背面の地盤変形を推定する場合に広く用いられている．この方法では，根切り底にあたる要素の上面に土被り圧相当の除荷重，あるいは弾性解により算出した変位を上向きに強制変位として与えて，周辺地盤のリバウンド量も考慮する[10.2]．

　本事例では，山留め壁の変位を強制水平変位として与えた方法と，根切り底に土被り圧相当の除荷重を与えた方法により近接構造物位置の地盤変位を算定した一例を示す．

10.2　検　討　条　件

10.2.1　工　事　概　要

　本工事は，図 10.1，10.2 に示すように，地上 7 階，地下 2 階のオフィスビルの建設工事である．工事規模および敷地周辺の状況は，図 10.1，10.2 のとおり，掘削規模は長辺方向が約 50 m，短辺方向が約 30 m，根切り深さは 15 m で，掘削位置から離隔 5 m のところに既設シールドが通っている．

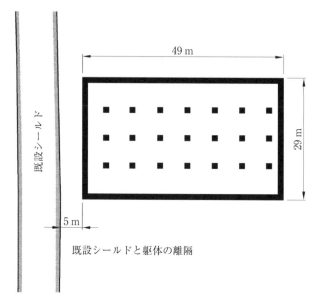

図 10.1 新設建物と既設シールドの平面図

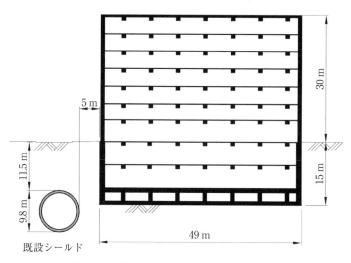

図 10.2 新設建物と既設シールドの断面図

10.2.2 地盤条件

敷地内の地盤状況は，図 10.3 に示すとおり，層厚 4.5 m の粘性土を主体とする盛土層の下位に，層厚 5.5 m の沖積の粘性土層が堆積している．それ以深は，洪積の砂質土層，粘性土層，砂礫層，砂質土層が順に堆積している．地下水位は，GL－12.0 m の位置に確認している．

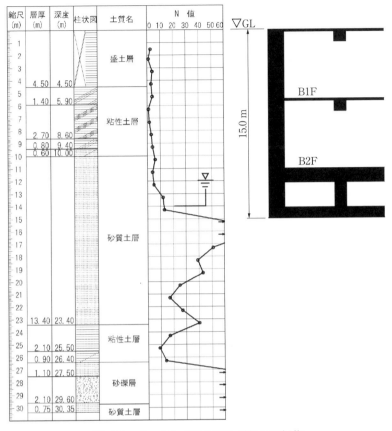

図 10.3 ボーリング柱状図と新築地下躯体

10.2.3 解析手順

掘削に伴う周辺地盤への影響要因は，前述したとおり，①山留め壁の変位と，②掘削に伴う地盤のリバウンド現象があり，各検討項目の解析手順を以下に示す．

① 山留め壁変位による影響

掘削時の山留め壁の変形を強制変位（水平変位）としてFEM解析モデルに与えて，2次元線形弾性解析を行う．

解析手順は，次のとおりである．

　　ステップ1：梁・ばねモデルによる山留め壁の変形予測

　　ステップ2：ステップ1で得られた山留め壁の変形を強制変位条件としたFEM解析

FEM解析で与える強制変位条件は，施工ステップごとに計算する場合と，全施工ステップの最大変位を包絡する場合などがあり，本事例では各施工段階の最大変位を包絡して求めた．

② リバウンドによる影響

掘削除去される土の重量を除荷重とし，解析モデルの掘削底面に上向きに荷重を作用させ，2次元線形弾性解析を行う．

本解析事例では，上記①，②に対して地盤の変形係数を別途評価したモデルで解析し，既設シー

－278－　山留め設計事例集

ルド位置の地盤の水平変位と鉛直変位を予測した．なお，地盤の変形係数の評価を区別せず，単一
のモデルで①と②の影響を同時に考慮する方法もある．

10.3　山留め計画

地上7階，地下2階のオフィスビルを建設するものであり，建物はGL－15 mのN値60の砂質
土層に直接基礎として支持されている．

前述の既設シールドが近接施工の対象工事であり，地下鉄の安全に十分配慮した仮設計画が求め
られた．

地下水位はGL－12 mに確認されており，床付け面より3 m上にあるため，山留め壁は遮水性
の高いソイルセメント壁を用いている．また，地下水の掘削場内への回り込みを防止するため，応
力材とは別にソイルセメント壁体のみをGL－24 mの難透水層である粘性土層に根入れしている．

当初，掘削によるリバウンド抑制対策として逆打ち工法も検討したが，仮設の逆打ち支柱が必要
なこと，杭をGL－27 m以深の砂礫層まで根入れする必要があることなどから，工期・コストなど
を総合的に判断して順打ち工法とし，鋼製切梁4段を架設することとした．なお，直接基礎で地下
水位の上昇を考慮し，浮力対策として基礎スラブ下には本設地盤アンカーを施工している．

10.4　地盤物性値

地盤定数は計画地内で実施した地盤調査結果に基づいて設定した．設定した地盤定数を表10.1
に示す．

表 10.1　地盤定数

深さ z (GL－m)	層厚 (m)	土質名	換算 N 値	単位体積重量 γ (kN/m³)	内部摩擦角 ϕ (°)	粘着力 c (kN/m²)	ポアソン比 ν	変形係数	
								E^{*1} (kN/m²)	E^{*2} (kN/m²)
0.0～4.5	4.5	盛土（粘性土）	3	16.0	0	17	0.45	3 140	8 160
4.5～10.0	5.5	粘性土	3	14.7	0	50	0.45	3 140	24 000
10.0～15.0	5.0	砂質土（上）	8	17.7	35	15	0.40	20 000	60 000
15.0～18.0	3.0	砂質土（中）	64	20.0	45	0	0.30	160 750	482 250
18.0～23.4	5.4	砂質土（下）	32	20.0	35	20	0.30	79 500	238 500
23.4～26.4	3.0	粘性土	13	13.5	0	204	0.40	52 380	98 112
26.4～29.6	3.2	砂礫	95	20.0	45	0	0.30	237 500	712 500
29.6～30.4	0.8	砂質土	75	20.0	45	0	0.30	187 500	562 500

［注］　＊1：山留め壁変位による影響解析に適用
　　　　＊2：リバウンド影響解析に適用

10.4.1　単位体積重量およびポアソン比

粘性土層の単位体積重量は，室内土質試験結果より設定した．その他の土層については，地質文

10. 有限要素法による近接構造物への影響検討事例 — 279 —

献等[10.3)]を参考に設定した．また，ポアソン比は，（公社）土木学会「トンネル標準示方書［開削工法編］・同解説」（1996）〔付1〕を参考に設定した．

10.4.2 内部摩擦角

砂質土，砂礫については，内部摩擦角 ϕ を N 値を用いて大崎の式〔付1〕より設定し，上限値を45°とした．また，三軸圧縮試験を実施している砂質土層については，試験結果より設定した．

大崎の式： $\phi = \sqrt{20N} + 15 \le 45°$

10.4.3 粘 着 力

粘性土層の粘着力 c は，一軸圧縮試験より $c = q_u/2$ で算出した（ここに，q_u：土の一軸圧縮強さ）．砂質土層の粘着力 c は，三軸圧縮試験より設定した．盛土層は地盤調査結果より主な土質区分は粘性土であり，Terzaghi-Peck が示した一軸圧縮強さと N 値の関係 $q_u = 12.5N$〔付1〕より，平均 N 値から $c = 17$ kN/m² と設定した．

10.4.4 変 形 係 数

変形係数は，FEM 解析による影響検討に対し，①山留め壁変位による影響と，②リバウンドによる影響のそれぞれの検討に応じて次のように設定した．

①　山留め壁変位による影響

沖積粘性土層は三軸圧縮試験（UU 試験），洪積粘性土層は一軸圧縮試験より得られた E_{50}（最大応力の1/2の応力における割線剛性から求めた変形係数値）[10.4)]で設定した．砂質土層は，N 値から $E = 2\,500N$〔付1〕で設定した．

②　リバウンドによる影響

除荷・再載荷時の地盤のひずみレベルは小さいため，（一社）日本鉄道技術協会「深い掘削土留工設計法―深い掘削土留工設計指針研究編」（1993）〔付1〕を参考にして，リバウンド解析での変形係数は，粘性土層は $E = 240q_u$，砂質土層は N 値から $E = 2\,500N$ の3倍を変形係数として設定した．

10.5 解析モデル

10.5.1 解 析 領 域

FEM 解析による周辺地盤の挙動予測を行う場合，解析領域は，山留め壁の変位やリバウンド量に大きく影響を及ぼさない程度に設定することが望ましい．ただし，解析領域を大きく取り過ぎると，変位を過大に評価し，実挙動と大きく乖離することとなる．本事例では，図10.4に示すとおり，側方境界と下方境界を以下のとおり設定した．

ａ）側方境界

山留め背面における地表面沈下量の実測データの多くは，掘削深さの3～4倍程度で沈下量は収束しており[10.5)]，本事例では，山留め壁から側方境界までの距離を掘削深さの約3倍とした．

b）下方境界

リバウンドを検討する際の深さ方向の解析領域は，結果に大きく影響することから，本事例では，地盤状況および過去の類似の計測データ等を参考に，掘削底面から下方境界までは掘削幅 B の 1.0 倍で設定した．なお，本計画地での地盤調査では深さ 30 m で調査を終了しているが，それ以深については，地質文献や近傍の地盤調査結果を参考に，29.7 m 以深に確認された砂質土層が連続する地盤としてモデル化した．

10.5.2 変位境界条件

変位境界条件として，モデル側面は水平方向のみ節点拘束，底面は水平・鉛直方向を節点拘束とした．

10.5.3 メッシュの大きさ

メッシュは，縦・横とも 1 m 程度を基本として分割した．なお，構造物の位置を考慮して，応力の変化が大きいところはメッシュを細かく分割し，変形が小さいところはメッシュを粗く分割して調整した．

10.5.4 山留め壁および近接構造物

山留め壁は，厚さを持たないモデルとし，ビーム要素は用いていない．また，シールド構造物は比較的剛性が小さいため，本事例ではモデル化せず，シールド構造物位置での地盤変位を算出した．

10.5.5 地層モデル

敷地内で実施した地盤調査結果に基づいて地層区分を行った．シールドのある敷地外では，地盤調査を行っていないため，公開されている敷地周辺の地盤情報を確認し，敷地内と大きな地層変化がないことから，シールド位置の地層も敷地内と同じ水平成層地盤としてモデル化した．

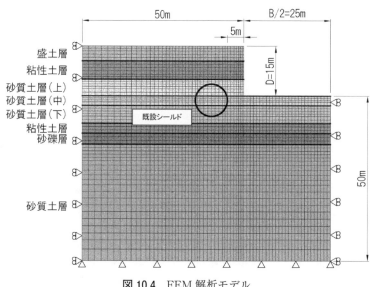

図 10.4 FEM 解析モデル

10.6 荷重条件
10.6.1 山留め変位

梁・ばねモデルで算定した山留め壁の変位を，FEMモデルの山留め壁位置に強制変位として与える．採用した山留め仕様を以下に示す．

山留め支保工は，2段目と3段目を切梁の剛性を考慮し，集中切梁工法を採用した．

表 10.2 山留め仕様

山留め壁	ソイルセメント壁 $\phi 900$　$L=24.5$ m 応力材　H$-708\times 302\times 15\times 28$（SS 400）　@0.60 m　$L=21$ m		
切梁支柱	H$-300\times 300\times 10\times 15$（SS 400）　$L=21$ m		
山留め支保工	1段目・4段目	2段目	3段目
腹起し	H$-350\times 350\times 12\times 19$（SS 400）	H$-400\times 400\times 13\times 21$（SS 400）	H$-400\times 400\times 13\times 21$（SS 400）
切梁	H$-350\times 350\times 12\times 19$（SS 400）	2H$-350\times 350\times 12\times 19$（SS 400）	2H$-400\times 400\times 13\times 21$（SS 400）

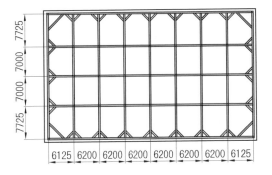
a）1段目・4段目支保工

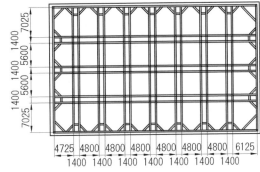
b）2段目・3段目支保工

図 10.5 山留めの仕様（平面図）

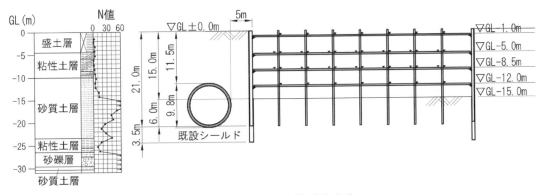

図 10.6 山留めの仕様（断面図）

表 10.3 に施工ステップ，図 10.7 に施工ステップ断面図を示す．山留め壁の応力材は GL−21 m まで設置し，ソイルセメントは遮水を考慮して GL−24.5 m の粘性土層まで設置した．

表 10.3 施工ステップ

施工ステップ	掘削深さ (m)	掘削側水位 (m)	切梁位置 (m)	切梁ばね値 (kN/m/m)	切梁材料 (mm)	プレロード (kN/m)
ステップ1	GL−2.00	GL−10.00	—	—	—	—
ステップ2	GL−2.00	GL−10.00	GL−1.00	18 515.7	H−350×350×12×19	80.0
ステップ3	GL−6.00	GL−10.00	—	—	—	—
ステップ4	GL−6.00	GL−10.00	GL−5.00	37 031.5	2H−350×350×12×19	100.0
ステップ5	GL−9.50	GL−10.00	—	—	—	—
ステップ6	GL−9.50	GL−10.00	GL−8.50	47 263.6	2H−400×400×13×21	200.0
ステップ7	GL−13.00	GL−13.00	—	—	—	—
ステップ8	GL−13.00	GL−13.00	GL−12.00	18 515.7	H−350×350×12×19	100.0
ステップ9	GL−15.00	GL−15.00	—	—	—	—

［注］ 切梁ばね値は，長辺方向で算出

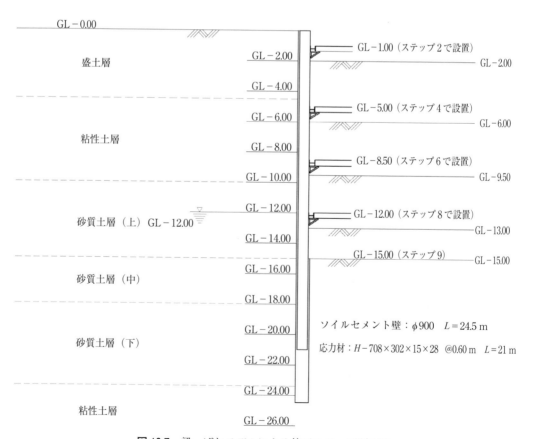

図 10.7 梁・ばねモデルによる施工ステップ断面図

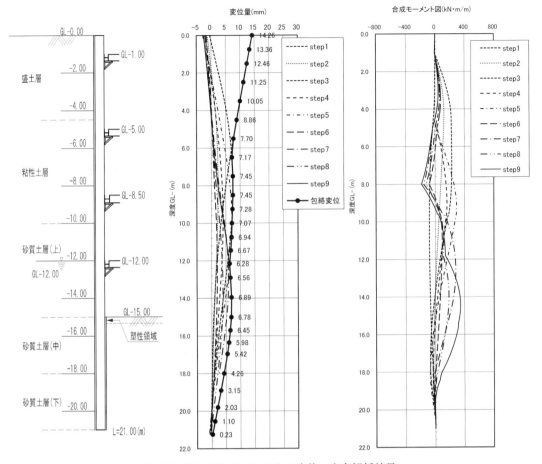

図 10.8 梁・ばねモデルによる変位・応力解析結果

図 10.8 に各施工ステップの山留め壁変位，および深度ごとの最大値を取った包絡変位を示す．山留め壁の最大変位は，ステップ 1 の 1 次掘削時に山留め壁が自立状態となるため，山留め壁頭部で 14.26 mm の変位となっているが，切梁の設置によりその後の施工ステップでは大きな変位は生じていない．既設シールドに近い根切り底付近の山留め壁の変位は，深さ GL−14 m で最大 6.89 mm となっている．

次節に示す FEM 解析による近接構造物の予測において，山留め壁変位による影響解析には，図 10.8 に示す山留め壁の包絡変位を強制変位として与える．リバウンドによる影響解析には，地盤のリバウンド量が最大となる最終根切り完了時の除荷重を根切り底面に与える．

10.6.2 掘削による除荷荷重

掘削前の掘削底面に作用している土被り圧（全応力）を除荷重とし，掘削底面に上向きに作用させる．

表 10.4 に根切り底深度（GL−15 m）の土被り圧（$\sigma_v = 241.4 \text{ kN/m}^2$）を示す．

表 10.4 土被り圧の算定

土質名	下端深度 z (GL−m)	単位体積重量 γ_t (kN/m²)	土被り圧 σ_v (kN/m²)
盛土層	4.5	16.0	72.0
粘性土	10.0	14.7	152.9
砂質土（上）：（根切り底）	15.0	17.7	241.4
砂質土（中）	18.0	20.0	301.4
砂質土（下）	23.4	20.0	409.4
粘性土	26.4	13.5	449.9
砂礫	29.7	20.0	515.9

10.7 解析結果

（1） 山留め変位壁による影響解析の結果

梁・ばねモデルで算定した山留め壁の変位を，FEM モデルの山留め壁位置に強制変位として与え，既設シールドの変位量を算出した．図 10.9 に FEM 変位コンター図，表 10.5 に FEM 解析で得られた既設シールド位置での地盤の変位量を示す．図 10.9 の FEM メッシュの破線が変形前，実線が変形後の形状である．

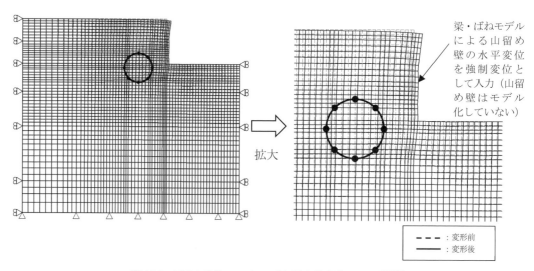

図 10.9 FEM 変位コンター（山留め壁変位による影響）

根切り底付近での山留め壁の変位は，7 mm 程度掘削側に変形し，そこから 5 m 離れた位置に通る既設シールド位置での地盤の最大変位は，水平変位 4.34 mm，鉛直変位 0.98 mm の結果が得られた．

表 10.5 FEM による解析結果（山留め壁変位による影響）

着目点	強制変位法 水平変位 (mm)	強制変位法 鉛直変位 (mm)
0°	3.66	0.14
45°	4.34	0.25
90°	4.00	0.85
135°	2.45	0.98
180°	1.91	0.80
225°	2.06	0.68
270°	2.25	0.51
315°	2.78	0.31

[注] ※水平変位：＋は工事側，－は工事反対側
※鉛直変位：＋は上方向，－は下方向

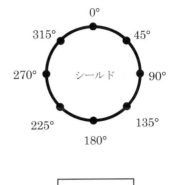

(2) リバウンドによる影響解析の結果

掘削底面に上向きの除荷重（$\sigma_v = 241.4 \text{ kN/m}^2$）を作用させ，掘削に伴う地盤のリバウンドによる既設シールドの変位量を算出した．図 10.10 に FEM 変位コンター図，表 10.6 に FEM 解析で得られた既設シールド位置での地盤の変位量を示す．図 10.10 の FEM メッシュの破線が変形前，実線が変形後の形状である．

敷地内の根切り中央部でのリバウンド量 Δy は 18.6 mm となり，既設シールド位置での地盤の最大変位は，水平変位 1.48 mm，鉛直変位 4.52 mm の結果が得られた．

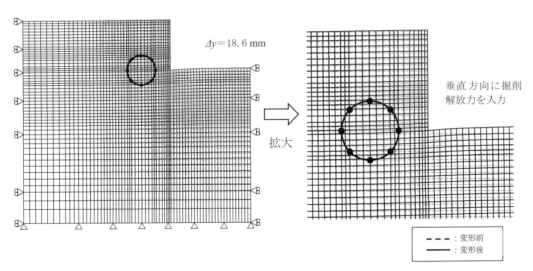

図 10.10 FEM 変位コンター（リバウンドによる影響解析）

表 10.6 FEM による解析結果（リバウンドによる影響解析）

着目点	リバウンド解析 水平変位 (mm)	鉛直変位 (mm)
0°	-1.75	2.71
45°	-1.70	4.03
90°	-0.15	4.52
135°	1.47	3.71
180°	1.48	2.39
225°	0.80	1.49
270°	0.03	1.18
315°	-0.90	1.59

[注] ※水平変位：＋は工事側，－は工事反対側
※鉛直変位：＋は上方向，－は下方向

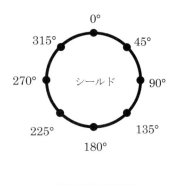

● ：着目点

10.8 まとめ

本事例は，FEM を用いて掘削山留め工事に伴うシールドの変位を検討した解析の一例を紹介した．掘削山留め工事は，境界条件が複雑であり，それらすべてを忠実に FEM でモデル化することは困難である．また，周辺地盤や近接構造物の情報が十分に得られない場合も多い．

本事例においても，これらの情報を十分得ることができない中で，実際の工事においては，山留め壁およびシールドの変位を計測しながら，本事例で紹介した予測解析結果と比較して近接構造物を含む掘削工事の安全管理を行った．

なお，既設構造物の変位に加えて，応力度を照査することもある．この方法には，FEM 解析により算出された変位量を荷重に換算し，既設構造物をモデル化したフレームモデルに地盤ばねを介して作用させ，許容値以下となることを確認する手法がある．これについては，既設構造物の管理者と協議のうえ，必要に応じて実施する．

参考文献

10.1) 地盤工学会：山留めの挙動予測と実際，p.127，1999
10.2) 日本建築学会：山留め設計指針，p.239，2017
10.3) 東京都土木技術研究所：東京都総合地盤図Ⅰ，1977
10.4) 地盤工学会：地盤材料試験の方法と解説，―二分冊の２―，2020
10.5) 日本建築学会：近接山留めの手引き，p.21，2015

付　録

付 1　地 盤 定 数

　地盤定数は，土質試験により求めることを原則とするが，土質試験を行えないこともある．その場合には，N値から推定・設定する方法等が提案されており，これらを用いてもよい．ここでは，土の単位体積重量（密度），内部摩擦角，一軸圧縮強さ，変形係数，ポアソン比の５つの定数の推定方法について述べる．ただし，推定値はあくまで目安値であるため，その適用にあたっては注意が必要である．

1.　土の単位体積重量（密度）

　単位体積重量は付表1，2に示す，自然地盤を対象とした値を用いてよい．なお，盛土や埋戻し土などの単位体積重量を設定する場合は，転圧などの締固め具合を考慮する．このほか，鉄道等の土木分野の規基準類にも記載があるため参考となる．

付表1　わが国における土の密度のおおよその範囲[1]

	沖積層		洪積層 粘性土	関東 ローム	高有機 質　土
	粘性土	砂質土			
湿潤密度 ρ_t (g/cm³)	1.2～1.8	1.6～2.0	1.6～2.0	1.2～1.5	0.8～1.3
乾燥密度 ρ_d (g/cm³)	0.5～1.4	1.2～1.8	1.1～1.6	0.6～0.7	0.1～0.6
含水比 w （%）	30～150	10～30	20～40	80～180	80～1 200

付表2　土の単位体積重量[2]

土質名	湿潤単位体積重量 （地下水位以浅）		飽和単位体積重量 （地下水位以深）		水中単位体積重量 （地下水位以深）	
	ゆるい （やわらかい）	密な （かたい）	ゆるい （やわらかい）	密な （かたい）	ゆるい （やわらかい）	密な （かたい）
礫	18	20	19	21	9	11
砂	16	18	17	19	7	9
シルト	14	16	15	17	5	7
粘土	13	15	14	16	4	6
関東ローム	12	14	13	15	3	5
高有機質土	9	12	10	13	0	3

［注］　表中の単位は kN/m³.

2. 砂質土のN値と内部摩擦角（φ）の関係

砂質土のN値と内部摩擦角φの関係には，付表3，付図1，2に示したように数多くの提案がなされている．また，拘束圧の影響を考慮した付図3の方法もある．

付表3 Peck, Meyerhof, 大崎による砂質土のN値とφの関係[3]

砂の状態	相対密度 (D_r)	N値	内部摩擦角 φ Peck	内部摩擦角 φ Meyerhof	内部摩擦角 φ 大崎
非常に緩い (very loose)	<0.2	4以下	28°以下	30°以下	9〜27°
緩い (loose)	0.2〜0.4	4〜10	28〜30°	30〜35°	18〜34°
締まった (compact)	0.4〜0.6	10〜30	30〜36°	35〜40°	19〜49°
密な (dense)	0.6〜0.8	30〜50	36〜41°	40〜45°	38〜54°
非常に密な (very dense)	>0.8	50以上	41°以上	45°以上	41〜55°

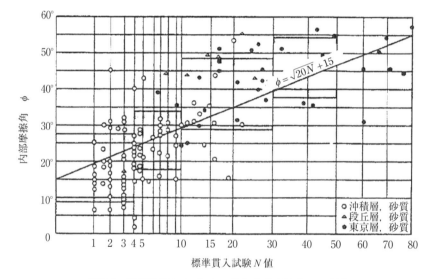

付図1 砂質地盤におけるN値と内部摩擦角の関係[4]

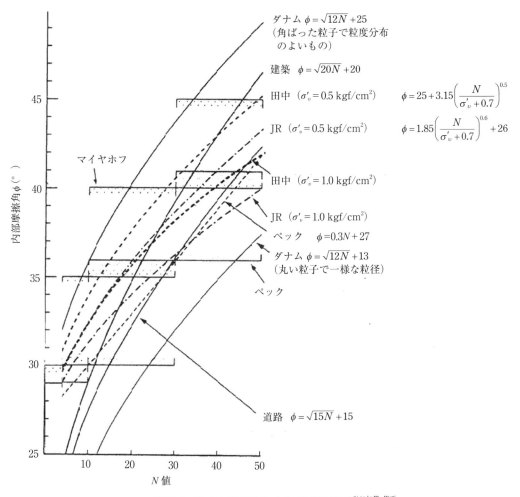

付図2 砂の内部摩擦角 ϕ と N 値の関係[3)に加筆・修正]

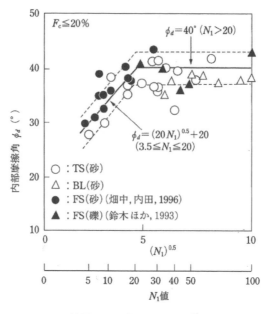

付図3 N_1 値と ϕ の関係[5]

3. 粘土の N 値と一軸圧縮強さ q_u （粘着力 $c_u = q_u/2$）の関係

一軸圧縮強さと N 値の関係には，付表4や下式のようなものがある．ただし，両者の関係は非常にばらつきが大きく，特に $N<4$ の範囲では信頼性が低いため，過小評価を避けるためにも試験から求めることが望ましい．

付表4 粘土の N 値と q_u の関係[3]に加筆・修正

N 値	コンシステンシー	現場観察	一軸圧縮強さ q_u (kN/m²) Terzaghi-Peck	大崎
0〜2	非常に柔らかい	こぶしが容易に10数cm入る	25以下	60以下
2〜4	柔らかい	親指が容易に10数cm入る	25〜50	25〜90
4〜8	中位	努力すれば親指が10数cm入る	50〜100	35〜100
8〜15	硬い	親指で凹ませられるが，つっこむことは大変である	100〜200	70〜125
15〜30	非常に硬い	つめで印がつけられる	200〜400	—
30以上	固結	つめで印をつけるのが難しい	400以上	—

Terzaghi-Peck $\quad q_u = \dfrac{N}{8} \quad$ (kgf/cm²)

$\qquad\qquad\qquad (q_u = 12.5N) \quad$ (kN/m²)

大崎 $\qquad\qquad q_u = 0.4 + \dfrac{N}{20} \quad$ (kgf/cm²)

($N<10$) $\qquad (q_u = 40 + 5N) \quad$ (kN/m²)

4. 変 形 係 数

　地盤定数を設定する際に特に重要なのは，非線形性を有する地盤の剛性評価である．山留め変形とリバウンドでは，地盤に生じるひずみレベルが異なることから，掘削問題における弾性 FEM 解析に用いる変形係数は，ひずみレベルに応じた設定を行う必要がある．

　以下に参考として，掘削問題における弾性 FEM 解析（強制変位による方法）で用いられる変形係数の一例を示す．山留め壁の変形による影響を検討する場合は（1）〜（4），リバウンドの影響を検討する場合は（5）を参考にすることが多い．

（1）　本会「建築基礎構造設計指針」(2019)[2]

　a）標準貫入試験による場合

　　　沖積砂質土（正規圧密砂質土）　$E = 1.4N$（MN/m^2）

　　　洪積砂質土（過圧密砂質土）　　$E = 2.8N$（MN/m^2）

（2）　東日本旅客鉄道（株）「近接工事設計施工マニュアル」[6]

　a）標準貫入試験による場合

　　　$E = 2\,500N$（kN/m^2）

　b）粘着力 c による場合

　　　$E = 210c$（kN/m^2）

（3）　（公社）鉄道総合技術研究所「鉄道構造物等設計標準・同解説　開削トンネル」[7]

変形係数は，各種試験により求めた値に補正係数 α〔付表 5〕を乗じて算定する．

　　　$E = \alpha E_0$

付表 5　各種試験による変形係数 E_0 と補正係数

	E_0		α
a）標準貫入試験	$E_0 = 2\,500N$		1
b）ボーリング孔内水平載荷試験	i）等分布荷重方式 $E_0 = (1+\nu)r_m k_0$ ii）等変位方式 $E_0 = \dfrac{d}{2}\psi(\upsilon,\beta)k_0$		4
c）一軸圧縮試験	$E_0 = \dfrac{q_u}{2\varepsilon}$		4
d）三軸圧縮試験	$E_0 = \dfrac{(\sigma_1 - \sigma_3)_{max}}{2\varepsilon}$		4
e）PS 検層	$E_0 = 2(1+\nu)G$ $G = \dfrac{\gamma_t \cdot V_s^2}{g}$		0.125
f）平板載荷試験	$E_0 = B(1-\nu^2)kI_P$		1

－292－　付　　録

（4）（公社）日本道路協会「道路土工－仮設構造物工指針」[8]

a）標準貫入試験による場合

$$E = 2\,800N\ (\mathrm{kN/m^2})$$

（5）（一社）日本鉄道技術協会「深い掘削土留工設計法」[9]

リバウンド解析に用いる変形係数

a）標準貫入試験による場合

$E = 2\,500N$ としたときの 2〜4 倍（平均 3 倍）

b）孔内水平載荷試験による場合

孔内水平載荷試験の処女荷重－変位関係から求めた E に対して 8〜20 倍（平均 12 倍）

繰返し荷重－変位関係から求めた E に対して 3〜6 倍（平均 4 倍）

c）一軸圧縮試験による場合

一軸圧縮強さ q_u から $E = 240q_u$ としたとき実測値とほぼ等しい

d）三軸圧縮試験による場合

三軸圧縮試験から求めた E に対して 3〜10 倍（平均 6 倍）

e）PS 検層による場合

せん断波速度 V_s より求めた E に対して 1/2〜1/3 倍（平均 1/2.5＝0.4 倍）

f）平板載荷試験による場合

平板載荷試験の繰返し荷重－変位曲線から求めた E に対して約 1.5 倍

5.　ポアソン比

ポアソン比は，地盤の変形評価にとって重要な定数である．しかし，地盤の変形係数に比べると研究成果が少なく，各指針類，規基準類における取扱いについての情報は十分ではない．また，検討条件に応じたポアソン比を正確に予測するためには，排水条件やひずみレベルなどの影響要因を反映させた室内土質試験を実施する必要がある．しかし，実務において試験により求めることは困難である．以下にポアソン比の評価例を参考として示す．付図 4 は飽和した砂の排水条件下の三軸試験，および飽和した粘土の非排水条件下の三軸試験より得られたポアソン比とせん断ひずみの関係をまとめたものである．また，付表 6 はトンネルの耐震設計に関する資料の中で土の諸定数の一例をまとめた表の抜粋である．それぞれの数値が評価された条件を確認したうえで採用する必要がある．

a) 本会「建築基礎構造設計のための地盤評価・Q&A」

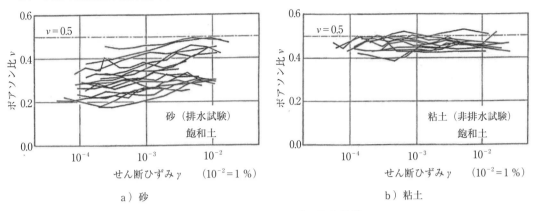

a) 砂　　　　　　　　　　　　b) 粘土

付図4　ポアソン比のひずみ依存性[10]

b)（公社）土木学会「トンネル標準示方書［開削工法編］・同解説」

付表6　土質ごとのポアソン比の例[11]を加筆修正

		標準 N 値	ポアソン比 v
粘性土 地　盤	軟らかい	0～4	0.45
	中位の	4～8	0.45
	堅い	8～15	0.40
	非常に堅い	15 以上	0.35
砂質土 地　盤	緩い	0～10	0.40
	中位の	10～20	0.35
	やや密な	20～30	0.35
	密な	30～50	0.30
	非常に密な	50 以上	0.30
岩　盤	―	―	0.25

参 考 文 献

1) 地盤工学会：地盤材料試験の方法と解説，p.181，2009
2) 日本建築学会：建築基礎構造設計指針，pp.27-34，2019
3) 地盤工学会：N 値と $c \cdot \phi$ の活用法，pp.129-137，1998
4) 大崎順彦：東京地盤図，技報堂，pp.18-19，1959
5) 畑中宗憲，内田明彦，加倉井正昭，青木雅路：砂質地盤の内部摩擦角 ϕ_d と標準貫入試験の N 値の関係についての一考察，日本建築学会構造系論文集，No.506，pp.125-129，1998.4
6) 東日本旅客鉄道：近接工事設計施工マニュアル，p.98，2016
7) 鉄道総合技術研究所：鉄道構造物等設計標準・同解説　開削トンネル，pp.59-63，2001
8) 日本道路協会：道路土工－仮設構造物工指針，p.31，1999
9) 日本鉄道技術協会：深い掘削土留工設計法，p.256，1993
10) 日本建築学会：建築基礎構造設計のための地盤評価・Q&A，pp.155-156，2015.11
11) 土木学会：トンネル標準示方書［開削工法編］・同解説，p.266，1996.7

付2　形鋼材断面性能

1. Ｈ形鋼

Ｈ形鋼の標準断面寸法とその断面積・単位質量・断面特性（JIS G 3192-2014）

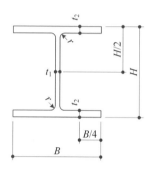

断面2次モーメント　$I=Ai^2$
断面2次半径　$i=\sqrt{I/A}$
断面係数　$Z=I/e$
i'：圧縮フランジと $H/6$ からなるＴ型断面の
　　ウェブ軸まわりの断面2次半径（cm）
$\eta = \dfrac{i' \cdot H}{A_f}$
（A＝断面積）

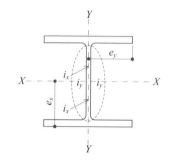

呼称寸法 高さ×辺	$H \times B$	t_1	t_2	r	断面積 (cm²)	単位質量 (kg/m)	I_x (cm⁴)	I_y (cm⁴)	i_x (cm)	i_y (cm)	Z_x (cm³)	Z_y (cm³)	i' (cm)	η
100× 50	100× 50	5	7	8	11.85	9.30	187	14.8	3.98	1.12	37.5	5.91	1.31	3.76
100×100	100×100	6	8	8	21.59	16.9	378	134	4.18	2.49	75.6	26.7	2.75	3.44
125× 60	125× 60	6	8	8	16.69	13.1	409	29.1	4.95	1.32	65.5	9.71	1.57	4.10
125×125	125×125	6.5	9	8	30.00	23.6	839	293	5.29	3.13	134	46.9	3.45	3.84
150× 75	150× 75	5	7	8	17.85	14.0	666	49.5	6.11	1.66	88.8	13.2	1.96	5.60
150×100	148×100	6	9	8	26.35	20.7	1 000	150	6.17	2.39	135	30.1	2.71	4.46
150×150	150×150	7	10	8	39.65	31.1	1 620	563	6.40	3.77	216	75.1	4.15	4.15
175× 90	175× 90	5	8	8	22.90	18.0	1 210	97.5	7.26	2.06	138	21.7	2.39	5.81
175×175	175×175	7.5	11	13	51.43	40.4	2 900	984	7.50	4.37	331	112	4.80	4.36
200×100	198× 99	4.5	7	8	22.69	17.8	1 540	113	8.25	2.24	156	22.9	2.60	7.43
	200×100	5.5	8	8	26.67	20.9	1 810	134	8.23	2.24	181	26.7	2.63	6.57
200×150	194×150	6	9	8	38.11	29.9	2 630	507	8.30	3.65	271	67.6	4.09	5.87
*200×200	200×200	8	12	13	63.53	49.9	4 720	1 600	8.62	5.02	472	160	5.50	4.59
250×125	248×124	5	8	8	31.99	25.1	3 450	255	10.4	2.82	278	41.1	3.27	8.19
	250×125	6	9	8	36.97	29.0	3 960	294	10.4	2.82	317	47.0	3.30	7.33
250×175	244×175	7	11	13	55.49	43.6	6 040	984	10.4	4.21	495	112	4.72	5.99
*250×250	250×250	9	14	13	91.43	71.8	10 700	3 650	10.8	6.32	860	292	6.91	4.93

付 2 形鋼材断面性能 — 295 —

標準断面寸法 (mm)					断面積 (cm²)	単位質量 (kg/m)	参 考								
							断面2次モーメント (cm⁴)		断面2次半径 (cm)		断面係数 (cm³)		曲げ応力のための断面性能	
呼称寸法 高さ×辺	$H \times B$	t_1	t_2	r			I_x	I_y	i_x	i_y	Z_x	Z_y	i' (cm)	η
300×150	298×149	5.5	8	13	40.80	32.0	6 320	442	12.4	3.29	424	59.3	3.85	9.61
	300×150	6.5	9	13	46.78	36.7	7 210	508	12.4	3.29	481	67.7	3.87	8.61
300×200	294×200	8	12	13	71.05	55.8	11 100	1 600	12.5	4.75	756	160	5.38	6.59
*　300×300	300×300	10	15	13	118.5	93.0	20 200	6 750	13.1	7.55	1 350	450	8.28	5.52
350×175	346×174	6	9	13	52.45	41.2	11 000	791	14.5	3.88	638	91.0	4.53	10.0
	350×175	7	11	13	62.91	49.4	13 500	984	14.6	3.96	771	112	4.60	8.35
350×250	340×250	9	14	13	99.53	78.1	21 200	3 650	14.6	6.05	1 250	292	6.79	6.60
*　350×350	350×350	12	19	13	171.9	135	39 800	13 600	15.2	8.89	2 280	776	9.71	5.11
400×200	396×199	7	11	13	71.41	56.1	19 800	1 450	16.6	4.50	999	145	5.23	9.45
	400×200	8	13	13	83.37	65.4	23 500	1 740	16.8	4.56	1 170	174	5.29	8.13
400×300	390×300	10	16	13	133.3	105	37 900	7 200	16.9	7.35	1 940	480	8.19	6.66
*	400×400	13	21	22	218.7	172	66 600	22 400	17.5	10.1	3 330	1 120	11.0	5.25
	414×405	18	28	22	295.4	232	92 800	31 000	17.7	10.2	4 480	1 530	11.2	4.10
400×400	428×407	20	35	22	360.7	283	119 000	39 400	18.2	10.4	5 570	1 930	11.4	3.42
	458×417	30	50	22	528.6	415	187 000	60 500	18.8	10.7	8 170	2 900	11.8	2.58
	498×432	45	70	22	770.1	605	298 000	94 400	19.7	11.1	12 000	4 370	12.3	2.03
450×200	446×199	8	12	13	82.97	65.1	28 100	1 580	18.4	4.36	1 260	159	5.16	9.64
	450×200	9	14	13	95.43	74.9	32 900	1 870	18.6	4.43	1 460	187	5.23	8.40
450×300	440×300	11	18	13	153.9	121	54 700	8 110	18.9	7.26	2 490	540	8.16	6.65
500×200	496×199	9	14	13	99.29	77.9	40 800	1 840	20.3	4.31	1 650	185	5.14	9.16
	500×200	10	16	13	112.2	88.2	46 800	2 140	20.4	4.36	1 870	214	5.20	8.13
500×300	482×300	11	15	13	141.2	111	58 300	6 760	20.3	6.92	2 420	450	7.99	8.56
	488×300	11	18	13	159.2	125	68 900	8 110	20.8	7.14	2 820	540	8.10	7.32
600×200	596×199	10	15	13	117.8	92.5	66 600	1 980	23.8	4.10	2 240	199	5.03	10.0
	600×200	11	17	13	131.7	103	75 600	2 270	24.0	4.16	2 520	227	5.09	8.98
600×300	582×300	12	17	13	169.2	133	98 900	7 660	24.2	6.73	3 400	511	7.90	9.01
	588×300	12	20	13	187.2	147	114 000	9 010	24.7	6.94	3 890	601	8.01	7.85
*	594×302	14	23	13	217.1	170	134 000	10 600	24.8	6.98	4 500	700	8.08	6.91
700×300	692×300	13	20	18	207.5	163	168 000	9 020	28.5	6.59	4 870	601	7.81	9.01
*	700×300	13	24	18	231.5	182	197 000	10 800	29.2	6.83	5 640	721	7.95	7.73
800×300	792×300	14	22	18	239.5	188	248 000	9 920	32.2	6.44	6 270	661	7.74	9.28
*	800×300	14	26	18	263.5	207	286 000	11 700	33.0	6.67	7 160	781	7.87	8.08
	890×299	15	23	18	266.9	210	339 000	10 300	35.6	6.20	7 610	687	7.59	9.83
* 900×300	900×300	16	28	18	305.8	240	404 000	12 600	36.4	6.43	8 990	842	7.75	8.31
	912×302	18	34	18	360.1	283	491 000	15 700	36.9	6.59	10 800	1 040	7.90	7.01
	918×303	19	37	18	387.4	304	535 000	17 200	37.2	6.67	11 700	1 140	7.96	6.52

［備考］　＊印はリース材として存在しているものを示す.

2. 等辺山形鋼

等辺山形鋼の標準断面寸法とその断面積・単位質量・断面特性（JIS G 3192-2014 抜粋）

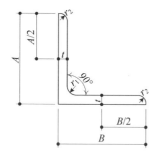

断面 2 次モーメント　$I = Ai^2$
断面 2 次半径　$i = \sqrt{I/A}$
断面係数　$Z = I/e$
（A = 断面積）

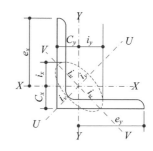

寸法 (mm) $A \times B$	t	r_1	r_2	断面積 (cm^2)	単位質量 (kg/m)	断面 2 次モーメント (cm^4) $I_x = I_y$	I_u	I_v	断面 2 次半径 (cm) $i_x = i_y$	i_u	i_v	断面係数 (cm^3) $Z_x = Z_y$	重心 (cm) $C_x = C_y$
40× 40	3	4.5	2	2.336	1.83	3.53	5.60	1.46	1.23	1.55	0.79	1.21	1.09
40× 40	5	4.5	3	3.755	2.95	5.42	8.59	2.25	1.20	1.51	0.77	1.91	1.17
45× 45	4	6.5	3	3.492	2.74	6.50	10.3	2.70	1.36	1.72	0.88	2.00	1.24
45× 45	5	6.5	3	4.302	3.38	7.91	12.5	3.29	1.36	1.71	0.87	2.46	1.28
50× 50	4	6.5	3	3.892	3.06	9.06	14.4	3.76	1.53	1.92	0.98	2.49	1.37
50× 50	6	6.5	4.5	5.644	4.43	12.6	20.0	5.23	1.50	1.88	0.96	3.55	1.44
60× 60	4	6.5	3	4.692	3.68	16.0	25.4	6.62	1.85	2.33	1.19	3.66	1.61
60× 60	5	6.5	3	5.802	4.55	19.6	31.2	8.09	1.84	2.32	1.18	4.52	1.66
65× 65	6	8.5	4	7.527	5.91	29.4	46.6	12.2	1.98	2.49	1.27	6.26	1.81
65× 65	8	8.5	6	9.761	7.66	36.8	58.3	15.3	1.94	2.44	1.25	7.96	1.88
70× 70	6	8.5	4	8.127	6.38	37.1	58.9	15.3	2.14	2.69	1.37	7.33	1.93
75× 75	6	8.5	4	8.727	6.85	46.1	73.2	19.0	2.30	2.90	1.48	8.47	2.06
75× 75	9	8.5	6	12.69	9.96	64.4	102	26.7	2.25	2.84	1.45	12.1	2.17
75× 75	12	8.5	6	16.56	13.0	81.9	129	34.5	2.22	2.79	1.44	15.7	2.29
80× 80	6	8.5	4	9.327	7.32	56.4	89.6	23.2	2.46	3.10	1.58	9.70	2.18
90× 90	6	10	5	10.55	8.28	80.7	128	33.4	2.77	3.48	1.78	12.3	2.42
90× 90	7	10	5	12.22	9.59	93.0	148	38.3	2.76	3.48	1.77	14.2	2.46
90× 90	10	10	7	17.00	13.3	125	199	51.7	2.71	3.42	1.74	19.5	2.57
90× 90	13	10	7	21.71	17.0	156	248	65.3	2.68	3.38	1.73	24.8	2.69
100×100	7	10	5	13.62	10.7	129	205	53.2	3.08	3.88	1.98	17.7	2.71
100×100	10	10	5	19.00	14.9	175	278	72.0	3.04	3.83	1.95	24.4	2.82
100×100	13	10	7	24.31	19.1	220	348	91.1	3.00	3.78	1.94	31.1	2.94
120×120	8	12	5	18.76	14.7	258	410	106	3.71	4.67	2.38	29.5	3.24
130×130	9	12	6	22.74	17.9	366	583	150	4.01	5.06	2.57	38.7	3.53
130×130	12	12	8.5	29.76	23.4	467	743	192	3.96	5.00	2.54	49.9	3.64
130×130	15	12	8.5	36.75	28.8	568	902	234	3.93	4.95	2.53	61.5	3.76
150×150	12	14	7	34.77	27.3	740	1 180	304	4.61	5.82	2.96	68.1	4.14
150×150	15	14	10	42.74	33.6	888	1 410	365	4.56	5.75	2.92	82.6	4.24
150×150	19	14	10	53.38	41.9	1 090	1 730	451	4.52	5.69	2.91	103	4.40
175×175	12	15	11	40.52	31.8	1 170	1 860	480	5.38	6.78	3.44	91.8	4.73
175×175	15	15	11	50.21	39.4	1 440	2 290	589	5.35	6.75	3.42	114	4.85
200×200	15	17	12	57.75	45.3	2 180	3 470	891	6.14	7.75	3.93	150	5.46
200×200	20	17	12	76.00	59.7	2 820	4 490	1 160	6.09	7.68	3.90	197	5.67
200×200	25	17	12	93.75	73.5	3 420	5 420	1 410	6.04	7.61	3.88	242	5.86
250×250	25	24	12	119.4	93.7	6 950	11 000	2 860	7.63	9.62	4.90	388	7.10
250×250	35	24	18	162.6	128	9 110	14 400	3 790	7.49	9.42	4.83	519	7.45

［標準長さ］　6.0，7.0，8.0，9.0，10.0，11.0，12.0 m

3. みぞ形鋼

みぞ形鋼の標準断面寸法とその断面積・単位質量・断面特性 (JIS G 3192-2014)

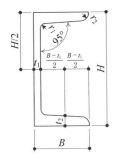

断面2次モーメント $I = Ai^2$
断面2次半径 $i = \sqrt{I/A}$
断面係数 $Z = I/e$
(A = 断面積)

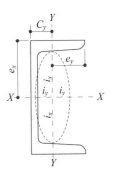

寸法 (mm)					断面積 (cm^2)	単位質量 (kg/m)	断面2次モーメント (cm^4)		断面2次半径 (cm)		断面係数 (cm^3)		重心 (cm)
$H \times B$	t_1	t_2	r_1	r_2			I_x	I_y	i_x	i_y	Z_x	Z_y	C_y
75× 40	5	7	8	4	8.818	6.92	75.3	12.2	2.92	1.17	20.1	4.47	1.28
100× 50	5	7.5	8	4	11.92	9.36	188	26.0	3.97	1.48	37.6	7.52	1.54
125× 65	6	8	8	4	17.11	13.4	424	61.8	4.98	1.90	67.8	13.4	1.90
150× 75	6.5	10	10	5	23.71	18.6	861	117	6.03	2.22	115	22.4	2.28
150× 75	9	12.5	15	7.5	30.59	24.0	1 050	147	5.86	2.19	140	28.3	2.31
180× 75	7	10.5	11	5.5	27.20	21.4	1 380	131	7.12	2.19	153	24.3	2.13
200× 80	7.5	11	12	6	31.33	24.6	1 950	168	7.88	2.32	195	29.1	2.21
200× 90	8	13.5	14	7	38.65	30.3	2 490	277	8.02	2.68	249	44.2	2.74
250× 90	9	13	14	7	44.07	34.6	4 180	294	9.74	2.58	334	44.5	2.40
250× 90	11	14.5	17	8.5	51.17	40.2	4 680	329	9.56	2.54	374	49.9	2.40
300× 90	9	13	14	7	48.57	38.1	6 440	309	11.5	2.52	429	45.7	2.22
300× 90	10	15.5	19	9.5	55.74	43.8	7 410	360	11.5	2.54	494	54.1	2.34
300× 90	12	16	19	9.5	61.90	48.6	7 870	379	11.3	2.48	525	56.4	2.28
380×100	10.5	16	18	9	69.39	54.5	14 500	535	14.5	2.78	763	70.5	2.41
380×100	13	16.5	18	9	78.96	62.0	15 600	565	14.1	2.67	823	73.6	2.33
380×100	13	20	24	12	85.71	67.3	17 600	655	14.3	2.76	926	87.8	2.54

[標準長さ]　6.0, 7.0, 8.0, 9.0, 10.0, 11.0, 12.0 m

4. 鉄筋コンクリート用棒鋼（異形鉄筋）

鉄筋コンクリート用棒鋼（JIS G 3112-1987）

形状　SR 24，SR 30 はリブ・ふしなどの表面突起を有しない棒鋼で，その形状は丸鋼・平鋼と同じ，異形棒鋼は下表による．

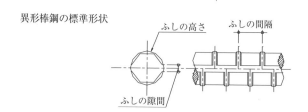

異形棒鋼の標準形状

呼び名	公称直径 d (mm)	公称周長 l (cm)	公称断面積 S (cm^2)	単位質量 (kg/m)	節の平均間隔最大値 (mm)	節の高さ 最小値 (mm)	節の高さ 最大値 (mm)	節のすき間の和の最大値 (mm)	節の軸線との角度
D6	6.35	2.0	0.3167	0.249	4.4	0.3	0.6	5.0	
D10	9.53	3.0	0.7133	0.560	6.7	0.4	0.8	7.5	
D13	12.7	4.0	1.267	0.995	8.9	0.5	1.0	10.0	
D16	15.9	5.0	1.986	1.56	11.1	0.7	1.4	12.5	
D19	19.1	6.0	2.865	2.25	13.4	1.0	2.0	15.0	
D22	22.2	7.0	3.871	3.04	15.5	1.1	2.2	17.5	45°以上
D25	25.4	8.0	5.067	3.98	17.8	1.3	2.6	20.0	
D29	28.6	9.0	6.424	5.04	20.0	1.4	2.8	22.5	
D32	31.8	10.0	7.942	6.23	22.3	1.6	3.2	25.0	
D35	34.9	11.0	9.566	7.51	24.4	1.7	3.4	27.5	
D38	38.1	12.0	11.40	8.95	26.7	1.9	3.8	30.0	
D41	41.3	13.0	13.40	10.5	28.9	2.1	4.2	32.5	
D51	50.8	16.0	20.27	15.9	35.6	2.5	5.0	40.0	

[備考]　公称断面積，公称周長および単位質量の算出方法は次による．

1. 公称断面積 $S = \dfrac{0.7854 \times d^2}{100}$：有効数字 4 桁に丸める．

2. 公称周長 $l = 0.3142 \times d$：小数点以下 1 桁に丸める．

3. 単位質量 $= 0.785 \times S$：有効数字 3 桁に丸める．

5. U形鋼矢板の形状および断面性能

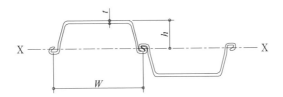

種類	寸法 W (mm)	寸法 h (mm)	寸法 t (mm)	質量 1枚あたり (kg/m)	質量 壁幅1m あたり (kg/m²)	断面積 1枚あたり (cm²)	断面積 壁幅1m あたり (cm²/m)	表面積 1枚あたり (m²/m)	表面積 壁幅1m あたり (m²/m)	断面2次モーメント 1枚あたり (cm⁴)	断面2次モーメント 壁幅1m あたり (cm⁴/m)	断面係数 1枚あたり (cm³)	断面係数 壁幅1m あたり (cm³/m)
II型	400	100	10.5	48.0	120	61.18	153.0	1.33	1.66	1 240	8 740	152	874
III型	400	125	13.0	60.0	150	76.42	191.0	1.44	1.80	2 220	16 800	223	1 340
IV型	400	170	15.5	76.1	190	96.99	242.5	1.61	2.01	4 670	38 600	362	2 270
V_L型	500	200	24.3	105.0	210	133.8	267.6	1.75	1.75	7 960	63 000	520	3 150

[注] 1. 上記の種類はリース材として扱われているもののみを示す．
2. 上記以外のものは市場性を考慮して使用する．

6. リース材（H形鋼）の断面性能

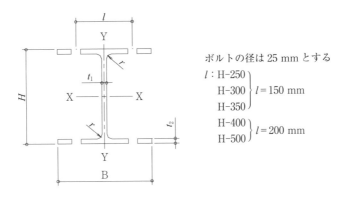

ボルトの径は 25 mm とする

l：H-250, H-300, H-350 $\}$ l = 150 mm

H-400, H-500 $\}$ l = 200 mm

サイズ $H×B×t_1×t_2$	断面積 (cm²)	I_x (cm⁴)	I_y (cm⁴)	i_x (cm)	i_y (cm)	Z_x (cm³)	Z_y (cm³)	i (cm)	単位質量 (kg/m)
H-250×250× 9×14	78.18	8 850	2 860	10.60	6.05	708	229	6.72	80
H-300×300×10×15	104.80	17 300	5 900	12.90	7.51	1 150	394	8.34	100
H-350×350×12×19	154.90	35 000	12 500	15.10	8.99	2 000	716	9.93	150
H-400×400×13×21	197.70	59 000	20 300	17.30	10.10	2 950	1 010	11.16	200
H-500×500×25×25	343.30	148 000	49 600	20.80	12.00	5 950	1 980	13.81	300

[注] 孔の位置により断面性能が異なるものもある．

7. ボルトの許容力

ボルトの許容せん断力および許容引張力は，中ボルトにおいてはボルト有効断面積に許容応力度を乗じた値，高力ボルトはボルト軸断面積に許容応力度を乗じた値を示す．

中ボルトの許容力

中ボルトの 強度区分	ボルトの呼び	ボルト軸径 (mm)	ボルト軸断面積 (mm²)	*ボルト有効断面積 (mm²)	許容せん断力 (kN)	許容引張力 (kN)
4.6 4.8	M 16	16	201	157	21.66	37.68
	M 18	18	254	192	26.49	46.08
	M 20	20	314	245	33.81	58.80
	M 22	22	380	303	41.81	72.72
	M 24	24	452	353	48.71	84.72
	M 27	27	573	459	63.34	110.16
	M 30	30	707	561	77.41	134.64

高力ボルトの許容力

高力ボルト の種類	ボルトの呼び	ボルト軸径 (mm)	ボルト軸断面積 (mm²)	*ボルト有効断面積 (mm²)	許容せん断力 (kN)	許容引張力 (kN)
F 10 T S 10 T	M 16	16	201	157	45.22	93.46
	M 18	18	254	192	57.15	118.11
	M 20	20	314	245	70.65	146.01
	M 22	22	380	303	85.50	176.70
	M 24	24	452	353	101.70	210.18
	M 27	27	573	459	128.92	266.44
	M 30	30	707	561	159.07	328.75

［注］ ＊ねじ部のボルト有効断面積（JIS B 1082：2009 より抜粋）

付3 躯体計画位置から隣接構造物までの離隔距離の例

隣地境界に構造物が近接する場合は，隣地境界や隣接構造物から山留め施工位置までの距離が，施工方法の選定上で重要となる．以下に，施工方法別の躯体計画位置から隣接構造物までの離隔距離の例を示す．

付表1 躯体計画位置から隣接構造物までの離隔距離の例[1]

施工方法		a	b	c
親杭	プレボーリング	150 mm	450 mm 程度	(H形鋼せい)/2＋(H形鋼の最大変位量)＋(H形鋼の鉛直精度による施工誤差)
	圧入	150 mm	(H形鋼せい)/2 程度	(H形鋼せい)/2＋(H形鋼の最大変位量)＋(H形鋼の鉛直精度による施工誤差)
	振動	600 mm	400〜700 mm 程度	(H形鋼せい)/2＋(H形鋼の最大変位量)＋(H形鋼の鉛直精度による施工誤差)
鋼矢板（圧入）		100 mm	600〜700 mm 程度	(鋼矢板せい)/2＋(鋼矢板の最大変位量)＋(鋼矢板の鉛直精度による施工誤差)
ソイルセメント壁		150 mm	450 mm 程度	(応力材せい)/2＋(応力材の最大変位量)＋(応力材の鉛直精度による施工誤差)
場所打ち鉄筋コンクリート地中壁		500 mm	(壁厚)/2＋100 mm 程度	(壁厚)/2＋(壁の最大変位量)＋(壁の鉛直精度による施工誤差)

[注] 躯体計画位置から隣接構造物までの離隔距離 a，b，c は付図1に示す．

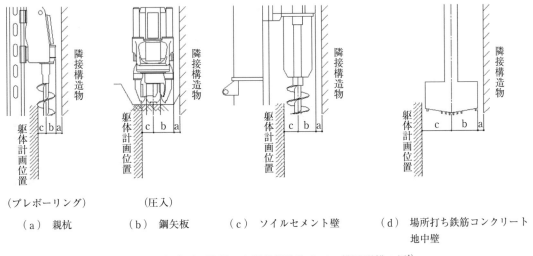

（a） 親杭　　（b） 鋼矢板　　（c） ソイルセメント壁　　（d） 場所打ち鉄筋コンクリート地中壁
（プレボーリング）　（圧入）

付図1 躯体計画位置から隣接構造物までの離隔距離の例[1]

【計算例】

（c） ソイルセメント壁（応力材せい：500 mm，根切深さ：12 m，鉛直精度：1/150，最大変
位量 30 mm）

$\quad$ a = 150 mm

$\quad$ b = 450 mm

$\quad$ c = 500/2 + 30 + (12 × 1 000/150) = 360 mm

躯体計画位置から隣接構造物までの離隔距離：a + b + c = 150 + 450 + 360 = 960 mm

参 考 文 献

1) 日本建築学会：山留め設計指針，p.40，2017

付4 ソイルセメント内の仮想放物線アーチの寸法と応力

ソイルセメント壁の応力材が隔孔配置の場合における,ソイルセメントの圧縮応力度の検討に用いる仮想放物線アーチの寸法と応力を文献1)より参照して示す.

付表1 550 SMW,細幅系列H形鋼

系列	H	B	t_1	t_2	D (cm)	l_1 (cm)	l_2 (cm)	t (cm)	f (cm)	V (kN)/w (kN/m)	Q_1 (kN)/w (kN/m)	H (kN)/w (kN/m)	N (kN)/w (kN/m)	
					55			—	—					*1
	150	75	5	7	60	90	82.5	—	—	—	—	—	—	*1
					65			—	—					*1
					55			—	—					*1
	175	90	5	8	60	90	81.0	—	—	0.45	0.41	—	—	*1
					65			19.5	19.0			0.53	0.70	*2
					55			—	—					*1
	198	99	4.5	7	60	90	80.1	—	—	0.45	0.40	—	—	*1
					65			21.1	19.0			0.53	0.70	*2
					55			—	—			—	—	*1
	200	100	5.5	8	60	90	80.0	18.3	17.9	0.45	0.40	0.57	0.72	*2
					65			21.1	19.0			0.53	0.70	*2
					55			17.6	17.9			0.57	0.72	*2
	248	124	5	8	60	90	77.6	20.1	20.1	0.45	0.39	0.50	0.70	*2
					65			22.8	21.4			0.47	0.65	*2
					55			17.6	17.9			0.56	0.72	*2
	250	125	6	9	60	90	77.5	20.1	20.2	0.45	0.39	0.50	0.67	*2
					65			22.8	21.4			0.47	0.65	*2
					55			19.4	20.3			0.50	0.67	*2
	298	149	5.5	8	60	90	75.1	22.6	21.5	0.45	0.38	0.47	0.65	*2
					65			25.4	22.8			0.45	0.63	*2
					55			21.9	21.6			0.50	0.67	*2
	300	150	6.5	9	60	90	75.0	22.5	21.5	0.45	0.38	0.47	0.65	*2
					65			25.4	22.8			0.44	0.63	*2
					55			21.9	21.6			0.47	0.65	
	346	174	6	9	60	90	72.6	25.1	22.8	0.45	0.36	0.44	0.63	
					65			27.9	24.0			0.42	0.62	
細幅					55			21.9	21.6			0.47	0.65	
	350	175	7	11	60	90	72.5	25.1	22.9	0.45	0.36	0.44	0.63	
					65			27.9	24.1			0.42	0.62	
					55			21.9	21.7			0.47	0.65	
	354	176	8	13	60	90	72.4	25.1	22.9	0.45	0.36	0.44	0.63	
					65			27.9	24.2			0.42	0.61	
					55			23.7	24.4			0.42	0.61	
	396	199	7	11	60	90	70.1	26.8	25.7	0.45	0.35	0.39	0.60	
					65			30.4	25.3			0.40	0.60	
					55			23.7	24.4			0.41	0.61	
	400	200	8	13	60	90	70.0	26.8	25.8	0.45	0.35	0.39	0.60	
					65			30.4	25.3			0.40	0.60	
					55			23.7	24.5			0.41	0.61	
	401	201	9	15	60	90	69.9	26.8	25.8	0.45	0.35	0.39	0.60	
					65			30.4	25.5			0.40	0.60	
					55			26.1	24.0			0.42	0.62	
	446	199	8	12	60	90	70.1	29.3	25.3	0.45	0.35	0.40	0.60	
					65			32.1	26.5			0.37	0.59	
					55			26.1	24.1			0.42	0.62	
	450	200	9	14	60	90	70.0	29.3	25.3	0.45	0.35	0.40	0.60	
					65			32.1	26.6			0.38	0.60	
					55			26.1	24.2			0.41	0.61	
	456	201	10	17	60	90	69.9	29.3	25.4	0.45	0.35	0.40	0.60	
					65			32.1	26.7			0.38	0.59	
					55			—	—					
	496	199	9	14	60	90	70.1	30.9	26.4	0.45	0.35	0.38	0.59	
					65			33.7	27.6			0.37	0.58	
					55			—	—					
	500	200	10	16	60	90	70.0	30.9	26.5	0.45	0.35	0.38	0.59	
					65			33.7	27.7			0.37	0.58	

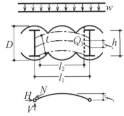

付図1 各記号の説明

[注] 上表においては,芯材の偏心について特に考慮していない.
 *1 隔孔設置とした場合,$l_2 \geqq D+h$〔付図1〕となり,H形鋼の内法間隔が広くなるため,曲げ材としての強度検討が必要となる.
 *2 削孔径に比較してH形鋼の断面が小さいことから,隔孔設置により施工する場合は,施工条件等を含め別途検討を要する.

付表2　550 SMW，中幅系列 H 形鋼

系列	H	B	t_1	t_2	D (cm)	l_1 (cm)	l_2 (cm)	t (cm)	f (cm)	V (kN)/w (kN/m)	Q_1 (kN)/w (kN/m)	H (kN)/w (kN/m)	N (kN)/w (kN/m)	
中幅	148	100	6	9	55			—	—			—	—	*1
					60	90	80.0	—	—	—	—	—	—	*1
					65			—	—			—	—	*1
	194	150	6	9	55			—	—			—	—	*1
					60	90	75.0	18.4	20.1	0.45	0.38	0.50	0.68	*2
					65			21.1	21.4			0.47	0.65	*2
	244	175	7	11	55			17.6	20.2			0.50	0.67	*2
					60	90	72.5	20.7	21.5	0.45	0.36	0.47	0.65	*2
					65			23.5	22.8			0.47	0.63	*2
	294	200	8	12	55			20.0	21.7			0.47	0.65	
					60	90	70.0	23.2	23.0	0.45	0.35	0.44	0.63	
					65			26.0	24.3			0.42	0.61	
	298	201	9	14	55			20.0	21.8			0.47	0.65	
					60	90	69.9	23.2	23.1	0.45	0.35	0.44	0.63	
					65			26.0	24.4			0.41	0.61	
	336	249	8	12	55			22.5	24.7			0.41	0.61	
					60	90	65.1	25.7	26.1	0.45	0.33	0.39	0.59	
					65			28.6	27.6			0.37	0.58	
	340	250	9	14	55			22.5	24.8			0.41	0.61	
					60	90	65.0	25.7	26.2	0.45	0.33	0.39	0.59	
					65			28.6	27.7			0.37	0.58	
	386	299	9	14	55			25.2	28.5			0.36	0.57	
					60	90	60.1	28.5	30.1	0.45	0.30	0.34	0.56	
					65			31.3	31.6			0.32	0.55	
	390	300	10	16	55			25.2	28.6			0.35	0.57	
					60	90	60.0	28.5	30.2	0.45	0.30	0.34	0.56	
					65			31.3	31.8			0.32	0.55	
	434	299	10	15	55			—	—			—	—	
					60	90	60.1	30.1	31.5	0.45	0.30	0.32	0.55	
					65			33.8	30.7			0.33	0.56	
	440	300	11	18	55			—	—			—	—	
					60	90	60.0	30.1	31.6	0.45	0.30	0.32	0.55	
					65			33.8	30.8			0.33	0.56	
	446	302	13	21	55			—	—			—	—	
					60	90	59.8	30.1	31.8	0.45	0.30	0.32	0.55	
					65			33.8	31.0			0.33	0.56	
	482	300	11	15	55			—	—			—	—	
					60	90	60.0	—	—	0.45	0.30	—	—	
					65			35.6	32.2			0.31	0.55	
	488	300	11	18	55			—	—			—	—	
					60	90	60.0	—	—	0.45	0.30	—	—	
					65			35.6	32.2			0.31	0.55	
	494	302	13	21	55			—	—			—	—	
					60	90	59.8	—	—	0.45	0.30	—	—	
					65			35.6	32.4			0.31	0.55	

［注］　上表においては，芯材の偏心について特に考慮していない．

＊1　隔孔設置とした場合，$l_2 \geqq D + h$〔付図1〕となり，H 形鋼の内法間隔が広くなるため，曲げ材としての強度検討が必要となる．

＊2　削孔径に比較してH形鋼の断面が小さいことから，隔孔設置により施工する場合は，施工条件等を含め別途検討を要する．

付表3　550SMW，広幅系列H形鋼

系列	H	B	t_1	t_2	D (cm)	l_1 (cm)	l_2 (cm)	t (cm)	f (cm)	$\dfrac{V\,(kN)}{w\,(kN/m)}$	$\dfrac{Q_1\,(kN)}{w\,(kN/m)}$	$\dfrac{H\,(kN)}{w\,(kN/m)}$	$\dfrac{N\,(kN)}{w\,(kN/m)}$	
	175	175	7.5	11	55	90	72.5	15.1	18.4	0.45	0.36	0.55	0.71	*
					60			17.8	20.9			0.48	0.66	*
					65			20.5	22.3			0.45	0.64	*
	200	200	8	12	55	90	70.0	16.1	20.4	0.45	0.35	0.50	0.67	*
					60			19.3	21.8			0.46	0.65	*
					65			22.1	23.2			0.44	0.63	*
	200	204	12	12	55	90	69.6	16.2	20.6	0.45	0.35	0.49	0.67	*
					60			19.4	22.1			0.46	0.64	*
					65			22.1	23.5			0.43	0.62	*
	208	202	10	16	55	90	69.8	16.2	20.5	0.45	0.35	0.49	0.67	*
					60			19.3	21.9			0.46	0.64	*
					65			22.1	23.3			0.43	0.63	*
	244	252	11	11	55	90	64.8	18.7	23.8	0.45	0.32	0.42	0.62	
					60			21.9	25.4			0.40	0.60	
					65			24.7	26.9			0.38	0.59	
	248	249	8	13	55	90	65.1	18.7	23.6	0.45	0.33	0.43	0.62	
					60			21.9	25.1			0.40	0.60	
					65			24.7	26.7			0.38	0.59	
	250	250	9	14	55	90	65.0	18.7	23.7	0.45	0.33	0.43	0.62	
					60			21.9	25.2			0.40	0.60	
					65			24.7	26.7			0.38	0.59	
	250	255	14	14	55	90	64.5	18.8	24.0	0.45	0.32	0.42	0.62	
					60			22.0	25.6			0.40	0.60	
					65			24.7	27.2			0.37	0.58	
広幅	294	302	12	12	55	90	59.8	21.5	27.9	0.45	0.30	0.36	0.58	
					60			24.7	29.6			0.34	0.57	
					65			28.2	29.1			0.35	0.57	
	298	299	9	14	55	90	60.1	21.4	27.6	0.45	0.30	0.37	0.58	
					60			24.6	29.3			0.35	0.57	
					65			28.1	28.9			0.35	0.57	
	300	300	10	15	55	90	60.0	21.4	27.7	0.45	0.30	0.37	0.58	
					60			24.6	29.4			0.34	0.57	
					65			28.1	29.0			0.35	0.57	
	300	305	15	15	55	90	59.5	21.5	28.1	0.45	0.30	0.36	0.58	
					60			24.7	29.0			0.34	0.56	
					65			28.2	29.5			0.34	0.57	
	304	301	11	17	55	90	59.9	21.4	27.8	0.45	0.30	0.36	0.58	
					60			24.6	29.5			0.34	0.57	
					65			28.2	29.1			0.34	0.57	
	338	351	13	13	55	90	54.9	24.0	32.4	0.45	0.27	0.31	0.55	
					60			27.9	31.9			0.32	0.55	
					65			30.8	33.6			0.30	0.54	
	334	348	10	16	55	90	55.2	24.0	32.1	0.45	0.28	0.32	0.55	
					60			27.9	31.5			0.32	0.55	
					65			30.8	33.2			0.30	0.54	
	344	354	16	16	55	90	54.6	24.6	30.4	0.45	0.27	0.33	0.56	
					60			27.9	32.2			0.31	0.55	
					65			30.8	34.0			0.30	0.54	
	350	350	12	19	55	90	55.0	24.0	32.3	0.45	0.28	0.31	0.55	
					60			27.9	31.7			0.32	0.55	
					65			30.8	33.5			0.30	0.54	
	350	357	19	19	55	90	54.3	24.7	30.8	0.45	0.27	0.33	0.56	
					60			28.0	32.6			0.31	0.55	
					65			30.8	34.4			0.29	0.54	
	394	398	11	18	55	90	50.2	—	—	0.45	0.25	—	—	
					60			—	—			—	—	
					65			33.6	38.9			0.26	0.52	
	400	400	13	21	55	90	50.0	—	—	0.45	0.25	—	—	
					60			—	—			—	—	
					65			33.6	39.2			0.26	0.52	

［注］　上表においては，芯材の偏心について特に考慮していない.

＊　削孔径に比較してH形鋼の断面が小さいことから，隔孔設置により施工する場合は，施工条件等を含め別途検討を要する.

─306─ 付　　録

付表 4　850 SMW, 細幅系列 H 形鋼

系列	H 形鋼 寸法 (mm)				D (cm)	l_1 (cm)	l_2 (cm)	t (cm)	f (cm)	$\dfrac{V\ (kN)}{w\ (kN/m)}$	$\dfrac{Q_1\ (kN)}{w\ (kN/m)}$	$\dfrac{H\ (kN)}{w\ (kN/m)}$	$\dfrac{N\ (kN)}{w\ (kN/m)}$
	H	B	t_1	t_2									
細幅	396	199	7	11	85	120	100	32.9	29.9	0.60	0.50	0.60	0.85
	396	199	7	11	90	120	100	35.5	31.1	0.60	0.50	0.58	0.83
	400	200	8	13	85	120	100	32.9	30.0	0.60	0.50	0.60	0.85
	400	200	8	13	90	120	100	35.5	31.2	0.60	0.50	0.58	0.83
	404	201	9	15	85	120	100	32.9	30.0	0.60	0.50	0.60	0.85
	404	201	9	15	90	120	100	35.5	31.3	0.60	0.50	0.58	0.83
	446	199	8	12	85	120	100	34.5	31.1	0.60	0.50	0.58	0.83
	446	199	8	12	90	120	100	37.1	32.3	0.60	0.50	0.56	0.82
	450	200	9	14	85	120	100	34.5	31.1	0.60	0.50	0.58	0.83
	450	200	9	14	90	120	100	37.1	32.4	0.60	0.50	0.56	0.82
	456	201	10	17	85	120	100	34.5	31.2	0.60	0.50	0.58	0.83
	456	201	10	17	90	120	100	38.2	30.5	0.60	0.50	0.59	0.84
	496	199	9	14	85	120	100	37.1	30.3	0.60	0.50	0.59	0.84
	496	199	9	14	90	120	100	39.7	31.5	0.60	0.50	0.57	0.83
	500	200	10	16	85	120	100	37.1	30.4	0.60	0.50	0.59	0.84
	500	200	10	16	90	120	100	39.7	31.5	0.60	0.50	0.57	0.83
	506	201	11	19	85	120	100	37.1	30.4	0.60	0.50	0.59	0.84
	506	201	11	19	90	120	100	39.8	31.6	0.60	0.50	0.57	0.83
	596	199	10	15	85	120	100	40.5	32.6	0.60	0.50	0.55	0.82
	596	199	10	15	90	120	100	43.1	33.7	0.60	0.50	0.53	0.80
	600	200	11	17	85	120	100	40.5	32.6	0.60	0.50	0.55	0.82
	600	200	11	17	90	120	100	43.1	33.8	0.60	0.50	0.53	0.80
	606	201	12	20	85	120	100	40.5	32.7	0.60	0.50	0.55	0.81
	606	201	12	20	90	120	100	43.1	33.8	0.60	0.50	0.53	0.80
	612	202	13	23	85	120	100	40.5	32.8	0.60	0.50	0.55	0.81
	612	202	13	23	90	120	100	43.1	33.9	0.60	0.50	0.53	0.80

[注]　上表においては，芯材の偏心について特に考慮していない．

付表 5　850 SMW, 中幅系列 H 形鋼

系列	H 形鋼 寸法 (mm)				D (cm)	l_1 (cm)	l_2 (cm)	t (cm)	f (cm)	$\dfrac{V\ (kN)}{w\ (kN/m)}$	$\dfrac{Q_1\ (kN)}{w\ (kN/m)}$	$\dfrac{H\ (kN)}{w\ (kN/m)}$	$\dfrac{N\ (kN)}{w\ (kN/m)}$
	H	B	t_1	t_2									
中幅	386	299	9	14	85	120	90	33.9	34.3	0.60	0.45	0.53	0.80
	386	299	9	14	90	120	90	36.6	35.7	0.60	0.45	0.50	0.78
	390	300	10	16	85	120	90	34.0	34.4	0.60	0.45	0.52	0.80
	390	300	10	16	90	120	90	36.6	35.8	0.60	0.45	0.50	0.78
	434	299	10	15	85	120	90	35.5	35.6	0.60	0.45	0.51	0.78
	434	299	10	15	90	120	90	39.2	34.7	0.60	0.45	0.52	0.79
	440	300	11	18	85	120	90	35.5	35.7	0.60	0.45	0.50	0.78
	440	300	11	18	90	120	90	39.2	34.8	0.60	0.45	0.52	0.79
	446	302	13	21	85	120	90	35.6	35.8	0.60	0.45	0.50	0.78
	446	302	13	21	90	120	90	39.2	34.9	0.60	0.45	0.52	0.79
	482	300	11	15	85	120	90	38.2	34.7	0.60	0.45	0.52	0.79
	482	300	11	15	90	120	90	40.9	36.1	0.60	0.45	0.50	0.78
	488	300	11	18	85	120	90	38.2	34.7	0.60	0.45	0.52	0.79
	488	300	11	18	90	120	90	40.9	36.1	0.60	0.45	0.50	0.78
	494	302	13	21	85	120	90	38.2	34.9	0.60	0.45	0.52	0.79
	494	302	13	21	90	120	90	40.9	36.2	0.60	0.45	0.50	0.78
	582	300	12	17	85	120	90	41.6	37.3	0.60	0.45	0.48	0.77
	582	300	12	17	90	120	90	44.2	38.6	0.60	0.45	0.47	0.76
	588	300	12	20	85	120	90	41.6	37.3	0.60	0.45	0.48	0.77
	588	300	12	20	90	120	90	44.2	38.6	0.60	0.45	0.47	0.76
	594	302	14	23	85	120	90	41.6	37.3	0.60	0.45	0.48	0.77
	594	302	14	23	90	120	90	44.3	38.8	0.60	0.45	0.46	0.76
	692	300	13	20	85	120	90	46.5	37.4	0.60	0.45	0.48	0.77
	692	300	13	20	90	120	90	49.2	38.6	0.60	0.45	0.47	0.76
	700	300	13	24	85	120	90	46.5	37.4	0.60	0.45	0.48	0.77
	700	300	13	24	90	120	90	49.2	38.6	0.60	0.45	0.47	0.76
	708	302	15	28	85	120	90	46.5	37.6	0.60	0.45	0.48	0.77
	708	302	15	28	90	120	90	49.2	38.8	0.60	0.45	0.46	0.76

[注]　上表においては，芯材の偏心について特に考慮していない．

付表6 850 SMW，広幅系列 H 形鋼

系列	H	B	t_1	t_2	D (cm)	l_1 (cm)	l_2 (cm)	t (cm)	f (cm)	V (kN) w (kN/m)	Q_1 (kN) w (kN/m)	H (kN) w (kN/m)	N (kN) w (kN/m)
	298	299	9	14	85	120	90	30.9	31.8	0.60	0.45	0.57	0.83
	298	299	9	14	90	120	90	33.5	33.2	0.60	0.45	0.54	0.80
	300	300	10	15	85	120	90	30.9	31.8	0.60	0.45	0.57	0.82
	300	300	10	15	90	120	90	33.5	33.2	0.60	0.45	0.54	0.81
	294	302	12	12	85	120	90	30.9	32.0	0.60	0.45	0.56	0.82
	294	302	12	12	90	120	90	33.5	33.4	0.60	0.45	0.54	0.81
	300	305	15	15	85	120	90	30.9	32.2	0.60	0.45	0.56	0.82
	300	305	15	15	90	120	90	33.5	33.7	0.60	0.45	0.53	0.80
	304	301	11	17	85	120	90	30.9	31.9	0.60	0.45	0.56	0.82
	304	301	11	17	90	120	90	33.5	33.4	0.60	0.45	0.54	0.81
	344	348	10	16	85	120	85	32.7	36.9	0.60	0.43	0.49	0.77
	344	348	10	16	90	120	85	36.2	36.1	0.60	0.43	0.50	0.78
	350	350	12	19	85	120	85	33.6	34.7	0.60	0.43	0.52	0.79
	350	350	12	19	90	120	85	36.3	36.2	0.60	0.43	0.50	0.78
	338	351	13	13	85	120	85	33.6	34.8	0.60	0.42	0.52	0.79
	338	351	13	13	90	120	85	36.3	36.3	0.60	0.42	0.50	0.78
	344	354	16	16	85	120	85	33.6	35.1	0.60	0.42	0.51	0.79
	344	354	16	16	90	120	85	36.3	36.6	0.60	0.42	0.49	0.78
	350	357	19	19	85	120	84	33.7	35.3	0.60	0.42	0.51	0.79
広幅	350	357	19	19	90	120	84	36.3	36.8	0.60	0.42	0.49	0.77
	394	398	11	18	85	120	80	35.6	40.6	0.60	0.40	0.44	0.75
	394	398	11	18	90	120	80	39.2	39.4	0.60	0.40	0.46	0.75
	400	400	13	21	85	120	80	36.5	38.1	0.60	0.40	0.47	0.76
	400	400	13	21	90	120	80	39.2	39.6	0.60	0.40	0.45	0.75
	406	403	16	24	85	120	80	36.6	38.3	0.60	0.40	0.47	0.76
	406	403	16	24	90	120	80	39.2	39.9	0.60	0.40	0.45	0.75
	414	405	18	28	85	120	80	36.6	38.5	0.60	0.40	0.47	0.76
	414	405	18	28	90	120	80	39.3	40.1	0.60	0.40	0.45	0.75
	428	407	20	35	85	120	79	36.6	38.7	0.60	0.40	0.46	0.76
	428	407	20	35	90	120	79	39.3	40.3	0.60	0.40	0.45	0.75
	458	417	30	50	85	120	78	36.7	39.7	0.60	0.39	0.45	0.75
	458	417	30	50	90	120	78	39.3	41.4	0.60	0.39	0.44	0.74
	498	432	45	70	85	120	77	36.8	41.3	0.60	0.38	0.44	0.74
	498	432	45	70	90	120	77	39.5	43.0	0.60	0.38	0.42	0.73
	388	402	15	15	85	120	80	36.5	38.2	0.60	0.40	0.47	0.76
	388	402	15	15	90	120	80	39.2	39.8	0.60	0.40	0.45	0.75
	394	405	18	18	85	120	80	36.6	38.5	0.60	0.40	0.47	0.76
	394	405	18	18	90	120	80	39.3	40.1	0.60	0.40	0.45	0.75
	400	408	21	21	85	120	79	36.6	38.8	0.60	0.40	0.46	0.76
	400	408	21	21	90	120	79	39.3	40.4	0.60	0.40	0.45	0.75

[注]　上表においては，芯材の偏心について特に考慮していない．

参 考 文 献

1)　日本材料学会：ソイルミキシングウォール（SMW）設計施工指針（改定版），pp.23-38，2002.3

付5　U形鋼矢板壁の継手効率

　U形鋼矢板の場合，継手部（セクション）が壁体中心にあるため，鋼矢板に側圧が作用すると継ぎ手にずれが生じ，隣り合った鋼矢板が一体として働くことができなくなる．このため，山留め壁の応力・変形の算定や断面算定に際しては，カタログなどに示されている，ずれを無視した場合の単位幅（1 m）あたりの断面2次モーメントおよび断面係数の値を低減する．

　以下に，各規基準で示される継手効率を示す．

付表1　継手効率

	断面2次モーメント I	断面係数 Z
①日本建築学会　山留め設計指針[1]	45～60 %	60～80 %
②日本道路協会　道路土工　仮設構造物工指針[2]	45 %[*1]	60 %[*2]
③鉄道総合技術研究所　鉄道構造物等設計標準・同解説　トンネル・開削編[3]	45 %	60 %[*2]
④土木学会　トンネル標準示方書　[共通編]・同解説／[開削工法編]・同解説[4]	45 %	60 %[*2]

[注]　鋼矢板の天端を溶接するか，頭部に鉄筋コンクリートの頭つなぎを設け，継手の滑りを拘束した場合，以下の数値とすることができる．
　　　＊1：80 %　　＊2：80 %
　　　なお，文献2）によると，天端の溶接長は50 cm程度，頭つなぎの厚さは30 cm程度が目安の値として記載されている．

参　考　文　献

1)　日本建築学会：山留め設計指針，p.189，2017
2)　日本道路協会：道路土工　仮設構造物工指針，pp.106-110，1999
3)　鉄道総合技術研究所：鉄道構造物等設計標準・同解説　トンネル・開削編，pp.382-390，2021
4)　土木学会：トンネル標準示方書［共通編］・同解説／［開削工法編］・同解説，pp.176-180，2016

付6　根切り底以深の側圧を考慮した自立山留めの計算事例

　本会「山留め設計指針」(2017)では，軟弱地盤における自立山留めの梁・ばねモデルにおける設計用側圧について，根切り底以深の側圧を考慮した計算法が提案されている（以下，提案法という）．以下に，軟弱粘性土地盤における自立山留めを対象として提案法による計算事例を示し，従来法による計算値および変位実測値との比較を行う．

（1）　地盤概要

　付図1に土質柱状図を示す．GL−2.0 m までは粘性土を主体とした埋土で，GL−5.50 m まではシルトおよびシルト質細砂，GL−5.5 m 以深は N 値が0の非常に軟弱な地盤が堆積している．地下水位は孔内水位で GL−2.6 m であった．

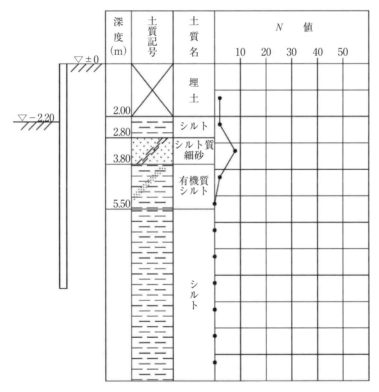

付図1　土質柱状図

—310— 付　　録

（2）　設計条件

掘削深さ：$h = 2.200$ m

上載荷重：$q = 10.0$ kN/m^2

a）山留め壁

親杭　H－450×200×9×14

$\left[\begin{array}{l}\text{断面二次モーメント}\end{array}\right.$　　$I_x = 32\,900$ cm$^4 = 3.29 \times 10^{-4}$ m^4

　断面係数　　　　　　　$Z_x = 1\,460$ cm^3

　親杭間隔　　　　　　　$a = 1.2$ m

　鋼材の弾性係数　　　　$E = 2.05 \times 10^8$ kN/m^2

b）設計用地盤定数

　山留め設計に用いる地盤定数は，付表 1 に示すとおりとした．埋土層では，Terzaghi-Peck の関係式から，一軸圧縮強さ $q_u = 12.5N$ （kN/m^2）として推定し，安全側に丸めて設定した．3 層目のシルト層では室内土質試験による一軸圧縮強さを採用し，それぞれ粘着力 c は $q_u/2$ とした．シルト質細砂層の内部摩擦角は，大崎の式 $\phi = \sqrt{20N} + 15$ （°）により設定した．埋土・シルト層と砂質シルト層・シルト層の内部摩擦角は 0 とした．

付表 1　設計用地盤定数

深さ （m）	層厚 （m）	土質名	N 値	γ_t （kN/m^3）	c （kN/m^2）	ϕ （°）
0.0～2.8	2.8	埋土 シルト	2	16	10	0
2.8～3.8	1.0	シルト質細砂	8	18	0	27
3.8～14.8	11.0	砂質シルト シルト	1	16	30	0

（3）　設計用側圧

　背面側の側圧は側圧係数法によって算定し，ランキン・レザール法で求めた側圧を包括するように側圧係数を 0.6 と設定した．ランキン・レザール法では，一般的な上載荷重として 10 kN/m^2 を考慮した．従来法では，付図 2 に示すように，側圧の合力 P_a を分布形の重心位置に集中荷重として作用させる．一方，提案法では，付図 3 に示すように，根切り底以深の側圧を根切り底以浅の対称形として考慮し，従来法による側圧の合力 P_a の 2 倍を根切り深さに作用させる．

　　　GL ± 0 m　　　　$P_1 = 0$ kN/m^2

　　　GL － 2.20 m　　$P_2 = 0.6 \times (16 \times 2.20) = 21.12$ kN/m^2

$$P_a = \frac{21.12 \times 2.20}{2} = 23.23 \text{ kN/m}$$

（従来法）　$h = \dfrac{2.20}{3} = 0.73$ m，（提案法）　$h = 0$

(従来法)　$l = 2.20 - 0.73 = 1.47$ m,　(提案法)　$l = 2.20$ m

$2P_a = 2 \times 23.23 = 46.46$ kN/m

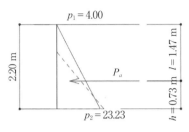

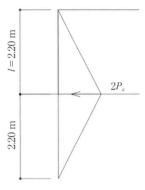

付図 2　従来法による側圧　　　　　　　付図 3　提案法による側圧

（4）特性値の計算

$$\beta = \sqrt[4]{\frac{k_h B}{4EI}} \quad \sqrt[4]{\frac{3\,000 \times 1.0}{4 \times 2.05 \times 3.29 \times 10^4 / 1.2}} = 0.340 \text{ m}^{-1}$$

ここに，β：特性値（m^{-1}）

k_h：水平方向地盤反力係数 $= 3\,000$ kN/m^3

図 4.4.4（b）水平地盤反力係数の粘性土における推奨範囲から，中間値である $k_h = 100c$ にて設定した．

B：単位幅 $= 1.0$ m

EI：単位幅あたりの山留め壁の曲げ剛性 $EI_x/a = 2.05 \times 3.29 \times 10^4/1.2$（kN/m^2）

（5）応力および変位の計算

a）提案法

最大曲げモーメント M_{max}，山留め頭部水平変位 y_0，および根切り底水平変位 y_g は，それぞれ第 I 編 4.4.2 の（4.4.8）〜（4.4.10）式により算定した．なお，各式の側圧の合力 P_a は提案法では $2P_a$ となる．

最大曲げモーメント

$$M_{max} = 2P_a \frac{\sqrt{(1+2\beta h)^2 + 1}}{2\beta} \exp\left(-\tan^{-1} \frac{1}{1+2\beta h}\right) \tag{4.4.10}$$

$$= 46.46 \times \frac{\sqrt{(1+0.340 \times 0)^2 + 1}}{2 \times 0.340} \exp\left(-\tan^{-1} \frac{1}{1+2 \times 0.340 \times 0}\right) = 44.05 \text{ kN·m/m}$$

—312— 付　　　録

山留め頭部水平変位

$$y_0 = \frac{2P_a}{EI\beta^2}\left\{\frac{(1+\beta h)^3+1/2}{3\beta}+\frac{(1+\beta h)^2 l}{2}\right\}$$

$$= \frac{46.46}{2.05\times3.29\times\frac{10^4}{1.2}\times0.340^2}\left\{\frac{(1+0.340\times0)^3+1/2}{3\times0.340}+\frac{(1+0.340\times0)\times2.2}{2}\right\} = 0.018\text{ m} \quad (4.4.9)$$

$$= 18\text{ mm}$$

根切り底水平変位

$$y_g = \frac{2P_a(1+\beta h)}{2EI\beta^3}$$

$$= \frac{46.46\times(1+0.340\times0)}{2\times2.05\times3.29\times10^4/1.2\times0.340^3} = 0.011\text{ m} = 11\text{ mm}$$

(4.4.8)

　b）従来法

　従来法も提案法と同様に最大曲げモーメント $M_{\max}$，山留め頭部水平変位 y_0，および根切り底水平変位 y_g は，それぞれ第 I 編 4.4.2 の（4.4.8)～(4.4.10）式により算定した．

最大曲げモーメント

$$M_{\max} = P_a\frac{\sqrt{(1+2\beta h)^2+1}}{2\beta}\exp\left(-\tan^{-1}\frac{1}{1+2\beta h}\right)$$

$$= 23.23\times\frac{\sqrt{(1+2\times0.340\times0.73)^2+1}}{2\times0.340}\exp\left(-\tan^{-1}\frac{1}{1+2\times0.340\times0.73}\right)$$

(4.4.10)

$$= 34.11\text{ kN}\cdot\text{m/m}$$

山留め頭部水平変位

$$y_0 = \frac{P_a}{EI\beta^2}\left\{\frac{(1+\beta h)^3+1/2}{3\beta}+\frac{(1+\beta h)^2 l}{2}\right\}$$

$$= \frac{23.23}{2.05\times3.29\times10^4/1.2\times0.340^2}\left\{\frac{(1+0.340\times0.73)^3+1/2}{3\times0.340}+\frac{(1+0.340\times0.73)^2\times1.47}{2}\right\} \quad (4.4.9)$$

$$= 0.013\text{ m} = 13\text{ mm}$$

根切り底水平変位

$$y_g = \frac{P_a(1+\beta h)}{2EI\beta^3}$$

$$= \frac{23.23\times(1+0.340\times0.87)}{2\times2.05\times3.29\times10^4/1.2\times0.340^3} = 0.007\text{ m} = 7\text{ mm}$$

(4.4.8)

（6）　変位実測値との比較

　変位実測値と計算値の比較を付表 2 および付図 4 に示す．従来法による計算値は，杭頭部，根切り深さのいずれでも，実測値をやや下回っているが，提案法による計算値は根切り深さ付近で実測

値により近い結果となった．

付表 2 変位実測値と計算値の比較表

深　　度	変位実測値 (mm)	提案法の計算値 (mm)	従来法の計算値 (mm)
GL ± 0 m	16	18	13
GL − 2.2 m	11	11	7

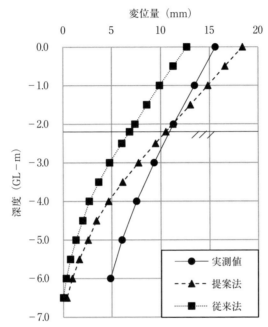

[注] 従来法の第一不動点深度までの数値を記載した．

付図 4 変位実測値と計算値の深度方向分布

参 考 文 献

1) 石井雄輔，實松俊明：根入れ部の側圧を考慮した自立山留めの計算法，日本建築学会大会学術講演梗概集，pp.471-472，2015.9

山留め設計事例集

1982 年 2 月 20 日	第 1 版第 1 刷
2003 年 3 月 10 日	第 2 版第 1 刷
2025 年 3 月 10 日	第 3 版第 1 刷

編　集
著作人　一般社団法人日本建築学会

印刷所　昭和情報プロセス株式会社

発行所　一般社団法人日本建築学会

108-8414 東京都港区芝 5 − 26 − 20
電話・(0 3) 3 4 5 6 − 2 0 5 1
FAX・(0 3) 3 4 5 6 − 2 0 5 8
http://www.aij.or.jp/

発売所　丸善出版株式会社

101-0051 東京都千代田区神田神保町 2−17
神田神保町ビル

ⓒ日本建築学会　2025

電話・(0 3) 3 5 1 2 − 3 2 5 6

ISBN978-4-8189-0687-7 C3052